Gustav Ferrari

EINE LEBENSBEICHTE

Gustav Ferrari

EINE LEBENSBEICHTE

Roman

Steffgen-Verlag, Koblenz

CIP-Kurztitelaufnahme der Deutschen Bibliothek

Ferrari, Gustav:
„Eine Lebensbeichte"
(Roman)

© 1996 by Verlag Steffgen, Koblenz
Druck: Steffgen Druck und Verlag GmbH, Koblenz
Printed in Germany
ISBN 3-9801967-4-7

Inhaltsverzeichnis

1. Rückblende 9
2. Inmitten frommer Frauen 35
3. Die Priorin 53
4. Erster Urlaub zu Hause 69
5. Die Tage des Sammelns 91
6. Die Probleme häufen sich 101
7. Antonio Galleri 111
8. Schwester Maria Anna ist wieder Fräulein Sommer 139
9. Als Edeldirne im Liebesschloß 157
10. Die Wasserhure 175
11. Conny Printemps 229
12. Ein Leben soll Literatur werden 245
13. Mit Flaubert zum Rhein 257
14. In Oberrheinstadt 271
15. Wieder in Ajaccio 291
16. Nonne und Hure 309
17. Korsische Justiz 323
18. In der Macchia am Monte Rotondo 333
19. Ein völlig neues Leben 345
20. Hochzeit im Musée Fesch 355

Vorwort

Die Geschichte beruht auf wahren Begebenheiten, die die Hauptperson, Agathe Sommer, dem Autor berichtet und ihm die Erlaubnis erteilt hat, diesen hochinteressanten Stoff zu einem Roman zu verarbeiten.
Im Interesse der zum Zeitpunkt der Niederschrift noch lebenden, handelnden Personen wurden verschiedene Namen und Örtlichkeiten verändert.
Die Hintergründe geographischer, historischer und politischer Art sind exakt recherchiert und stimmen mit den Gegebenheiten überein.

Gustav Ferrari

1.
RÜCKBLENDE

Knarrend öffnete sich die Zellentür. Im Türspalt erschien die massige Gestalt der Priorin, der ehrwürdigen Mutter Rosa.
Wie befürchtet war ihr Blick streng, wissend und überheblich.
Bei ihr hatte man das Gefühl, daß sie in einen hineinzusehen, einen mit ihren Augen sogar zu durchbohren vermochte. Dieser Blick war wesentlich an der ungewöhnlichen Ausstrahlung beteiligt, die ihrer tiefschwarz gekleideten Gestalt anhaftete, ihr sogar vorauszueilen schien und der immer wieder bei den untergebenen Schwestern Gefühle von Furcht und Demütigung erzeugte. „Ich habe mit Ihnen zu reden, Schwester Maria Anna!"
Sie nahm an dem kleinen Tisch Platz, der von der Wand abgeklappt war und zwang damit Maria Anna, sich auf ihr Bett zu setzen.
Eine Zeitlang prüfte sie eindringlich den Zustand der kärglichen Zelleneinrichtung und der wenigen Habseligkeiten der Schwester.
Danach begann sie, viel lauter als nötig, zu reden: „Es hat sich im Kloster herumgesprochen, daß Ihr Eintritt in unseren Orden nicht von der Frömmigkeit und der Liebe zum Herrn ausgelöst worden ist, sondern von enttäuschter Mannesliebe und der Angst vor weltlicher Strafe."
Obwohl die Oberin dafür bekannt war, immer sofort den Kern ihrer Gedanken preiszugeben, war Schwester Maria Anna dennoch überrascht. Außer der befreundeten Mitschwester Maria Agape, von der sie glaubte, ihr blind vertrauen zu können, hatte sie niemandem einen Einblick in ihre gespaltene Seele erlaubt.
„Antworten Sie mir!" fuhr die Priorin fort. „Was haben Sie zu diesen Vorwürfen zu sagen?"
Es dauerte geraume Zeit, bis die verängstigte Schwester ihre Gedanken so weit geordnet hatte, daß sie zu einer Antwort in der Lage war.
„Es ist schwer, Ehrwürdige Mutter, den Zustand meiner Seele in kurzer Form überzeugend darzulegen. Die Entscheidung, Nonne zu werden, ist bei keinem jungen Mädchen völlig klar. Sie wird immer wieder von vielen Dingen beeinflußt. Man fragt sich natürlich, was einen erwartet, und man fragt sich auch, was man aufgibt. Natürlich muß die Liebe zu Gott und der Glaube an die Kirche vorhanden sein. Man muß sich jedoch auch prüfen, ob ein Leben durchgestanden werden kann, das bis zum Ableben nur von dieser Liebe der Seele, vom Gebet, von Armut, Keuschheit und der Nächstenliebe bestimmt sein wird. Dieser Prüfung habe ich mich mehrmals vor meinem Eintritt ins Kloster unterzogen.

Sie wissen ebensogut wie ich, daß es Menschen gibt, die sich ein ganzes Leben lang prüfen und dennoch nicht den Absprung von diesem Leben finden. Bei mehreren meiner Freundinnen ist es so gewesen. Fragen Sie meine Mitschwestern! Diese werden Ihnen dasselbe bestätigen. Es muß ein gedanklicher Auslöser da sein, oder es muß ein besonderes Ereignis eintreten, das lange gehegte Gedanken plötzlich wahr werden läßt. Der Übergang vom weltlichen zum Ordensleben fällt keinem leicht. Gewiß, es gibt Fälle, in denen junge Mädchen tatsächlich die Stimme Gottes hören und diesem Ruf auf Dauer nicht widerstehen können. Doch diese Fälle sind selten. Ich gebe zu, daß es bei mir ein auslösendes Ereignis gegeben hat."
Die Oberin hatte dieser langen Rede mit Ablehnung und gleichzeitiger Neugier zugehört.
Nun fragte sie: „Kann man erfahren, um welches Ereignis es sich gehandelt hat?"
„Ist es ein Verstoß gegen das Gebot des Gehorsams, wenn ich Ihnen diese Offenlegung meiner Seele vorenthalte?"
„Es ist ein Verstoß gegen den klösterlichen Gehorsam. Also reden Sie schon!"
Maria Anna überlegte lange. Man sah an Ihrem Gesichtsausdruck, wie es in ihr kämpfte. Die Vielfalt Ihrer Gefühle veränderte ihr Gesicht von Sekunde zu Sekunde.
Dann endlich sagte sie: „Ich glaube nicht, Ehrwürdige Mutter, daß im Gebot klösterlichen Gehorsams auch dieses eingeschlossen ist. Ich glaube vielmehr, daß auch eine Nonne private, heimliche Gedanken haben darf, ich glaube weiter, daß auch eine Nonne eine Schublade besitzen darf, in der sie ihre eigenen Dinge, die keinen anderen etwas angehen, unter Verschluß halten darf. Das, was ich Ihnen verschweigen werde, befindet sich in diesem geheimen Fach und gehört auch dort hinein."
Der Oberin schoß plötzliche Zornesröte ins Gesicht. Sie sprang auf und schrie: „Ihr Schweigen wird das Verhältnis zu Ihren Mitschwestern und vor allem zu mir erheblich stören. Hierüber wird das letzte Wort noch nicht gesagt sein. Das verspreche ich Ihnen!"
Schnellen Schrittes lief sie hinaus und knallte die Tür hinter sich ins Schloß.
Noch lange saß Maria Anna danach auf ihrem Bett, dachte nach, kam ins Grübeln.

Hatte die Kirche oder hatte der Orden eigentlich das Recht, die ihnen angehörenden Personen ganz und gar zu vereinnahmen? Durfte der Orden ihre Gedanken und damit ihre Seelen so weit beeinflussen, bis nichts eigenes mehr übrig war? Konnte der Orden sogar verlangen, auch die letzten Geheimnisse preiszugeben? Gewiß, er hatte Anspruch auf ihre Frömmigkeit, ihre Arbeitskraft, ihr weltliches Hab und Gut und bekam das alles auch.
Doch war das, was von ihr hier verlangt wurde, nicht eine Form der völligen Ausschaltung eigener Meinungen und Gedanken? Wenn man auf solche Art behandelt und bearbeitet wird, ist dies nicht eine Form von Gehirnwäsche? Ihr grauste bei diesem Gedanken.
Sie mußte an die Praktiken von Sekten in Amerika und Indien denken, die ihren Mitgliedern freies Denken und eigenes, selbstständiges Tun untersagen und dieses durch gewisse Maßnahmen schließlich auch erreichen.
Doch diese Gedanken verwarf sie sofort wieder. So weite, wenn auch berechtigte, Ausflüge wollte sie ihrer Phantasie doch nicht gestatten.
Auf einmal stand alles wieder vor ihrem geistigen Auge: der Fluß, die laue Nacht, die beleuchtete Burg auf der anderen Seite des Wassers, die beiden Kastanienbäume, unter denen die Bank versteckt war, auf der sie Platz genommen hatten. Wieder roch sie den Duft des reifen, schon leicht welkenden Grases, wieder hörte sie die leisen, ans Ufer plätschernden Wellen, von denen sie nicht wußte, welchen Ursprungs sie waren, wieder sah die die Umrisse der dunklen Gestalt dort hinten am Wasser, des Fischers, der in einem fort vor sich hinzureden schien, als spräche er mit einer erhofften, jetzt noch unsichtbaren Beute, die er durch diese nur ganz schwach hörbaren Reden anzulocken und offenbar gefügig zu machen glaubte.
Sie spürte die Macht des Weines, den sie im Tanzsaal getrunken hatten und war so von dem Zauber dieses Sommerabends betäubt, daß sie sich nicht wehrte, als Rainer sie umfaßte, hochhob und paar Schritte seitlich der Bank ins Gras legte, sich neben ihr ausstreckte und sich an sie drückte.
Dann war Rainer über ihr, sie spürte die sanfte Last, erwiderte seine Küsse, wehrte sich nicht einmal, als er ihre Bluse öffnete und die Hand über ihren Leib gleiten ließ. Rainer wollte mehr! Er war bereit für das, was er nun mit ihr erleben wollte.

Ohne Ankündigung und für Rainer völlig überraschend, richtete sie sich auf, Tränen flossen über ihr hübsches, junges Gesicht. Rainer hörte ihr Seufzen, das tief aus ihrer Brust zu kommen schien.
„Was ist mit dir, Agathe?" sagte er.
„Wir sind zu weit gegangen", flüsterte sie ganz leise und fuhr fort: „Ich muß nach Hause."
Hastig zog sie den Schuh an, den sie verloren hatte, sprang auf und lief den Leinpfad entlang der Ortschaft zu.
Natürlich machte sie sich Gedanken über dieses erste Liebeserlebnis, das ihr ein tiefes Gefühl aufzwang, von dem sie glaubte, daß es Liebe oder wenigstens der Beginn einer großen Zuneigung sei.
Sie war von frommen Eltern streng erzogen worden. Selbst als sie sich voll zur Frau entwickelt hatte, waren Gespräche über das Thema Liebe im Elternhaus unmöglich. Dieses Verhalten der Eltern vermittelte ihr schließlich den Eindruck, daß Liebe und jedwede Form ihrer Ausübung etwas Verwerfliches, Schmutziges sei.
Ihre Tante, die Schwester ihrer Mutter, die Nonne war, sprach mit ihr, der Nichte, so, als ob es nur eine Frage der Zeit sei, bis sie ins Kloster eintreten würde. Innerlich wehrte sie sich dagegen; doch hatte das Leben durch ihre Familie, durch Verwandte, durch die Erziehung von Priestern und durch die Einstellung der Mitschülerinnen in den frühen Jugendjahren soviel religiöse Kraft in ihr angesammelt, daß sie auch heute ehrliche Furcht vor jeder Sünde besaß. Sie bereute sie, bekannte sie in der Beichte und nahm sich vor, zukünftig Sünde und sündige Gedanken zu meiden. Sie bemühte sich, Gott über alles zu lieben und sie betrachtete alles als erstrebenswert, was mit der Kirche zu tun hatte.
Da sie mittlerweile zu einer jungen Schönheit herangewachsen war, – sie hatte alles, was junge Männer anzog und begeisterte – blieb sie von Annäherungen ihrer Mitschüler nicht verschont. Sie genoß es sichtlich, wenn sie nette Worte und Einladungen erhielt, glaubte jedoch immer noch, die Wünsche der jungen Männer mit den Forderungen der Kirche vereinbaren zu können. Doch je mehr sie darüber nachgrübelte, desto deutlicher wurde ihr bewußt, daß dies nicht möglich war, daß sie die schönsten Freuden der Liebe für die Zeit der Ehe aufbewahren mußte.
Doch Rainer ließ nicht locker. Da er von seinen Freunden schon mehrmals geneckt worden war und sich dadurch in seinem männlichen Stolz

tief verletzt fühlte, gab er sich nun besondere Mühe, diese Schmach loszuwerden. Immer wieder näherte er sich ihr, immer wieder machte er Bemerkungen, die seine eigenen Wünsche auszudrücken versuchten. Dann ereignete sich etwas, worüber sich Agathe lange Zeit ernste Gedanken machte. Sie saßen beide auf einem der schönen Sandplätze am Rhein, die von Weidenbäumen und Büschen eingerahmt, nur vom Wasser her einsehbar und für verliebte Paare wie geschaffen waren. Wie schon öfter vorher, hatten Agathe und Rainer auf dem noch immer warmen Sand Platz genommen. Lange blickten sie wortlos aufs Wasser hinaus, auf dessen welliger Oberfläche der Mond und einige Sterne ihr Spiegelbild hin- und herhüpfen ließen.

Sie hörten die näher kommenden Geräusche eines Motorschiffes und sahen es jetzt auch. Es war eine der beliebten Abendfahrten, auf der Musik gemacht, getanzt und viel geschunkelt und getrunken wurde. Rainer und Agathe wiegten sich leise im Takt der Musik hin und her. Da geschah es! Vom Bug des Schiffes her blitzte es so grell und blendend auf, daß man den Blick abwenden mußte. Der überhelle Lichtstrahl suchte das Ufer so gründlich ab, daß kein Liebespaar auf den Sandplätzen den jauchzenden Fahrgästen entgehen konnte. Offenbar war es ein neuer, bisher unbekannter und höchst erfolgreicher Einfall des Schiffahrtunternehmens, das natürlich bestrebt war, seinen Gästen immer etwas Neues zu bieten. Dieses Mal mußten also die Liebespaare herhalten, die laut schreiend aufsprangen und mehr oder weniger bekleidet zwischen den Weidenbüschen verschwanden. Die einen rafften noch schnell ihre Kleider zusammen, andere sprangen so, wie der Herr sie erschaffen hatte, in das verbergende Blätterversteck. So auch Rainer und Agathe.

Doch, was war das? Beim Sprung hinter den Weidenbusch sah Agathe im erneut aufblitzenden Lichtstrahl des großen Bordscheinwerfers einen Mann in grüner Jägerkleidung, der in großer Aufregung das Weite suchte. Agathe sah gerade noch, wie der Mann seinen dunklen Schlapphut verlor und ein Fernglas fester packte. Als dieser Mann – offenbar einer der widerlichen Spanner, deren abendliche Beschäftigung darin bestand, Liebespaare auf den Sandplätzen zu beobachten – seinen Kopf ein wenig zur Seite drehte, erkannte Agathe zu ihrem Entsetzen – ihren eigenen Vater, der schnell über den Leinpfad der Ortschaft zurannte. Immer wieder blickte er sich um aus Furcht, es könnte ihm einer folgen.

Agathe war sehr geschockt und machte sich Gedanken darüber, wie sie ihren Vater in Zukunft überhaupt ansehen sollte. Dieses Erlebnis in den Rheinauen würde in jedem Fall das bisherige Familienleben im Hause Sommer von Grund auf verändern. Natürlich mußte sie davon der Mutter berichten. Ihr Anlehnungsbedürfnis hatte nun nicht mehr den Vater, sondern mehr und mehr Rainer zum Ziel, der Mitwisser dieses bösen Geheimnisses geworden war.

Dies zeigte sich richtig beim traditionellen Weinfest im Herbst. Der historische Weinort war festlich geschmückt und viel Volk befand sich auf den Straßen und an den Weinständen. Rainer kam gerade in dem Augenblick auf den Festplatz, als auf dem Podest in der Mitte des Platzes die Weinkönigin und ihre beiden Prinzessinnen mit Wein aufgewogen wurden. Der nicht geringe Erlös dieser Zeremonie kam einer wohltätigen Stiftung zugute. Eine der Prinzessinnen war Agathe Sommer. Sie sah großartig aus in ihrem Winzerdirndl und zog die Blicke nicht nur der jungen Männer auf sich. Natürlich hatte sie bald auch Rainer bemerkt, der sich an einer Stelle aufgebaut hatte, an der sie ihn nicht übersehen konnte. Er hielt ohne Unterlaß seine rechte Hand erhoben und öffnete sie zu einem schüchternen Winken, wenn er glaubte, von ihr bemerkt worden zu sein. Immer dann, wenn sich ihre Augen trafen, spürte sie eine starke magnetische Kraft, die es ihr unmöglich machte, ihren Blick abzuwenden.

Was war das? Sie beide waren doch Einzelwesen, die eigene Gedanken hatten, die selbst beschließen konnten, was sie sehen wollten. Doch diese seltsame Kraft, das Festzurren der Blicke, die Verschmelzung beider Augen ineinander, die es unmöglich machte, das Auge abzuwenden, hatte sie noch nicht erlebt. Natürlich versuchte sie immer wieder, den anderen Höhepunkten des Festes ihre Aufmerksamkeit zu schenken: den Musikkapellen, den vielen Wagen, auf denen die Weingewinnung von der Rebe bis zum Glase dargestellt wurde und Gott Bacchus mit wallendem Bart, gerötetem Gesicht und großen, lüsternen Augen auf einem Fasse sitzend. Sie versuchte, mehr an ihre eigentlichen Aufgaben zu denken: zuzuprosten, froh auszusehen, Frohsinn zu verbreiten und für alle dazusein.

Doch es gelang nicht. Immer wieder flog ihr Blick zu Rainers Augen zurück und saugte sich an ihnen fest. Sie hatte das Gefühl, als seien die Augen die Fenster des Körpers, die gestatteten, in die Seele zu blicken und Gefühle zu erkennen, die sonst Rätsel blieben, die sich nur durch diesen Einblick ins Innere, sonst Unsichtbare im Menschen deuten ließen.

Mehrmals hatte die neben ihr stehende Weinkönigin, die die Abwesenheit ihrer Gedanken bemerkt haben mußte, sie angestoßen. Agathe merkte jedesmal nur kurz auf, doch nach einer Sekunde schon suchte ihr Blick wieder den Rainers.

So kam es, wie es nach einem solchen Erlebnis kommen mußte: Kaum war die Zeremonie des Aufwiegens beendet, stieg Agathe vom Podest herab, bahnte sich einen Weg durch die Menge, umarmte Rainer und drückte ihre vollen Lippen zu einem langen Kuß auf seinen Mund.

Natürlich erregte dies Aufsehen. Zwar war ein Kuß auf einem Weinfest nichts besonderes, aber Agathe, die fromme Tochter ebensolcher Eltern, die Nichte der einzigen Nonne aus diesem Ort, der man bereits zu Lebzeiten Gottesnähe bescheinigt hatte?

Aber es war so, wie es immer auf den Dörfern dieser Gegend war: Das, was man selbst in seiner Jugend mit großem Wohlgefallen getan hatte, wurde anstößig, wenn man den Zenith des Lebens überschritten hatte.

Agathe hatte sich immer wieder den Wünschen des Herzens versagt, weil ihre Erziehung und ihre Umwelt es so von ihr verlangt hatten. Doch dieses Mal vergaß sie alles, was früher bei ihr selbstverständlich gewesen war. Sie mißachtete die bösen, ablehnenden, überraschten, mißliebigen Blicke, faßte Rainer am Arm und zog ihn vom Festplatz aus durch die kleine Gasse zum Rhein. Engumschlungen gingen sie über den bekannten Pfad der Verliebten, auf dem an diesem Nachmittag kein Mensch zu sehen war.

Nicht er war es, der das lange ersehnte Ereignis vollzogen wissen wollte, sie zog ihn auf der sanft ansteigenden Wiese zu Boden und öffnete sich ihm ohne Wenn und Aber. Wieder rochen sie das Gras, wieder hörten sie das leise Plätschern der Wellen, wieder sahen sie die Burg jenseits des Flusses, am Nachmittag noch unbeleuchtet, majestätisch auf ihrem spitzen Fels. Die von lauem Wind gefilterten und von den wehenden Blättern der Kastanie gefilterten Sonnenstrahlen umschmeichelten nackte Haut und vervollständigten dieses erste Liebeserlebnis zweier junger Menschen.

Lange lagen sie nachher nebeneinander, flüsterten sich verliebte Worte in die Ohren und gaben sich ihren Gedanken hin, die noch nie so wie

heute gewesen waren. Sie waren sich ganz klar darüber, daß dieses Erlebnis ein Schnitt in ihrem Leben war, der alles in ihnen veränderte. So wie bisher, würde es nicht mehr sein. Das gerade Erlebte würde beider Lebenslauf eine andere Richtung geben.
Wie aber würde dieser Lebenslauf aussehen, der in dieser Stunde begonnen hatte? Würde er sich als verliebtes Miteinander fortsetzen und in Ehe und Elternschaft enden? Mußte sie das erste Liebeserlebnis ihren Eltern beichten?
Beichten? Dieses Wort gefiel ihr gar nicht. Beichten setzte Unrecht voraus oder gar Sünde. Doch das, was sie getan hatte, war in ihren Augen weder das eine, noch das andere. Beichten setzte voraus, daß man eine böse „Tat" bereuen mußte, daß man sich fest vornahm, sich fest versprach, es nie mehr wieder zu tun. Die ganze Lächerlichkeit ihrer Gedanken wurde ihr nun voll bewußt. Wie konnte man den Erfolg, das Wahrwerden ihrer Tagträume und Wünsche bereuen? Wie war es möglich, sich selbst fest vorzunehmen, solches ans Wunderbare grenzende Erlebnis nie und nimmer mehr tun zu wollen, wo sie sich doch mit allen Fasern ihren Leibes und mit allen Regungen ihrer Seele danach sehnte? Es war doch der von ihnen allen hochverehrte, angebetete Gott, der nicht nur ihren Leib, sondern auch ihren Geist, die Brutstätte ihrer Gedanken, Träume, Wünsche und Begierden geschaffen hatte.
Natürlich sagten die Geistlichen, ein gut gearteter und wohlerzogener Mensch müßte fähig sein, solche Gedanken – solche bösen Gedanken hatte der Ortspfarrer sogar gesagt – zu unterdrücken. Wie konnte man Gedanken unterdrücken? Sie waren auf einmal da und kamen immer wieder, je öfter man sie zu unterdrücken versuchte. Aber auch diese Gedanken mußten gebeichtet werden, sagten die Geistlichen. Wie konnte man etwas als Sünde anerkennen, was plötzlich auf einmal – ungefragt und ungerufen – da war?
Gewiß, man konnte seinen Leib und seinen Geist züchtigen und diesen Gedanken die Folgsamkeit verweigern, so schwer es auch fiel. Um aber solche Gedanken aus dem Kopf zu kriegen, dafür mußte man ein Heiliger bereits auf Erden sein. Das für die Gedanken gesagte, galt natürlich auch für die Gefühle. Auch sie gebiert der Geist plötzlich. Gewiß, man konnte sie unterdrücken, aber vor plötzlich überkommenden war kein Erdenmensch sicher.

Ihr kamen jetzt seltsame, für ihre Familie und ihre Umgebung völlig unverständliche, schreckliche Gedanken. Wenn schon Empfindungen, Leidenschaften, Triebe in die Seele des Menschen gleichzeitig mit der Schöpfung eingepflanzt wurden, dann müßte die Befolgung, die Auslebung dieser Regungen eigentlich ein Gottesdienst, ein Dienst an oder für Gott und ihm wohlgefällig sein. Alle Gedanken in dieser Richtung schienen für Agathe folgerichtig zu sein.

Aus ihrem Grübeln wurde sie plötzlich durch die Stimme Rainers herausgerissen. Sie klang leise, ein wenig rauh und trotzdem ungewöhnlich sanft.

„Wollen wir zusammenbleiben, Agathe? Ein Liebespaar werden, für alle sichtbar? Sollen wir das, was wir soeben gemeinsam erlebt haben, fortsetzen? Immer wieder, noch schöner?" fragte er liebevoll.

Es dauerte lange, bis die kurze, innige Antwort kam: „Ja, Rainer, denn ich liebe dich."

An diesem Abend kam es im Hause Sommer zu einer erregten Aussprache. Natürlich kann man ein solch inniges Liebesverhältnis und die Tatsache, vom Mädchen zur Frau geworden zu sein, nicht verheimlichen. Von dem Tage dieses Geschehens an wird alles an dem bisherigen Mädchen fraulicher, das Gesicht wirkt plötzlich erwachsen, das Auge scheint wissender zu sein, in der Pupille zeigt sich der Glanz gelebten Erfolges.

„Wo warst du heute Nachmittag?" begann der Vater streng.

„Wieso?"

„Wieso? – Das weißt du selber. Als Weinprinzessin hat man Pflichten. Man hat dich mehrere Stunden gesucht."

„Es ist sicher auch ohne mich gegangen."

„Das ist nicht die Frage. Ich möchte aus deinem Mund wissen, was heute Nachmittag los war. Man hat dich mit einem jungen Mann am Rhein gesehen. Wer war das?"

„Es war Rainer Stark, Vater!"

„Und – hat es etwas gegeben?"

„Was soll das heißen?"

„Ist etwas geschehen?"

„Ja, es ist etwas geschehen, Vater."

„Was ist geschehen?"

„Es ist das geschehen, was immer wieder geschieht, wenn zwei junge

Menschen zusammen sind. Wir haben nichts anderes gemacht, als unseren von Gott gegebenen Trieben Folge zu leisten. Ist das verboten?"

„Mein Gott!" Mehr konnte der Vater nicht sagen. Er lief hinaus und fragte seine Frau um Rat.

Noch am selben Abend schleppten sie Agathe zum Pfarrer der Gemeinde, der es fertigbrachte, in weniger als zwei Stunden aus einem gelösten, frohen Mädchen ein bedrücktes, gehemmtes Menschenkind zu machen.

Als Agathe sich am nächsten Abend heimlich mit Rainer am Ufer traf, war sie gehemmt und fand kaum Worte. Beide suchten vergeblich das Gelöstsein und die Lockerheit, die sie gestern so genossen hatten und die ihr Liebesspiel zu einem unvergeßlichen Erlebnis gemacht hatte.

Sie trafen sich in der nächsten Zeit immer wieder, doch gelang es Rainer nicht, den seltsamen Druck von Agathes Seele zu nehmen. Auch bemerkte er, daß sie immer öfter in die Kirche ging und Gespräche mit dem Ortsgeistlichen führte. Dieser wußte, was zwischen Rainer und ihr geschehen war. Während Agathe dieses Ereignis immer noch als etwas Wunderbares in ihrer Erinnerung behalten hatte, sprach der Geistliche stets davon, daß Agathe schwach geworden sei.

Was heißt eigentlich „schwach werden"? Diesen Ausdruck kann man bei etwas Schlechtem verwenden, bei etwas, was man eigentlich nicht tun darf, beim Begehen einer gesetzwidrigen Handlung, in kirchlichem Sinn einer schweren Sünde oder wenn man den Verführungskünsten Satans oder eines ihm hörigen Menschen zum Opfer gefallen war.

Agathes Seele war seltsam gespalten. Auf der einen Seite liebte die Rainer immer mehr. Sie glaubte sehr wohl, nunmehr das Gefühl der Liebe zu kennen. Auf der anderen Seite hatte sie bei jedem Ausdruck der Liebe, bei schmeichelnden Worten, bei Liebkosungen, selbst bei harmlosen Berührungen das Gefühl der Satansnähe, der Verworfenheit, das nur durch den Geistlichen in einem kirchlichen Sakrament getilgt werden kann.

Bei jeder Berührung Rainers zuckte sie erschreckt zusammen. Obwohl sie sich immer wieder, vor allem beim gemeinsamen Beisammensein, vornahm, diese lästigen Gedanken abzulegen, gelang ihr das nicht ganz. Sie dachte an Rainers Eltern, die das Wohnzimmer verließen, wenn sie spürten, daß die beiden allein sein wollten, die genau wußten, was die Kinder taten, die sich klar darüber waren, daß die Liebe der beiden bereits mehrmals vollzogen worden war und dennoch nichts dagegen einzuwenden hatten. Wie anders Agathes Eltern! Sie glaubten, ihrer Tochter täglich Verhaltensweisen mitgeben zu müssen, sie beteten mehrmals am Tage laut und anzüglich für deren Seelenheil; ihre andauernden Ermahnungen wurden Agathe mehr als lästig. Jedesmal, wenn sie beim Morgengruß sich ansahen, stand ein stummer Vorwurf in den elterlichen Augen. Von ihrem Bruder wußte sie, daß der Vater immer dann, wenn Agathe am Abend nicht nach Hause gekommen war, auf einen benachbarten Heuschober kletterte, um die Freitreppe zu beobachten, die zur Wohnung von Rainers Eltern führte, auf deren oberster Stufe sie sich zu verabschieden pflegten. Er benutzte meist sogar sein Nachtglas, sagte der Bruder, der diese Verhaltensweise des Vaters ebenfalls verurteilte. Also hatte Eduard Sommer die Sucht zur Spannerei doch nicht überwinden können.

Auch die Freundschaft der beiden Väter, die sich das Jagdrevier, das zur Gemeinde gehörte, teilten, hatte schon erheblichen Schaden genommen. Eigentlich hätten die Sommers, die Eltern Agathes, eine verwandtschaftliche Bindung mit den Starks, den Eltern Rainers, begrüßen oder sogar anstreben müssen, denn Johann Stark war reich, besaß eine Menge verpachtetes Land, eine Marmeladenfabrik, in der die Bewohner ihre überschüssige Ernte abliefern konnten, Weinberge und die Fischrechte für alle Bäche, die durchs Jagdrevier flossen. Er gehörte zur Oberschicht des Ortes, genau wie der Apotheker, der Hauptlehrer, der Arzt und der Lebensmittelhändler, mit denen er auch einen Stammtisch im Gasthaus „Zum Stern" unterhielt.

Natürlich war Eduard Sommer manchmal mit Neid erfüllt auf Johann Stark. Beide hatten nach dem letzten Krieg geheiratet und bei Null begonnen. Die wirtschaftliche Entwicklung war jedoch eindeutig zu Gunsten Starks verlaufen, da Eduard Sommer aus seinen kleinen bürgerlichen Verhältnissen nicht herausgekommen war. Er war froh, von Eier- und Milchverkäufen ein wenig Taschengeld zu erhalten. Vor einem Jahr hatte er sogar Arbeit in der benachbarten Brauerei annehmen müssen, weil er sonst seine Rechte an der gemeinsamen Jagd nicht hätte aufrechterhalten können. Nun hatte die Freundschaft der beiden Kinder Agathe und Rainer, die kleine anfängliche Mißstimmung der beiden Väter an den Rand der Feindschaft gebracht.

Die Sommers beschimpften in Agathes Beisein Rainer und ließen kein gutes Haar an ihm, obwohl er sich bisher nichts hatte zuschulden kommen lassen und vor einem guten Abschluß an der höheren Schule in der benachbarten Stadt stand.

Dann geschah eines Abends das Ereignis, das das Leben beider Familien und das Schicksal Agathes in völlig neue Bahnen lenkte.

Agathe und Rainer waren am Fluß gewesen. Da er sich in der Nähe des Sommerschen Anwesens nicht mehr blicken lassen wollte, nahm er sie mit nach Hause, wo sie heute Abend völlig ungestört sein würden, da die Eltern Rainers sich bei einem sogenannten „Schüsseltreiben" befanden, das von Zeit zu Zeit in unterschiedlicher Weise veranstaltet wurde und nicht unbedingt an eine Treibjagd gebunden war. Es waren zwanzig Jäger anwesend, unter denen sich auch die Sommers befanden.

Agathe und Rainer hielten sich etwa eine Stunde in der Starkschen Wohnung auf und traten dann aus der Wohnungstür heraus aufs Treppenpodest, das durch ein schmales Geländer gesichert war. Als sich Rainer, wie üblich, mit dem Rücken gegen dieses eiserne Geländer lehnte und Agathe zum Abschiedskuß an sich zog, gaben plötzlich die Eisenstäbe nach und sie stürzten in die Tiefe. Rainer fiel rückwärts zusammen mit dem Gitter auf die Wölbung eines Holzfasses. Agathe, die kopfüber hinterher auf Rainer stürzte, geschah nicht das Geringste, doch Rainer regte sich nicht mehr.

Auf das laute Geschrei Agathes hin eilten einige Nachbarn so schnell herbei, als seien sie auf das Ereignis vorbereitet gewesen.

Der rasch herbeigerufene Arzt konnte jedoch nur noch den Tod Rainers feststellen. Der ebenfalls benachrichtigte Johann Stark hatte zunächst viel Mühe, seine völlig gebrochene Frau zu beruhigen, ehe er nach kurzer Untersuchung am gebrochenen Eisengeländer die deutlich sichtbaren Spuren einer Säge feststellte. Sofort beschuldigte er seinen Intimfeind und Mitjäger Eduard Sommer. Die inzwischen ebenfalls eingetroffenen Mitglieder der Jägergruppe hatten große Mühe, den völlig außer Kontrolle geratenen Johann Stark zu hindern, sich auf seinen Widersacher zu stürzen.

„Er hat das Geländer an mehreren Stellen angesägt!" schrie er und wiederholte diese harte Beschuldigung auch den gerade eintreffenden Zivilbeamten der Polizei gegenüber.

„Ich war ebenfalls dort, wo auch der da gewesen ist", versuchte sich

Sommer zu entlasten und zeigte mit dem Finger auf seinen Widersacher.

Die Beamten stellten fest, daß die Spuren der Eisensäge ganz frisch waren. Auch hatte der Täter versucht, mit dem Meißel ein Stück aus der Steinwand zu stemmen, die das Eisengitter hielt. Vor allem an dem frischen Steingebrösel, das noch staubtrocken war, obwohl es gegen Abend geregnet hatte, sahen die Fachleute der Kripo, die nur wenig später eintrafen, daß diese heiße Spur, die ganz klar auf ein Verbrechen hindeutete, keine drei Stunden alt war.

„Wir beide sind aber schon seit über fünf Stunden im Jagdhaus gewesen. Das können alle bestätigen, die dort gewesen sind", verteidigte sich Sommer immer wieder und fuhr fort: „Und davor war es über zwölf Stunden lang hell. Sie müssen zugeben, daß man solche ‚Arbeit' nur im Schutz der Dunkelheit ausführen kann."

Die feindseligen und immer wieder laut gebrüllten Anschuldigungen Starks hatten schließlich den Erfolg, daß die Polizei Eduard Sommer zur Vernehmung mit aufs Präsidium nahm.

Hatte sich der Vater Agathes nicht immer wieder dem Verhältnis seiner Tochter mit Rainer widersetzt, ihr diese Liebschaft sogar mehrmals streng untersagt? Warum aber hatte er dann immer wieder die beiden heimlich mit dem Nachtglas vom Heuschober aus beobachtet? Warum hatte er sogar den Ortspfarrer zu Hilfe gerufen? Glaubte er, daß dieser die beiden mit Mitteln der Kirche auseinanderbringen könne? Oder wollte er dieses seiner Meinung nach sündige Treiben der ganzen Gemeinde kundtun, obwohl alle bereits davon wußten? Nachdem diese Machenschaften keinerlei Erfolg zeitigten, hatte der durch Haß verblendete Sommer, so glaubte Stark mit Sicherheit, das Geländer angesägt.

„Einer, der mehrmals in der Woche das Liebespaar mit dem Fernglas beobachtet, der bringt auch dieses fertig", sagte er zum Schluß.

Wann aber sollte Sommer dies getan haben? Im Dunkeln war dies kaum möglich, die Nachbarschaft hätte die Sägegeräusche hören müssen. Bei Tageslicht ging solches noch weniger. Es hätte eigentlich nur unbemerkt getan werden können, wenn die Bewohner von vier Häusern, die sich in der unmittelbaren Nachbarschaft befanden, nicht zu Hause gewesen wären. Das war nach schnellen Feststellungen der Polizei in der letzten Woche nicht ein einziges Mal der Fall gewesen.

Obwohl vieles für Eduard Sommers Unschuld sprach, blieb er dennoch verdächtig. Dieser Verdacht verstärkte sich, als die Polizei die in einen Sack verpackte Eisensäge fand, die bei dem Verbrechen offensichtlich benutzt worden war. Sie lag versteckt in dem Heuschober, von dem aus Sommer das junge Liebespaar beobachtet hatte und trug neben Sommers Abdrücken noch ein halbes Dutzend andere. Außer einem einzigen konnten die Fachbeamten alle anderen Fingerabdrücke sichern und erkennen. Sie stammten außer denjenigen von Sommer selbst ausnahmslos von Leuten, die bekannt und unverdächtig waren. Von wem aber stammte der eine bisher noch unbekannte Abdruck?

Agathes Verhalten wurde in den folgenden Tagen immer seltsamer. Sie befand sich ständig in einem Zustand großer Erregung. Immer wieder zuckte sie zusammen, drehte sich um, als sei jemand hinter ihr her und fand nachts keinen Schlaf. In ihren nächtlichen Wachträumen stand immer wieder das eine Bild vor ihren Augen: der tödliche Absturz vom Podest am Starkschen Hause. Dieser Zustand hatte weitere, unangenehme Erscheinungen zur Folge. Plötzlich, wie ein Blitz aus heitrem Himmel, zuckten bei ihr Füße und Knie, der Blick verschleierte sich, als blicke sie durch eine Gardine oder ein Gazetuch hindurch, heftiger Schweiß näßte in Sekunden ihren ganzen Körper, nie vorher erlebte Schwindelanfälle quälten sie, bald war sie nicht mehr in der Lage, aus dem Fenster zu schauen, ohne schwindlig zu werden. Nur Tage später erweiterte sich dieser Zustand zu zwanghaften inneren Befehlen, sich in die Tiefe zu stürzen; noch schlimmer, sie hatte das Gefühl, als sei der Sprung aus dem Fenster etwas Wunderbares und Erlebnisvolles. Sie wandelte bewußt am Rande des Todes und erzählte es eines Tages auch ihrer Mutter.

Diese handelte schnell und brachte die Tochter unverzüglich auf die Psychiatrische Station des Städtischen Krankenhauses. Hier besserte sich der nervliche Zustand langsam. Der Ortspfarrer kam alle paar Tage zu Besuch, und auch die Tante, die Nonne, bemerkte plötzlich eine innige Zuneigung zu ihrer Nichte und brachte ihr fromme Bücher und Bilder von Heiligen ins Krankenhaus.

Wohlgemerkt, Agathe brauchte in ihrem Glauben nicht bestärkt zu werden. Sie hatte seit ihrer Kindheit immer eine enge Bindung an die Kirche und war außerdem in vielen kirchlichen Verbindungen groß geworden. So gehörte sie noch heute den Pfadfinderinnen und der katholischen Jugend als aktives Mitglied an. Doch als sie durch Rainer die Liebe erfahren hatte, war heftiger Zwiespalt im Seelenleben erkennbar geworden. Sie wußte, daß die Kirche die geschlechtliche Liebe nur in der Ehe erlaubte und zum Zweck der Verhütung nur ein einziges recht unzuverlässiges Mittel zuließ: die natürliche Empfängnisverhütung. Hierüber hatte sie sich im vergangenen Jahr ernste Gedanken gemacht. Von der Eheverpflichtung einmal abgesehen, erschien es ihr wenig folgerichtig, erst einen Terminkalender befragen zu müssen, wenn ein innerer Zwang sie zum Freund und zur Liebe drängte.

Als eine Woche später das Verbrechen noch immer nicht geklärt und der Leichnam freigegeben war, fand unter großer Anteilnahme der gesamten Gemeinde die Beerdigung statt. Es war gut, daß Agathe im Krankenhaus weilte und infolgedessen nicht teilnehmen konnte, denn es gab auf dem Friedhof einen folgenschweren Zwischenfall. Als sich Eduard Sommer in der Reihe der Beileidspendenden dem Grab näherte, um Erde auf den Sarg zu werfen, sprang Johann Stark plötzlich aus der Gruppe der trauernden Verwandten und stieß den Widersacher so fest gegen die Brust, daß dieser über den Blumenkorb stürzte und den Erdhaufen herab auf den Sarg mit dem Toten fiel.

Es war eine seltsame, schier unwirkliche Lage. Eduard Sommer, der sich erhoben hatte, nun auf dem Sarg stand und höchst verwundert aus dem Grab herausblickte, mußte sich der Tritte erwehren, mit denen Johann Stark ihn immer wieder angriff.

„Du dreckiger Hund, du Mörder, wagst es, meinen von dir umgebrachten Sohn auf seinem letzten Weg zu begleiten? Eine solche Heuchelei habe ich in meinem ganzen Leben noch nicht gesehen. Mach, daß du aus dem Grab herauskommst!"

Keiner der Anwesenden war fähig, in dieses noch nie erlebte, unglaubliche Geschehen einzugreifen. Jetzt streckte Stark seinem Widersacher sogar die Hand hin und versuchte, ihn aus der Grube herauszuzerren. Dies gelang schließlich, wenn auch mit großer Anstrengung. Dann boxte er ihn über den Erdhaufen hinweg aus dem Bereich der Trauergemeinde.

Damit war natürlich auch der letzte Faden in der Beziehung der beiden Familien gerissen. Es stand zu erwarten, daß auch die langjährige, gemeinsame Jagdverbindung nicht mehr halten würde. Dies sollte sich bereits am frühen Morgen des nächsten Tages bestätigen, als der Brief-

träger einen eingeschriebenen Brief an Sommers Tür abgab. Der Absender war ein Notar aus der benachbarten Stadt, der Sommer einen Termin bekanntgab, an dem die Trennung der bisher gemeinsamen Rechte des Jagsreviers vorgenommen werden sollte. Johann Stark war sogar bereit, das Revier allein zu behalten und Sommer auszuzahlen.
„Darf er das überhaupt?" fragte Frau Sommer.
„Ich könnte die Pläne Starks sehr wohl durchkreuzen. Was aber erreiche ich damit? Er ist in jedem Fall stärker als ich. Wenn er will, kann er mich sogar kaputtmachen. Natürlich fällt es mir schwer, auf die Jagd zu verzichten. Was aber habe ich alles erdulden müssen, um das Jagdvergnügen für mich zu erhalten? Ich habe in der Brauerei in letzter Zeit mehr Überstunden als normale Arbeitszeit leisten müssen. Ich habe mich abends auf unseren paar Parzellen kaputt geschafft. Außerdem benötigen wir den halben Verdienst unseres Sohnes Arthur, um unsere Schulden bezahlen zu können. Auch du hast ein Leben geführt, das nur aus Arbeit und Sorgen bestand. Wenn ich mich dem Stark widersetze, fliege ich auch noch aus dem Gemeinderat hinaus."
„Das kann der Stark nicht fertigbringen, Eduard."
„Der kann noch viel mehr. Er ist der Erste Beigeordnete, hält Reden und entscheidet mit. Ich sitze nur auf der Bank, nicke mit dem Kopf wenn er mich anblickt und muß mein Maul halten."
„Ich dachte immer, in einer Demokratie hätte jeder das Recht mitzureden."
„Demokratie! Was ist schon Demokratie? Demokratie ist die schlechteste und ungerechteste Staatform, die es gibt. Doch aus einem einzigen Grund ist sie unverzichtbar."
„Und welcher Grund soll das sein?"
„Die Tatsache, Staatsregierung und örtliche Führer abwählen zu können, wenn sie Mist gemacht haben. Dies allein rechtfertigt den Erhalt einer Demokratie. Ich selbst bin mit den Nazis zurechtgekommen und auch im Krieg hatte ich keinerlei Scherereien mit meinen Vorgesetzten. Weshalb dies so war, möchtest du wissen? Weil ich stets den nötigen Gehorsam besaß. Ich habe das, was verboten war, einfach nicht gemacht. Und diesen angeborenen und anerzogenen Gehorsam habe ich heute noch. Dies kann man natürlich nicht verallgemeinern. Die meisten unserer Mitbürger glauben, Demokratie bedeute, alles tun und lassen zu dürfen, sich ständig gehen zu lassen, und wenn nötig, die

Ellbogen zu gebrauchen. Die Demokratie erzeugt und fördert die Ich-Sucht. Für die Mehrheit unserer Bürger muß es jedoch die Mittel des Rechtsstaates geben, wo hingegen ich selbst mich in einer Diktatur, welcher Art auch immer, wohler fühlen würde."

Die Sache mit der Jagd ging sehr schnell über die Bühne, obwohl Johann Stark vor dem Notar bösartig aus der Rolle fiel. Als Eduard Sommer seine Forderung von fünfzigtausend Mark als Ausgleich für seine Anteile und Rechte am Jagdrevier und am Jagdhaus bekanntgab, winkte Stark ihn heraus und flüsterte böse zu: „Ich bezahle dir freiwillig die Hälfte, also fünfundzwanzigtausend Mark, und keinen Pfennig mehr."

„Das ist doch viel zu wenig", antwortete Sommer voller Entrüstung.

„Zwinge mich nicht, mein Wissen über dich bekannt zu geben. Solltest du mich durch dein Verhalten dazu treiben, verspreche ich dir, daß du aus dem Gemeinderat, aus dem Vorstand des Turnvereins und aus allen anderen Vereinen herausfliegst."

„Das glaubst du doch selbst nicht."

„Gut! Ich will es dir sagen! – Erstens bist du für mich der Mörder meines Sohnes. Einem Zuchthäusler steht ohnehin kein Ehrenamt offen. Das wird aber der Prozeß ergeben. Da die Mühlen der Justiz bekanntermaßen sehr langsam mahlen, werde ich dich vorher schon fertigmachen, wenn du auf mein großzügiges Angebot nicht eingehen solltest."

„Großzügig soll dieses Angebot sein? Daß ich nicht lache!" antwortete Sommer erregt.

Stark trat ganz nahe an den ehemaligen Jagdfreund heran und schrie so laut, daß es der Notar durch die geschlossene Tür hören konnte: „Höre erst mal, was ich dir zu sagen habe, ehe du das Maul so weit aufreißt. Also: Ich kann beweisen, daß du ein elender Spanner bist. Du bist mehrmals gesehen worden, wie du zwischen den Weiden am Ufer die Pärchen mit deinem Fernglas beobachtet und dich daran aufgeilt hast. Was aber noch viel schlimmer ist, du hast deine eigene Tochter und meinen Sohn mit dem Nachtglas vom Heuschober aus beobachtet. Daß man in eben diesem Heuschober auch die Eisensäge mit deinen Fingerabdrücken gefunden hat, ist in diesem Zusammenhang zumindest beachtenswert."

„Wenn ich dies gemacht hätte, wäre dies auch ein Anschlag auf meine

eigene Tochter gewesen. Du glaubst doch wohl selber nicht, daß ich so etwas getan hätte. Außerdem waren auch die Abdrücke anderer Leute auf der Eisensäge", entgegnete Sommer kleinlaut.
„Es war deine Eisensäge und deine Fingerabdrücke sind darauf gefunden worden. Du gehörst also zumindest bis zum Ende des Gerichtsverfahrens zum Kreis der Tatverdächtigen. Für mich bist du ohne jeden Zweifel der Mörder meines Sohnes. Die Beweislast ist erdrückend. So! Jetzt überlege dir, was du tun willst!"
Eduard Sommer sah seinen Gegenüber, der immer noch nur wenige Zentimeter von ihm getrennt gegenüberstand, mit einem seltsamen, nur sehr schwer deutbaren Blick an, der gleichzeitig mehrere verschiedenartige Gefühle auszudrücken schien. Vorherrschend war der drohende Blick, der eine unauslöschliche Todfeindschaft zeigte, aber auch ein hellerer Schein noch nicht ganz vergessener Gemeinsamkeiten, die über viele Jahre unverbrüchlich gehalten hatten, glitt über das Auge und milderte den strengen Blick. Wer aufmerksam hinsah, konnte aber auch traurige Züge und maßlose Enttäuschung erkennen. Man könnte meinen, daß soviel verschiedene Ausdrucksformen nicht im Blick vereinigt werden können, aber ein guter Beobachter kann sehr wohl mehrere Gefühle aus dem Auge eines Menschen gleichzeitig herauslesen.
Sommer wendete sich von Stark ab, ging ins Büro zurück und sagte: „Schreiben Sie alles so, wie Herr Stark es wünscht, ich werde keine Einwände mehr geltend machen. Jetzt will ich jedoch keine Minute mehr länger in einem Raum mit diesem Menschen zusammen sein. In dieser Minute ist das letzte Band zerschnitten worden. Morgen früh werde ich wiederkommen, um das Schriftstück zu unterzeichnen."
Er drehte sich um und verließ den Raum, ohne noch ein Wort zu sagen. Seinen Gegner, der immer noch auf dem Flur hin- und herging, würdigte er keines Blickes mehr.
Eduard Sommer begab sich nach Hause und schloß sich in seinem Zimmer ein. Stark hatte ihn der Spannerei bezichtigt. Er selbst wußte genau, wie recht Stark hatte. Jetzt mußte er natürlich damit rechnen, daß dieser, beziehungsweise seine Frau, dieses Wissen im ganzen Ort verbreiten würden. Er schämte sich und weinte laut vor sich hin. Was war das bloß für eine seltsame Macht, die ihm schon seit Jahren immer wieder das Fernglas in die Hand und seine Füße zu den Weiden zwang? Natürlich wußte er, daß dieses Tun unrecht und in hohem Maß verwerf-

lich war. Nicht zum ersten Mal machte er sich hierüber seine Gedanken. Wie oft hatte er sich vorgenommen, solches nie wieder zu tun. Der Vorsatz hielt meistens keine vier Wochen. Wenn der Abend trocken war, die Luft voll lauen Sommerduftes und die Pärchen an seinem Haus vorbei in den Rheinauen verschwanden, begann das erregte Kribbeln in Armen und Beinen, bis der Druck schließlich so unerträglich wurde, daß er entweder die Flinte oder das Nachtglas über die Schulter hängte und hinausging.

Was ist das eigentlich, dieser Drang zu Handlungen, die nicht in eine zivilisierte Landschaft hineinpaßten? Wie ist die zwanghafte Versuchung eines Trinkers zu erklären, der immer wieder trinkt, obwohl sein Verstand ihm sagt, daß der Alkohol mit der Zeit seine Gesundheit und sein Leben kosten wird. Welch seltsame Sucht treibt den Raucher, immer wieder, bis zu fünfzigmal am Tag, einen Glimmstengel in den Mund zu stecken, obwohl es ihm völlig klar sein müßte, daß seine Lebenserwartung sich dadurch erheblich verkürzt? Was, in aller Welt, treibt den Kindesmörder, seine grausamen, völlig undverständlichen Gedanken in die Tat umsetzen zu müssen? Trotzdem tut er es.

Es wurde Eduard Sommer immer deutlicher, daß der Mensch ein Wesen ist, das vielen Einflüssen, Süchten, inneren Befehlen gehorchen muß. Wie kommt es, daß der Selbsttötungsdruck so stark werden kann, daß die eigene Kraft nicht mehr ausreicht, ihn erfolgreich zu bekämpfen, obwohl der gesunde Teil, der gesunde Teil der Seele wie bisher weiterleben möchte. Warum nur sehnt sich eine gewisse Gruppe von Menschen ausschließlich nach gleichgeschlechtlicher Liebe, während der weitaus überwiegende Teil diese Art von Liebesfreuden zwar duldet, ein eigenes Ausleben solcher Triebe sich jedoch nicht vorstellen kann. Wohlgemerkt, dies hat nichts mit Angewohnheiten oder ererbten Fähigkeiten und Sonderheiten zu tun, hier wird der Mensch von Süchten beherrscht, denen kein Betroffener widerstehen kann.

Bei diesen Gedanken wurde es Eduard immer mehr klar, daß auch die heimliche Beobachtung von Liebespaaren eine solche Sucht war, die immer wieder über ihn kommen würde, egal wie sehr er sich innerlich diesem Trieb widersetzen mochte. Dieser innere Motor würde immer stärker sein.

Wie aber kam es, daß er sogar seiner eigenen Tochter nachstieg? Beim Raucher, Trinker und so weiter spürte der so geplagte Mensch wenig-

stens eine Art Befriedigung, wenn diese auch mit dem immer wiederkehrenden, doch letztlich erfolglosen Wunsch nach Entsagung gepaart ist. Er selbst, Sommer, spürte keine Befriedigung, sondern nur den nie endenden Drang, immer wieder dasselbe Verwerfliche zu tun.
Sollte er das Nachtglas wegwerfen? Er würde es, wenn der Drang über ihn kam, suchen oder sich ein neues kaufen. Sollte er sich im Haus einschließen, sich etwa mit Riemen fesseln, sich freiwillig unter Aufsicht stellen? Er würde auch hier ein Mittel finden, seinen Trieb zu befriedigen.
Hatte er eigentlich früher seine normalen Triebe nicht richtig ausleben können? In der Jugend, in seiner Ehe? Hatte vielleicht seine Frau ihm nicht das gegeben, ihn das nicht tun lassen, was er sich immer wünschte? War er dadurch auf die schiefe Bahn geraten? Nein, und nochmals nein! Es mußte eine Veranlagung sein, die eine seltsame Vorsehung in ihn hineingepflanzt hatte.
Obwohl der Erpressung Starks beim Notar in allen Punkten nachgegeben worden war, hatte dieser dennoch im Ort und in seiner Umgebung den Mund nicht halten können. Sommer merkte von einem Tag auf den anderen, daß die Mitbürger, besonders die Nachbarn, ihn mit anderen Augen ansahen. Der Tagesgruß klang dünner, fremder, man blickte immer öfter an ihm vorbei, manche sahen ihn überhaupt nicht mehr an. Er spürte ganz genau, daß Vorwürfe im Raum standen, doch diese waren nicht greifbar. Anfangs sind Gerüchte oder unausgesprochene Vorwürfe am unangenehmsten. Man spürt, daß in den Köpfen der Mitbürger sich etwas zusammenbraut, doch es sind Wolken, die vom Wind getrieben werden, die sich aber noch nicht ausregnen. Eine Wolke folgt der anderen, helle, drohende und die ganz dunklen. Sie fliegen über uns hinweg, verschwinden aber nur, um neuen Wolken Platz zu machen.
Der erste greifbare, nachvollziehbare Vorwurf erreichte Arthur, den Sohn Sommers beim wöchentlichen Treffen der Feuerwehr: „Man erzählt sich, daß dein Alter ein Spanner ist." Dann war Agathe beim Bastelabend für den Basar der Mission an der Reihe: „Dein Alter beobachtet Liebespaare in den Weiden!" Es dauerte nicht lange, bis Eduard Sommer selbst von Kindern geneckt wurde: „Dorfkater, Dorfkater!"
Als Frau Sommer dieses Schimpfwort zu Ohren kam und sie fragte, was dieses bedeuten solle, erhielt sie zur Antwort: „Dorfkater ist eine

männliche Katze, die allen Katzendamen des Dorfes wahllos nachsteigt. Dieses Beispiel ist natürlich auch auf Menschen anwendbar. Diese schleichen nachts mit dem Fernglas durch die Rheinauen."
Im Hause Sommer war die Stimmung auf den Nullpunkt gesunken. Man schlich umeinander, man sah sich stumm und mit Blicken voller Vorwürfe an, man aß zusammen, redete jedoch nur noch das Nötigste. Bis eines Abends Frau Sommer der Kragen platzte und sie über den Tisch schrie: „Wenn ihr etwas gegen Vater habt oder im Schilde führt, sagt es bitte!"
Dieses Wort der Mutter war das Kommando für einen Streit ohne Ende, für gegenseitige Vorwürfe, für Geschrei und Gegengeschrei, das nicht allein die nächtlichen Unsitten des Vaters am Rhein, sondern auch immer mehr den Verdacht der Täterschaft beim Absturz des Liebespaares von der Freitreppe am Starkschen Hause zum Inhalt hatte.
Dennoch waren alle überrascht, als eines Morgens Agathe mit dem Koffer im Hausflur stand und mit verweintem Gesicht sagte: „Ich gehe! Dies ist keine Familie mehr, dies ist ein Irrenhaus. Nachdem ich den geliebten Freund verloren hatte, glaubte ich, in der Familie wieder Frieden zu finden. Das Gegenteil aber ist der Fall. Der Vater ist ein Spanner, er steht sogar im Verdacht, meinen Freund umgebracht zu haben, er verschleuderte aus schlechtem Gewissen heraus das letzte, was er noch besaß: seine Anteile am Jagdrevier und am Jagdhaus. Du, Mutter, anstatt unsere Rechte zu fordern, läßt ihn gewähren, du hast gewußt, daß er nachts den Liebespaaren nachschleicht. Du hast diese Entwicklung kommen sehen. Aus Feigheit hast du alles laufen lassen."
Als Agathe den Koffer hob und die Türklinke betätigte, heulte die Mutter auf und rief: „Wo willst du hin, Kind?
„Du weinst zu spät, Mutter! Ich werde euch wissen lassen, wohin ich gehen werde."
Zornig verließ Agathe das Elternhaus, bestieg am Bahnhof den Zug, der zur benachbarten Stadt fuhr. Dort nahm sie sich ein Taxi und fuhr in das Kloster der Benediktinerinnen, in dem ihre Tante, die Schwester der Mutter, als Nonne lebte und sie, fernmündlich benachrichtigt, an der Pforte erwartete.
Noch einmal blickte sie sich um und sah auf die liebliche Höhenlandschaft mit bunten Wiesen und grünen Wäldern.
„Grüß Gott, Agathe! Wie freue ich mich, daß du zu uns kommst!"

Die Tante, Schwester Maria Angelika, begrüßte sie herzlich und brachte sie ins Refektorium, in dem sich bereits die Priorin und zwei Schwestern befanden.
Das erste, was Agathe auffiel, war, daß die Schwestern allesamt Maria hießen.
„Wir haben sehr wohl einen eigenen Namen, doch der Orden der Benediktinerinnen fügt jedem Namen noch den Namen Maria, den der Mutter Gottes, hinzu. Ich zum Beispiel heiße Schwester Maria Angelika, während der Name der Priorin Ehrwürdige Mutter Oberin Maria Rosa lautet."
Weiter fiel Agathe die absolute Ruhe auf, die in jedem Kloster eine religiöse Lebenshaltung begünstigt. An der Wand links von ihr stand ein einfacher Holztisch mit zwei Kaffeetassen, Gewürzen und Kuchen darauf. Auf beiden Seiten des Tisches standen zwei Schwestern mit noch geöffneten Gebetbüchern in den Händen. Offenbar hatten sie gerade gelesen, als sie mit der Tante und der Priorin eingetreten war. An der Wand hing ein gewaltiges Kruzifix, dessen Querbalken eine seltsame, unübliche Krümmung aufwies, rechts und links davon hingen Ölgemälde mit den Portraits eines Paters und einer Nonne. An der Wand gegenüber der Tür befand sich ein großes Fenster, durch das Agathe eine steil abfallende, sattgrüne Wiese mit einigen gelben Blumentupfern wahrnahm. Kein Lärm von außen, kein Radio, absolute Ruhe, wie man sie heute nur noch selten vorfindet. Diese Ruhe spiegelte sich auch in den entspannten Zügen der Nonnen wieder. War diese Ruhe die Voraussetzung für eine Aussprache mit Gott, die keinem so gut gelingt, wie Nonnen in der Einsamkeit eines entlegenen Klosters?
Natürlich hatte sich die Ankunft der Neuen längst im Kloster herumgesprochen. Die Priorin zeigte eine gewisse Unruhe, weil immer wieder die Tür sich einen Spalt öffnete.
Als sie sich dann eine Weile stumm gegenübersaßen, spürte Agathe erst richtig diese Stimmung von Ruhe und Besinnung. Nach einer Weile begann die Priorin: „Meine Tochter, wie mir deine Tante sagte, bist du gewillt, als Postulantin bei uns in den Orden der Benediktinerinnen einzutreten."
„Ja, Ehrwürdige Mutter!"
„Ich frage dich noch einmal, was dich zun diesem Schritt bewogen hat, meine Tochter."

„Enttäuschungen und die Liebe zum Herrn."
„Das letzte laß ich gelten; doch Enttäuschungen sind ein schlechter Grund für einen solchen Entschluß. Merke dir! Wer aus weltlichen Enttäuschungen in ein Kloster flieht, wird auch im Kloster scheitern. Hatte diese Enttäuschung mit einem Mann zu tun?"
„Dieser Mann lebt nicht mehr."
„War der Tod dieses Mannes an deinem Entschluß beteiligt?"
Lange schwieg Agathe. Man merkte, wie sehr es in ihrem Innern kämpfte. Dann sagte sie: „Es war nicht der Grund, es war vielleicht mit das auslösende Ereignis."
Jeder, der sie kannte, sah an ihren Zügen, daß sie nicht ganz von der Wahrheit ihrer Worte überzeugt war.
„Ein auslösendes Ereignis, in einen Orden einzutreten, sollte auch frommer Art sein, mein Kind."
„Der Wunsch, ins Kloster zu gehen, entstand bereits in der Kindheit in einer frommen Familie, der bereits eine Ordensfrau entstammt, in der Kirche und ihren Einrichtungen. Das auslösende Ereignis war eine Wallfahrt nach Lourdes. Als ich in der Erscheinungsgrotte betend zu Füßen der Mutter Gottes lag, versprach ich ihr, in einen Orden einzutreten, dessen Gelübde sich mit der Person der Gottesmutter verbindet."
„Sind deine Eltern mit deinem Entschluß einverstanden?"
„Sie sind nicht dagegen. Außerdem bin ich großjährig und benötige nicht mehr das Einverständnis der Eltern."
Die Priorin überlegte eine Weile, sah Agathe voll an und antwortete: „Dennoch wünschen wir dieses Einverständnis."
„Machen Sie sich darüber keine Gedanken, Ehrwürdige Mutter."
Es war erstaunlich, wie sehr sich Agathe bereits in die klösterliche Redeweise hineingefunden hatte. Auch war sie von dem gesamten Erscheinungsbild des Klosters angenehm berührt. Keine Spur von schmutzigen Verliesen, von dicken Mauern und Säulen in den Gewölben, die sie erst vor kurzer Zeit in einem Film gesehen hatte. Im Gegenteil: helle, freundliche Wände, große Fenster und ein wundervoller Blick über eine mit Blumen übersäte Wiesenlandschaft. Es dauerte einige Zeit, bis sie bemerkte, daß vieles Beklemmende, Angst auslösende, von diesem lieblichen, ersten Erscheinungsbild überdeckt wurde.
Soweit die erinnernden Gedanken der Schwester Maria Anna, die sich kaum von dem Vorwurf der Oberin lösen konnte. Herausgerissen und

in die Wirklichkeit zurückgeführt wurde sie erst, als es heftig an ihrer Zellentür klopfte. Sie öffnete und vor ihr stand ihre einzige wirkliche Freundin im Kloster, Schwester Maria Agape, die ungefähr zur gleichen Zeit wie sie Schwester im Orden der Benediktinerinnen geworden war.

2.
INMITTEN FROMMER FRAUEN

Agape setzte sich auf den Stuhl, während Anna wieder auf dem Fußende ihres einfachen Bettes Platz genommen hatte.
Nachdem sie sich eine Weile stumm angesehen hatten, sagte Agape leise: „Was wollte die Priorin von dir?"
Anna sah die Mitschwester mit einem seltsamen Blick an, ehe sie antwortete: „Die Ehrwürdige Mutter stellte mir seltsame, ja, unbegreifliche Fragen. Ihre anklagenden Worte setzten Wissen voraus, das in diesem Kloster nur du besitzen kannst."
„Aber ich bitte dich, Anna! Ich werde doch keine Geheimnisse ausplaudern, die du mir anvertraut hast. Was hat die Priorin dir vorgeworfen? Um welches Wissen handelte es sich?"
„Es war nicht einmal geheimnisvoll, dieses Wissen. Sie stellte mir Fragen, die nur einer vorbringt, der mit dem Wissen nicht sofort heraus will. Diese Fragen konnte nur jemand stellen, der Wissen in der Hinterhand hat. In diesem Falle war dies leicht erkennbar ein in Fragen gehülltes Wissen, das nur du ihr mitgeteilt haben konntest; denn nur dir habe ich davon erzählt."
Agape zeigte das Gesicht eines ertappten Mädchens, aber auch die Entschlossenheit, dieses Rätsel auf der Stelle zu lösen. Sie stand auf, ging zwei Schritte auf Maria Anna zu und sagte mit fester Stimme: „Ich möchte wissen, um welche Fragen und Vorwürfe es sich handelt, meine Freundin. Die Freundschaft mit dir ist mir zu wertvoll, als daß ich sie leichtfertig aufs Spiel setzen würde, indem ich ängstlich um etwas herumrede. Los! Raus mit der Sprache! Sag unumwunden, worum es sich handelt!"
Maria Anna blickte der Freundin entschlossen in die Augen und antwortete dann: „Die Ehrwürdige Mutter Priorin weiß, daß ich vor meinem Eintritt ins Kloster einen Freund hatte, mit dem ich nicht nur den Rosenkranz gebetet habe. Sie weiß weiter, daß dieses Verhältnis mit dem überraschenden Tod meines Freundes endete und daß diese so plötzlich beendete Verbindung die Feindschaft unserer Familien heraufbeschworen hatte. Bei meinem Eintritt ins Kloster habe ich erklärt, daß nur meine Liebe zu Gott der Anlaß meines Entschlusses gewesen sei. Hier widersprach mir die Priorin entschieden. Sie wisse, sagte sie, daß die Gottesliebe wohl beteiligt gewesen sein könnte, der auslösende Grund sei aber Lebensenttäuschung und Liebesekel gewesen. Dies aber könne keine Grundlage für ein gesundes Ordensleben sein."

Schwester Maria Agape hatte aufmerksam zugehört. Ihre großen Augen und ihr schneller Atem verrieten jedoch, daß es in ihr erheblich arbeitete.
Erregt antwortete sie: „Und du glaubst, daß dieses Wissen der Priorin von mir stammte?"
„Ja, leider muß ich dies glauben, Maria Agape. Woher, meine Liebe, sollte sie es sonst haben? Ich habe außer dir keinem Menschen davon erzählt."
Das Gesicht Maria Agapes veränderte sich, wurde abwechselnd weiß und rot, als sie übertrieben laut sagte: „Und ich schwöre dir, daß ich zu der Schwester Priorin, daß ich zu keinem Menschen ein Sterbenswort über diese deine Geschichte erzählt habe. Wie könnte ich auch! Wir sind zusammen in dieses Kloster der Benediktinerinnen eingetreten, haben gemeinsam die Zeit als Postulantin erlebt, in der uns die Novizenmeisterin die Grundlagen des Ordenslebens in all ihren besonderen Formen, die vom sonstigen Leben doch so sehr abweichen, gelehrt hat. Wir haben das Novizenjahr hinter uns, und wir haben gemeinsam die Zeit verbracht, die uns auferlegt war, um zu prüfen, ob wir im baldigen Gelübde den Forderungen des Ordens, Beständigkeit, Armut, Ehelosigkeit und Gehorsam, standhalten. Gemeinsam haben wir zum ersten Mal die Kleidung des Ordens angelegt. Nur der weiße Schleier fehlt uns noch. Die Priorin hat uns gemäß unseren drei Vorschlägen unsere Namen Maria Anna und Maria Agape gegeben. Es dauert nicht mehr lange bis zu dem Tag der Profeßfeier, bei der wir den Ring als sichtbares Zeichen für unsere „Vermählung mit Gott" erhalten werden. Du weißt, wieviel wir gemeinsam erlebt haben, und du weißt auch, daß unser ganzes Leben auf Gott, und nur auf ihn, gerichtet sein soll. In Anbetracht dieser vielen Gemeinsamkeiten ist es mir rätselhaft, daß du mich beschuldigst, dein Geheimnis ausgeplaudert zu haben."
Maria Anna wand sich wie eine Schlange, die sich umzingelt sieht. Ihr Gesicht verfärbte sich mehrmals, die Stirn zeigte Falten, die sonst nicht da waren, ihre Nasenflügel bebten und ihre Lippen zitterten leise aber beständig.
Ihre Stimme klang brüchig, als sie nach einer Weile antwortete: „Ich weiß nicht mehr, was ich machen soll. Ich habe die menschliche Liebe genossen und bin an keinem Tage fähig, sie zu vergessen. Sogar im Gebet erscheint der Freund und die Liebe mit ihm vor meinem geisti-

gen Auge. Gemeinsam mit ihm, und noch im Kusse begriffen, bin ich mit ihm abgestürzt. Ich lag auf ihm, als das Leben aus seinem Gesicht und die Kraft aus seinem Körper floh. Nachts sehe ich, wie er sich zu mir beugt, wie sein Gesicht sich ganz langsam dem meinem nähert. Nein, meine Liebe, ich bin unsicher geworden in meinem Verhältnis zu Gott. Wie sagte die Priorin zu mir? ‚Wer vor der Welt flieht, wird auch im Kloster scheitern!' Ich bin vor der Welt in dieses Haus, in diese Gemeinschaft geflohen. Ich fürchte immer öfter und immer mehr, daß ich zum Scheitern bestimmt bin."

„Noch kannst du austreten, Maria Anna, bald kannst du es nicht mehr."

„Dennoch läßt es mir keine Ruhe, die Person nicht zu kennen, die der Priorin meine Geheimnisse verraten hat."

Beim Essen saßen alle sechzehn Schwestern gemeinsam im großen Raum des Klosters, dem Refektorium, um den rechteckigen Tisch zusammen. Die schweigende Einnahme des dreißigminütigen Mahls ist ein Zeichen der Demut und der Armut.

„Nichts verträgt sich weniger mit einem Christenleben als die Unmäßigkeit", sprach die Vorleserin diesen Satz des Heiligen Benedikt über die gebeugten Köpfe der Mitschwestern hinweg.

Es folgten noch einige Worte des Tagesheiligen, ehe die Zinnteller mit dem kärglichen Mahl gefüllt wurden. Das Essen wurde schweigend verzehrt. Nur leises Füßescharren und das Klappern der Bestecke auf den Tellern unterbrach von Zeit zu Zeit die völlige Ruhe in diesem hohen, hellen Raum.

Maria Anna schielte immer wieder wie ein ertappter Sünder über den Tellerrand. Sie hatte das Gefühl, als blickten alle Anwesenden zu ihr herüber, die einen vorwurfsvoll, die anderen höhnisch grinsend, als wüßten alle um dieses Geheimnis ihrer Mitschwester.

An diesem Nachmittag machte Schwester Maria Anna eine folgenschwere Entdeckung. Als sie nach der Mittagshore gegen halb zwölf von der Kapelle aus über den Gang zu ihrer Zelle ging, sah sie durch das Fenster, wie ein junger Mann an der Pforte stand und gerade eingelassen wurde. Diesen jungen Mann kannte sie. Es war der Arztsohn aus ihrem Heimatort. Verdammt noch mal! Was wollte der hier? Sie bat Gott kurz um Vergebung für diesen Fluch, war aber sofort wieder mit ihren Gedanken bei diesem jungen Mann.

Schon wieder stieg die Vergangenheit in ihr hoch. Seit vielen Jahren hatte dieser junge Mann – er hieß Manfred Ebert – ihr nachgestellt. Er hatte ihr, da er offenbar über ein großzügiges Taschengeld des Vaters verfügte, geradezu unglaubliche Angebote gemacht. Einmal wollte er ihr Schmuckstücke schenken, ein anderes Mal wartete er mit dem Auto seines Vaters vor ihrem Haus. Zweimal hatte sie sein Angebot angenommen. Beim zweiten Mal hatte er sie jedoch heftig bedrängt, als sie auf einer Bank am Waldrand saßen, von der aus sie den Rhein über viele Kilometer hin übersehen konnten. Er zeigte mit dem Finger auf ein Schiff, das gerade, eine große Welle verursachend, zu Berg fuhr. Als sie mit ihren Augen der Richtung des Fingers folgten, packte er sie mit beiden Händen am Kopf, zog ihren Mund zu sich hin und versuchte sie zu küssen. Sie jedoch wehrte sich mit allen Kräften, preßte ihre Lippen fest zusammen und ließ seinem halbgeöffneten Mund keine Möglichkeit. Da zeigte er seine ganze Schändlichkeit, warf sie auf die Bank zurück, sprang ins Auto und fuhr davon.

Sie hörte noch, wie er aus dem Wagen rief: „Du verdammte, dumme Kuh! Heirate deinen Drecksbauern und sieh zu, wie du heimkommst. Mich jedenfalls siehst du nicht mehr wieder."

Es kann vorausgeschickt werden, daß sich diese Drohung nicht bewahrheitete, denn Manfred stellte ihr weiterhin nach, bis er nach einer heftigen Tracht Prügel von ihrem Freund Rainer die aussichtslosen Bemühungen einstellte. Doch Agathe spürte, daß dies nicht das Ende dieser Geschichte war.

Manfred war ein junger Mann, dem in seinem jungen Leben alle Wünsche erfüllt worden waren. Er war das einzige Kind des wohlhabenden Arztes Dr. Ebert. Er konnte sich alles leisten und war nicht gewohnt, daß ihm ein Wunsch abgeschlagen wurde.

Jedenfalls mußte sie damals zwei Stunden nach Hause laufen, das höhnische Grinsen Manfreds immer vor ihrem geistigen Auge.

Daß dieser Manfred, den sie in den Jahren im Kloster fast vergessen hatte, bei seinem Besuch bei der Ehrwürdigen Mutter Böses im Schilde führte, war für sie sicher.

Sie brauchte sich nicht lange den Kopf zu zerbrechen, denn es verging keine halbe Stunde, bis sie zur Priorin gerufen wurde.

Die Ehrwürdige Mutter sah sie gar nicht an, als sie in strengem Ton sagte: „Schwester Maria Anna, ich wollte Ihnen nur mitteilen, daß Sie ab morgen früh in der Brennerei tätig sein werden."

„Ich muß ... in den Keller?"
„Natürlich, denn dort befindet sich die Brennerei."
„Ist dies, Ehrwürdige Mutter, ... eine Strafe?"
„Sie liegen mit Ihrer Annahme nicht ganz falsch."
„Warum? Was habe ich getan? – War der junge Mann, der vorhin bei Ihnen war, die Ursache?"
„Es war vielleicht der auslösende Punkt."
„Was hat er gesagt?"
„Sie kennen ihn also?"
„In dem Ort, aus dem wir beide stammen, kennen sich alle."
„Dann wissen auch alle, was in einem solchen Ort geschieht?"
„Ich weiß nicht, was diese Frage soll."
„Wenn Sie ein Verhältnis mit einem jungen Mann beginnen, weiß dies bald der gesamte Ort?"
„Ich habe kein Verhältnis."
„Beantworten Sie mir meine Frage!"
„Natürlich wird sich dies rumsprechen."
„Auch unter der Geistlichkeit?"
„Auch unter den Bewohnern des Pfarrhauses."
Die Priorin nahm sie mit in den Keller, wo eine Mitschwester auf einem Tisch gerade getrocknete Blätter ausbreitete und untersuchte.
„Maria Felizitas ist unsere Kräuternonne", sagte die Oberin. „Sie sollen auch das sehen, was hier unten geschieht. Sie wissen, daß wir alles ökologisch anbauen. Hier werden die Kräuter bis zum fertigen Erzeugnis, das Sie ja kennen, behandelt."
Die Schwester hatte eine Waage und eine Uhr vor sich stehen. Mit der Waage maß sie die festgelegten Kräutermengen, die Uhr ermahnte sie an die Gottesdienste, die sie nicht vergessen durfte. An der Wand hing ein überlebensgroßes Abbild des Gekreuzigten.
„Das soll also jetzt meine Bleibe sein, Ehrwürdige Mutter?"
„Nein, das hier nicht, denn das wäre eine Beförderung. Sie werden im Nebenzimmer beschäftigt sein, wo der Schnaps gebrannt wird, die alkoholischen Essenzen, die wir für viele unserer Arzneien benötigen."
Die Oberin führte Maria Anna durch eine Tür in einen kalten, dunklen Raum, in dem ein einfacher Stuhl stand, auf dem eine betagte Schwester saß, die ohne jeden Gesichtsausdruck vor sich hinstierte. Sie hatte eine Korbflasche vor sich und einen großen, blechernen Trichter. Dane-

ben befand sich ein grün lackierter Destillierkessel, aus dem in dünnem Strahl das Destillat in einen Eimer tropfte.
„Ich nehme an, daß ich Schnaps brennen soll?"
„Ja, das sollen Sie."
Sie erzählte weiter, daß diese Schwester der Trunksucht verfallen sei. Ihre Anfälle seien zuerst monatlich, dann wöchentlich, schließlich täglich vorgekommen. Auch jetzt sei sie betrunken. Das schlimmere Übel jedoch sei, daß diese Schwester ein unumstößliches Ordensgebot verletzt habe. Wenn jemand eine Mitschwester oder sonst jemanden beleidige oder ihr Schaden zufüge, müsse er noch am selben Abend öffentliche Abbitte leisten. Dies habe Schwester Maria Scholastika immer wieder verweigert. Sie mußte also bestraft und vorerst aus der Gemeinschaft des Ordens verbannt werden. Diese begrenzte Aussperrung nannte man in diesem Kloster das „zeitliche Fegefeuer auf Erden."
Das war wohl auch der Grund, warum man Schwester Maria Scholastika bisher oben noch nicht gesehen hatte.
„Was wird man mit ihr machen?" fragte Maria Anna.
„Sie kommt gleich, wenn du ihre Arbeit übernehmen wirst, zuerst einmal zu den Trappisten. Im übrigen kannst du dir deine vielen neugierigen Fragen sparen. Man braucht am Anfang nicht alles zu wissen. Schwester Maria Felizitas wird dich jetzt einweisen. Du kannst sofort hierbleiben."
Mit diesen Worten verschwand die Priorin.
Maria Anna nahm eine Schürze vom Haken und machte sich sofort über die Arbeit her, das Ausbreiten von Frauenmantelblättern, aus denen, neben vielen anderen Dingen, ein heilkräftiger Blasen- und Nierentee hergestellt wird.
„Wir bereiten auf dem Gebiet der Heilmittel über vierzig Spezialitäten, deren Verkauf unser Überleben sichert", begann Schwester Maria Felizitas ein Gespräch, das höchst aufregend werden sollte. „Du weißt jetzt, daß das Schnapsbrennen deine erste Aufgabe sein soll. Das ist eine Arbeit, die nicht viel Kenntnisse, noch weniger Fleiß erfordert. Folglich kannst du mir zur Hand gehen, denn ich weiß manchmal nicht, wie ich vor lauter Arbeit zu Rande kommen soll. Aber merke dir, wenn die Priorin kommt – du hörst sie bereits auf der knarrenden Treppe –, verschwindest du schnell nach nebenan. Sie braucht von unserer privaten Abmachung nichts zu wissen."

„Ist dies nicht auch eine Form des Ungehorsams, wenn ich die Priorin auf diese Weise hintergehe?"

„Es wird der Tag kommen, an dem du nach guten Gedanken forschen wirst, die es dir ermöglichen, die Alte reinzulegen."

Maria Anna merkte erschrocken auf. Solche Reden aus dem Munde einer Nonne?

„Wie soll ich dies verstehen?" fragte sie erregt.

„Die Priorin ist ein Scheusal. Gott verzeihe mir diesen Ausdruck! Sie hält nur mit empfindlichen Strafen die Ordnung aufrecht und begründet diese Maßnahmen stets mit der Regel des Heiligen Benedikt. Auch die alte Mitschwester Maria Scholastika, die sie ihrer Trunksucht wegen für unnütz hält, und die sie ins verlassene Trappistenkloster verstecken will, hat sie auf dem Gewissen."

„Sie hat diese Mitschwester auf dem Gewissen?"

„Ja! Als bei Maria Scholastika die Anzeichen beginnender Trunksucht sichtbar wurden, hätte die Priorin sie in eine Entziehungskur schicken müssen. Sie aber hielt diese Anzeichen für einen Hinweis Gottes, die trunksüchtige Schwester für die Öffentlichkeit und die Mitschwestern unsichtbar zu machen. Dies war am ehesten hier unten in der Schnapskammer möglich. Bald wird sie völlig verschwunden sein."

„Merken denn die Mitschwestern nicht, was hier unten vor sich geht?"

„Nein, außer mir scheinen alle zu glauben, daß die Priorin sich bereits zu Lebzeiten im Bereich der Gottesnähe befindet."

„Warum aber plauderst du dieses Wissen aus, das dir gefährlich werden könnte?"

„Ich weiß, daß ich im eigenen Interesse schweigen müßte, zumal ich überzeugte Nonne bin, im Glauben lebe und nach der Ordensregel Demut und Gehorsam zu beachten habe. Doch ich habe mehrere Gespräche der Priorin belauscht und erfahren, was mit Maria Scholastika und dir geschehen soll. So lange Maria Scholastika hier ist, ist sie der Putzlappen des Klosters. Die Priorin haut ohnehin jeden um, der sich ihr nicht gewachsen zeigt. Mit dir wird mit Sicherheit ähnliches geschehen. Diesem Unrecht tatenlos zuzusehen, kann ich mit meinem Gewissen nicht vereinbaren."

Maria Felizitas erzählte ihr nun eine Geschichte, die nahezu unglaublich schien.

Unter diesem alten turmähnlichen Gebäude, das seit fast hundert Jahren

Schwestern des Ordens der Benediktinerinnen eine zwar mittelalterlich anmutende, jedoch ordentliche und sichere Bleibe bot, befanden sich mehrere unterirdische, fensterlose Räume, die man nur künstlich beleuchten konnte. Es gab jedoch einen Kreislauf frischer Luft, der Atmen und damit Leben möglich machte. Diese Räume standen seit langem leer, beherbergten jedoch früher einmal, vor dem Aufbau des jetzigen Benediktinerinnenklosters, Schwestern des Ordens der Karthäuserinnen. Warum die Priorin, die als einzige die mittelalterliche Geschichte und die verschlungenen Gänge dieses alten Gebäudes mit dem finsteren Turm kannte, stets nur von einem Trappistenkloster sprach, war unbegreiflich. Die Trappisten, nach der Abtei La Trappe in Frankreich benannt, waren Angehörige des Ordens der Zisterzienser. Aber zu viele Dinge wiesen eindeutig auf die damalige Anwesenheit von Karthäusern hin, eines sowohl Mönchen wie Nonnen zugänglichen Ordens, der im Süden Frankreichs entstanden war, seine Ausbreitung jedoch im heutigen Polen, in dem Städtchen Karthaus gefunden hatte. Es war ein schweigender Orden. Die Klosterinsassen benutzten nur zwei Worte. Wenn sich zwei von ihnen begegneten, sagten sie: „Memento mori – Gedenke des Todes!" Sie lebten streng nach dem Grundsatz: „Ora et labora-Bete und arbeite!" Alle lebten einzeln in winzigen Zimmern, in die durch ein Fensterchen Material für Heimarbeit gereicht wurde. Nur einmal in der Woche durften die Klosterinsassen miteinander frei und unbeschwert sprechen: am Sonntag Mittag, wenn es zur Feier des Tages Fisch gab. Nach dieser für Karthäuser üppigen Mahlzeit lustwandelten die Patres und Brüder eine Stunde im Garten und erzählten sich Dinge, die jedoch nur frommen Inhaltes sein durften. Hinter der Schnapsbrennerei öffnete Maria Felizitas eine Tür, die so niedrig war, daß man nur gebückt durchgehen konnte. Dort führte eine schmale Steintreppe nach unten. An den Seitenwänden befanden sich verrostete Halterungen, in denen früher offensichtlich Leuchten, welcher Art auch immer, steckten. Maria Felizitas entnahm einer Wandnische eine Stabtaschenlampe und führte eine mehr und mehr staunende Maria Anna immer tiefer in die Erde hinein. Es gruselte ihr, sie fürchtete sich und fröstelte.

„Du brauchst jetzt keine Angst zu haben. Die Ehrwürdige Mutter ruht wie an jedem Nachmittag. Ich habe dich hier herunter ins ewige Dunkel geführt, ich werde dich später auch wieder hinauf zum Licht bringen."

Maria Felizitas führte sie in den dunklen Turm hinunter. Plötzlich zuckte Maria Anna zusammen. Im Schein der Stabtaschenlampe erkannte sie Gevatter Tod, den Sensenmann an der Wand: ein Gerippe mit Zipfelmütze, das gerade mit einer Sense zu einem gewaltigen Rundumschnitt aushole. Über ihm ein schwarzes Schild mit weißer Schreibschrift: „Momento mori – Gedenke des Todes!"
„Gehst du ins Karthäuserkloster nach Karthaus im Mittelpunkt des Kaschubenlandes südwestlich von Danzig, so findest du überall dieses Gerippe und diese Inschrift. Sie soll mahnen, daß das irdische Leben nur eine kurze Zeitspanne beinhaltet. Auf dem nächsten Podest werden wir erneut etwas Grauenvolles vorfinden. Es handelt sich um ein Lesepult mit eingeschnitztem Sensenmann und der Aufschrift: „Gevatter Tod ist überall!" Ein zweites Exemplar dieses Pultes befindet sich im hohen Dom zu Meissen in Sachsen."
Maria Anna wurde es immer unheimlicher. „Woher weißt du dies alles, Maria Felizitas?"
„Ich habe dieses alte, furchterregende, unterirdische Haus mit großem Interesse erkundet. Ich weiß, daß hier im Verlauf einer langen Geschichte Schreckliches geschehen sein muß. Am Nachmittag, wenn ich vor der Alten sicher bin, gehe ich regelmäßig hier herunter. Selten, daß ich einmal nichts Neues finde. Ich versuche, aus vielen Bruchstücken Schicksale zusammenzusetzen. In der Knochenkammer ganz unten gibt es ausreichend Material hierfür."
„Überreste von Toten?"
„Ja, von auf natürliche Art Verstorbenen, aber auch von gewaltsam Getöteten, Erschlagenen, Erstochenen, Gefolterten. Ich bin nicht sicher, ob beim Tod manch unversehrten Gerippes nicht auch Gift im Spiele war. Sieh, ich bin Apothekerin und Biologin. Mein Interesse liegt jedoch mehr auf dem Gebiet, das ich dir eben geschildert habe. Es wird nicht mehr lange dauern, bis ich soviel Material zusammen habe, daß ich das Verfassen eines Aufsehen erregenden, wissenschaftlichen Werks in die Tat umsetzen kann. Jetzt weißt du auch, warum ich immerfort alle Hebel ziehe, um auf dem Apothekerposten bleiben zu können."
„Warum erzählst du mir, gerade mir, dieses alles?"
„Weil auch du dort unten landen wirst. Es ist zwar schon lange dort unten keiner mehr umgebracht worden. Doch ein sehr unangenehmes Gefängnis ist es allemal."

„Woher weißt du, daß gerade ich dort unten landen werde?"
„Auch dieses Geheimnis werde ich dir mitteilen. Höre! Die Priorin hat eine alte Einrichtung dieses Gebäudes für sich zunutze gemacht. Diese geheimnisvolle Einrichtung kann jedoch, auch ohne ihr Wissen, gegen sie selbst verwendet werden."
„Das verstehe ich nicht!"
„Höre! – Du hast sicher schon etwas von vorgeschichtlichen Orakeln, wie dem von Delphi, gehört. Auch auf der Insel Malta wurde ein solches Orakel gefunden. Beim Bau dieses alten Turms hat man Abhörleitungen sehr geschickt eingerichtet, mit deren Hilfe man alles, was in anderen, auch weit entfernten Zimmern gesprochen, oder sogar nur geflüstert wird, abhören konnte. Weiter kann man mit derselben Einrichtung in ein Loch hineinreden. Der Ton ist oft weit entfernt, wenn auch verzerrt hörbar. Hiermit verbreitet die Priorin, wie ihre Vorgänger vor vielen hundert Jahren, Angst und Schrecken. Sie hört alles, was in besagten Räumen gesprochen wird und sie kann mit den verzerrten Stimmen Laute eines Verstorbenen oder eines drohenden, bösen Geistes nachahmen. Die Sache hat nur einen Haken. Ich selbst kann auf diese Weise auch die Alte belauschen, ohne daß diese auch nur eine leise Ahnung davon hat. So habe ich auch erfahren, was mit Maria Scholastika und dir geschehen soll."
„Mit wem bespricht sie solche Dinge?"
„Sie kniet auf ihrem Betschemel und bespricht alles mit der guten Mutter im Himmel. Ihr erzählt sie ihre Vorhaben, so schändlich sie auch sein mögen. Sie glaubt bei allem Bösen, daß sie anrichtet, in Wirklichkeit gute Werke zu tun."
„Wo ist der Platz, an dem du die Stimme der Priorin hörst?"
„Verzeih mir, daß ich einige Geheimnisse noch für mich behalten muß. Eines jedoch will ich dir noch anvertrauen. Jeden Abend bei ihrem privaten Abendgebet, gegen neun Uhr, vertraut sie der Mutter im Himmel ihre Gedanken, Wünsche und Vorhaben an. Um diese Zeit werde auch ich unsichtbar sein. Eines jedoch muß ich noch herausfinden: Hört sie wirklich die Stimme der Mutter im Himmel oder bildet sie sich dieses nur ein? Auf jeden Fall glaubt sie, göttliche Anweisungen auf diesem Weg zu erhalten. Sei still jetzt! Ich habe schon zuviel geredet."
„Nein! Eines muß ich noch wissen. Wirst du es mir sagen?"
„Rede!"

„Was wirft sie mir vor?"
„Das schlimmste, das es in ihrem kranken Hirn geben kann. Du hast der Sünde der außerehelichen geschlechtlichen Liebe mit zwei verschiedenen Männern gefrönt. Sie lastet dir den Tod des ersten an. Mit dem zweiten stündest du immer noch in Verbindung. Erst gestern sei dieser im Kloster gewesen. Still jetzt! Die Alte erhebt sich immer in der gleichen Minute. Komm, hilf mir jetzt bei der Arbeit mit meinen Pflanzen, den Blättern und den Blüten. Dann fällt es auch nicht auf, wenn man uns zusammen sieht."
Mit Hilfe der Taschenlampe stiegen sie die schmale Treppe nach oben, durchschritten die niedrige Tür und sahen Schwester Scholastika immer noch mit offenen Augen, die jedoch ohne jeden Ausdruck waren.
„Sie ist immer so", flüsterte Maria Felizitas ihr ins Ohr. „Sie ist stets betrunken und schreit, wenn man ihr keinen Schnaps gibt."
Beide gingen jetzt in die sogenannte Apotheke und kümmerten sich um die ausgebreiteten Blätter und Blüten des Frauenmantels. Später hatten sie noch eine Maische von Äpfeln zu sieben und umzuschöpfen, die ein ganzes Jahr lang gären muß, ehe sie mit verschiedenen Kräutern und Tinkturen versetzt als Grundstoff mehrerer Heilmittel in die Apotheken der Umgegend verkauft wird. Felizitas teilte Anna auch noch Geheimnisse ihrer segensreichen Tätigkeit mit. In Regalen findet man Fläschchen verschiedener Größe mit sauberen altdeutschen Aufschriften: Goldlikör, Heidelbeertinktur, Lavendel und Melissengeist, Ovariaetinktur für Nervenleiden, Kräuterwein für Nervöse, bittere Magentropfen aus reinem Tausendgüldenkraut, roter Enzianwurzel und Schalen unreifer Pomeranzen. Außerdem entdeckt man da ein gutes und wirksames Mittel gegen Angina aus Salbeitee, Essig und Honig zu gleichen Teilen oder bei Grippe und Halsweh eine Gurgellösung aus Salbei, Kamille und Arnika. Gegen Schnupfen soll ein Gebräu aus Schlüsselblumen, Breitwegerich, Frauenmantel und Lungenkraut helfen. Eine besondere Erfindung ist die Tinktur gegen Arterienverkalkung aus Benediktenkraut, Frauenmantel, Mutterwurz, Mariendistel, Mistel, Löwenzahn, englischer Minze, Majoran und Edelraute.
Wollte man die Inhalte aller Tinkturen, Lösungen und der Salbengrundlagen beschreiben, ein dickes Schreibheft würde nicht ausreichen.
Plötzlich hob Maria Felizitas den Finger in die Höhe und sagte leise: „Achtung, die Alte kommt! Sieh sie nicht an! Das kann sie nicht leiden.

Tue so, als sei sie gar nicht hier, beschäftige dich mit deiner Arbeit!"
Die Tür öffnete sich leise, nicht weit, kaum einen halben Meter. Die Priorin liebte keine weit geöffneten Türen. Sie pflegte sich seitlich, durch einen Türspalt, ins Zimmer zu schieben. Als sie jedoch die Tür verschlossen hatte, stand sie massig und streng vor den beiden Schwestern.
„Bitte gehen Sie auf eine Pause in Ihre Zimmer. In einer halben Stunde können sie Ihre Arbeit wieder aufnehmen."
Sie blickte streng, bis die beiden Schwestern das Zimmer verlassen hatten.
„Was wird sie wohl machen?" sagte Maria Anna auf dem Weg nach oben.
„Sie wird das machen, wofür sie den Segen der Mutter im Himmel erbeten hat. Sie wird die arme Maria Scholastika in die Höhlen unter der Erde stecken, die ich dir vorhin gezeigt habe. Sie wirft ihr vor, gegen das vierte Kapitel der Regel des Ordens verstoßen zu haben, in dem es heißt: ‚Man soll täglich im Gebet die eigenen Sünden vor Gott bekennen.' Maria Scholastika hat sich geweigert, dieses zu tun, weil sie ihre Handlungen nicht als Sünde einsehen wollte. Die Priorin wirft ihr außerdem die Verletzung der Regel vor, die besagt: ‚Das Begehren des Fleisches nicht erfüllen!' Sie habe mehrmals dem Begehren des Fleisches nachgegeben, habe aber diese schwere Sünde nicht vor Gott bekannt und bereut."
Als sie nach einer halben Stunde wieder in die Apotheke kamen und einen Blick in die Brennkammer warfen, sahen sie, daß die bedauernswerte Mitschwester Maria Scholastika verschwunden war.
„Wollen wir nach ihr sehen?" fragte Maria Anna besorgt.
„Nein, nicht heute! Wenn ich morgen hinabsteige, gehe ich allein. Du wirst hierbleiben und dir eine glaubwürdige Antwort, meine Abwesenheit betreffend, einfallen lassen. So, geh nun mit mir nebenan in die Brennkammer. Ich werde dich jetzt in die Geheimnisse des Schnapsbrennens einweihen, wie die Priorin aufgetragen hat."
Ein großer Teil des Tages wird für Maria Anna immer noch von der Novizenmeisterin bestimmt, mit der sie, auf verschiedenen Zimmern zwar, im Noviziat wohnt. Sie hat zwar schon den Ring am Finger, der ihre Vermählung mit Gott versinnbildlicht, doch ist die Zeitspanne, die unmittelbar vor den ewigen Gelübden liegt, vielleicht die schwerste

Zeit, die Zeit der inneren Prüfung. Jetzt kann sie noch alles rückgängig machen, jetzt kann sie die Ordenskleidung, den Ordensnamen und den Ring noch ablegen. In zwei Wochen, vom Tag der Gelübde an, gibt es kein Zurück mehr.

Natürlich ist sie nach wie vor fest entschlossen. Die fünf in der Ordensgemeinschaft verbrachten Jahre haben sie geprägt, der Tagesablauf, das ständige Gebet, Meditation und gottnahe Gedanken haben ihr Gesicht gezeichnet, das immer mehr die Züge einer der vielen Madonnen angenommen hat, die gemalt, gezeichnet, gedruckt und in Holz und Stein gehauen worden sind. Natürlich ist sie in der Lage, mehrmals täglich so mit Gott zu sprechen, als ob dieser neben ihr säße. Natürlich entschuldigt sie sich bei ihm für jedes barsche Wort, für jede Vergeßlichkeit, jedweden Gedanken des Leichtsinns.

Man kann sein Äußeres verändern, seine Gewohnheiten, selbst die Stimmung der Seele und der Gedanken sind in bestimmten Maßen selbst beeinflußbar; doch man bleibt das junge Mädchen von vierundzwanzig Jahren, das seinen Träumen und Gedanken ausgeliefert ist. Was soll sie machen, wenn sie immer wieder den Todessturz Rainers vor ihrem geistigen Auge sieht? Von diesen Gedanken ist es nicht weit bis hin zu den glücklichen Bildern am Rheinufer, dem Plätschern des Wassers, der stets am Abend beleuchteten Burg, dem Geruch des Sommergrases. Sie fühlt die Hand, die die Bluse öffnet, über ihre nackte Haut gleitet, sie spürt Begierde, eine plötzliche, wilde Lust. Sie erwacht, erhitzt und erregt, die Brust entblößt.

Sie steht auf, betet, fleht den Himmel an, bittet Gott um Vergessen und Vergebung; wünscht, Träume und Gedanken selbst verändern zu können. Dennoch kommen sie zurück, immer wieder.

Wie sagt die Novizenmeisterin: „Eines Tages werden die Gedanken vergangen, diese Gefühle verschwunden sein. Alles, was nicht dauernd geübt wird, bildet sich zurück. Unsere Lebensform mit ihren Gebeten, der Stille und der Meditationen kann einen Menschen ganz für sich einnehmen."

Sie muß immer daran denken, daß viele in ihrer früheren Umgebung ihr den Entschluß, ins Kloster zu gehen, zu verleiden trachteten: die Eltern, denen die gute Arbeitskraft verloren ging, der Chef in der Lebensmittelgroßhandlung, der ihr geldliche Vorteile versprochen hatte um sie zu halten, die Freundinnen und Freunde hatten auf sie eingeredet und sie

gebeten, ihren Entschluß noch einmal zu überdenken. Selbst der Pfarrer hatte mehrfach zu ihr gesagt, daß in der Pfarrei noch sehr viel zu tun sei, in der Caritas, im Kirchenchor, bei der ökumenischen Sozialstation, in der katholischen Jugend, der Missionsarbeit, der Belehrung von Konfirmanden und Kommunionkindern.
War es wirklich ein ausreichend ernster Entschluß gewesen? War es nicht doch nur die plötzliche Eingebung, die dem Tod des Freundes vielleicht zu schnell auf dem Fuß gefolgt war? War es nicht die Gedankenschnelligkeit des Selbstmörders, der der Änderung seines meist unüberdachten Plans keinen Raum mehr läßt?
Würde sie vielleicht doch ihren Entschluß verdammen, wenn sie später ihren Freundinnen mit Männern am Arm und Kindern an den Händen begegnete?
Ihre Gedanken wurden strenger. Sie war eine der wenigen Klosterbewohner, die die Liebe, auch die körperliche Liebe an sich selbst, gefühlt hatten. Wer an einen Gott glaubte, der mußte auch daran glauben, daß dieser Gott, dem sie ihr Leben zu weihen im Begriff war, das Geschenk der körperlichen Liebe allen Menschen, auch ihr und den Mitschwestern, zum Geschenk gemacht hatte. Ein wundervolles Geschenk! War es nicht unhöflich, ein solches Geschenk abzulehnen, zurückzuweisen? Konnte eigentlich die geistige Liebe zu diesem Gott – auch ein großartiges Geschenk – diese körperliche Liebe zwischen zwei Menschen ersetzen? Konnte man die geistige Liebe zu Gott mit ganzem Herzen pflegen, ohne den zweiten Teil des Gottgeschenkes aufzugeben?
Sie wußte, daß sie mit den Mitschwestern darüber nicht reden konnte. Sie alle, ohne Ausnahme, hatten die Füße ihres Lebens auf eine schmale Einbahnstrecke gelenkt, die keine zweite Spur besaß. Selbst die Freundin Maria Agape, die einzige, die ihrem Alter entsprach, befand sich bereits auf dieser Einbahnstraße, obwohl es ihr als einziger noch möglich war, den Rückwärtsgang einzuschalten.
Sie besann sich des Ausspruches der Novizenmeisterin: „Zweifel ist das Schlimmste. Wer zweifelt, läuft schließlich doch weg."
Diese Zweifel, diese Stiche, die sich in die Seele bohrten, schwanden jedesmal beim gemeinsamen Gebet. Achtmal am Tag traf man sich rechts und links des Altars im Chorgestühl zum gemeinsamen Singen oder zur stillen Zwiesprache mit Gott.

Die Nonnen sitzen stets am selben Platz. Vorn die Priorin und die Subpriorin, danach die Schwestern in der Reihenfolge ihrer Ordensjahre, also auf der einen Seite Maria Agape, auf der anderen Maria Anna am Schluß. Dieselbe Rangordnung gilt für den Speisesaal und das Refektorium.

Der Klosteralltag hält sich streng an den Dienstplan, der um fünf Uhr in der Frühe beginnt und bis neunzehn Uhr dreißig täglich zwölf feste Programmpunkte vorschreibt. Daneben gibt es viele Dienste, die die karge Freizeit weiter erheblich beschneiden. Eine der Schwestern muß bereits um vier Uhr in der Frühe aufstehen, den Kaffee aufsetzen und die anderen Mitschwestern wecken. Wieder andere sind mit dem Kirchendienst und der Liturgie beschäftigt, zwei weitere lesen während des Essens, andere tragen das Essen auf und ab. Natürlich gibt es auch eine Küchenschwester, eine Sanitätsschwester, die Buchhalterin, die Meßdienerin und die bereits erwähnte Apothekerin.

Wie ist dies bei bei zwölf weiteren Tagesordnungspunkten alles zu schaffen? Die Uhren gehen anders im Kloster. Im Vorzimmer des Büros der Priorin hängt ein Spruch Herrmann Hesses: „Die hohe Bewertung der Minute, die Eile als wichtigste Ursache unserer Lebensform, ist zweifellos der Feind der Freude. Möglichst viel und möglichst schnell ist heute die Losung. Das ergibt immer mehr Vergnügen und immer weniger Freude." Nichts kann hier treffender den Zeitbegriff im Kloster aufzeigen, als die alte Taschenuhr, die seit über sechzig Jahren in der Schürze von Schwester Maria Josefa tickt. Diese hat schon viele Posten im Kloster begleitet und immer war die alte Uhr bei ihr. Sie war dabei, als Maria Josefa neben dem Brennkessel ausharrte und wartete, bis das grelle Feuer der Maische den Geist austrieb. Sie wurde von der unglücklichen Maria Scholastika abgelöst, die ebenfalls eine Uhr besaß. Die Uhr tickte beim Beten, Singen, Essen. Sie lag unter der Käseglocke am Fenster, die die Zeit, das unversehrte Gut, gewissermaßen konservierte. Die Uhr hat fast den Stellenwert des Gebetbuches im Kloster. Obwohl beides immer zur Hand ist, paßt es doch irgendwie nicht recht zusammen. Das eine ist das Sinnbild der Ruhe, der Geborgenheit, während das andere in der Welt für Streß und Hektik steht.

Wenn man das Kloster auch als Paradies bezeichnet, mehr verbunden mit der Vorstellung der Ruhe als der von schneller Bewegung, mehr verbunden mit der Vorstellung der schlurfenden Schritte, als der des

Eilens, mehr verbunden dem dämmrigen Licht als den strahlenden Kronleuchtern, so läuft doch in diesem Paradies nichts ohne Uhr. Selbst wenn die Schwestern nicht den Zeitdruck eines Betriebsleiters oder eines Fließbandarbeiters kennen, ihr vorgeschriebener Tagesablauf zwingt sie in ein Schema, dem sie nicht ausweichen können und das einzuhalten schon eine Leistung ist. Hier gehen die Meinungen über das Kloster und das wirkliche Klosterleben nicht mehr in der gleichen Richtung. Dennoch ist der in der Regel Benedikts vorgegebene Spannungsbogen, die strenge Einteilung des Tages in Zeiten der Arbeit, der Erholung und der Besinnung die Lösung zur Verhinderung aller Formen von Streß. Die im Garten lustwandelnde, einsame Nonne gibt es ebenso wie die Gemeinschaft, in der man sich vergnügt unterhalten und herzlich und ohne Druck lachen kann.

Obwohl in einigen Teilen der Welt die Klöster leerer und einsamer werden, gibt es immer noch in der von einem Abtprimas recht frei geführten Gemeinschaft aus 21 Kongregationen, achtzehntausend Benediktinermönche und Nonnen. Zu dieser Gemeinschaft zählen auch noch achzig Zisterzienser- und ebensoviel Trappistenklöster. Alle diese richten sich nach der in dreiundsiebzig Kapitel geordneten Regel des heiligen Benedikt von Nursia, die das Gerüst und das Korsett des klösterlichen Zusammenlebens von alters her bildet. Seit der Zeit des Papstes Gregor des Großen gilt Benedikt als der „Vater der Mönche".

3.
DIE PRIORIN

Maria Anna hatte nun ihre ewigen Gelübde abgelegt. Es war eine würdige, jedoch einfache Feier, der die Priorin zwar ihren üblichen Verlauf ließ, jedoch durch ihr Verhalten, durch Mimik und Gebärden zeigte, daß Maria Anna keineswegs ihr Wohlwollen besaß. Alle Schwestern waren anwesend mit Ausnahme von Maria Scholastika, die als krank gemeldet war, von der jedoch sowohl Maria Anna als auch Maria Felizitas wußten, daß sie in Wirklichkeit in den untersten Verließen des mittelalterlichen Trappistenklosters eingesperrt war.

Ihre Eltern kamen gemeinsam mit der Tante, Schwester Maria Angelika, auf sie zu und beglückwünschten sie. Der Vater sagte: „Hoffentlich bereust du es nicht, mein Kind", während die Mutter in Tränen ausbrach und keines Wortes fähig war.

Die Tante, Schwester Maria Angelika, sagte: „Alles spricht vom Verzicht, wenn über das Kloster geredet wird. Für uns ist das Klosterleben keineswegs ein Verzicht, auch die Ehelosigkeit nicht. Für uns ist beides ein Gewinn. Ein Gewinn an Freiheit. Nicht „Freiheit von", sondern „Freiheit zu". Der Klostergeistliche machte es ganz feierlich: „Reich ist, wer viel hat, reicher ist, wer wenig braucht. Am reichsten aber ist, wer viel gibt. Und wir Ordensleute haben in der Tat sehr viel zu geben."

Dann trat die Priorin ans Rednerpult und sagte unter anderem: „Die Zuneigung zu einem menschlichen Partner ist keine Gegnerschaft zur Gottbeziehung. Wer aber in langem Noviziat, in der die Tür ins Leben immer offen steht, die Wahl fürs Leben hinter Klostermauern getroffen hat, von dem erwarten die Schwestern Standhaftigkeit, auch in allen schwachen Stunden, die jede von uns hin und wieder überfallen. Auch dann steht es jedem noch frei, den Orden wieder zu verlassen. Doch das wäre dann ein Schritt in eine ungewisse Zukunft. Ein Zurück, eine erneute Aufnahme in die Schwesterngemeinschaft, ist danach für allemal verwehrt. Das merke dir gut, Maria Anna!"

Den letzten Satz sprach sie besonders laut und blickte dabei herrisch, stolz, doch auch mit dem Ausdruck eines vorweggenommenen Vorwurfs aus.

Warum sagte sie diesen letzten Satz in so scharfem Ton? Warum sagte sie diesen Satz überhaupt? Maria Anna hatte schon einige Feierstunden in diesem Kloster erlebt, doch eine solch scharfe Form hatte sie noch nicht gehört, weder von der Priorin, noch von anderen. Sie hatte längst gemerkt, daß das Verhalten der Priorin zu keiner der Mitschwestern

herzlich, zu ihr aber besonders eisig war. Dies kam in ihrem Verhalten besonders zum Ausdruck, seitdem so überraschend Manfred Ebert im Kloster aufgetaucht war und mit der Priorin gesprochen hatte.
Dieser Manfred Ebert ging ihr nicht aus dem Kopf. Was mochte er alles der Ehrwürdigen Mutter erzählt haben? Er hatte eigentlich nichts zu erzählen. Bei allen Dingen, die mit ihm zu tun hatten, hatte sich Maria Anna wahrhaftig nicht das Geringste vorzuwerfen. Ja, es stimmte, daß Manfred wie ein Irrsinniger hinter ihr her gewesen war, daß er mit allen Mitteln ein Liebesabenteuer mit ihr gesucht hatte, daß ihm nichts zu teuer gewesen war, um dieses Ziel zu erreichen. Es wurde Maria Anna immer deutlicher, daß er sie bei der Priorin verleumdet hatte. Es wurde ihr immer klarer, daß sie ihrer Freundin Maria Agape wahrscheinlich Unrecht getan hatte. Was sprach eigentlich dagegen, daß Manfred schon vorher bei der Priorin gewesen war, schon vor dem Tag, als diese in ihre Zelle gekommen war und ihr Dinge vorgeworfen hatte, die ihr irgendwie zugetragen sein mußten. Konnte aber Manfred dieses wissen? Natürlich wußte er, zumindest seit dem letzten Weinfest, daß sie ein festes Verhältnis und eine Liebesbeziehung mit Rainer hatte. Natürlich kannte er auch die Einzelheiten des tödlichen Unfalls. Jeder im Ort kannte sie.
Maria Anna ärgerte sich maßlos, daß die Priorin ihr nicht den ganzen Festtag ließ. Kaum hatten die Eltern das Kloster verlassen, – sie hatten noch einen weiten Weg vor sich – komplimentierte sie die Schwestern hinaus und selbst dem Klostergeistlichen, der gern ein Glas Wein trank und noch einen kleinen Umtrunk erwartete, sagte sie kurz und bündig, daß es Zeit zur Komplet sei und daß sie von ihm erwarte, daß er sich daran beteilige.
Zu Maria Anna gewendet, sagte sie mit offenbar gespielter Höflichkeit: „Du hast dein Fest gehabt meine Tochter. Nach der Komplet erwarte ich dich im Brennraum. Es ist kein Feuer mehr unter dem Kessel und die Maische ist auch noch nicht gesiebt und geschöpft. Maria Felizitas braucht morgen Material, denn von alleine raucht der Schornstein nicht. Also voran und Gott sei gedankt für dieses schöne Fest."
Dieses war wohl der Gipfel des Hohns. Außer den Eltern hatte sie niemanden einladen dürfen. Es gab Kaffee und Kuchen, die übliche Zeremonie in der einfachsten Form, ein paar Glückwünsche und eine Ansprache der Priorin, die auch noch eine Beleidigung enthielt.
Das hatten auch die Mitschwestern bemerkt, auch sie ärgerten sich.

Dementsprechend war auch die Stimmung beim letzten Programmpunkt dieses Tages, bei der Komplet.
Maria Anna mußte durch die Apotheke der Schwester Maria Felizitas gehen, um ihren Arbeitsplatz, die Brennkammer, zu erreichen. Sie wunderte sich, daß diese bereits hier war.
„Ich denke, daß ich noch schnell zu Maria Scholastika gehen werde. Ich habe bereits ein Stück Kuchen und einen Becher mit Kaffee abgezweigt. Auch sie soll vom Fest wenigstens ein wenig mitbekommen. Du wirst mich begleiten können, denn die Alte wird jetzt nicht mehr herunterkommen. Ich habe keine Hand mehr frei, du kannst mit der Taschenlampe vorangehen."
Sie stiegen hinab und waren noch nicht ganz unten angelangt, als sie deutlich lautes Stöhnen vernahmen. Die Tür war verschlossen, hatte jedoch im oberen Drittel eine kleine Klappe, die sich mit vereinten Kräften öffnen ließ. Abwechselnd schauten sie mit Hilfe der Stablampe in den völlig dunklen, fensterlosen, verdreckten Raum hinein und erschraken. Ihre alte Mitschwester Maria Scholastika lag in der hintersten Ecke auf einem Strohsack, der platt wie ein Teppich war und jammerte in einem fort gegen die Wand, da sie offenbar nicht die Kraft hatte, sich herumzudrehen.
Dieses ergreifende Gejammer bestand bei genauerem Hinhören aus Stöhnen, Rufen, Singen und einigen Gebetsbrocken. Es war ein Ausdruck von Schmerz, Herzeleid, von Hilferufen und Hoffnungslosigkeit. Trotz aller Erbärmlichkeit ihres Zustandes schien immer noch der Wunsch, von Gott gehört zu werden, dabei zu sein.
Beiden Schwestern sträubten sich die Haare bei dem Gedanken, daß allein die Priorin mit ihren eigenen Händen dieses vom Alkohol ausgehöhlte Wrack von Mensch in diese unterirdische Dreckhöhle geschleppt hatte. Dabei war sie es, die die tödliche Sucht dieses Menschenkindes zu verantworten hatte.
Während des Krieges und in den ersten Jahren danach gab es im Kloster nicht mehr zu essen als in den Familien auch. Wenn die Lebensmittelmarken aufgebraucht waren gab es nur wenige Möglichkeiten, sich das Nötigste zu besorgen. Man konnte tauschen! Es gab Familien, die fast ihre ganze Habe zum Bauern oder zum Bäcker geschleppt hatten, um die wesentlichsten Lebensmittel dafür zu bekommen. Man konnte stehlen! Es gab Menschen, die einfach die Leiter an fremder Leute Bäume

anlehnten, die nachts durch Zäune krochen und sich all das zusammenstahlen, was sie haben wollten aber nicht kaufen konnten. Man konnte sammeln! Alles, was im Wald wuchs: Beeren, Pilze, Bucheckern, von denen zehn Kilogramm einen Liter Öl ergaben. Auch diese Marktlücke war schnell entdeckt. Man konnte wildern! Viele hatten ihre Schlingen im Wald ausgelegt, die jede Nacht nachgesehen wurden. Man konnte betteln. Das taten unter anderen die Ordensleute. Jedes Kloster hatte seinen Bettelbruder oder seine Bettelnonne. Diese kannten viele Anschriften von frommen und sich fromm dünkenden, wohlhabenden Leuten, die für den Himmel stets bereit waren, einen Zentner Kartoffeln, einen Korb Obst, Mehl oder Brot zu opfern. Man staunte, wie viele Menschen, auch ehemals gottlose oder gottfeindliche Nazigrößen, nach dem Krieg plötzlich den Weg zur Kirche wiederfanden.

Für das Kloster der Benediktinerinnen war in dieser armen Zeit Schwester Maria Scholastika die Bettelnonne, die diese Tätigkeit mit großem Geschick und viel Erfolg ausübte. In vielen Dörfern hatte sie ihre Vertrauensleute, die ihr eine Kammer oder eine Ecke im Keller zur Verfügung stellten. Hier sammelte sie alles, was sie im Dorf erbettelt hatte, bis es sich lohnte, alles zusammen mit einem Wagen ins Kloster zu bringen.

Maria Scholastika hatte ganz besondere Freunde, die den Tag ihres Besuchs kannten und sich bereits darauf einstellten. So gab es in dem einen Ort den reichen Herrn Orthmann, der einen Betrieb mit über zehn Mitarbeitern besaß, in dem verschiedene Branntwein- und Likörsorten hergestellt wurden. Dieser fromme Herr, der auch im Kirchenvorstand seinen Dauersitz hatte, hatte am Tag des Besuchs der Schwester immer ein paar Schnäpschen bereitstehen, die Maria Scholastika zuerst trinken mußte, ehe sie mit einem größeren Paket in ihrer Tragetasche den frommen Spender wieder verließ. Von dem Schnapsbrenner aus ging die Bettelnonne zum ebenso frommen Gastwirt Altfritz, der stets eine Flasche Wein für sie geöffnet hatte. Mit der Zeit schienen diese wohlschmeckenden Flüssigkeiten mehr und mehr das Gefallen von Schwester Maria Scholastika zu finden, die bald schon nach beendeter Betteltour nicht mehr ganz aufrecht ihrem Kloster zustrebte.

Wenn einer in seinen Genen die Alkoholsucht programmiert hat und plötzlich, von armer Zeit entwöhnt, solche Möglichkeiten vorfindet, kann er machen, was er will, er wird dem Alkohol verfallen. Ist es erst einmal so weit, dann bäumt sich der Körper auf, wenn er längere Zeit keinen Alkohol bekommt, denn jetzt ist es bereits zu einer Sucht geworden, die nicht danach fragt, welches Kleid der Betroffene trägt, welches Ansehen er in der Öffentlichkeit genießt und welche Vorsätze und Gelübde er geleistet hat.

„Ich werde dir helfen!" wütete die Priorin, „in einem solchen Zustand das Ordenskleid durch das Volk zu tragen!"

Als ihr dann auch noch zu Ohren kam, daß sich die Schwester kleine Depots von altem Weinbrand, den sie besonders liebte, auf der Flur und selbst im Kloster angelegt hatte, kannte ihr Zorn keine Grenze mehr, und sie verhängte eine für diesen Fall schreckliche Strafe.

„Du kommst sofort in den Brennkeller, damit dich keiner mehr betrunken herumschwanken sieht und niemand dein dummes Geschwafel hört."

Seitdem saß Maria Scholastika unten im Brennkeller, wo Dämpfe und alkoholschwangere Dünste dafür sorgten, daß ihr Alkoholpegel stets hoch genug blieb und sie keine körperlichen Plagen in Form von Entzugserscheinungen auszuhalten hatte.

An all dieses dachten die Schwestern, als sie vor der Klappe im ehemaligen Trappistenkloster standen und mit der Stablampe ihre arme Mitschwester betrachteten.

Nicht genug, daß die Priorin bereits vor Jahren den Grundstein für das Verhängnis gelegt hatte, dem Maria Scholastika verfallen war. Jetzt hatte sie diese auch noch in dieses kerkerähnliche Verließ gesteckt, weil sie sich stets hartnäckig geweigert hatte, auf dem Bauch liegend, die Arme ausgebreitet, die Mitschwestern um Vergebung ihrer Untaten und Sünden zu bitten.

Maria Felizitas sagte nachdenklich: „Sie hatte recht sich zu weigern, denn sie hatte nichts Böses getan. Vielmehr hat man nur ihr Böses angetan."

„Ob es jedoch klug war, ist eine andere Frage", sagte Maria Anna und fuhr fort: „Ich kann immer noch nicht begreifen, was hier geschehen ist. Komm! Schieben wir das, was wir mitgebracht haben, durch die Klappe!"

Das taten sie dann auch.

„Maria Scholastika! Schwester Maria Scholastika!" riefen sie immer wieder, ohne daß die Mitschwester am Boden ihre Lage veränderte oder das Jammern einstellte.

Allzu laut konnten sie auch nicht schreien. Wenn sie Maria Scholastika nachhaltig helfen wollten, mußte das Geheimnis gewahrt bleiben.
Es dauerte lange, bis die Mitschwester am Boden sich bewegte. Ganz langsam drehte sie sich um. Ihr Gesicht war leichenblaß, die Nase ungewöhnlich spitz, die Augen verweint.
„Komm!" rief Maria Felizitas. „Komm! Versuche, an die Klappe zu kommen! Wir haben etwas für dich."
Tatsächlich kroch sie jetzt auf allen Vieren zur Tür und zog sich langsam in die Höhe. Jetzt erst, Auge in Auge, sahen die Schwestern das ganze Ausmaß von Trostlosigkeit, die in diesem Gesicht geschrieben stand.
Als sie den Kaffee und den Kuchen durch die Klappe schieben wollten, wehrte Maria Scholastika ab: „Nein! ... keinen Kuchen, ... keinen Kaffee!" raunte sie mehr als sie sprach.
„Was willst du denn? Was sollen wir dir denn bringen?" fragte Maria Felizitas.
„Etwas anderes!" Die Stimme war noch leiser, dünner und zerbrechlicher geworden, als sie fortfuhr: „Etwas, was mir über den Berg hilft."
Die Schwestern sahen sich an, ratlos zuerst.
„Was mag sie wollen?" sagte Maria Anna.
Maria Scholastika näherte ihren Mund noch mehr der Klappe zu und stieß, offenbar mit letzter Kraft, die Worte durch den Spalt: „Ich brauche Branntwein, Schnaps. Egal, was es auch sein mag. Nichts anderes kann mir helfen. Ich bin krank. Hört Ihr? Ich bin k r a n k !"
Den letzten Satz „ich bin k r a n k" rief sie laut und dehnte diese drei Worte so lang, wie es ihre Stimme noch vermochte. Maria Felizitas schien ein Gedanke zu kommen. Sie flüsterte durch die Klappe: „Wenn du ein Stück Kuchen ißt und einen Schluck Kaffee trinkst, hole ich dir den Schnaps. Wirst du das tun?"
Es war kein Ton mehr in der Stimme Maria Scholastikas, als sie mit großer Anstrengung durch die Klappe hauchte: „Ja ... nur schnell!"
„Leg dich wieder hin! Ich werde dir leuchten."
„Nein! Ich bleibe stehen, bis du zurückkommst."
Sie schlossen die Klappe und überlegten. Gewiß, den Vorlauf, der oben aus dem Destilierkessel in den Eimer tropfte, konnte Maria Felizitas sofort holen. Der aber war ausschließlich für äußerliche, medizinische Zwecke bestimmt, den trank außer den Stadtstreichern kein normaler

Mensch, der konnte einem, der dieses Getränk nicht gewöhnt war, den Magen und die Gedärme zerreißen.

„Glaubst du etwa", sagte Maria Anna, „sie hätte diesen Vorlauf noch nicht versucht? Die Dämpfe allein treiben keinen Blutalkoholspiegel in die Höhe. Hole ihr eine kleine Flasche, damit sie ruhig wird. Als weitere Maßnahme schlage ich vor, den Hausgeistlichen zu verständigen. Unsere Mitschwester muß in ein Krankenhaus, in dem sie entwöhnt wird. Nur dort gehört sie hin."

„Glaubst du, daß der Hausgeistliche uns nicht verrät, wenn wir ihm unser Geheimnis mitteilen?"

„Verraten oder nicht ... geh jetzt nach oben!" Scholastika steht hinter der Tür, krallt sich am Scharnier der Klappe fest und wartet.

Als Maria Felizitas mit dem Schnaps zurückkam und die Klappe wieder öffnete, sah sie, daß die Kranke Kaffee und Kuchen zwar zu sich genommen, jedoch beides wieder erbrochen hatte. Es war also sehr schlimm um sie bestellt.

Sie umklammerte das Fläschchen mit beiden Händen und trank so heftig, daß sie sich mehrmals verschluckte. Als es leer war, kam ein wenig Farbe in ihr Gesicht. Sie gab die leere Flasche zurück und sagte, nun mit kräftigerer Stimme: „Danke, danke sehr." Danach ging sie ohne Hilfe der Hände zu ihrer Schlafstatt zurück und legte sich wieder hin.

Doch sie erhob sich sofort wieder in sitzende Stellung und sagte: „Warum bin ich eingesperrt? Wird es gleich wieder dunkel?"

„Ja, wir müssen die Lampe mitnehmen, um nicht aufzufallen. Wer dich eingesperrt hat, müßtest du eigentlich wissen. Wir werden versuchen, dir zu helfen. Morgen kommen wir wieder."

Sie konnten jetzt ganz nach oben gehen, da genug Destillat durchgelaufen war und sie auch genug Maische gesiebt und geschöpft hatten.

Als Maria Anna auf ihr Zimmer kam, saß zu ihrer großen Überraschung Mutter Maria Rosa, die Priorin, dort.

„Setz dich hin, meine Tochter!" sagte sie leise, fast zärtlich und fuhr fort: „Ich will den Tag deines Gelübdes nicht zu Ende gehen lassen, ohne mit dir noch ein Gespräch zu führen von dem ich glaube, daß es gerade heute wichtig sein wird."

„Jawohl, ehrwürdige Mutter!" antworte Maria Anna demütig.

Sie nahm Platz und sah die Vorgesetzte erwartungsvoll an.

Die blickte ihr streng in die Augen und räusperte sich einige Male, ehe sie begann: „Du hast zugegeben, es mit einem Mann mehrmals getrieben zu haben. Das stimmt doch oder nicht?"
„Ich habe nichts getrieben."
„Wie die Formen von Unzucht hier zu betiteln sind, ist allein meine Sache."
„Es war keine Unzucht."
„So? Es war deiner Ansicht nach keine Unzucht? Du hast in ehelosem Zustand mit einem Manne mehrmals körperliche Liebe vollzogen. Die Eltern dieses Mannes haben euch sogar ihre Wohnung überlassen. Dein eigener Vater hat mit dem Fernglas eurem Treiben brünstig zugesehen. Wenn das keine Unzucht ist, dann gibt es keine solche. Selbst zu dem Zeitpunkt, als dein Wunsch in die Ordensgemeinschaft aufgenommen zu werden, bereits feststand, hast du mit einem zweiten Mann Beischlaf getrieben."
„Nein!" schrie Maria Anna. „Das stimmt nicht. Es gibt keinen zweiten Mann."
„Es kommt sogar noch schlimmer, noch viel schlimmer: Du hast diesen Mann, der sich wehrte, sogar verführt!"
„Sie meinen Wolfgang Ebert? Ich habe ihn ..."
„... also du weißt es doch?!"
„Nichts weiß ich. Es gibt und gab nichts zu wissen. Jawohl, er war hinter mir her, hat mich belästigt, immer wieder. Aber wir hatten nichts zusammen, nicht das Geringste."
„Da steht Aussage gegen Aussage. Lassen wir das also mal im Raum stehen!"
„Wo nichts ist, braucht man auch nichts im Raum stehen zu lassen."
„Hüte deine Zunge, meine Tochter. Du weißt, daß ich Mittel habe, dich klein zu kriegen. Ich bin zu dir gekommen, um dich zu warnen. Glaube nicht, daß deine Tante dir helfen wird. Sie steht nicht auf deiner, sondern auf meiner Seite. Ich werde die Ordnung in diesem Hause in jedem Fall aufrechterhalten. Ich werde dafür sorgen, daß an der Regel des Ordensgründers keine Abstriche, nicht mal um ein Jota, vorgenommen werden. Wenn er jetzt auf uns herabsehen sollte, was mag er wohl denken? Er, der dem unmoralischen Sumpf Roms entfloh, um in der Einsamkeit auf Gott hin zu leben ohne sich ablenken zu lassen. Er, Benedikt von Nursia, wußte, daß sehr oft der willigste Geist in schwa-

chem Fleisch wohnt. Er hat dies an sich selbst erfahren müssen, als Neider nackte Weiber vor seiner Mönchsklause tanzen ließen. Dieser Mann war nicht abzulenken, schon gar nicht von sinnlichen Reizen. Er sagte einmal, daß der schönste Tag in seinem Leben sein Tod sein werde, denn da warte der Herr auf ihn. Er, der sich einen Totenschädel ausgrub und in seiner Klause aufstellte, damit seine Gedanken immer dort seien, wo sie hingehören. Auch in unserem Hause steht der Mann mit der Sense und darüber die Schrift: Memento mori! – Ich bin gekommen, dir zu sagen, daß dieses Kloster kein Aufnahmelager für Leute ist, die von der Welt enttäuscht sind oder eine Klause, in der alles kostenlos ist, wenn man nur ein wenig fromm ist und ein paarmal am Tag das Kreuzzeichen macht. Dieses hier ist der steinige Weg in Richtung auf Gott, wobei wir die Aufgabe haben, durch unser Beispiel und Vorbild soviel Menschen wie möglich in unsere Richtung zu ziehen. Bete in diesem Sinne am Morgen, wenn Gott dir den neuen Tag schenkt und am Abend, wenn er dir erlaubt, zur Ruhe zu gehen. Und schlage solange mit der Faust an deine Stirn, bis du glaubst, alle Gedanken der Unzucht aus deinem Kopf verbannt zu haben. Du bist die einzige hier im Kloster, die solches Böse erlebt hat. Ich will nicht hoffen, daß du der faule Apfel in unserem Erntesack sein wirst, der alle anderen ansteckt."
Damit eilte sie aus der Zelle Maria Annas hinaus.
Am nächsten Tag erfuhr Maria Anna von einer Mitschwester, daß die Priorin nur deshalb ins Kloster eingetreten sei, weil sie das zehnte Kind ihrer Eltern war. Sie stamme aus einem Ort im Schwarzwald, in dem es üblich sei, daß kinderreiche Familien einen Knaben oder ein Mädchen Gott schenken, es also nach der Schulzeit in ein Kloster bringen. Dieses sei überlieferte Bestimmung, es müßte nicht unbedingt immer aus Liebe zu Gott erfolgen.
Als ihre Verwandten im letzten Jahr zu Besuch ins Kloster kamen, hatte man keineswegs den Eindruck, daß es sich um eine besonders gottesfürchtige Familie handelte. Das Benehmen der Geschwister, Nichten und Neffen veranlaßte die Priorin sogar zu der Bemerkung, daß es Gott sei Dank auch Einzelwesen gäbe, denen das Leben für Gott wichtiger sei als immerfort die zweifelhaften Genüsse der Welt zu kosten.
Am nächsten Nachmittag standen die beiden Schwestern Maria Felizitas und Maria Anna vor dem kleinen Häuschen, das an das Klo-

ster angebaut war. Hier wohnte Pater Rektor Johannes, ein zweiundsiebzigjähriger Benediktinermönch, Historiker mit Doktorgrad und vielen wissenschaftlichen Verdiensten. Ihm hatte man zum Ruhestand eine Stellung gegeben, die er noch mit Freude ausfüllen konnte und die ihm Gelegenheit bot und Zeit ließ, seine Beschäftigung mit der Geschichte und alten Sprachen noch weiterbetreiben zu können.

So glich sein kleines Arbeitszimmer einer vollgestopften Bibliothek, in der weder für Bild noch für Blumenstrauß Platz war. Er hatte hier im Nonnenkloster täglich die Messe zu lesen, die Beichte zu hören, Andachten zu halten, stets den Schwestern zu Gesprächen zur Verfügung zu stehen, überhaupt den gesamten religiösen Bereich des Klosters abzudecken.

Die Schwestern glichen seine Mühen um sie mit einer Fürsorge aus, die vorbildlich war. Sie kochten für ihn, trugen das Essen auf, besorgten ihm mehr Wein, als er zu trinken in der Lage war, hielten seine drei Zimmer in Ordnung und sehnten sich immer wieder nach dem Vergnügen, politische Dinge, kirchliche Fragen und alles, was in der Zeitung stand oder im Fernsehen zu hören und zu sehen war, mit ihm zu besprechen. Diese Gespräche gingen wahrhaft nicht immer glatt über den Tisch, denn er war ein streitbarer Geist und seine Ansichten liefen nicht immer mit der Kirchenmeinung, sogar der seiner Vorgesetzten, in der gleichen Richtung. So war er der festen Meinung, daß eines Tages der Zölibat fallen werde, obwohl er dies nicht immer gutheißen wollte. Auch berührten ihn soziale Fragen ebenso, wie er Ungerechtigkeiten haßte und verdammte.

Er hatte gerade sein Nachmittagsgebet, das er lustwandelnd im Garten las, beendet, als die beiden Schwestern eintraten und ihm ihr Anliegen vortrugen. Sie taten dies entsprechend den Tatsachen, veränderten und beschönigten nichts. Während ihres Vortrags wurde ihnen schließlich selbst Angst, als sie die Rolle der Priorin, der Wahrheit entsprechend, schildern mußten.

Sie beobachteten eine tiefe Stirnfalte, die sich über die nachdenklich gewordene Stirn des Paters hinzog und sie sahen auch die sich deutlich vom Gesicht abhebenden Zornesadern, die immer dicker anschwollen.

„Wer weiß davon im Kloster?" fragte er.

„Außer uns beiden, niemand."

„Wer kennt die unterirdischen Räume und Keller, die eurer Schilderung

nach tatsächlich von den Trappisten der ersten Generation stammen könnten?"
„Außer uns ebenfalls niemand. Ich habe sie durch einen Zufall entdeckt, als ich dunkle Kellerträume für eine Pilzkultur suchte", antwortete Maria Felizitas.
„Natürlich hat auch die Priorin davon gewußt", sagte der Pater.
„Auf welche Weise sie hinter dieses Geheimnis kam, ist mir ein Rätsel, denn dort unten hat sie üblicherweise gar nichts zu tun."
„Jedenfalls muß der armen Maria Scholastika geholfen werden. Die Frage ist nur, ob wir es öffentlich oder heimlich tun."
„Wenn es heimlich gehen könnte, Pater Rektor?" fragte Maria Anna leise und zögerlich.
„Ich will euch keine Schwierigkeiten machen, denn ich weiß sehr wohl, wie herrschsüchtig eure Priorin ist. Ich mußte schon manchen Strauß mit ihr ausfechten. Sie hat gute Beziehungen zu allen Vorgesetzten bis hin zum Abt-Primas. Ich zweifle zwar nicht daran, daß wir diese Aufgabe auch auf rechtlichem Weh lösen könnten, sicher würde sich in solchem Falle aber das Leiden der Mitschwester erheblich verlängern. Ich habe auch gute Verbindungen zu Fachkliniken, in denen Maria Scholastika Hilfe finden könnte. Das ist jedoch nicht der Punkt. Es wird sicher zwei andere Schwierigkeiten geben." „Und die wären?"
„Erstens einmal, wie und wann kriegen wir Maria Scholastika hier heraus? Zweitens, wie benehmen wir uns, wenn die Priorin das Verschwinden der Schwester bemerkt?"
Die beiden Schwestern überlegten eine Weile. Schließlich sagte Maria Felizitas: „Herausbringen können wir sie nur in der Nacht. Natürlich muß ein Fahrzeug bereitstehen. Der zweite Punkt ist schwieriger. Wir könnten uns dumm stellen, wie alle anderen Mitschwestern, die wirklich nichts wissen."
„Also lügen", bemerkte der Rektor.
„Lügen und die Wahrheit verschweigen, ist nicht dasselbe", sagte Maria Anna und fuhr fort: „Das, was die Priorin getan hat, ist eine große Sünde. Das ist Freiheitsberaubung, Verweigerung der einfachsten und natürlichsten Rechte des Menschen. Ich glaube, daß solche Taten eine läßliche Sünde rechtfertigen. Außerdem befürchte ich, daß auch ich eines Tages in einem der alten Kerker landen werde."
„Warum glauben Sie das, Maria Anna?"

„Die Prorin glaubt, daß ich nicht ins Kloster gehöre, weil ich vor meiner Klosterzeit einen Mann geliebt habe."

„Kennt die Priorin nicht die Geschichte von Saulus, der zum Paulus wurde, oder die Geschichte von dem Verschwender, dem Betrüger und Weiberhelden Charles de Foucauld, der zu einem Heiligen wurde, oder von dem Christengegner Damasus Deveuster, dem Tausende von Leprakranken auf dem Hawaii-Archipel, der Halbinsel Malokai Erleichterung und schließlich ihr Seelenheil verdanken. Zu diesem Damian beten wir heute noch."

Maria Anna schluckte ein paarmal und sagte dann leise: „Ich war kein Saulus und kein Verschwender und kein Betrüger, ich bin jetzt auch kein Paulus und auch kein Heiliger, ich habe keine Kranken gepflegt und keinem Aussätzigen das Seelenheil gegeben. Ich habe einen Mann geliebt, der leider nicht mehr lebt. Können Sie das verstehen? Bin ich deshalb eine weniger gute Ordensfrau? Fehlt mir allein deshalb die Voraussetzung für ein Ordensleben? Die Priorin glaubt dies jedenfalls. Bis jetzt habe ich noch keinen Grund geliefert, mich auszustoßen oder zu versetzen. Ich weiß jedoch genau, daß ich im tiefsten Keller landen werde, wenn ich ihr nur den Anlaß dafür in die Hand geben werde."

Der Rektor legte den Kopf auf die Tischplatte.

„An was denken Sie?" fragte Maria Felizitas.

„Ich suche nach einer Lösung", antwortete der Geistliche. „Eines ist doch klar. Maria Scholastika kann nicht länger in diesem schmutzigen Verließ bleiben. Schon gar nicht in ihrem Zustand. Worüber ich nachdenke, das ist die weitestgehende Schadensbegrenzung für euch und auch für mich, denn ich fühle mich wohl in meiner Stellung hier. Ich möchte sie nicht aufs Spiel setzen. Zuerst muß ich wissen, was die Priorin sagt, wenn nach Schwester Maria Scholastika gefragt wird. Es muß doch den Mitschwestern auffallen, daß sie auf einmal nicht mehr da ist. Womit begründet die Priorin die Abwesenheit der Mitschwester?"

„Womit? Womit schon! Sie hat eigentlich gar nicht nötig, ihre Handlungsweisen zu begründen. Natürlich wurde nach Maria Scholastika gefragt. Sie antwortete stets, daß sie sich bereits im Vorhof der Hölle befinde. Wer nicht auch dorthin wolle, möge gefälligst seinen Mund halten."

Kurz nach Mitternacht stiegen die beiden Schwestern erneut die schma-

le Steintreppe hinab. Maria Felizitas ging voran und leuchtete. Rektor Johannes hatte seinen kleinen Fiat hundert Meter vom Klostereingang entfernt inmitten einer kleinen Baumgruppe unsichtbar geparkt. Sie hatten vereinbart, daß er hupen solle, wenn sich etwas Ungewöhnliches ereignet. Als Maria Felizitas die Klappe öffnete, war das Gesicht Maria Scholastokas bereits an der Öffnung zu sehen. Endweder hatte sie etwas gehört oder sie hatte die ganze Zeit an der Tür gestanden und gelauscht.
„Habt Ihr etwas für mich mitgebracht?" sagte sie aufgeregt.
„Nein, wir holen dich aus diesem Loch heraus. Sei still und rühre dich nicht! Ich muß jetzt acht Schrauben lösen, damit ich die alte Tür aus den Angeln heben und dich herauslassen kann. Einen Schraubenzieher habe ich bei mir."
Die Tür ließ sich verhältnismäßig leicht öffnen. Vorsichtig schlichen sie hinauf, durch den Brennraum – hier nahm Maria Felizitas ein kleines Fläschchen Vorlauf mit – durch die Apotheke, den Trockenraum für Heilpflanzen aller Art, hinauf ins Erdgeschoß. Gerade hatten sie die große Mahagonitür geöffnet, die eher zu einem Konferenz-oder Speisesaal zu führen schien als zu einer steinernen Kellertreppe, da hupte draußen das Auto. Was konnte vorgefallen sein? Maria Felizitas, die sich offenbar in jeder Lage zu helfen wußte, schob Maria Scholastika geistesgegenwärtig hinter einen großen Lorbeerbaum, der die Altarnische des Heiligen Benedikt von Nursia begrenzte, drückte sie auf die unterste Stufe, umfaßte sie und hielt sie fest. Als Maria Scholastika wieder zu jammern begann, gab sie ihr einen Schluck aus dem kleinen Fläschchen.
„Sei ruhig, sonst nehme ich dir die Flasche wieder weg!" sagte sie energisch und zu Maria Anna gewendet: „Du gehst jetzt hinaus und versuchst, den Pater Rektor zu erreichen. Ich bleibe mit Maria Scholastika hier. Wenn sie sich ruhig verhält, wird uns hier keiner finden."
Maria Anna huschte im Schutz der Säulen und einiger Bäume zur Pforte, die nachts von innen mit einem Holzriegel verschlossen war. Von außen führte eine Klingel zum Zimmer der Schwester Maria Andrea, die nachts die wenigen Besucher einzulassen oder abzuweisen hatte.
Maria Anna öffnete leise den Riegel, ging hinaus und hörte gerade noch, wie der Rektor ein zweites Mal hupte. Dennoch sprang sie im

Schutz der Dunkelheit und der Bäume vorwärts und erreichte in zwei Minuten den grünen Kleinwagen.

Der Rektor empfing sie erregt mit den Worten: „Im Zimmer der Priorin ist soeben das Licht angegangen. Danach habe ich ihren unbedeckten Kopf am Fenster gesehen."

„Was ist zu tun?" antwortete Maria Anna erregt. Sie spürten beide, daß etwas Gefährliches in der Luft lag.

„Wo sind die beiden anderen?" sagte der Rektor nach einer Weile des Beobachtens.

„Sie sitzen auf der Steinstufe am Benediktsaltar. Dort sind sie ziemlich sicher. Selbst wenn im Treppenhaus das Licht angemacht werden sollte, werden die beiden dennoch verborgen bleiben."

„Hör zu! Du bleibst hier beim Auto und ich werde Maria Scholastika hierherführen."

So geschah es denn auch. Maria Anna sah, daß gerade in diesem Augenblick das Licht im Zimmer der Priorin verlöschte. Als der Pater Rektor die beiden Schwestern am Benediktsaltar erreichte, schreckte er zusammen, denn in diesem Augenblick ging das Licht im Treppenhaus an und beleuchtete die Halle so hell wie einen Festsaal.

Den beiden Schwestern und dem Rektor war nun der Weg nach draußen versperrt, es blieb ihnen nichts anderes übrig, als im Schatten des großen Lorbeerbaums zu warten und weiter zu beobachten. Da kam auch schon eine dunkle Gestalt die Treppe herabgeschlichen. Vorsichtig spähte sie nach allen Seiten. Man merkte, daß diese Person niemanden beobachten wollte, sie hatte nur eines im Sinn: selbst nicht gesehen zu werden.

Aus dem weiten, dunklen Mantel, den sie um sich geschlungen hatte, blickte oben nur ein dunkler Haarschopf heraus, der säuberlich gepflegt bis auf die Schultern fiel und in dem ein paar wenige silbergraue Fäden zu erkennen waren. Immer wieder um sich schauend, huschte sie auf den rechten Erdgeschoßflur zu, in dem die Nähstube und das Zimmer Maria Veronikas, der Schneiderin, untergebracht waren. Als sie nun das Flurlicht bediente und sich noch einmal ängstlich umsah, erkannte der Pater das offensichtlich erregte Angesicht der Priorin, der Ehrwürdigen Mutter Maria Rosa.

4.
ERSTER URLAUB ZU HAUSE

Es sei vorausgeschickt, daß die alkoholkranke Schwester Maria Scholastika noch in besagter Nacht in eine Suchtklinik ins Ahrtal gefahren wurde und nach ungefähr elf Monaten völlig geheilt und entwöhnt ins Kloster zurückkehrte.

An dem Tag, der ihrem Verschwinden aus den Verliesen des mittelalterlichen Trappistenklosters folgte, herrschte im Kloster Aufruhr. Die Priorin raste wie ein wilder Teufel durch Gänge und Räume. Sie hätte wohl gern die Sache mit Schwester Maria Scholastika totgeschwiegen, weil ihre Rolle bei dieser Angelegenheit nicht nur anrüchig, sondern in höchstem Maß gesetzwidrig gewesen war. Das konnte sie jedoch nicht, weil bei der Anmeldung der Kranken in der Heilstätte ein Fragebogen ausgefüllt werden mußte, der Fragen über den Wohnsitz, die Krankenkasse, die Art und den Verlauf der Krankheit enthielt. Sie war damit in einer sehr unangenehmen Lage, zumal sie nicht wußte, auf welche Weise die kranke Ordensschwester aus ihrem Gefängnis entkommen war.

Die beiden die es wußten, Maria Felizitas und Maria Anna, schwiegen, zuckten die Schultern, stellten sich dumm, wie die anderen Schwestern auch, denn diese wußten wirklich nichts und konnten sich das seltsame Verschwinden ihrer Mitschwester ebensowenig erklären, wie ihre Vorgesetzte. Die einzige, die etwas zu ahnen schien, war die Freundin Maria Annas, deren Zimmernachbarin Maria Agape. Sie suchte die Freundin im Zimmer auf und sagte: „Ich denke dauernd an die Nacht, in der Maria Scholastika verschwand."

„Was soll das? Weißt du etwas Näheres?" antwortete Maria Anna.

„Ich weiß nichts, gar nichts. Mir ist lediglich der Lärm und die Aufregung in Erinnerung, die in jener Nacht im Kloster herrschten. Du selbst hast auch mehrmals dein Zimmer verlassen und mehrere Male ging gegen alle Gewohnheit das Licht in Gängen und Treppenhäusern an."

„Du hast mir nachspioniert?"

„Da gab es nichts zu spionieren. Wer wach war merkte das, mußte es merken."

„Höre", sagte Maria Anna nach einer Weile, „ich will dir anvertrauen, was geschehen ist, obwohl du mit diesem Wissen auch die Pflicht der Geheimhaltung übernehmen mußt."

In der Zwischenzeit hatte die Priorin den Klostergeistlichen, Pater Rektor, aufgesucht. Sie, die sonst keine Gegenrede, noch weniger Mit-

sprache duldete, wurde im Falle der Schwester Maria Scholastika immer unsicherer. Sie wußte, daß sie der Mitschwester erhebliches Unrecht zugefügt hatte und ihre Klugheit reichte aus, zu erkennen, daß es ihr diesmal an den Kragen gehen konnte. Das war der Grund dafür, daß sie zum ersten Mal bei der einzigen männlichen Person des Klosters um Rat ersuchte, zumal der Pater zur Geheimhaltung gezwungen war.
„Wollen Sie beichten, Ehrwürdige Mutter Priorin?" begann er das Gespräch, nachdem sie im Arbeitszimmer Platz genommen hatten.
„Nennen Sie es, wie Sie wollen! Ich begehre Ihren Rat. Hören Sie! Die gräßliche Trunksucht Maria Scholastikas zwang mich, sie im Kloster zu verstecken."
„Eine Mitschwester verstecken?"
„Was sollte ich tun? Sollte ich eine Ordensschwester, die nicht mehr aufrecht gehen kann, den Blicken der Umwelt aussetzen? Kann ich ihr das Ordenskleid nehmen, das sie durch ihr Verhalten in Verruf gebracht hat? Wegjagen konnte ich sie auch nicht. Sagen Sie mir also, was ich hätte tun sollen!"
„Sie hätten dasselbe tun können, was ich mit Schwester Maria Scholastika getan habe", sagte der Rektor und blickte die Priorin fest an.
„Sie? Getan?" antwortete die Priorin überrascht. „Was haben Sie mit Maria Scholastika getan?"
„Ich dachte, daß Sie dieses ungewöhnliche Ereignis miterlebt hätten."
„Ich? Ungewöhnliches Ereignis? Entschuldigen Sie, aber das verstehe ich nicht!"
„Dann muß ich Ihrem Gedächtnis und Ihrer Beobachtungsgabe ein wenig auf die Sprünge helfen. Oder stellen sie sich nur dumm?"
Die Priorin blickte erregt um sich und trommelte mit den Fingern auf ihrem Schoß herum. Das tat sie immer, wenn sie unsicher wurde.
„Also, hören Sie schon!" begann der Rektor von neuem die Rede, lauter als vorher und eindringlicher. „Ich selber habe die unglückliche Schwester Maria Scholastika aus ihrem kerkerähnlichen Verlies befreit. Ich wußte nicht, daß sich dort unten Räume befinden, die den schlimmsten mittelalterlichen Verliesen ähneln, in denen sich Ringe zur Fesselung der Gefangenen an den Wänden befinden, in denen Inschriften an die Wände gekritzelt sind, die Trauer und Hoffnungslosigkeit zum Inhalt haben. Ich habe geglaubt, mich in dem Kerker des Grafen von Monte Christo zu befinden, in dem alles nach Inquisition riecht. Wie sind Sie

eigentlich hinter das Geheimnis des alten Trappistenklosters gekommen? Wie haben Sie eigentlich die verborgenen Gänge gefunden? Was, in aller Welt, hat Ihnen den Gedanken eingegeben, ihre alte Mitschwester dort unten zu verstecken und ihr durch Alkoholgaben den Mund zu stopfen?"
Die Priorin zeigte ein Gesicht, wie es wohl noch keiner in diesem Kloster gesehen hatte. Die Augen zeigten größte Überraschung, das Gesicht wirkte verkniffen, die Stirn war voll steiler Falten, die Unterlippe hing herab, unbeachtet tropfte Speichel auf ihr Ordenskleid. Wut und die Absicht drohender Vergeltung glaubte der Rektor zu sehen. Sie wußte, saß sie jetzt etwas sagen mußte, aber es fiel ihr nur das Dümmste ein, was man in solcher Lage sagen kann.
„Sagen Sie mir zuerst einmal, wie S i e den Keller und die unterirdischen Gänge finden konnten!"
„Die Frage ist einfach zu beantworten: Sie hatten die unbekannten Türen nur anfängerhaft verschlossen. Aber damit einige Schwestern dieses Klosters auch künftig ruhig schlafen können und Ihre Rache nicht zu fürchten brauchen, beantworten Sie mir die Frage, was S i e in besagter Nacht getan haben. Ich meine in dem Gang, in dem die Nähschwester wohnt."
„ I c h ?", sagte sie und zog diese drei Buchstaben so lang wie möglich auseinander.
„Ja, S i e ! Mit gelöstem Haar, schwarzem Umhang und barfuß. Ich wußte gar nicht, daß Sie so schönes, langes Haar haben."
„Sie müssen sich versehen haben!"
„Nein, als Sie das Flurlicht anknipsten, sah ich Ihnen voll ins Gesicht. Ich saß mit der unglücklichen Maria Scholastika zu diesem Zeitpunkt bereits hinter dem Lorbeerbaum auf den Stufen, die zum Altar des heiligen Benedikt hinaufführen. Sie hatten keine Zeit, uns zu entdecken, denn Ihr Blick, Ihr Verstand und Ihr Verlangen waren offensichtlich irgendwo anders hin gerichtet."
„Darf ich in meinem Kloster nicht hingehen, wo ich hingehen will?"
„Natürlich dürfen Sie das, aber nicht in unangemessener Kleidung und nicht in verbotener, sündiger Absicht. – Doch nun Schluß mit diesem unerquicklichen Gespräch. Sie werden bereits in den nächsten Tagen mit Dingen zu tun haben, die mit dem augenblicklichen Zustand der Schwester Maria Scholastika in Verbindung stehen. Sie wird in einer

guten Heilstätte auf den Weg der Gesundung gebracht werden. Das aber kostet Geld, denn die Krankenkasse wird nicht alles bezahlen. Ich mache Ihnen einen Vorschlag. Sie geben zu, mich beauftragt zu haben, die Schwester Maria Scholastika in diese Heilstätte zu bringen, Sie erledigen den ganzen Schreibkram, der anfallen wird, Sie bezahlen die Rechnungen aus der Kasse Ihres Klosters und Sie werden in etwa zwei Wochen Ihre Mitschwester in der Heilstätte im Ahrtal besuchen. Unter diesen Umständen bin ich bereit, alles zu vergessen, was ich gesehen und gehört habe."

Da die Priorin immer noch grübelte, streckte der Rektor ihr die Hand hin und sagte: „Na, wie ist es? Wollen Sie mein vernünftiges Angebot annehmen, oder zwingen Sie mich, mit neuem Nachdenken zu beginnen?"

Die Priorin tat sich mit dem angebotenen Händedruck immer noch schwer. Schließlich kam aber doch die Hand, wenn auch zögernd und unwillig, unter dem Ordenskleid hervor.

Natürlich fiel es dieser herrschsüchtigen Person, der jedes Mittel recht war, ihre Stellung im Kloster zu sichern und auszubauen, sehr schwer – in welcher Weise auch immer – zu Kreuze zu kriechen. Doch dieses Mal hatte sie einen Fehler begangen, den sie mit ihren Mitteln nicht mehr aus der Welt schaffen konnte.

Sie hielt, was sie dem Rektor versprochen hatte, doch ihre vorwurfsvolle Art allen Schwestern, besonders Maria Anna gegenüber, wurde noch deutlicher.

Die Frage war, wie sich die Priorin anstellen würde, wenn der Pater Rektor nicht mehr im Kloster sein würde. Im Augenblick jedenfalls kuschte sie noch vor ihm.

Es war Herbst, als Maria Anna ihren dreitägigen Urlaub zu Hause am Rhein antreten konnte. Sie hatte mit Absicht solange gewartet, weil sie sich an der Weinlese beteiligen wollte. Außerdem fand in dieser Zeit ein Treffen ihrer früheren Schulklasse statt. Auf beides freute sie sich.

Es war ein sonniger Tag, als sie in Oberrheinstadt ankam, ihr Bruder hatte sie mit dem Auto im Kloster abgeholt und sie nach Hause gebracht. Viele Fragen gingen ihr durch den Kopf. Wie würden die Mitschüler und die Mitbewohner sich benehmen, wenn sie ihnen zum ersten Mal in Ordenstracht gegenübertreten würde? An ihrer Frömmigkeit gab es von Jugend an keine Zweifel, doch der Grund, der sie ins Kloster geführt

hatte, würde bei vielen, vielleicht sogar bei den meisten, auf Verwirrung und Unverständnis stoßen.
Sie wußte genau, welche Gespräche jetzt schon feststanden: Wie konnte eines der schönsten und weiblichsten Mädchen des Ortes freiwillig auf ein Leben verzichten, in dem das Wohlwollen der jungen Männer und der Erfolg vorgezeichnet waren. Es gab keinen jungen Mann in Oberrheinstadt, der sie nicht ungeprüft zu sich genommen hätte. Auch daß sie ihre Reize zu benutzen wußte, hatte jeder bei dem Verhältnis mit Rainer Stark beobachten können.
Hätte es keine andere Lösung beim Tod des Geliebten gegeben, als aus der gewohnten Welt zu verschwinden und den Schleier zu nehmen? Zudem war sie unter dem Ordenskleid – das sahen alle – noch reizvoller geworden. Selbst diese unvorteilhafte Kleidung hatte die Ausbildung weiblicher Formen nicht unsichtbar machen können. Ihre Brüste hoben sichtbar den gestärkten, weißen Kinnlatz des Schleiers in die Höhe, ihre Hüften wiegten, zwar ungewollt, doch sichtbar und jeder junge Mann konnte sich hochhackige Schuhe am Ende ihrer langen, schlanken Beine vorstellen, die leider von dem langen Rock und der blauweiß gestreiften Weinbergsschürze verdeckt wurden.
Die Arbeit im Weinberg machte ihr sichtlich Spaß und sie war nie die letzte, die ihren Traubenkorb in eine der Kiepen schüttete, die von den Knaben zu Tal, zum großen Halbfaß auf dem Wagen, getragen wurden. Abends nach dem gemeinsamen Essen ging es recht lustig zu und der Haustrunk, eine Mischung von letztjährigem Wein und Apfelwein, stieg langsam allen, so auch Maria Anna, die hier natürlich wieder Agathe hieß, zu Kopfe.
Die Stimmung hatte den ersten Höhepunkt erreicht, als sich plötzlich die Tür öffnete und Manfred Ebert in seiner vollen männlichen Größe im Zimmer stand. Er ging direkt auf Agathe zu, nahm unaufgefordert ihre Hand und machte einen Knicks, wie es Kinder tun, wenn sie dem Ortspfarrer begegnen. Damit hatte er bereits den ersten, anhaltenden Lacherfolg der Gesellschaft erzielt.
Später am Abend, viele junge Paare, feste, zufällige und reine Weinleseverbindungen, saßen schon in den Ecken, auf den beiden Treppen und darunter, liebkosten sich zwanglos und gar nicht heimlich, nur Agathe saß noch züchtig am Tisch mit Manfred Ebert und einigen anderen jungen Leuten, als plötzlich die Musik angestellt wurde, be-

liebte Melodien und Rhythmen, die sie noch aus ihrer Jugend kannte. Die Tischnachbarn merkten, daß der Wein bei Agathe zuerst nur leicht angedeutete Bewegungen hervorrief, die zwar zur Musik, nicht aber unbedingt zu einer Nonne paßten. Ihr Gesicht war vom Wein gerötet und man merkte, daß ihr vor allem der Kopfputz unangenehm war, der beginnende Schweißperlen nur schwer zurückhalten konnte.

„Damenwahl!" schrie einer.

Die Pärchen, die mittlerweile genug geknutscht und geküßt hatten, kamen aus den Ecken, von den Treppen und bewegten sich nach bekannten Weinmelodien, die aber schon bald in moderne amerikanische Weisen umschwenkten.

Dann stand er plötzlich vor ihr: Edgar Baltes, ein Junge aus ihrer früheren Nachbarschaft, machte einen züchtigen Diener und forderte Agathe zum Tanzen auf.

„Gestattest du, Hochwürden?" sagte er falsch und unpassend.

Mittlerweile hatten sich fast alle an einem Kreis beteiligt, der schnell gebildet worden war.

„Ich?" sagte Agathe erstaunt. „Ich soll tanzen?"

„Tanzen! Tanzen!" schien die anderen und fingen an, in die Hände zu klatschen.

„Du meinst wirklich mich?" fragte Agathe noch einmal ungläubig.

„Warum eigentich nicht?" schrie einer.

„Warum eigentlich nicht?" sagte Agathe, mehr zu sich selbst und erhob sich langsam.

Die jungen Leute wurden übermütig, erhöhten noch einmal die Lautstärke des Plattenspielers und brachten eine Flasche Trester herbei, ein Schnaps, der aus Weintrauben gebrannt wird und in dieser Gegend sehr beliebt ist. Auch Agathe trank davon.

„Warte einen Augenblick!" sagte sie zu Edgar, der seine Arme immer noch ausgebreitet hatte und mit Beinen und Hüften die ersten Tanzbewegungen bereits andeutete.

„Los!" schrien einige, „fangt endlich an!"

Agathe spürte nur noch den Wein, hörte nur noch die Klänge, die früher einmal für sie Lieblingsmusik gewesen waren und die sie jahrelang nicht mehr zu Ohren bekommen hatte. Sie schwankte ein wenig zwischen Wollen und Nichtwollen. Dann gab sie sich schließlich doch einen Ruck und tanzte los.

„Warum auch nicht!" hörte man sie noch sagen, „Warum soll eine Nonne nicht mal tanzen, wenn sie lustig und weinselig ist?"
Dann begab sie sich mit Edgar in den Schwarm sich rhythmisch bewegender Tanzpaare hinein. Es fiel ihr schon ein wenig schwer, das Gleichgewicht zu halten, auch hatte sie die Bewegungen, die die Musik vorschrieb, nicht mehr richtig drin, so daß sie sich öfter bei Edgar anlehnen mußte, was bei diesen Tänzen jedoch nicht besonders auffiel.
Dann kam Gelächter auf. Einer hatte ihr auf die Schulter gefaßt und ein Pappschild hervorgezogen, das jemand gemalt und ihr auf den Rücken gesteckt hatte: „Suche dringend einen Mann!"
Ihr wurde es auf einmal ganz klar im Kopf. Sie mußte dieses törichte Spiel um ihre Person und mit der Klostertracht beenden. Sie löste sich von Edgar, als sie einen Schlag auf die Schulter erhielt. Sie drehte sich um: Es war Manfred Ebert!
„Abgeklatscht!" rief er und wollte damit sagen, daß er jetzt den Tanz mit Agathe übernehmen wolle. Das war üblicher Brauch, der immer wieder in Oberrheinstadt und Umgebung so gehandhabt wurde.
Das schien jedoch Edgar nicht zu gefallen. Er, der mit der Nonne tanzte und dadurch bereits zum Mittelpunkt des Abends geworden war, wollte diese ungewöhnliche Ehre nicht so schnell wieder aufgeben.
Mit starkem Arm krallte er seine nicht alltägliche Tanzpartnerin an sich.
„Nicht mit mir, mein Junge! Das, was ich habe, behalte ich. Merke dir das!" rief er dem Gegenspieler mutig entgegen.
Dabei lachte er laut und wollte gerade eine neue Tanzfigur beginnen, als ein Fausthieb ihn voll auf die Nase traf und er rückwärts der Länge nach auf den Boden fiel. Doch auch der vermeintliche Sieger Manfred Ebert hatte kein Glück mit Agathe. Diese hatte die Tanzfläche verlassen, saß jetzt in der hintersten Ecke des Raumes und weinte hemmungslos vor sich hin.
Es war kein schönes Bild, den sich gerade erhebenden, heftig aus der Nase blutenden Edgar anzusehen. Im ersten Zorn wollte er sich auf Manfred stürzen, hielt aber doch inne, als er sah, daß dieser der Stärkere und Gewandtere, wieder seine Kampfstellung eingenommen hatte und so auf den Angriff Edgars wartete. Dieser ging ein paar Schritte zurück, rief aber ganz plötzlich und unerwartet in den Raum hinein: „Du hast Boxen gelernt, das wissen alle. Ich weiß aber nicht, ob allen hier

bekannt ist, daß du noch etwas anderes gelernt hast. Nein, Ihr wißt es nicht?" fragte er und sah sich mutig im Kreis um. „Dann will ich es Euch sagen. Er hat neben Boxen und Medizinstudieren auch Töten gelernt. Ein Mörder ist er! Ich weiß nicht, woher er die Frechheit nimmt, mit der Nonne tanzen zu wollen. Ich will Euch allen nur eines verraten: Wenn er nicht gemordet hätte, wäre Agathe heute keine Nonne." Damit drehte er sich um und lief zur Tür hinaus.

Alle im Raum standen wie zu Säulen erstarrt, schienen plötzlich am Boden angewachsen zun sein. Man sah, daß der letzte Satz Edgars die Denkmaschinen in den Köpfen in Bewegung versetzt hatte. Es war klar, was in diesem Augenblick gedacht wurde. Jeder wußte, auf welche Weise der Verlobte Agathes, Rainer Stark, umgekommen war. Die Polizei hatte jahrelang nach dem Täter gesucht. Und jetzt, nach so langer Zeit, stand einer da und behauptete nichts geringeres, als daß Manfred Ebert seinen damaligen Widersacher umgebracht hatte. Er war es also, der die Gitterstäbe auf der Empore des Starkschen Hauses angesägt und dadurch den verhängnisvollen Sturz ausgelößt hatte? Er war es also, der, um ganz sicher zu gehen, den Mörtel weggestemmt hatte, der unter Umständen den Sturz noch hätte verhindern können? Die Leute hier im Raum, alle Einwohner Oberrheinstadts, kannten die Einzelheiten des damaligen Todessturzes ganz genau , bis in die letzten Einzelheiten.

Trotz größter Anstrengungen der Kriminalpolizei aus der benachbarten Stadt, trotz des massiven Einsatzes aller nur möglichen kriminaltechnischen Mittel, trotz quälender Einzelbefragungen in der Bevölkerung, trotz des Einsatzes von Lautsprecherwagen und Zeitungshinweisen – der Täter konnte nicht ermittelt werden. Und heute stand ein junger Mann aus dem Ort auf und behauptete, den Täter zu kennen. Konnte Edgar aber das, was er so laut verkündet hatte, auch beweisen? Agathe hatte sich inzwischen von dem aufgeregten Geschehen abgewendet und war nach Hause gelaufen. Gleich am nächsten Morgen meldete sie sich bei der örtlichen Polizeiwache, doch dieses wäre nicht nötig gewesen. Die lauten Vorwürfe Edgars hatten sich schon während der Nacht wie breite, dreckige Bäche durch die Gassen gewälzt, kein Haus, keine Familie, keine Einzelperson auslassend. Die Gerüchtebäche waren bereits weiter geflossen und hatten sich in die Nachbarorte, ja, sogar bis in die Stadt ergossen. Selbst der Pastor sprach morgens auf der Kanzel davon. In Geschäften und Wohnungen, in Kneipen und in Handwerksstuben wurde diese sensationelle Geschichte erörtert. Bis jetzt hatte Oberrheinstadt einen Tötungsfall ohne Täter, der längst zu den Akten gelegt worden war, jetzt hatte der kleine Ort einen Mörder! Doch der war plötzlich wie vom Erdboden verschwunden. Keiner wußte, wo er war. Weder der Vater, der angesehene Ortsarzt Dr. Ebert, weder seine Freunde und Bekannten, noch der Leiter und die Studenten der medizinischen Fakultät in der nahe gelegenen Hochschule.

Diese Angelegenheit war jetzt wieder eine Nummer zu groß für die Polizeiwache in Oberrheinstadt. Der große, schwarze BMW der Kriminalbeamten aus der Stadt war wieder da. Das kleine Polizeirevier glich einer Asservatenkammer. Die Eisensäge lag dort, säuberlich in Folie verpackt, ein Bündel Stroh vom Heuschober, einige Gipsabdrücke von Schuhsohlen und eine Menge Akten, Zeichnungen und Rekonstruktionen.

Die erste Enttäuschung: Man konnte den bisher noch nicht erkannten Daumenabdruck auf der Eisensäge auch jetzt noch nicht nachprüfen, es gab einfach keinen Vergleichsabdruck des verschwundenen Manfred Ebert. Die zweite Enttäuschung: Der Hauptzeuge Edgar Baltes machte keinerlei brauchbare Aussage. Er wiederholte zwar seine Anklage gegen Manfred Ebert, sagte jedoch kein einziges Wort darüber aus, wieso er wisse, daß Manfred der Mörder von Rainer Stark sei.

„Er war es!" sagte er nur. „Sie können es mir auch ohne große Erklärungen glauben."

„Haben Sie persönliche Gründe, uns Ihr weiteres Wissen zu verschweigen?"

Erst nach langem Nachdenken, währenddem die ganze Bandbreite verschiedener Gefühle in Edgars Gesicht zu sehen war, sagte er laut und verständlich: „Ja, ich habe persönliche Gründe."

Nach diesem Eingeständnis ließen die Kriminalbeamten natürlich nicht mehr locker. Zusammen mit den Polizisten der örtlichen Wache waren sie ohnehin ganz versessen darauf, in diesem Fall voranzukommen, war es doch der erste, richtige Kriminalfall, der in diesem Ort vorgekommen war. Außer ein paar Hühner- und Kaninchendiebstählen, außer unwesentlichen Kirmesrangeleien und Unstimmigkeiten bei Fußballspielen, sowie kleineren Grenzstreitigkeiten war hier in der Tat bisher nichts wesentliches geschehen.

Jeder kannte jeden, Schwächen und Stärken aller waren bekannt. Abends saß man in der Kneipe, in der auch die wenigen Großkopfeten des Ortes ihren Stammtisch und ihren Skatabend hatten. Mit der üblichen Stammtischgeschwätzigkeit und dem Thekengerede pflegten sie hier alles aufzuklären oder zu verwirren, was am Tage geschehen und Ortsgespräch geworden war.
Natürlich hielt Edgar Baltes dem Druck, den die Beamten jetzt auf ihn ausübten, nicht lange stand. Er erzählte schließlich alles, was er wußte.
Er wohnte unmittelbar neben den Starks. Anläßlich eines Anbaus an seinem Haus, den er als gelernter Maurer selbst ausgeführt hatte, hatte er eine große Zeltplane gespannt, um anfallenden Staub vom Haus der Familie Stark fernzuhalten. Am Tag des Unglücks – er entsann sich genau – kam zu einem Zeitpunkt, als er im Wohnzimmer saß und Kaffee trank, Manfred Ebert unter der Plane hervorgekrochen, holte sich Hammer und Meißel von Edgars Baustelle und verschwand sofort wieder hinter der Plane. Edgar hatte ein paar Hammerschläge auf Stein gehört, ohne sich etwas besonderes dabei zu denken. Später hatte er nur noch sein Gerät zusammengeräumt und, weil die Dreckarbeit nunmehr beendet war, die Zeltplane wieder abgebaut. Dieser Zeit scheinbarer Ruhe – die meisten Bewohner dieser Häuserecke weilten bereits auf dem Jagdessen in Starks Hütte und die zu diesem Zeitpunkt noch gespannte Zeltplane verwehrte den Einblick – war es zuzuschreiben, daß außer Edgar niemand etwas wahrgenommen hatte und der hatte sich an diesem Tag auch keine Gedanken mehr über diesen Vorfall gemacht.
Es kam oft vor, daß im Ort etwas ausgeliehen wurde, ohne erst großartig darum zu bitten. Die eindringlichen und gezielten Fragen der Beamten hatten eine weitere heilsame Wirkung auf das Gedächtnis Edgars. Ihm fiel jetzt ein, daß er um die Mittagszeit dieses Tages längere Zeit die Betonmischmaschine laufen hatte, die alle Geräusche in der Umgegend übertönte. Später sah er, wie Manfred auf den Strohschober der Sommers stieg und ein in braunes Papier eingewickeltes Päckchen in das Heu hineinschob. Der Gedanke an eine Täterschaft Manfred Eberts, überhaupt an eine Einwirkung von außen, kam ihm auch am Abend des Unglückstages nicht, als er mit als Erster am Unglücksort eintraf.
Als aber am nächsten Morgen ein Briefumschlag mit fünfhundert Mark mit dem Absender „Manfred Ebert" und seiner persönlichen Anschrift ankam, wurde in ihm ein Verdacht wach und als er den beigefügten

Zettel las „wenn du vergißt, was gestern geschehen ist, werde ich auch in Zukunft nicht knausrig sein. Es war ein Unfall, glaube es mir", wußte er endgültig Bescheid.

Edgar, ein einfältiger, geistig ein wenig minderbemittelter junger Mann, der als Maurer noch nicht viel verdiente und für den fünfhundert Mark mehr als für andere Leute waren, so daß er vor seinem geistigen Auge schon ein neues Motorrad sah oder die Möglichkeit, junge Damen des Ortes zu beeindrucken, zögerte nicht lange. Da dem Toten ohnehin nicht mehr zu helfen war, nahm er das leichtverdiente Geld, ohne besonders lange darüber nachzudenken.

Erst als Manfred Ebert ihn beim Tanz am Tag der Weinlese in übler Weise demütigte, zu Boden schlug und ihn in den Augen aller beschämte, entledigte er sich von der einen zur anderen Sekunde seines Versprechens und brüllte hinaus, was er lange Zeit für sich behalten hatte. Doch dieses Versprechen zu brechen, bereitete ihm mehr Skrupel, als eine Tötungstat zu verschweigen. Außer den geschulten Kriminalbeamten, die aber auch lange brauchten, um ihn zum Reden zu bringen, wäre dies keinem anderen gelungen, keinem Freund, keinem Pfarrer, nicht einmal der Familie.

Erst nach langem Zureden erklärte sich Agathe bereit, an dem Klassentreffen teilzunehmen. Der gestrige Vorfall hatte sie doch zu sehr aus der Fassung gebracht. Sie machte sich viele Gedanken, die auch das Gerede der Eltern nicht zu zerstreuen in der Lage waren. War sie am Abend nach der Weinlese zu weit gegangen? Hatte der Wein sie leichtsinnig gemacht? Durfte eine Nonne im Ordenskleid überhaupt tanzen? Sie wurde immer unsicherer. Der eine Teil ihrer Seele untersagte ihr ein Tanzvergnügen grundsätzlich. Eine Ordensschwester hat an solchen weltlichen, oberflächlichen Vergnügungen nicht teilzuhaben. Der andere Teil ihrer Seele und ihres Gewissens fragte sich, warum sie eigentlich nicht die Musik verwenden sollte, um sich danach zu bewegen, eine Musik, die ihr Zeit ihres Lebens soviel Freude gemacht hatte. In ihrem Gelübde und in der Regel des Ordensgründers stand nichts vom Tanzen. Aber Tanzen im Ordenskleid? Sie entsann sich eines Vorfalls aus ihrer Kindheit. Dort hatte sich eine als Bischof Nikolaus verkleidete junge Frau, die den Kindern Geschenke brachte und ihnen üblicherweise ihr Sündenregister vorlas, nachher beim Weihnachtsmarkt auf ein Kettenkarussell gesetzt und hier laut jauchzend ihre Runden gedreht.

Ihr war nicht vorgeworfen worden, daß sie dies getan hatte, sondern daß sie dies im Gewand eines Bischofs getan hatte. Warum ist auf dem Weihnachtsmarkt verboten, was zum Beispiel im Theater erlaubt ist?
Es war damit zu rechnen, daß auch beim Klassentreffen getanzt werden würde. Agathe nahm sich vor, in Ordenskleidung zu erscheinen und sich zurückzuhalten, wenn Anfechtungen dieser oder ähnlicher Art an sie herangetragen werden würden.
Bei diesem Jahrgangstreffen, das im Nebenraum des Wirtshauses stattfand und bei dem alle dreiundzwanzig noch lebenden Mitschülerinnen und Mitschüler anwesend waren, ging es zuerst sehr gesittet und nett zu. Man freute sich sichtlich über das Wohlergehen aller, man erfuhr bisher unbekannte Familienverhältnisse und Begebenheiten und übertraf sich an Freundlichkeiten.
Als jedoch der Abend fortgeschritten war und auch der Alkohol erste Wirkungen zeigte, wurden die Reden und Fragen lockerer und auch intimer. Vor allem die Ordensschwester war wiederum das Ziel allgemeiner Beachtung.
„Und das schaffst du so einfach, Agathe?" fragte bald schon die Schulkameradin, die ihr gegenübersaß.
„Was meinst du damit?" entgegnete Agathe ahnungslos.
Viele begannen bereits zu kichern.
„Nun", fuhr ihr Gegenüber fort, „ein Glas Wein dürft ihr ja trinken, das hat man gestern gesehen. Aber es gibt doch noch andere Dinge im Leben, auf die wir nicht verzichten wollen."
„Und die", fuhr die Nachbarin fort, „auch dir offenbar einmal viel Spaß gemacht haben."
Agathe blickte zur Seite, das Gespräch wurde ihr unangenehm.
Doch eine andere nahm das Wort sofort wieder auf: „Wir müssen die Anwesenheit unserer Ordensschwester benutzen, um einige, uns alle interessierenden Fragen zu klären. Schließlich sind wir heute ja unter uns. Das macht sicher dieses Problem ein wenig einfacher. Wann hat man schon einmal Gelegenheit, eine richtige Ordensfrau ausfragen zu können?"
Alle blickten erwartungsvoll zu Agathe hin.
„Bitte!" sagte diese nur, doch man merkte, wie ihr dieses zu erwartende Gespräch zuwider war, das vor allem durch die Wirkung des Alkohols so leicht über die Lippen zu kommen schien.

„Höre!" fuhr die Vorrednerin fort. „Man erzählt immer wieder, daß Gefühle, Sehnsüchte, die wir nun mal alle haben ..."

„...Gott sei Dank haben ..." warf eine andere ein.

„...im Kloster verschwinden, gewissermaßen absterben", sagte die erste weiter.

„Alles, was nicht gebraucht wird, verkrüppelt, bildet sich zurück", rief eine dazwischen.

„Laß doch Agathe die Frage beantworten, denn schließlich muß sie es wissen.

Aller Augen blickten gespannt auf Agathe.

Diese war bis hinter beide Ohren rot geworden, blickte erregt um sich herum, machte einen zaghaften Versuch, aufzustehen, blieb dann aber doch sitzen. Die Augen, die auf sie gerichtet waren, stachen ihr wie Nadeln ins Fleisch.

Dann sagte sie, wohl mehr um diesen Gesprächspunkt zu beenden, den einen Satz: „Das ist Quatsch!"

Die Klassenkameradinnen, mehr noch als die männlichen Kollegen, wurden frecher: „Ich werde schon nach einer Woche verrückt, wenn nichts passiert."

„Wenn was nicht passiert?"

„Ach, halte doch deinen Mund! Jeder weiß, was hier gemeint ist. Oder hast du geheiratet, nur um deinem Mann die Hand zu halten, Kinder zu kriegen und die dreckigen Hosen zu waschen? Was hier gemeint ist, ist doch sonnenklar."

„Der Unterschied ist nur der, daß wir es nicht beichten, wo hingegen Agathe es sehr wohl beichten muß."

„Was?"

„Es!"

Alles lachte laut und schallend.

Agathe erhob sich, tiefrot im Gesicht, aufgeregt und voller Ärger. Sie sagte: „Ich möchte jetzt gehen. Ich muß morgen sehr früh ins Kloster zurück. Ich habe mich gefreut, euch alle wieder einmal gesehen zu haben."

Einer, der die ganze Zeit über an der Theke gestanden hatte, rief laut und schallend: „Du kannst gehen, Agathe! Aber nicht ohne uns den Segen gegeben zu haben."

Mit dieser unerwarteten Geschmacklosigkeit war für Agathe der Abend

beendet. Sofort verließ sie die Feier, lehnte sogar die angebotene Begleitung ab und ging, tief in Gedanken, ihrem Elterhaus zu, in dem ihr Jungmädchenzimmer immer noch für sie bereitstand.
Als die Familie am nächsten Morgen beim Frühstück saß, begann der Vater schon wieder ein heikles Gespräch. Er sagte zu der Tochter: „Haben die gestern Abend auch von mir geredet?"
„Wieso?"
„Ich meine von wegen ‚mit dem Nachtglas in den Weiden'?"
„Was soll das, Vater?"
„Höre, Agathe! Das ist nicht mehr. Seit du im Kloster bist, war ich nicht mehr dort. Ich habe sogar mein Fernglas nicht mehr. Ich habe es verkauft."
„Er geht sogar wieder auf die Jagd. Ein Bekannter, der in Forstbuch die Jagd gepachtet hat, lädt ihn beinahe jede Woche ein. Und er bringt jetzt auch Geld nach Hause. Er hat schon einen gehobenen Posten in der Brauerei. Feld und Weinberg bearbeitet er nur noch nebenbei – fürs Taschengeld und den Eigenverbrauch."
Nachher stand die ganze Nachbarschaft bereit und winkte, als ihr Bruder sie wieder ins Kloster zurückfuhr.

Am nächsten Morgen, einem Sonntag, hielt Pater Rektor eine für diese Klosterverhältnisse unglaubliche Predigt. Offenbar nutzte er seine augenblickliche Macht über die Priorin aus, die Reden dieser Art sonst nicht geduldet hätte. Er war als offener Geist im Kloster bekannt. Die Priorin benutzte sogar den Ausdruck ‚verschrien'. Dabei tat er nichts anderes, als zu fordern, daß die menschlichen Fortschritte bei Arbeit und Arbeitern auch im Kloster Eingang finden sollten. Wer ihn näher kannte, der wußte sogar, daß er insgeheim an seinem Glauben litt, weil er selbst mit den Entscheidungen des Papstes nicht immer einverstanden war.
In seiner Predigt sagte er unter anderem, daß er den Zölibat gut finde. Ein Pfarrer könne nicht neben seiner Familie auch noch eine ganze Pfarrei betreuen. „Trotz dieser Meinung sage ich Euch aber, daß der Zölibat fallen wird!"
Dabei zuckte es der Priorin über das ganze Gesicht. Man merkte, wie sehr er sich zurückhalten mußte.
„Die meisten Ordensgründer waren kritisch gegen die Kirche", sagte er

weiter. „Sie haderten immer wieder mit der Kirche, obwohl oder gerade weil sie ihr tief verbunden waren."
Über die Empfängnisverhütung sagte er: „Das kann kein Dogma sein, denn in der Bibel steht nichts davon."
Über die Frauen: „Die Zeit, in der die Frauen nur schmücken und putzen dürfen, wird auch bald vorbei sein."
In jeder seiner Predigten klangen die Tagesereignisse mit, die er nicht immer streng im Sinne der Kirche und schon gar nicht im Sinne der Priorin deutete.
Bei ihm fiel kein Thema unter den Tisch, er griff alle auf. Er sprach von Politik in Ost und West, von Unternehmertum und moderner Armut. Die Jugend lag ihm am Herzen. Ihr könne die Kirche nicht so viele Möglichkeiten bieten, wie sie brauche. Die Pastöre würden heute weitgehend allein gelassen. Allein mit den trockenen Auslegungen der Heiligen Schrift sei heute ohnehin keiner mehr hinter dem Ofen hervorzulocken.
Die Leute wollten heute Inhalte hören, die allen auf den Nägeln brennen, Texte brandheiß und zeitgemäß. Er sagte, daß die Geistlichen heute alleingelassen, in das starre Korsett der Liturgie gezwängt würden. Deshalb wirkten viele Pastöre und andere Geistliche steif und weltfremd. In Wirklichkeit ist es aber die Schablone, in die man sie preßt und die ihnen keine Möglichkeit gibt, sich selbst am eigenen Schopf wieder herauszuziehen, wenn dies erforderlich ist.
Am Schluß sagte er noch etwas ganz Schlimmes, was sogar die Priorin veranlaßte, unter lautlosem, doch fühlbarem Protest die Kapelle zu verlassen.
Er sagte: „Auch Ihr Ordensfrauen habt es schwer. Durch das strenge Ritual des Tages, durch immer die gleichen Gebete, durch immer die gleichen Kugeln, die Euch beim täglichen Rosenkranzgebet durch die Finger gleiten, durch die stets gleichen Meßvorgänge, Andachten, Exerzitien und Lieder ist Eure Phantasie, Gott zu verehren, geschrumpft und einseitig geworden. Gott hat uns Menschen – und dazu zählt auch Ihr – nicht die Phantasie gegeben, daß Ihr sie verkümmern laßt. Seht Euch die großen Bauwerke an, die Bilder, Skulpturen und Kompositionen, mit denen die berühmten Meister Gott verehren, die aber als unersetzliche Mitgift auch kleinen Leuten gegeben wurden. Ich rede immer noch von der Phantasie – doch davon ist bei Euch nicht viel

übrig geblieben. Warum bleibt der, der sich mit jungen Leuten umgibt und sich mit ihren Sorgen befaßt, im Kopfe jung? Warum altert der schneller, der nur alte Leute um sich hat? Denkt darüber nach! Es war nötig, Euch dies einmal zu sagen."
Es war interessant, zu beobachten, mit welchen Gefühlen und mit welchem Gesichtsausdruck die Nonnen die Kirche verließen. Die einen zeigten deutliche Ablehnung, schüttelten die Köpfe, andere waren sehr nachdenklich geworden.
Ein anderes Mal sagte der Rektor: „Unsere Kirche ist ein schwerfälliges, langsames Schiff, das Jahrzehnte oder gar Jahrhunderte braucht, um an dem Ziel anzukommen, das andere, neuzeitlichere, schnellere Schiffe schon bald erreichen. Die Kirche lehrte noch, daß die Erde Mittelpunkt des Weltalls sei, als Chinesen und Assyrer längst wußten, daß das nicht stimmte, sondern daß das Gegenteil richtig sei. Sie bedrohten Wissenschaftler wie zum Beispiel Gallilei und Kopernikus mit dem Bannstrahl der Inquisition, obwohl diese nichts anderes als die Wahrheit gesagt hatten. Auch ich habe in der Schule, im Religionsunterricht gelernt, und es wird genauso heute noch gelehrt, daß die Eva aus der Rippe des Adam entstanden sei, obwohl das biogenetische Grundgesetz von Mendel schon seit vielen Jahrzehnten Bestandteil der wissenschaftlichen Forschung ist. Mein Religionslehrer sagte zwar, daß man dies den Leuten so erklären müsse. Das aber ist purer Unsinn. Die Leute von heute verstehen sehr wohl die Geheimnisse des Lebens. Ihnen braucht man kein Märchen von der Adamsrippe zu erzählen."
Als er am Ausgang der Kapelle die drei Schwestern Maria Anna, Maria Felizitas und Maria Agape antraf, ging der Rektor auf sie zu und sagte: „Sie sind in einem Alter, von dem ich weiß, daß es meine – ich gebe zu – gewagten Ausführungen verstehen kann."
„Wir verstehen Sie, Pater Rektor, aber Sie können es sich in unserem Kloster nicht leisten, nur für uns drei zu predigen. Jedenfalls haben Sie es fürs erste bei der Priorin versch... Verzeihung! – Sie haben vorerst einmal Ihr Ansehen verspielt."
„Doch ein anderer Gedanke, der mir gerade in den Sinn kommt. Ich hätte damit gerechnet, daß Sie, Schwester Maria Anna, mir eine Flasche Wein mitgebracht hätten", sagte er noch und blinzelte sie dabei listig an.
„Es war erst die Lese. Bis der Wein fertig ist, wird es noch ein paar Monate dauern."

„Ist denn vom letzten Jahr nichts mehr übrig?"
„Die Fässer müssen für die neue Ernte leer gemacht werden. Wir danken Gott, daß uns die Sektfabrik in der Stadt unsere Reste immer wieder abkauft. Wir haben nur zwei Weinberge. Mein Vater, der den Tag über in der Brauerei schafft, versorgt die Weinberge und seine Felder allein am Abend und am Wochenende. Meine Eltern haben mich nicht gern ins Kloster entlassen. Sie benötigen das ganze Jahr über jede Hand."
„Also muß es eine starke Berufung gewesen sein, die Sie ins Kloster berufen hat."
„Mich hat keiner berufen und mich hat auch keiner gezwungen; ich wollte, ich mußte einfach."
„Eben! Dieses starke Wollen, dieses unbegreifliche Müssen, dieses Gefühl völliger Hingabe an eine Aufgabe ist das, was wir Berufung nennen."
Maria Anna überlegte eine ganze Weile, ehe sie nachdenklich weitersprach: „Ja! Was eigentlich ist Berufung? Es ist ein starkes Gefühl. Gefühle sind schwer erklärbar. Es ist auch nicht ein Ding, ein Gefühl, eine Einwirkung. Es sind viele kleine Schritte, kleine Begebenheiten, kleine Eindrücke, die schließlich zum roten Faden werden, der den Weg zeigt. Dann fehlt nur noch die innere Aufforderung, der Befehl, die Kraft des Antriebs, auf diesem Wege weiter fortzuschreiten, nicht müde zu werden, das „Dorthin" auch zu erreichen."
„Was aber bewirkt diese Sehnsucht? Was aber ist dieses ‚Dorthin'? Erklären Sie es mir, Pater!"
„Das, was du mit ‚Dorthin' ausdrückst, ist das Ziel für den Christen schlechthin. Es ist die ewige, niemals endende Seligkeit, das ständige Leben in der Gegenwart Gottes, die dauernde Nähe zu Gott, die mit dem irdischen Tod beginnt und diesen Tod zu einer Durchgangsstation zu einem Leben mit Gott macht, mit dem angebeteten Gott, der hier auf Erden wohl erlebbar, jedoch für uns nicht sichtbar ist, der jedoch in der ewigen Seligkeit von Angesicht zu Angesicht gesehen wird."
„Was heißt ‚erlebbar' hier auf Erden?"
„Manchen besonders frommen Menschen, Ordensleuten, späteren Heiligen ist es ohne Zweifel möglich gewesen, in stillen Stunden mit Gott zu sprechen."
„Ist dabei nicht auch Phantasie im Spiel oder auch Einbildung viel-

leicht? Oder sind es Träume, die in der Tat Phantasien zu wirklichen Begebenheiten machen?"
„Der Glaube, der von uns Christen verlangt wird, ist ein schweres Gewicht, das auf unserer Seele lastet. Ich gebe zu, daß Glaube und Phantasie gemeinsam Begegnungen mit Gott vortäuschen können. Wie stehst du Erscheinungen gegenüber, mein Kind? Über Lourdes und Fatima zum Beispiel ist sehr viel geschrieben worden. Auch von glaubwürdigen Leuten. Doch dies sind nur die aufsehenerregenden, außergewöhnlichen, nicht alltäglichen Ereignisse. Es gibt viele Tausende kleiner und winziger Begegnungen mit Gott oder mit seiner Mutter Maria, die für mich genauso wichtig sind. Auch unser Ordensgründer, der heilige Benedikt, wie auch Vinzenz Pallotti, berichten von solchen Erscheinungen. Soll man sie für Wunder halten? Der Leichnam Pallottis liegt im gläsernen Altartisch in der Via Petinari in Rom unversehrt und für jeden sichtbar – ist das ein Wunder? Immer wieder wird man auf den Glauben kommen. Ohne Glauben gibt es keine Wunder. Viele der Heilungen von Lourdes sind in dem Augenblick erloschen, in dem der Geist der Zeit den Glauben verdrängt hat. Das heißt, wenn der feste Glaube an eine Wunderheilung verdrängt wird, kommt diese Krankheit, der vor der wundersamen Heilung bestehende Zustand, zurück.
Maria Anna wurde immer öfter und immer nachhaltiger von dem Gedanken verfolgt, daß ohne die Gespräche mit Pater Rektor das Wissen um ihre Berufung zur Ehe mit Gott mehr und mehr ausgehöhlt würde. Mit einem zwiespältigen Zug im Gesicht betrachtete sie den Ring an ihrem Finger, den sie mit dem Schleier erhalten hatte.
Sie hörte im Geiste noch einmal die Worte der Oberin: „Ziehe aus den alten Menschen und ziehe den neuen Menschen an!" Sie sah vor ihrem geistigen Auge, wie sie die Unterschrift unter das Schriftstück setzte. In ihren Ohren trommelte es immer wieder unausstehlich laut: „Keuschheit, Armut, Gehorsam!" Das alles hatte sie in ihrem Gelübde versprochen. Mit stechendem Blick hatte die Priorin sie angesehen, als sie ihr den weißen Schleier in die Hände legte. Diesen Blick zeigte die Priorin immer wieder, wenn sie sie ansah. Traf dieser böse Blick nur sie selber, nicht auch die Mitschwestern gleichermaßen? Einmal hatte die Priorin zu ihr gesagt: „Unser Leben ist die Suche nach christlicher Vollkommenheit. Wo ist die deine?" Maria Anna fragte sich, ob es Vollkom-

menheit bei den Menschen überhaupt geben könne. Konnte man sich der Vollkommenheit nicht nur nähern, ohne sie je zu erreichen? Schließlich hatte Gott neben den Stärken auch Schwächen in die Seele gepflanzt. Reichte ihre Kraft aus, um alle diese Schwächen erfolgreich zu bekämpfen? Alle ihre Mitschwestern verrieten von Zeit zu Zeit solche Schwächen. Sollte die Priorin die einzige sein, die keine Schwächen besaß? Maria Anna glaubte es nicht. Ein Menschenkind ohne jede Schwäche konnte nicht solche Augen haben.

5.
DIE TAGE DES SAMMELNS

Es war Frühling, die sanften Anhöhen des Rheinlandes und des Rheinischen Schiefergebirges hatten sich in wenigen Tagen mit einem saftiggrünen Film überzogen. Die Bandbreite der vielen verschiedenen Grüntöne reichte vom giftigen, hellen bis zum dunklen, kaum noch als solches wahrnehmbaren Frühlingsgrün. Die Wiesen glichen sich langsam den Wäldern an, hatten aber den belebenden Vorteil großer Blüteninseln, die in der Hauptsache aus Wiesenschaumkraut, Löwenzahn, Schlüssel- und Ringelblumen bestanden, und die ihre Farben immer wieder veränderten. Jetzt begann die Zeit der Ernte in der freien Natur, die Zeit des Suchens, des Pflückens und Sammelns.

Die Schwestern, die sich auf diese Wanderungen bergauf und bergab bereits ein paar Wochen im Voraus freuten, brachen mit dem ersten Licht in kleinen Gruppen zu drei bis fünf Schwestern auf und zogen, mit Leinensäcken ausgerüstet, hinaus. Zur Mittagsrast traf man sich in einer kleinen Hütte, die einsam mitten im Wald lag, dort wo die Hochebene begann. Als Richtungshilfe diente ein Heiligenhäuschen, das dem Heiligen Antonius geweiht war und das ledigen, jungen Leuten als Ziel diente, wo sie um einen guten Ehepartner beteten. An diesem Heiligenhäuschen begann ein kleiner, meist zugewachsener und verwilderter Pfad zur Hütte.

Die Schwestern packten ihre Leinensäcke stets so voll mit Haselblättern, Brennessel, Schafsgarbe, Liebstöckel, Löwenzahn und vielen anderen heilsamen Kräutern, daß sie die Säcke nicht mehr allein nach Hause tragen konnten. Dafür kam dann am nächsten Tag ein Bauer, packte die Leinensäcke in eine große Zeltplane, zog diese mit Hilfe eines Pferdes aus dem Wald heraus, wo sein Wagen bereitstand und brachte alles am Abend ins Kloster.

Natürlich würden auch in diesem Jahr die Flaschen, Töpfe, Dosen und Tigel wieder nicht reichen, wenn die Salben, Tinkturen, Öle, Schnäpse, Gurgel- und Anginalösungen und noch vieles mehr gewogen, abgefüllt und abgepackt werden mußten.

Zu ihrem Leidwesen durften sich die beiden jüngsten Schwestern, Maria Anna und Maria Agape, noch nicht am Sammeln auf Wiesen, Feldern und in den nahen Wäldern beteiligen. Beide gingen dennoch am frühen Morgen weg, trugen Lebensmittel und Feuerholz zur Hütte und bereiteten das Essen für alle vor. Dieses gemeinsame Eintopfessen im Wald war der schönste Programmpunkt an einem solchen sehnlichst erwarteten Tage.

Maria Anna war gerade bei den Kochvorbereitungen, das Feuer brannte in der Hütte und Maria Agape hatte diese bereits verlassen, um, wie sie sagte, noch ein wenig Feuerholz im Wald zu brechen, als die Hüttentür heftig aufgestoßen wurde.

Maria Anna erschrak, konnte sich jedoch nicht sofort herumdrehen, da sie gerade im Begriff war, den schweren Suppentopf aufs Feuer zu heben. Doch dazu kam sie gar nicht mehr. Ein Fuß mit einem schweren Lederstiefel trat ihr den Suppentopf ins Feuer, ein muskulöser Arm umfaßte sie, eine Faust mit einer Tätowierung am Handrücken riß ihr Schleier und Halslatz weg.

„Agape!" schrie Maria Anna mehrmals laut.

„Schreie ruhig, mein Täubchen! Es wird dich niemand hören. Deine Agape, oder was dieser seltsame Name bedeuten mag, sitzt in einer Erdhöhle und wird sich dort vergeblich die Seele aus dem Hals brüllen. Wir beide werden es uns am warmen Feuer gemütlich machen, denn es wird ohnehin noch einige Stunden dauern, bis deine Kolleginnen mit ihren vollen Säcken hier eintreffen werden. Also mach das, was ich von dir fordere ohne Murren, dann wird es keine Schwierigkeiten geben und du hast die Möglichkeit, deinen Mitschwestern zu erzählen, was dir Schönes widerfahren ist – oder du kannst es ihnen auch verschweigen, wenn du dieses Erlebnis nicht preisgeben willst. Also zieh dich jetzt aus!"

„Mein Gott im Himmel!" rief Maria Anna, die wie gelähmt war.

„Ausziehen habe ich gesagt und ich sage es zum letzten Mal. Wenn du deinen Mitschwestern ordentlich gegenüberzutreten die Absicht hast, ziehe ganz schnell das Gelumpe aus. Im anderen Fall reiße ich es dir vom Leib!"

„Herr im Himmel!" rief Maria Anna und man sah, wie die Aufregung ihr Gesicht rötete und die Lippen beben ließ.

Sie versuchte aufzuspringen und die Tür zu erreichen, aber das war bei der Stärke des Mannes natürlich ein nutzloses Unterfangen. Er nahm jetzt keine Rücksicht mehr. Es dauerte nur wenige Sekunden, bis ein weißes, wimmerndes Bündel Menschenfleisch vor ihm lag, dem er nur die Strümpfe und die Knüpfschuhe gelassen hatte. Verzweifelt blickte Maria Anna auf den verwilderten Bart, der sich ihren Brüsten näherte, voller Abscheu atmete sie den Geruch von Tabak, Schnaps, Kuhfladen und Schweiß ein, den übelriechender Atem durch einzeln stehende

braun-schwarze Zähne blies. Voller Ekel mußte sie immer wieder auf die schmutzigen Finger blicken, die sie auf den Boden drückten, während die Knie des Mannes ihre Schenkel am Boden festhielten.
Als er versuchte, sie zu küssen, warf sie ihren Kopf so energisch hin und her, daß sie sich an einem Tischbein blutig schlug.
Dann schrie sie, so entsetzlich, so schrill und mißtönend, daß sich ihre Stimme immer wieder überschlug. Er nahm jetzt aus seiner Hosentasche ein Tuch, das er anscheinend schon wochenlang in Gebrauch hatte und steckte es ihr als Knebel in den Mund. Dabei biß sie ihm fest in den Finger.
„Du Hexe, du verdammte Hexe!" schrie er, packte sie an den Haaren und schlug ihren Kopf mehrmals kräftig auf den Boden. Danach rührte sie sich nicht mehr.
Nur einmal bewegte sie sich noch, als warme Brühe in ihren Leib floß. Danach wurde sie von einer hilfreichen Ohnmacht erlöst.
Maria Agape war es ähnlich ergangen, wenn auch nicht so widerlich und gewaltsam. Sie wurde plötzlich von hinten ergriffen. Sie hatte den Mann gar nicht bemerkt, obwohl er hinter ihr eine Eisenklappe hochgestellt hatte. Hier führte eine Holzleiter in den Waldboden, wo hinein der Mann Agape zu steigen zwang.
Immer wieder versuchte sie zu schreien, was ihr jedoch nicht gelang. Die Stimme versagte ihr gänzlich.
„Sei still! Dir geschieht nichts! Unsere Rache gilt deiner Mitschwester. Sie hat mich bei der Polizei angezeigt und ist schuld daran, daß ich mich auf der Flucht befinde. In diesen Wäldern findet mich niemand. So wie dieses Loch im Erdboden, gibt es Dutzende bis zum Hochwald hinauf. Diese Erdlöcher haben schon unsere Eltern angelegt, um während und nach dem Krieg alle möglichen Dinge vor den Nazis und den Amis zu verstecken."
„Was habt ihr mit Maria Anna gemacht?"
„Es ergeht ihr im Augenblick nicht so gut wie dir. Sie liegt jetzt nackt unter dem schmierigsten und gewalttätigsten Landstreicher dieser Gegend, den ich zu diesem Zweck bezahlt habe."
„Warum hast du Maria Anna nicht selbst bestraft?"
„Weil dies unter diesen Umständen einer Belohnung gleichgekommen wäre."
„Mein Gott!"

„Laß deinen Gott aus dem Spiel! Mich verrät man nur einmal. Das hätte sie wissen müssen."
„Aber Maria Anna ist eine Ordensfrau."
„Ist es üblich bei Frauen, die einmal Nonne werden wollen, daß man halbnackt mit einem Mann am Ufer liegt, daß man den größten Teil der Freizeit mit eben jenem Mann im Schlafzimmer der Eltern zubringt, daß man dem eigenen Vater, einem ortsbekannten Spanner, Gelegenheit gibt, sie bei besagter Tätigkeit mit dem Fernrohr zu beobachten? Das ist mir eine schöne Nonne, die sich erst dann zur Vermählung mit Gott entschließt, wenn sie alle weltlichen Freuden und Sünden hinter sich gebracht hat. Dieses alles habe ich Eurer Priorin Maria Rosa erzählt. Ich habe erwartet, daß nach solchen Wahrheiten eine Nonne unverzüglich aus dem Kloster fliegt. Da nichts dergleichen geschehen ist, mußte ich selber die Sache in die Hand nehmen. Das habe ich heute getan und zwar mit Erfolg. Nun ist deine Mitschwester mit Sicherheit keine richtige Nonne mehr. Darauf kannst du dich verlassen. Dieses seltsame Wertsiegel der Gesellschaft haben wir ihr für immer genom- men."
„Was geschieht mit mir?" sagte Maria Agape ängstlich.
„Nichts geschieht mit dir. Deine Freundin aber wird jetzt gefesselt an den Tisch gebunden und zwar so, wie sie von Eurem lieben Gott erschaffen worden ist. Natürlich wird sie wissen wollen, wem sie die Freude der Nacktheit und des außerehelichen Aktes zu verdanken hat. Du kannst ihr sagen, daß es der Manfred war. Ungestraft hat mich noch keiner verraten, schon gar nicht bei der Polizei. Ich finde jeden, selbst wenn er sich in einem Kloster vergräbt. Im Gegensatz dazu wird mich niemand finden. Obwohl ich mich hier in den Wäldern mit den vielen Höhlen sicher fühlen könnte, werde ich noch heute diese Gegend und sogar dieses Land verlassen. Gegen Mittag kannst du mal kräftig schreien. Für den Fall, daß deine Freundin und deine Mitschwestern dich nicht finden sollten, werde ich dem Fuhrmann Bescheid geben, der die Säcke aus dem Wald holen wird. Denn dieses schöne Ereignis soll in jedem Fall dem Geschwätz der Klatschtanten übergeben werden. Der Wilddieb, der deiner Freundin noch einmal die Liebe gezeigt hat, kennt alle Erdhöhlen dieses Waldes, die ein Fremder jedoch kaum zu finden vermag, da alle Deckel und Verschlußklappen mit Riegeln verschlossen und mit Moos, Erde und Laub getarnt worden sind."
Die Ordensschwestern, die etwa um die Mittagszeit mit Wander-

schuhen, gestreiften Schürzen und fast gefüllten Leinensäcken sich der Hütte näherten, staunten nicht schlecht, als sie unter sich, aus der Erde heraus, die Verzweiflungsschreie ihrer Mitschwester Maria Agape hörten.

Sie wurde schnell gefunden, da sich Manfred nicht die Mühe gemacht hatte, die Klappe zu tarnen. Entsetzen jedoch machte sich breit, als sie den immer noch leblosen, nackten und verwundeten Körper Maria Annas entdeckten. Mit Kaffee, einer belebenden Tinktur und ein paar sanften Ohrfeigen kam sie bald zur Besinnung. Kopf und Arme bedurften einiger Pflaster und die zerrissene Ordenskleidung war auch bald einigermaßen in Ordnung gebracht. Was sie jedoch alle nicht schafften, war, die seelische Verfassung Maria Annas wieder in den Griff zu bekommen. Immer wieder fing sie zu schluchzen und zu weinen an, immer wieder schlang sie die Arme um die Schultern ihrer Mitschwestern, immer von neuem sah sie das Gesicht mit dem verwilderten Bart auf sich zukommen, roch sie die fuselige Ausdünstung des Atems, sah sie die ungepflegten Hände auf ihrer Haut. Sie spürte die knochigen Knie und Arme, die sie wie in einem Schraubstock festhielten und vor allem als letztes, schlimmstes, die körperliche Vereinigung mit diesem vor Dreck und Ausdünstungen stinkenden Mann.

Das, was Manfred angestrebt hatte, um seine Rache an Agathe zu befriedigen, war in seinem Sinn vollauf gelungen.

Natürlich war damit der Sammeltag beendet und sie kehrten ins Kloster zurück. Das Gepäck konnte der Bauer später zusammen mit den Sachen auf seinem Wagen zurückbringen.

Das warf allerdings ein neues Problem auf: Sollte man das Erlebnis der beiden jungen Nonnen der Priorin beichten oder sollte man es verschweigen? Beichten! Welch blöder und unsinniger Ausdruck für etwas, für das man keine Schuld trägt? Gegen das man sich mit allen Kräften gewehrt hatte? Ihr Geist, ihr Verstand stellte ihr in diesem Augenblick in der Hütte die seltsamsten Fragen, für die sie sich sofort mit demütigem Blick zum Himmel entschuldigen mußte.

Ein neuer, furchtbarer Gedanke schoß in ihr Gehirn. Was, wenn diese Vergewaltigung nicht ohne Folgen bleiben würde?

Folgerichtig wäre es, daß Maria Anna im Kloster bleiben und ihre Mutter zu Hause das Kind großziehen würde. Das Kind würde nichts dafür können, und sie selbst war einer Vergewaltigung zum Opfer gefallen, sie trug also auch keine Schuld. Doch ob das mit der Priorin zu machen war? Seit dem Tag, an dem die Priorin erfahren hatte, daß sie, Maria Anna, sich einem Mann, wenn es sich auch um ihren Verlobten handelte, hingegeben hatte, lag ein Schatten auf ihrem Ordensleben, den sie zu keiner Zeit hatte entfernen können.

Die Schwestern beschlossen gemeinsam, diese Angelegenheit zu verschweigen. Maria Anna war sehr froh, daß es jetzt in der Apotheke des Klosters viel Arbeit gab. Das lenkte ab und vergrößerte die räumliche Entfernung und die klösterliche Distanz zur Priorin. War sie mit der Vorgesetzten in einem Raum, trafen sie immer wieder ihre Blicke wie spitze Nadeln. Ob sie rechts oder links des Altars in den Chorstühlen saßen, ob sie sich am Abend im Refektorium trafen, ob sie die Ehrwürdige Mutter zu bedienen hatte, jedesmal war das Verhältnis eisig und fast stumm. Maria Anna hatte immer wieder das Bedürfnis, ihre Vorgesetzte das eine oder das andere Mal anzusprechen. Sie wagte es nicht. Immer wieder wurde sie von ihr geschnitten. Die Auszeichnung, Bibelstellen beim Essen vorlesen zu dürfen, wozu immer zwei Schwestern eingeteilt wurden, strich jedesmal mit dem strengen, ablehnenden Blick der Priorin an ihr vorbei.

Natürlich war es ganz selbstverständlich, daß die Schwestern, wenn der strenge Klosteralltag es zuließ, scherzten, lachten, witzelten oder sogar Karten spielten. Wenn aber die Priorin Schwester Maria Anna untätig sah, herrschte sie sie an: „Ora et labora = bete und arbeite!"

Um der Priorin weitgehend auszuweichen, hielt sich Maria Anna neben ihrer Arbeit in der Brennerei vornehmlich in der Apotheke bei Schwester Maria Felizitas auf. Es machte ihr Freude und lenkte sie ab, wenn sie sich mit den vielen Pflanzen, Blüten und Blättern beschäftigen konnte. Eine seltene Blüte konnte sie, wie ihre Mitschwester auch, sogar in echte Begeisterung versetzen.

Bald kannte sie alle Ingredienzien, die für die begehrten Naturheilmittel verwendet wurden. Sie wußte, was frisch, getrocknet und verflüssigt verarbeitet werden mußte. Auf den Tischen standen, fein säuberlich geordnet, Gefäße bis hin zum kleinsten Töpfchen, Flaschen und allerlei Tiegel für Salben, Tinkturen, Öle und heilsame Schnäpse bereit.

In diesem Sommer verwendeten sie vor allem Johanniskraut, Pfingstrosenblätter, Labkraut, Frauenmantel, Baldrian, Hopfen, Disteln, Kamille, Zinnkraut und Birkenblätter. Das ergab sehr heilsame

Mittel zum Gurgeln, Einnehmen und Salben zum Bestreichen der Haut. Salbei mit Essig und Honig ergab ein schnell wirkendes Mittel gegen Angina, eine Traubenpresse tat bei der Herstellung von schmackhaften Säften gute Dienste. Schafgarbe, Liebstöckel und Brennessel ergaben einen wohlschmeckenden Tee, bewährt bei der Behandlung von Niere und Blase, während aus Löwenzahn, Majoran, Edelraute, Haselblättern und Krausminze allerlei bekannte Hausmittel hergestellt wurden. Die meisten Kräuter, Pflanzen und Blumen, die in der Apotheke sofort verwendet oder auf dem Speicher getrocknet und aufbewahrt wurden, stammten von den Wanderungen der Schwestern, einige notwendige Pflanzen, die in dieser Gegend nicht wuchsen, bekamen sie von einem befreundeten Kloster in den Alpen, nur wenige Dinge mußten eingekauft werden.

6.

DIE PROBLEME HÄUFEN SICH

Das Klosterleben nahm weiter seinen Lauf. Maria Anna verrichtete ohne viel Aufhebens ihre Arbeit. Man merkte ihr ihre inneren Kämpfe nicht an, auch Maria Felizitas nicht, die doch eine Menge Zeit mit ihr zusammen verbrachte. Eines Tages bat Maria Agape die Freundin auf ihr Zimmer und sagte: „Anna, ich kann nicht mehr schweigen. Ich bin die einzige im Kloster, die weiß, was mit dir wirklich geschehen ist. Warum redest du nicht? Ich weiß nicht, wie es dir geht. Bei mir jedenfalls wird jede Unbill leichter, wenn ich darüber sprechen kann. Es kann nicht gut sein, wenn man den Ärger in sich hineinfrißt."
Anna wand sich auf ihrem Schemel hin und her, bis es auf einmal aus ihr herausbrach: „Meine Lage ist zum Aufhängen, zum..."
„Mein Gott!" unterbrach sie die Freundin. „Wie kannst du so etwas nur sagen! Keine Lage rechtfertigt einen solch sündhaften Entschluß."
„Was aber soll ich machen? Soll ich zur Priorin gehen und ihr sagen, daß ich guter Hoffnung bin, daß ich ein Kind erwarte?"
„Ist es denn so? Erwartest du, spürst du denn schon etwas?"
„Ich kann nicht mehr schlafen. Immer wieder sehe ich das bärtige, dreckige Gesicht über mir. Immer wieder sehe ich das Baby mit der häßlichen Knollennase seines Vaters vor meinem geistigen Auge. Wie soll eigentlich alles weitergehen? Ich kann doch im Kloster kein Kind auf die Welt bringen! Wie soll ich die Mitschwestern, die Priorin ansehen mit einem Kind, daß wohl einen Erzeuger, aber keinen Vater hat? Kennst du einen einzigen Fall, bei dem eine Nonne ein Kind bekommen hat?"
„Ich kenne keinen derartigen Fall. Mit Sicherheit hat es aber im Verlauf der langen Klostergeschichte solche Fälle gegeben. Denk nur daran, aus welchen Gründen junge Mädchen den Schleier nehmen! Die meisten natürlich aus Liebe zu Gott! Aber es gibt auch welche, die aus Enttäuschungen – welcher Art auch immer – und Liebesfrust ins Kloster gehen. Oder weil fromme Eltern dem lieben Gott ihr Erstgeborenes oder eines ihrer Kinder versprechen. Sie bringen dieses dem Ordensstand vorgesehene Kind bereits ins Kloster, ehe es richtig denken kann. Zu diesem Zeitpunkt weiß niemand, wie ein solches Kind sich geistig weiterentwickelt. Niemand weiß mit Sicherheit, auf welchem Pfad es zu seinem Lebensziel kommen will. Und solche Pfade gibt es viele. Es gibt Versuchungen, die ihm begegnen, schlechte Beispiele, die ihm zu Gesicht kommen, und die in vielen Fällen nicht ohne Reize sind. Denk

auch an die Ordensmänner, deren langer Tag zwar aus Gebet und frommem Tun besteht, jedoch nicht ohne Versuchungen abläuft. Diese alle sind noch lange nicht aus dem Holz des Franz, des Benedikt, eines Damian Deveuster, eines Vinzenz Pallotti geschnitzt, die sich bei jeder Versuchung, auch der kleinsten, solange geißelten, bis der Teufel in Gestalt der Versuchung nicht mehr da war. Es gibt Bücher, die schlimme Anfeindungen enthalten, mit geradezu aufreizender Wollust von Liebesverhältnissen zwischen Ordensleuten berichten. Das mag es geben. In jedem Fall bleiben diese Sünden weit hinter den guten Taten zurück, die Ordensleute zum Wohle des Glaubens und auch an den Menschen vollbringen. Du hast mich gefragt, wie du dich in dem Augenblick verhalten sollst, in dem du ein Kind in dir spüren solltest?"
„Ja, Agape, sag es mir, gib mir einen Rat!"
„Ich weiß keine Lösung, doch einen Rat will ich dir geben. Ich kann dir sagen, wie ich in einem solchen Fall handeln würde."
„Was, Agape, würdest du tun?"
„Du bist unschuldig, völlig unschuldig. Du hast diese Vereinigung, diesen Überfall in der Waldhütte, nicht gewollt. Du hast dich im Gegenteil gegen den Vergewaltiger heftig gewehrt, so heftig gewehrt, wie es deine Kräfte zuließen."
„Das kann ich beschwören, Agape. Du hast es an meinen Hautabschürfungen, an meinen Wunden, den blutunterlaufenen Stellen, ja, richtigen Blutergüssen an Armen und Beinen gesehen. Die grünen, gelben und blauschwarzen Flecke sind jetzt noch da, wo er meine Arme und Beine mit den Händen und Knien wie in einem Schraubstock festgehalten hat. Soll ich diese Beweise einer Vergewaltigung der Priorin zeigen?"
„Ja, Anna, zeige sie ihr! Ich würde sogar jetzt noch die Polizei einschalten und Anzeige erstatten."
„Ich weiß nicht, wer er ist. Ich kenne weder seinen Namen, noch weiß ich, woher er stammt."
„Dann erstatte Anzeige gegen Unbekannt. Mit einer solchen Anzeige kannst du dich wenigstens ein wenig reinwaschen."
„Werde ich dann noch Nonne bleiben können?"
„Das weiß ich nicht! Jedenfalls ist es besser, mit einer aufrichtigen Offenlegung der Tatsachen den Druck von deiner Seele zu nehmen, als mit Verschweigen in dem augenblicklichen Zustand der Verheimli-

chung weiterzuleben. Aber es ist noch lange nicht soweit. Zuerst mußt du warten, bis du etwas spüren wirst, bis man es dir ansieht. Dann aber rate ich dir, aufrichtig zu sein. Auch der Priorin gegenüber. Sie wird dir einen Weg zeigen, nicht aus Liebe zu dir, sondern um den Schaden für das Kloster und den Orden zu begrenzen. Es gibt keine Fragen – sollten sie noch so heikel sein – auf die der Orden keine Antwort weiß. Wenn du allerdings meinem Rat folgen willst, eine Anzeige gegen Unbekannt zu erstatten, kannst du nicht mehr länger warten. Diese Möglichkeit besteht noch, aber sie muß sofort in Angriff genommen werden; mit diesen Ratschlägen enden meine Möglichkeiten, jetzt mußt du dich allein entscheiden, so unangenehm die Angelegenheit auch sein kann."
Anna fing an zu weinen. Sie trat auf die Freundin zu, legte beide Arme um ihre Schulter, schluchzte immerzu und zunehmend heftiger. Dicke Tränentropfen fielen auf ihr und der Freundin Kleid. Diese bewegte sich kaum. Sie wußte, daß man einer solchen Gefühlsregung zuerst einmal Raum lassen mußte.
Am nächsten Morgen war die Aufregung groß im Kloster. Die Schwester Maria Anna war nicht aufzufinden. Auch in den nächsten Tagen nicht. Die Priorin gab bei der Polizeistation im Ort eine Vermißtenanzeige auf. Im Refektorium wandte sie sich nach dem Tischgebet an alle Schwestern und sagte: „Ich wußte, daß es mit Maria Anna nicht gutgehen würde. Ich versichere euch: ‚Wer seinen Schoß so leichtfertig hergibt, kann keine Nonne sein, muß als solche scheitern'."
Eisiges Schweigen um den Tisch herum. Die Nonnen sahen stumm auf ihre Finger herab und bewegten sich kaum. Die Priorin fuhr fort: „Maria Anna war ein leichtes Vögelchen im Ordenskleid. Wir wollen zu Gott beten, daß der Herr sie doch noch auf den rechten Weg führen wird."
Die Schwestern erhoben sich. Nur Maria Felizitas blieb sitzen.
„Warum stehen Sie nicht auf, Maria Felizitas?"
„Ich sehe keinen Grund, für das Seelenheil Annas zu beten. Ich habe lange Zeit die Tage mit ihr verbracht. Ich kenne ihre Seele. Wir sind uns in vielen Gesprächen nähergekommen. Ich habe tiefe Einblicke in ihr Inneres tun können. Ich weiß, was sie denkt und wie sie fühlt. Sie hat ein besonderes Gebet nicht nötig, auch wenn sie unsere Gemeinschaft verlassen haben sollte. Sie wird einen triftigen Grund haben, den wir sicher bald erfahren werden."

Die Priorin wiegte ihren Kopf hin und her und sagte nachdenklich, jedoch bestimmt: „Ich bin mir ganz und gar nicht sicher. Mir ist zu Ohren gekommen, daß sie an einem der Sammeltage mit zerrissener Kleidung heimgekommen sein soll."

„Sie ist in die Dornen geraten, in einen der vielen Brombeerbüsche, die auf unserem Wege standen", unterbrach Maria Felizitas und bereute sofort diese Voreiligkeit der Priorin gegenüber.

„Du bist ein Naseweis, Felizitas. Dieses mag sehr wohl so geschehen sein. Ich habe jedoch weiter bemerkt, daß Maria Anna seit diesem Tag eine andere geworden ist. Seitdem ist sie oft verstört und ebenso oft mit ihren Gedanken abwesend. Ich bin mir sicher: An diesem Tag im Wald muß noch etwas anderes gewesen sein, ein Ereignis, das unmittelbar mit Maria Anna zu tun hat. Ich erwarte von euch, daß diejenige, die in dieser Beziehung etwas weiß, ihr Wissen auch preisgibt. Im übrigen hat sie nicht nur einen Liebhaber, ihren damaligen Verlobten, gehabt, sondern mehrere andere. Sie ist sogar während der Weinlese in ihrem Urlaub schwach geworden."

„Das stimmt nicht!" rief Maria Agape dazwischen.

„Es ist ungehörig, Agape, deine Mutter zu unterbrechen."

„Der junge Mann, der zweimal bei Ihnen war, hat die Unwahrheit über Maria Anna gesagt."

Sie lief rot an, bis hinter beide Ohren, hielt ihre Hand vors Gesicht. Sie wußte sehr wohl, wie ungehörig ihre Handlungsweise gewesen war.

„Woher weißt du, daß ein junger Mann mit mir gesprochen hat?"

„Er hat nicht nur mit Ihnen über Maria Anna gesprochen, er hat sie auch in der übelsten Weise verleumdet. Er hatte sich früher längere Zeit um Maria Anna, die damals noch Agathe Sommer hieß, bemüht, jedoch ohne jeden Erfolg. Die Verleumdungen bei Ihnen war seine späte Rache wegen seines Mißerfolges."

„Wenn sich ein junger Mann um eine Frau – auch Nonnen sind Frauen – bemüht, dann hat diese Frau in fast allen Fällen einen Anlaß dazu gegeben."

Die Schwestern schwiegen. Sie wußten genau, daß sie gegen die Oberin doch nicht ankamen.

An diesem Nachmittag meldete sich Felizitas bei Pater Johannes an. Er empfing sie freundlich, fragte jedoch überrascht nach dem Begehren der Schwester.

„Es fällt mir schwer, dieses Ungewöhnliche in Worte zu fassen."
„Nur zu, Felizitas! Du weißt genau, daß ich für Euch und Eure Sorgen da bin. Daß ich kein Unhold bin, wirst du sicher auch wissen, mein Kind. Willst du beichten oder suchst du das Gespräch?"
„Ich möchte vertraulich mit Ihnen reden, zu beichten habe ich nichts."
„Nicht einmal böse Gedanken?"
„Ob meine Gedanken sündigen Inhaltes sind, mögen Sie entscheiden, Hochwürden. Zurückhalten kann ich diesen Gedanken dennoch nicht mehr."
„Dann schieß mal los, mein Kind! Mein Ohr ist für alle Gedanken da, nicht nur für die guten und schönen."
„Hochwürden! Ich komme zu Ihnen, weil Sie Mitwisser eines Ereignisses sind, das die Priorin betrifft."
„Du meinst die Nacht, in der wir Maria Scholastika weggebracht haben?"
„Ja, Hochwürden!"
„Ich habe der Priorin diese sehr unbequeme Wahrheit ohne Rücksichtnahme an den Kopf geworfen. Seit diesem Tage grüßt sie mich nicht mehr, redet nicht mehr mit mir und fährt sogar zur Beichte in die Stadt. Aber ich glaube nicht, daß sie jemals etwas gegen mich unternehmen wird. Ich denke vielmehr, daß ich sie in der Hand habe."
„Deshalb bin ich bei Ihnen."
„Das mußt du mir näher erklären, mein Kind."
„Also: Die Art, mit der die Priorin die abwesende Schwester Maria Anna in ihren Reden mit Schmutz bewirft, ist nicht mehr hinzunehmen. Ich glaube auch, daß dieses Verhalten der Anlaß für Annas Flucht aus dem Kloster ist. Maria Anna ist im Wald von einem Wegelagerer vergewaltigt worden."
„Mein Gott!"
„Das weiß ich, wie die anderen Schwestern auch, jedoch nicht von der Priorin. Der junge Mann, der einen Landstreicher zu dieser Vergewaltigung angestiftet hat, hat die Priorin in den letzten Wochen mehrmals aufgesucht und ihr Greuelmärchen über das sündhafte Leben und Treiben Annas erzählt. Wohlgemerkt, das ist alles gelogen, also eine reine Verleumdung. Die Priorin hat Maria Anna seit diesen Besuchen nicht mehr angesehen und ihr nur übelste knechtliche Arbeiten aufgetragen. Unsere Mitschwester hat in einer Woche fünfmal das Treppenhaus put-

zen müssen, eine Arbeit, die normalerweise nur einmal in der Woche, und zudem von wechselnden Personen vorgenommen wird. Sie durfte nicht mehr den Altar schmücken, von der Lesung beim und nach dem Essen ist sie seit längerer Zeit bereits ausgeschlossen, weitere übliche Vorteile einer Ordensschwester wurden ihr gestrichen. Der junge Mann, Sohn eines Arztes aus Maria Annas Geburtsort, hat der Priorin auch erzählt, sie hätte sogar während des Urlaubs bei der Weinlese sich jungen Männern hingegeben. In Wahrheit hat sie einmal mit einem Schulfreund getanzt und über ein paar harmlose Dorfwitze hat sie auch gelacht. Ist dies einer Ordensfrau verboten?"

„Warum muß ich dies alles wissen?"

„Wir, die Mitschwestern Annas, zum mindesten die Mehrzahl, glauben, daß das Verschwinden Annas mit dem Benehmen der Priorin und den dargelegten Verleumdungen in unmittelbarer Verbindung steht. Wir machen uns Sorgen um unsere Mitschwester, Hochwürden. Wir möchten sie suchen und sie wieder in unsere Gemeinschaft aufnehmen, aber die Priorin verhindert dies mit großer Strenge. Sie ist froh, daß Anna weg ist und schmeißt ihr nun noch eine Menge Dreck hinterher."

„Und was soll ich in dieser Angelegenheit tun?"

„Sie sollen uns suchen helfen und eine Möglichkeit finden, sie wieder ins Kloster aufzunehmen."

„Wie kann ich dies gegen den Willen der Priorin tun?"

„Ich denke, Sie hätten sie in der Hand. Was Sie von ihr wissen, ist schlimmer, als alles, was Anna getan hat. Warum, glauben Sie, schleicht die Oberin heimlich in der Nacht in das Zimmer der Nähschwester? Mit aufgelöstem Haar, mit einem Umhang, der in keinem Orden üblich ist? Warum, glauben Sie, hat sie dies heimlich getan? Warum hatte sie Furcht in den Augen, Furcht entdeckt zu werden? Glauben Sie, Hochwürden, daß eine solche, offenbar gut vorbereitete Verfehlung nur einmal geschieht? Ich kann nicht einsehen, daß eine Vorgesetzte, die soviel Dreck am Stecken hat, unsere Mitschwester, die ohne Schuld ist, in solch übler Weise behandelt. Sie müssen ihr immer wieder ihre Verfehlungen vorhalten. Sie müssen ihr beweisen, daß sie nicht berechtigt ist, die Mitschwester so fertigzumachen. Sie müssen fertigbringen, daß Maria Anna gesucht, gefunden und wieder ins Kloster aufgenommen wird."

„Ich weiß nicht, wie ich dies anstellen soll. Sie haben von der Verge-

waltigung Maria Annas erzählt. Wer sagt, daß diese schlimme Handlungsweise, auch wenn sie erzwungen war, nicht ohne Folgen geblieben ist?"
„Wenn es im schlimmsten Fall so sein sollte, was kann geschehen? Was geschieht in ähnlichen Fällen?"
„Maria Felizitas, ich kann nichts anderes sagen, als die vier Worte: ‚Ich weiß es nicht!' In meiner Ordenszeit ist mir ein solcher Fall bisher nicht bekannt geworden."
„Damit ist jedoch nicht gesagt, daß ein solcher Vorfall nicht doch geschehen sein könnte. Sie sind ein welterfahrener, gebildeter Mann, Hochwürden. Es muß doch etwas geschehen. Und wenn es wirklich ein erster Fall dieser Art sein sollte, so muß es doch eine Hilfe für diese junge Ordensfrau geben, die schuldlos ist."
Der Pater schwieg und überlegte eine Weile. Dann sagte er leise: „Natürlich zeigen mir meine Erfahrung und meine Phantasie einige Wege auf. Sie könnte zum Beispiel in einer anderen Gegend, vielleicht sogar im Ausland, unter ihrem bürgerlichen Namen eine Entbindungsklinik aufsuchen und dort das Kind zur Welt bringen. Anschließend könnte sie in einem Hotel einige Wochen oder Monate verbringen, bis sie sich von dem Kind trennen könnte."
„Hochwürden! Meinen Sie wirklich, daß sie sich von dem Kind trennen müßte?"
„Eine andere Lösung gibt es nicht! Mit einem Baby im Kloster leben, das ist unmöglich. Auch ihrer Familie kann sie es nicht überantworten. Das Geschwätz, das in den Dörfern ringsum entstehen würde, ist für unser Kloster nicht zu verantworten."
„Sie glauben also wirklich, daß nur zwei Möglichkeiten in Frage kommen: sich von dem Kind trennen oder den Orden zu verlassen?"
„Ja! Aber so weit ist es ja Gott sei Dank noch nicht."
„Wir müssen alle Möglichkeiten in unsere Erwägungen mit einbeziehen. Wollen Sie sich wenigstens dafür einsetzen, daß künftig die Priorin nicht mehr ihre Giftpfeile gegen die abwesende Mitschwester verschießt. Sie sind der einzige, der dieses vermag. Aus den bekannten Gründen haben Sie die Priorin voll in der Hand."
Sie stand auf, verabschiedete sich und suchte ihre Arbeitsstelle, die Apotheke im Keller des Klosters auf.
Wer in den nächsten Tagen mit der Priorin in Verbindung kam, merkte

sogleich die Veränderung, die sich an ihr vollzogen hatte. Sie war höflich, schien sogar ein wenig fröhlich geworden zu sein. Maria Felizitas ahnte, daß Pater Johannes mit ihr gesprochen hatte. Hinzu kam, daß die Nähschwester an einem der nächsten Tage das Kloster verließ und vorerst nicht mehr gesehen wurde. Man raunte sich zu, sie sei ins Mutterhaus versetzt worden.

7.
ANTONIO GALLERI

Das Verhalten der Priorin hatte Maria Anna sehr mitgenommen. Wenn sie von ihr angeschaut wurde, glaubte sie, daß aus ihrem Auge Blitze zuckten, die sie zu vernichten trachteten. Sie spürte die Verachtung, die die Priorin ihr gegenüber zum Ausdruck brachte, wenn sie in ihre Nähe kam.

Eines Abends sagte die Priorin: „Maria Anna, du putzt jetzt das Treppenhaus. Anschließend säuberst du die beiden Beichtstühle! Wohlgemerkt, außer der Reihe, die Arbeit in der Brennerei darf natürlich nicht leiden."

„Warum, Ehrwürdige Mutter, werde ich wie ein Putzlappen behandelt?" wagte Maria Anna einen schüchternen Einwand und fuhr fort: „Ich bin geweihte Ordensfrau wie alle anderen Mitschwestern auch. Keine wird so benachteiligt wie ich. Euer Blick ruht auf keiner so böse wie auf mir. Ich bin mir stets bewußt, daß ich Gehorsam gelobt habe, jedoch in vernünftigen Maßen."

„Du hast auch Keuchheit gelobt", warf die Priorin böse ein. „Das scheinst du vergessen zu haben."

„Ehrwürdige Mutter! Ich habe vor meinem Eintritt ins Kloster an nicht ein einziges Mal gegen das Gebot der Keuschheit verstoßen!"

„Reiß dich zusammen, Maria Anna! Du bist im Begriff, auch das Gebot der Wahrheit und Wahrhaftigkeit zu verletzen."

„Ich sage die Wahrheit!"

„Ich hatte immer recht! Wer vor seiner Ehe, auch vor seiner Ehe mit Gott, die gebotene Keuchheit nicht achtet, wird auch später im Kloster scheitern."

„Sind alle Nonnen blütenrein, was ihre vorklösterliche Zeit betrifft? Können Sie für alle die Hand ins Feuerk legen?"

„Sie wagen es, die Glaubwürdigkeit und Keuchheit ihrer Mitschwestern in Frage zu stellen? Das ist das schlimmste, was ich bisher erlebt habe." Maria Anna wurde abwechselnd weiß und rot in ihrem Gesicht. In schweren Zügen atmete sie ein und aus, ihre Brust hob und senkte sich in unregelmäßigen Abständen. Man merkte, daß da etwas in ihrer Brust steckte, was hinausdrängte, jedoch noch nicht den Weg nach außen finden konnte. Dann plötzlich merkte man den Entschluß, etwas Ungewöhnliches zu sagen.

Entschlossen trat sie einen kleinen Schritt auf die Priorin zu, warf den Kopf in den Nacken, hob ein wenig die Hände in die Höhe, zeigte mit

dem Finger auf die Priorin und sagte, nein, sie schrie es fast: „Ich wage jetzt sogar, Ihre Keuchheit während der Ordenszugehörigkeit und während Ihrer Zeit als Priorin in Frage zu stellen."
Sie ließ die Hände sinken, ihr Gesicht blickte wieder geradeaus, es war auch wieder Farbe darin zu sehen. Man merkte die Erleichterung, daß dieser schwere, gewichtige Satz heraus war.
Die Priorin rang nach Luft. In schweren, schnellen Schüben sog sie die Luft ein und hatte offensichtlich Mühe, sie wieder herauszubringen. Zuerst zitterte sie ein wenig, dann hatte man das Gefühl, als hätte sie ein Schock überwältigt. Sie hob die Faust, als wolle sie nach Maria Anna schlagen. Diese wich jedoch nicht aus, sah ihr starr und ruhig in die Augen.
Es dauerte eine Weile, bis die Priorin sich einigermaßen in der Gewalt hatte.
„Das mußt du beweisen, du Schlange, du Bestie. Hörst du?"
„Sehr gerne, als Beweis nenne ich die Lehrschwester, die leider nicht mehr hier ist. Als Beweis nenne ich weiter Pater Johannes, Schwester Felizitas und auch Schwester Scholastika. Diese drei Zeugen haben Sie im Zimmer der Nähschwester verschwinden gesehen."
„Darf die Priorin im Kloster nicht hingehen, wohin sie will? Mir stehen alle Türen offen und zwar mit höchster Erlaubnis."
„Jedoch nicht ohne Ordenskleidung, mit aufgelöstem Haar, mit bemaltem Gesicht, mit einem Umhang, der wahrhaftig nichts mit Ordenskleidung gemein hat und nicht mit gierigen Augen, die auch nicht auf ein gemeinsames Gebet schließen lassen."
„Hier scheint allerhand Phantasie mitzuspielen. Ich bestreite das alles ganz entschieden."
„Bestreiten Sie auch, daß Sie die arme Schwester Scholastika im tiefsten Keller des alten Karthäuserklosters eingesperrt haben? Sie haben die Mitschwester, die auch Ihre Mitschwester ist, zu einem trunksüchtigen Wrack gemacht. Die Ärzte in der Entziehungsanstalt im Ahrtal können dies beweisen."
„Du bist ein heuchlerisches Luder. Mach, daß du mir aus den Augen kommst!"
„Soll das heißen, daß ich auch aus dem Kloster verschwinden soll?"
„Aus den Augen, sofort, und aus dem Kloster auch und zwar so schnell wie möglich."

Maria Anna ging in ihre Zelle, entledigte sich der Ordenskleidung, packte ihre wenigen Sachen zusammen und verließ ungesehen das Kloster.

Da sie kein Geld hatte, mußte sie den weiten Weg in die Stadt zu Fuß zurücklegen. Sie wollte sich an die Bahnhofsmission wenden. Morgen früh würde man weiter sehen. Nach Hause? Auf keinen Fall!

Doch schon nach einer Viertelstunde hielt ein Auto neben ihr an.

Ein junger, südländisch aussehender Mann drehte die Scheibe herunter und sagte: „Wo wollen Sie hin, mein Fräulein? Was machen Sie so spät am Abend auf diesem dunklen Weg?"

Maria Anna, die jetzt plötzlich wieder Agathe war, starrte den fremden Mann groß an. Sie wußte nicht, wie sie sich zu verhalten hatte. ‚Mein Fräulein' hatte er gesagt.

Der junge Mann fragte noch einmal: „Wo wollen Sie hin an diesem dunklen Abend?"

Agathe antwortete unsicher und leise: „Ich weiß es nicht!"

„Was höre ich da? Sie laufen in der Nacht im Wald herum und wissen nicht, wo Sie hinwollen?"

Der Mann hatte eine angenehme Stimme, fand Agathe. Was sollte sie sagen? Konnte er sie nicht mit in die Stadt nehmen?

„Ich möchte in die Stadt", sagte sie plötzlich und war selbst erstaunt über diesen Anflug von Ehrlichkeit.

„Die Stadt Bonndorf ist ziemlich groß. In welchen Teil dieser Stadt wollen Sie?"

„Zum Bahnhof!"

„Was wollen Sie am Bahnhof? Wollen Sie einen Zug erreichen?"

„Nein!" antwortete sie.

„Nein? Es geht mich nichts an, wohin Sie wollen. Steigen Sie also ein! Ich werde Sie zum Bahnhof bringen."

Agathe zögerte. Hätte dieser junge Mann auch jemand zur Mitfahrt eingeladen, wenn diese Person älter und häßlich gewesen wäre? In ihrem Innern mußte sie dies verneinen. Doch die guten, dunklen Augen des Mannes überzeugten Sie von seinen ehrlichen Absichten. Sie stieg ein, setzte sich neben ihn. Nach kaum einer Viertelstunde waren sie am Bahnhof angelangt. Sie machte keinen Versuch, auszusteigen.

Der junge Mann sagte: „Sie wissen offensichtlich nicht, wohin Sie wirklich wollen. Haben Sie Geld?"

Sie blickte ihn treuherzig an. Nach einer Weile druckste sie heraus: „Nein! Ich habe kein Geld. Ich will auch keinen Zug erreichen. Ich weiß selbst nicht, wohin ich will. Ich wollte zur Bahnhofsmission. Aber nur bis morgen früh. Dann muß ich weiter sehen."
„Ich weiß für Sie etwas Besseres. Sie gehen mit mir nach Hause. Bei mir haben Sie zum mindesten ein gutes Bett."
„Nein! Auf keinen Fall!" entfuhr es ihr.
„Ich bin gut verheiratet, mein Fräulein. Sie werden auch Gast meiner Frau sein. Sie brauchen also keine Sorge zu haben. Wir tun Ihnen nichts. Also, wie ist es?" Sie tat sich immer noch schwer. Schließlich sagte sie leise: „Unter dieser Bedingung nehme ich Ihr Angebot an."
„Dann gestatten Sie, daß ich mich Ihnen vorstelle: Mein Name ist Antonio Galleri. Mein Frau heißt Antonia. Uns unterscheidet also nur ein kleines ‚o' und ein ebensolches ‚a'. Es ist also leicht zu behalten. Wir sind Italiener, aber nun schon seit acht Jahren in Deutschland und ebenso lange in der schönen Stadt Bonndorf."
Nach kurzer Zeit hielten sie bereits auf dem Parkplatz einer Pizzeria.
„Das ist unser Geschäft. Meine Frau steht an der Theke und mein Bruder Enzo besorgt den Pizzaofen."
„Also ein richtiger Familienbetrieb, Herr Galleri?"
„In der Tat! Außer meiner Frau, meinem Bruder und mir sind auch noch unser beider Mütter in meinem Betrieb tätig. Und wenn die beiden Opas gebraucht werden, stehen auch diese zur Verfügung. Beide sind handwerklich sehr begabt."
„Ich liebe die kleinen Familienbetriebe, Herr Galleri."
„Bitte, nennen Sie mich Antonio. Das ist so üblich bei uns."
„Beinhaltet diese Vereinbarung auch, daß Sie mich jetzt auch Agathe nennen?
„Nachdem Sie sich bereits vorgestellt haben, denke ich, daß wir es so machen sollten."
„Geht das immer so schnell bei Ihnen?"
„Sie werden mit Sicherheit einige Tage bei uns bleiben, wohnen und essen. Zum mindesten so lange, bis Sie eine Bleibe und eine Arbeit gefunden haben. Ich schlage also vor, daß Sie die Agathe sind und ich der Antonio. Einverstanden?"
Es dauerte lange, bis ein leises, zögerliches ‚ja' hörbar wurde. Trotz der Liebenswürdigkeit Antonios war die Zurückhaltung Agathes verständ-

lich. Immerhin war kaum eine Stunde vergangen, seit sie im Kloster noch Schwester Maria Anna gewesen war und die Ordenskleidung getragen hatte. Sie fragte sich, was wohl geworden wäre, hätte Antonio sie nicht auf der dunklen Waldstraße aufgelesen.
Natürlich wußte sie, daß es höchst bedenklich war, sich in der Nacht aus dem Kloster zu schleichen, ohne Geld, praktisch ohne alles. Sie betrachtete es jetzt schon als einen Glücksfall, Antonio getroffen zu haben.
„Wir wollen jetzt hineingehen, ich möchte Sie meiner Familie vorstellen."
Agathe ging hinter Antonio her, ein wenig gedrückt, jedoch aufrechten Ganges, in die Pizzeria hinein.
Hinter der Theke stand eine dunkle Schönheit, offenbar die Frau des Gastgebers. Überrascht war Agathe über die Gäste. Keineswegs nur Italiener, sondern an vielen Tischen deutsche Gäste. Wie in fast allen Pizzerien üblich, viele junge Leute, die sich alle sehr gut benahmen. Zwei überaus gut gekleidete ältere, deutsche Ehepaare fielen ihr sofort ins Auge. Aus einer Etagere nahmen zwei junge Servierinnen laufend Teller mit verschiedenen Speisen heraus und brachten sie an die Tische, während ein dicker Italiener die Etagere immer wieder nachfüllte.
Antonio öffnete eine Tür, die sich neben der Theke befand, winkte seiner Frau und führte Agathe in einen Raum, der zu gleicher Zeit Aufenthaltsraum, Büro und Zimmer für alles mögliche zu sein schien.
„Keine Angst, Agathe", sagte Antonio, als er bemerkte, daß es ihr doch nicht einerlei zumute war, „wir werden deutsch sprechen, damit Sie alles verstehen können."
„Wen bringst du mir denn da von deiner Geschäftstour mit nach Hause, Antonio?" sagte Frau Galleri in ihrer Muttersprache italienisch.
„Bitte, sprich deutsch, Antonia." Lächelnd fügte er hinzu: „Ich habe dieses Findelkind auf der Straße nach Waldbuch in der Nähe des Klosters aufgelesen. Sie hat kein Geld und gegessen hat sie seit langem auch nichts mehr."
„In der Nähe des Klosters?" Sie wendete sich Agathe zu und sagte: „Haben Sie etwas mit dem Kloster zu tun? Ihre Mittellosigkeit läßt jedenfalls darauf schließen. Um direkt zu fragen: Sind Sie aus dem Kloster geflohen?"
Zweierlei ging Agathe durch den Kopf: Zum ersten war die Direktheit dieser schönen Frau unangenehm, auf der anderen Seite fand sie deren

Erscheinung, besonders die Augen und ihre Stimme sehr sympathisch. Immer wieder und immer länger und fester blickte Frau Galleri sie an. Es schien, als ob sie die Erscheinung Agathes auf sich wirken lasse. Aus dem forschenden Blick war zunehmend Neugierde und sogar ein Hauch von Zuneigung herauszulesen.
Agathe mußte die direkte Frage beantworten. Ein kleiner Ruck ging durch ihren Körper, als sie mit fester Stimme sagte: „Ja, ich war eine richtige Nonne, jetzt bin ich nur noch eine gescheiterte Nonne. Ich bin aus dem Kloster der Benediktinerinnen geflohen und will auch nicht wieder dorthin zurück."
„Wollen Sie vielleicht wieder zu Ihrer Familie?"
„Nein!" antwortete Agathe ohne zun zögern.
„Warum nicht? Das wäre doch das nächstliegende."
Wieder dauerte es eine Weile: „Ich schäme mich, weil ich gescheitert bin."
„Es gibt auch andere Klöster, nicht wahr?"
„Ich habe genug erlebt. Ich möchte kein Kloster mehr von innen sehen."
Antonio unterbrach das Gespräch der beiden und sagte: „Laß doch vorerst Agathe in Ruhe! Du siehst doch, wie sie sich innerlich zermürbt, wenn du fortlaufend Dinge fragst, die sie aufregen müssen."
„Ach, ihr duzt Euch schon?
„Nein! Wir haben nur von Anfang an unsere Vornamen benutzt. Nun ja, ich wollte ihr Vertrauen gewinnen, Antonia. Sie hat keine Bleibe. Zeige ihr unser Besuchszimmer!"
„Auf wie lange?"
„Bis sie Arbeit und Wohnung gefunden hat. Du wirst sehen, das geht ganz schnell."
Antonia führte sie in das Zimmer. Es war ein kleiner Raum mit einem schmalen Bett, einem Schrank, einem Stuhl. Ein Waschbecken gab es nicht, der Besuch mußte das gemeinsame Badezimmer benutzen.
Als Agathe in ihrem Zimmer verschwunden war, sagte Antonia zu ihrem Mann: „Es ist eine hübsche Person, Antonio. Wenn man sie mit den richtigen Mitteln ein wenig aufpäppelt, könnte eine junge Schönheit aus ihr werden."
Antonio wiegte seinen Kopf hin und her und antwortete: „Das habe ich bereits bemerkt, als ich sie in mein Auto einlud. An vielen Dingen,

besonders an den Haaren, merkt man allerdings eine gewisse Vernachlässigung."
„Diese Vernachlässigung ist sicher eine Folge des Klosterlebens."
„Wenn diese Nachlässigkeiten sich nicht auch auf das Benehmen, auf die Sprache und den Umgang ausdehnen, könnte man ihr ein Angebot machen, nicht wahr?"
„Auch daran habe ich gedacht. Ich werde mit ihr reden."
Die Galleris luden Agathe zum Essen ein. Sie war sehr überrascht, daß es kein italienisches, sondern ein echt deutsches Essen gab: Sauerbraten mit viel Sauce, Püree und Kraut.
„Es schmeckt wie zu Hause, Dankeschön!"
Antonia fragte sie, welches Zuhause sie meine. Ob sie das Zuhause meine, in das sie hineingeboren worden war oder jenes Zuhause, in dem die Geburt durch das Gelübde ersetzt wird und mit diesem beginnt.
Sie habe eben an den Sauerbraten gedacht, den die Mutter so vorzüglich zubereiten konnte.
Im Kloster habe sie wohl eine andere Mutter bekommen, fragte Antonia, worauf Agathe entgegnete, daß diese Mutter für sie nur eine Mutter dem Namen nach gewesen sei. In Wirklichkeit sei sie ein Teufel gewesen.
Man sah ihrem Gesicht sofort an, daß ihr dieser letzte Satz einfach herausgerutscht war. Die beiden letzten Silben „Oh weh!" und ihr erschrockenes Gesicht bewiesen es.
Nach ein paar Sekunden nahm Antonia den Faden wieder auf und meinte, daß also wohl die Klostermutter in diesem Falle der Anlaß des Austritts gewesen sei.
Agathe erklärte, daß sie überhaupt nicht ausgetreten sei, sie sei einfach weggelaufen, ohne Formalitäten, ohne Aufsehen, ohne Rücksprache, sie wollte einfach nicht mehr, oder besser ausgesdrückt sei, sie konnte nicht mehr.
Das ändere alles nichts daran, daß sie im Kloster wenigstens auf Zeit eine Mutter gehabt habe, antwortete ihr Antonia.
Es sei die Priorin gewesen, die auch Mutter Oberin genannt worden sei, sagte Agathe und fuhr fort, daß sie nicht wisse, was sie machen werde, sollte sie von der Priorin wieder eingefangen werden.
Antonia belehrte sie, daß die Priorin ohne Agathes Einverständnis nichts machen könne. Sie habe kein Mittel, auch das Recht stünde nicht auf ihrer Seite. Agathe wußte, daß die Aussage Antonias stimmen

mußte, denn auch der Mitschwester Scholastika hatte die Priorin nichts mehr anhaben können, als sie das Kloster verlassen hatte.

„Erzählen Sie mir von Ihrer Zeit im Kloster, Agathe! Jedes Kind in Bonndorf kennt dieses Kloster, aber nur von außen. Antonio kommt mehrmals in der Woche dort vorbei, wenn er Aufträge erledigt. Jedoch kam ihm noch nie eine Nonne zu Gesicht, nie stand ein Fenster offen. Seien Sie mir nicht böse, Agathe, aber dieses dunkle Gebäude mit seinen alten dicken Mauern kam uns jedesmal wie eine Strafanstalt vor, aus der nichts nach außen dringen durfte. Erzählen Sie uns bitte von diesem Kloster und den Erlebnissen darinnen!"

Agathe spürte den Tischwein ein wenig, auch ihre Wangen röteten sich leicht, doch der Wein besserte auch ihr Allgemeinbefinden. Sie wurde lockerer und freier, als sie zu erzählen begann. Sie sprach von den Gründen, die sie ins Kloster gezwungen hatten, von dem tragischen Tod ihres Verlobten. Sie ließ auch Manfred nicht außen vor, der sie sogar bis ins Kloster hinein verfolgt hatte. Sie machte auch aus den tiefen Gewölben, den Räumen des früheren Karthäuserklosters kein Geheimnis. Mit jedem Satz schien sie innerlich freier zu werden. Sie erwähnte Scholastika, Agape und natürlich auch Felizitas. Die Trennung von dieser schien ihr besonders schwerzufallen. Sie bekannte alles – fast alles: Die Ereignisse in der Waldhütte und deren mögliche Folgen verschwieg sie. Als Auslösemoment ihrer Flucht bezeichnete sie die Handlungsweise der Priorin, die sie sogar in die Gewölbe einsperren wollte, wie sie von mehreren Mitschwestern erfahren hatte. Am Ende sagte sie noch: „Tja, jetzt wißt ihr viel mehr, als ich eigentlich ausplaudern wollte."

Die beiden Galleris saßen ihr lange schweigend gegenüber. Sie bewegten sich kaum, doch merkte man deutlich, daß sie beeindruckt waren. Schließlich sagte Antonio: „Wie wäre es, Agathe, wenn Sie vorerst bei uns bleiben würden. Sie können weiterhin das Zimmer bewohnen, arbeiten als Bedienung in unserer Pizzeria und erhalten einen Lohn, von dem Sie leben können. Sie brauchen also nicht mehr ins Kloster, noch brauchen Sie zu Ihren Eltern zurück, vor denen Sie sich schämen. Geben Sie uns morgen beim Frühstück Ihre Entscheidung bekannt. Wir würden uns ehrlich freuen, wenn Sie bliebene."

Agathe war überglücklich. Eine so schnelle und überraschende Lösung hatte sie nicht einmal im Traum erwartet. Am nächsten Morgen saß sie

bereits am Frühstückstisch, als die Galleris und Antonios Mutter sich zu ihr setzten und ihr als erstes das vertrauliche ‚Du' anboten.
Sie konnte kaum warten, bis sie angesprochen wurde. Es sprudelte aus ihr heraus: „Ich habe nicht schlafen können, so glücklich war ich. Aber werde ich überhaupt bei Euch bedienen können? Ich habe solche Arbeit noch nie in meinem Leben gemacht."
„Mache dir darum kein Kopfzerbrechen. Wir sind immer bei dir, den ganzen Tag über. Wir zeigen dir alles und wir stehen dir stets für deine Fragen zur Verfügung."
„Aber ich verstehe kein Wort italienisch. Ich kann doch nicht jedesmal ins Wörterbuch gucken, wenn ich ein Wort nicht verstehe."
Auch diese Sorge sei grundlos, sagte Antonio. Erstens hätten sie mehr deutsche als italienische Gäste und die Italiener, die hier verkehrten, seien größtenteils schon so lange hier in Deutschland, daß die deutsche Sprache ihnen keine Schwierigkeiten machen würde. Außerdem verkehre hier, das würde sie bald merken, ein sehr guter Gästekreis. Genauso, wie es gute deutsche Restaurants gäbe, gäbe es auch italienische Lokale, die mehr böten als die üblichen. Vielleicht habe sie schon einmal den Begriff ‚Edelpizzeria' gehört. Die Galleris zählten sich dazu. Die Tatsache, daß er Pizza und andere Speisen in die Häuser fahre, habe nichts mit der Qualität des Restaurants zu tun. Dies erhöhe lediglich den Umsatz.
Agathe hatte schon am nächsten Tag Gelegenheit, die Aussagen Antonios zu überprüfen. Sie wurde einem gut aussehenden und gut gekleideten Kellner vorgestellt, der als Oberkellner tätig war und von der gesamten Mannschaft nur Giorgio genannt wurde. Er sprach fließend deutsch und seine Ausdrucksweise zeugte von sehr guter Allgemeinbildung.
Er schien die Seele des Restaurants zu sein, da Antonio den größten Teil des Tages abwesend war. Das Ausfahren der mannigfachen Waren in Häuser, zu Gartenpartys, zu Vereinsfesten, sogar in Krankenhäuser schien ebenso umsatzträchtig zu sein wie die Pizzeria.
Die Einrichtung war gediegen. Dunkles, braunes Holz ringsum, eine dazu passende Polsterbestuhlung, viel Glas und blinkender Chrom im Thekenbereich erzeugten den Eindruck südlicher Eleganz, der durch viele Ölgemälde mit italienischen Motiven noch verstärkt wurde. Über die Theke hinweg konnte man in eine blitzsaubere, kleine Küche hin-

einsehen, in der Antonia Galleri und zwei Köche tätig waren, ein Bruder und ein Vetter Antonios, wie sich nachher herausstellte. Die Putzarbeit besorgten die beiden Mütter.

Im Restaurant gab es weiter zwei appetitliche junge Italienerinnen, die Essen und Getränke auftischten, gebrauchtes Geschirr abtrugen und bei jedem Handgriff an den Augen Giorgios hingen, der fast lautlos, nur mit Blicken und Gesten, seine Anweisungen gab.

Nachdem Agathe eingekleidet war, wurde sie den beiden jungen Servierinnen zugesellt.

Beim Arbeitsbeginn sagte Antonio: „Agathe – ich darf doch Agathe sagen? – fleißig wirst du ohnehin sein, dafür habe ich einen Blick. Wenn du etwas nicht weißt, frage mich. Es ist keine Schande, zu fragen. Also los! Deck alle Tische so auf, wie den dort, den ich dir vorgemacht habe."

Die Arbeit machte Agathe viel Freude, die Gäste zählten fast alle zur besseren Bevölkerungsschicht des Städtchens und – was sie besonders beeindruckte – es gab viel Trinkgeld. In wenigen Tagen schon beherrschte sie die meisten anfallenden Tätigkeiten und konnte voll eingesetzt werden. Sie war willig und immer fröhlich und fühlte sich allmählich sogar schon ein wenig glücklich.

Sie löste sich mit ihren beiden Kolleginnen Natalie und Peggy ab, so daß es für jede einen Achtstundentag gab, der manchmal auch geteilt war, da das Hauptgeschäft sich in der Mittagszeit von zwölf bis fünfzehn Uhr und abends von achtzehn bis dreiundzwanzig Uhr abspielte.

Es war ihr gar nicht unangenehm, wenn Gäste ihr nette Worte sagten. Nach kurzer Zeit schon verstand sie es, sich dem Gast gegenüber ins rechte Licht zu setzen. Sie verwendete ein dezentes, einwandfreies Make-up und auch ihre Kleidung, die Bluse mit dem kleinen Ausschnitt und die Röcke, die ihre hübschen Beine bis übers Knie sehen ließen, trug sie mit der gleichen Selbsverständlichkeit wie ihre Kolleginnen. Nichts hätte den Gast, der von ihr bedient wurde, auf den Gedanken bringen können, daß es sich bei der stets freundlichen Serviererin um eine ehemalige Nonne handelte.

Immer seltener kamen die Erinnerungen an ihre Zeit im Kloster über sie und zwar meistens dann, wenn ein Gast sie außerhalb ihres Dienstes einladen wollte. Sie konnte sich dann nicht entschließen, diese Einladungen anzunehmen, während Natalie und Peggy davon ausgiebig Gebrauch machten.

Sie merkte immer mehr, daß sie eine außerordentliche Anziehungskraft auf Männer jedweden Alters auszuüben schien, denn die Zahl der Komplimente und Einladungen für sie übertraf die der Kolleginnen bei weitem. Besonders fiel ihr die Begehrlichkeit in den Augen der Männer auf, die ihr Komplimente machten. Diese Blicke sagten mehr aus als ihre Worte. Es war eine Augensprache, die sie bisher noch nicht kennengelernt hatte. Es war Begehren in diesen Augen, oft völliges, unbegrenztes Habenwollen und oft erwischte sie sich bei dem Eindruck, mit ihren Augen bereits ‚Ja' gesagt zu haben.

Was war das eigentlich für eine ihr völlig neuartige Augensprache, die sie immer wieder anzog und die ihr dennoch eine gewisse Angst machte? War dies bereits der erste Schritt einer Hingabe an den Gast am Tisch. Hatte sie schon etwas mit den Augen versprochen, das dem gesprochenen Wort gleichkam? So etwas hatte sie bei Rainer nicht oder noch nicht erlebt. Offenbar war dies eine der Liebeskünste, die Rainer nicht oder noch nicht beherrscht hatte, oder die in Oberrheinstadt nicht bekannt oder üblich war.

Sie nahm sich ernsthaft vor, künftighin ihre Augen mehr im Zaum zu halten. Aber es gelang ihr nicht. Die Blicke der Männer wurden immer begehrlicher, verführerischer. Sie hatte den Eindruck, einen Schimmer zu sehen, der bereits ersten Erfolg ausdrückte. Was sollte sie dagegen tun? Sie arbeitete nun mal am Gast. Sie konnte dessen Augen und Blicke weder verhindern noch verändern. Offenbar hatte sie keine Gewalt mehr über ihre eigenen Augen, aber sie konnte doch nicht mit geschlossenen Augen am Tisch stehen und irgendwo anders hinschauen, wenn ein Gast sie ansprach. Mehrmals hatten die Galleris ihr gesagt, daß jeder Gast voll anzusehen sei, wenn er mit ihr sprach. Woher aber hatte sie dieses gewisse Etwas in ihren Augen, das die männlichen Gäste so anzog?

Natürlich hatte sie schon öfter bemerkt, daß der Gesichtsausdruck und besonders der Blick sich völlig veränderte, wenn ein Mädchen zur Frau geworden war. Oft geschah diese Wandlung von einem Tag zum anderen. Aber kommt dadurch auch ein besonders erotisches Begehren oder ein Einverständnis auf einen solch fordernden Blick zustande? Sie wußte es nicht. Jedenfalls waren diese begehrlichen Blicke von ihr keineswegs gewollt, doch mußte sie feststellen, daß diese Blicke der männlichen Gäste umso dringlicher und fordernder wurden, je energischer sie sich bemühte, sie abzulehnen.

Sonntags ging sie ins Hochamt. Die eifrigen Kirchenbesucher stellten bei ihr einen besonders innigen, frommen Blick fest. Sie versprach Gott und der Mutter Maria standhaft zu bleiben, auch in ihrem jetzigen, weltlichen Status. Ihre Lage war ihr natürlich unangenehm, jedoch nicht schmerzhaft. Sie hatte sich dem Vergewaltiger nicht hingegeben, er hatte sich mit Gewalt und Kraft das genommen, was er von ihr haben wollte. Auch die Flucht aus dem Kloster machte ihr wenig Schwierigkeiten. Einer Priorin gegenüber, die die Worte der ihr anvertrauten Nonnen in raffiniertester Weise abhörte, die unerwünschte Untergebene in Kellerverliese einsperrte und unbeliebte Nonnen mit Dreckarbeiten ungerecht bestrafte, konnte man kein schlechtes Gewissen empfinden. Hinzu kam, daß diese Priorin mit großer Sicherheit sich den Freuden der gleichgeschlechtlichen Liebe hingab, obwohl sie die Gelübde der Keuschheit, des Gehorsams und der Armut abgelegt hatte. Die Beobachtungen im Kloster, als sie in selbstverräterischer Weise und in verfänglicher Kleidung und Haartracht im Zimmer der Nähschwester verschwunden war, ließen keineswegs einen anderen Schluß zu. Jedenfalls nahmen ihr diese Gedanken die Vorwürfe wegen der Flucht aus dem Kloster.

Eine weitere Selbstbeobachtung machte Agathe in diesen Tagen. Sie stellte bei sich eine zunehmende Freude fest, Geld zu verdienen. Mehrmals am Abend zählte sie ihre Trinkgelder, die Freude, Kleidung und Pflegemittel einzukaufen, wurde bei ihr fast zur Sucht. Alkohol trank sie wenig, auf das Rauchen verzichtete sie ganz, weil es Geld kostete.

Als Antonio ihr sagte, sie müsse nunmehr für Kost und Wohnung bezahlen, da sie nun genug Geld verdiene, regte sie sich nicht wenig auf, obwohl das Ansinnen Antonios wegen Gleichbehandlung aller Angestellten völlig gerechtfertigt war. Bald jedoch sah Agathe ein, daß der geringe Betrag keinen wesentlichen Einschnitt in ihre Lebensgewohnheiten bedeutete.

Als sie eines Tages in ihrer Freizeit mit einigen ihrer Neuerwerbungen bekleidet in einem Café saß, sprach sie ein alter Stammgast der Pizzeria an, der ihr immer besonders viele Komplimente machte und bat, an ihrem Tisch Platz nehmen zu dürfen. Sie unterhielten sich nett und dabei erfuhr Agathe, daß ihr Tischkollege ein Maler war, der nach diesem Kaffeehausbesuch eine Bilderausstellung besuchen wolle, auf der er mit einigen Ölgemälden und Aquarellen vertreten war. Vom gemeinsamen Gespräch über die Darstellungsformen in der bildenden Kunst war es nicht weit zu der Einladung zu eben dieser Vernissage. Dies wurde für Agathe ein ungewöhnliches Ereignis, weil Herr Kurrat, so hieß ihr Begleiter, einer der bedeutendsten Aussteller war, in Ansprachen und Gesprächen hoch geehrt wurde und natürlich auch einen kleinen Schimmer dieses ehrenvollen Scheins auch über ihr Haupt strahlen ließ.

Bald schon erntete sie auch selbst Ansehen, weil sie auch ohne Kunstkenntnisse angenehm zu plaudern wußte und keinem der vielen Gesprächspartner beiderlei Geschlechtes etwas schuldig blieb.

Natürlich gab es bei dieser Vernissage auch ein umfangreiches, verlokkendes Kaltes Buffet. Es wurde Sekt gereicht, zugeprostet und reichlich getrunken. Im Verlauf der interessanten Gespräche wurde wohl keinem der Teilnehmer bewußt, wieviel eigentlich getrunken wurde. Agathe war einfach glücklich, redete, hörte zu und trank. Sie war beeindruckt von dem ganzen Gehabe dieser Gesellschaft und befand sich bald in einem so beglückenden Zustand, wie sie ihn noch nie erlebt hatte. Als schließlich noch einer der Veranstalter sein Glas erhob und einen Toast auf die ‚liebreizende Gattin' des Künstlers Kurrat ausbrachte, wußte Agathe nicht mehr, ob sie sich wirklich noch auf der Erde befand. Sie widersetzte sich auch nicht, als er sie umarmte und mehrmals an sich drückte. Es war einfach toll. Von allen Seiten bekam sie zugeprostet, mehrere Herren verbeugten sich vor ihr zu einem artigen Handkuß. Obwohl Herr Kurrat mehrmals erklärt hatte, daß seine Begleiterin nicht seine Ehefrau sei, wurde sie immer wieder als Frau Kurrat angeredet.

Nach Beendigung der Ausstellung zog ein Teil der Teilnehmer noch in eine benachbarte Bar um, so auch Agathe und Kurrat. Hier gab es wieder Sekt und andere wohlschmeckende, alkoholische Getränke. Als aber Herr Kurrat mit ihr tanzen wollte, staunte er, daß sie sich zierte. Ihr plötzlich ablehnendes Wesen vertrug sich eigentlich gar nicht mit ihrer bisherigen, aufgeschlossenen und lustigen Art. Sie staunte selbst über sich. War plötzlich die Nonne wieder zum Vorschein gekommen? Mehrmals sagte sie leise zu sich selbst: „Agathe, du bist keine Nonne mehr. Du hast sogar getanzt, als du noch Nonne warst, im Urlaub bei der Weinlese und beim Klassentreffen. Der Tanz hier ist doch nichts anderes als ein Ausdruck der Freude, die alle hier zu verspüren scheinen."

Schließlich tanzte sie doch. Zuerst mit Herrn Kurrat, danach auch mit einigen anderen Herrn. Das ging so weiter bis kurz nach Mitternacht. Man tanzte, redete, trank, scherzte, lachte. Agathe fand, daß dies einer der schönsten Abende ihres Lebens war. Die Damen waren elegant, auch die Herren waren festlich gekleidet, die Gespräche waren gesittet, zum Teil sogar akademisch, die Umgangsformen stimmten. Es gab in der Tat keinerlei Mißton in dieser Hotelbar.
Die Nacht war weit vorgeschritten und der Kellner und das Buffetpersonal begannen mit den üblichen Formen des Schließenwollens, als Agathe von ihrer rosaroten Wolke in die Niederungen eines plötzlichen Mißbehagens herabgestoßen wurde.
Folgendes war geschehen: Nach dem letzten Tanz der Barkapelle hatte Herr Kurrat noch an die Bartheke zum Schlummertrunk eingeladen. Sie war noch beim Austrinken, als er einen Zimmerschlüssel vor ihrer Nase hin- und herpendeln ließ.
„Geh schon rauf, mein liebes Kind, ich werde in einer Viertelstunde folgen. Du wirst staunen! Es ist sehr elegant dort oben. Auch eine kleine Boutique, in der alles zu haben ist, befindet sich auf dem Flur vor unserem Zimmer."
Agathe rutschte vom Barschemel, stand wie versteinert vor Kurrat und sah ihn aus großen, verständnislosen Augen an.
„Was hast du, mein liebes Kind?" sagte er und fügte hinzu: „Dir will doch niemand etwas Böses. Wir beide wollen uns doch nur ein wenig amüsieren. Außerdem habe ich eine Überraschung für dich, denn ich ..."
Weiter kam er nicht. Agathe warf ihren Barhocker um und lief hinaus. Kurrat sah ihr verständnislos hinterher.
So schnell wie sie konnte lief Agathe ihrer Wohnung zu. Mehrmals blickte sie sich um aus Angst, verfolgt zu werden.
Übernächtigt, schlecht gelaunt und voll innerer Vorwürfe betrat sie am Morgen die Pizzeria zum Dienst.
Peggy sah sie groß an, bewegte ihren Zeigefinger vor ihrer Nase hin und her und sagte: „Daß du gestern ausgerutscht bist, sieht man dir an. Daß du einen kapitalen Freier hattest, erzählt man sich im ganzen Betrieb. Daß der Kurrat jedoch unter seiner Meßlatte geblieben ist, spricht für dich, Agathe."
„Was wißt ihr von Herrn Kurrat?" antwortete Agathe überrascht.

„Wir wissen, daß du den Abend mit ihm zugebracht hast, daß du mit ihm in der Royal Bar den ersten Teil der Nacht verbracht und anschließend offenbar mit ihm geschlafen hast. Das letztere wissen wir von Franz, dem Barkeeper, mit dem ich einen Teil meiner Freizeit zu verbringen pflege und der mich heute morgen angerufen hat. Er war überrascht, daß du ‚Kräutchen-rühr-mich-nicht-an' einen solch kapitalen Bock abgeschleppt hast."

„Ich habe niemanden abgeschleppt", sagte Agathe leise. „Ich habe lediglich mit ihm seine Gemäldeausstellung besucht und später mit ihm in der Bar noch ein Glas Sekt getrunken. Dann bin ich heimgelaufen. Sonst war nichts, absolut nichts!"

„Ich verstehe nicht, warum du das so entschuldigend sagst? Wir sind überrascht, daß es dir gelungen ist, einen Fisch an Land zu ziehen, der für uns alle hier eine ganze Nummer zu groß ist. Du kannst dir ruhig darauf etwas einbilden, Agathe."

„Quatsch!" Mehr als dieses eine Wort brachte Agathe nicht heraus. Danach drehte sie sich rum und nahm ihre Arbeit auf. Sie deckte alle Tische fast allein und gab keinem mehr eine Antwort. Peggy überließ großzügig der Arbeitswütigen das Feld, setzte sich ein wenig abseits und steckte sich eine Zigarette an.

Als Antonio merkte, daß Agathe bereit war, für mehr Geld auch mehr zu arbeiten, bot er ihr an, ihn ab und zu beim Ausfahren der bestellten Waren zu begleiten. Dies hatte den Vorteil, daß er unmittelbar vor den Häusern der Kunden anfahren und im Auto sitzen bleiben konnte, während Agathe die sauber verpackten Speisen zu den Kunden trug.

Das ging einige Wochen gut, bis zu dem Tag, an dem sich etwas Entsetzliches ereignete. Als Agathe aus dem Haus eines Kunden heraustrat – es war schon später Abend und völlig dunkel – sah sie zu ihrem Entsetzen Antonio neben seinem Wagen blutend am Boden liegen und zwei andere dunkle Typen, offenbar ebenfalls Italiener, von denen der eine im Begriff war, die Pizzapäckchen aus dem Auto in eine Mülltonne zu werfen, während der andere mit einem dicken Hammer heftig auf das Auto Antonios einschlug.

Sofort sprang sie Antonio bei und leistete Erste Hilfe, bis er die Augen aufschlug. In diesem Augenblick ließen die beiden vom Auto ab, gaben Antonio ein paar derbe Tritte in den Rücken, riefen sehr laut dreimal hintereinander ‚Omerta' und rannten davon.

Agathe sah, daß der immer noch stark am Kopf blutende Antonio nicht schwer verletzt war, klopfte ihm ein paarmal auf beide Wangen und fragte mit leiser Stimme, was hier eigentlich los sei und was die beiden von ihm wollten.

„Ach nichts!" erwiderte er und zog sich an seinem verunstalteten Auto in die Höhe.

„Wir müssen zur Polizei gehen!" rief Agathe.

„Auf keinen Fall!" antwortete Antonio. „Lauf nach Hause und bitte meinen Bruder, mit unserem anderen Wagen hierher zu kommen, um den noch brauchbaren Teil der Ladung zu übernehmen. Ich bleibe derweil hier."

Später, beim gemeinsamen Abendessen, wurde der Vorfall in der Familie besprochen. Man sprach deutsch, damit Agathe mithören konnte.

Folgendes war diesem Vorfall vorausgegangen: In der letzten Zeit hatten sich die Pizzerien und vor allem die, die Essen in die Häuser brachten, so vermehrt, daß sich viele ernste Gedanken über ihre Wettbewerbsfähigkeit machen mußten. Das brachte Antonio auf einen einfachen, jedoch gewinnbringenden Einfall. Er war schon immer das, was man im Rheinland einen Tüftler nennt. Unter anderen Lebensbedingungen hätte aus ihm ein Erfinder werden können. Vor allem befaßte er sich viel mit seinem Computer, den er offenbar so sehr liebte, daß er für ihn sein Leben hätte hergeben können.

Vor kurzem hatte er nun herausgefunden, wie man andere Telefonanschlüsse, besonders die der Konkurrenz, anzapfen und damit abhören könne. Auf diese Weise erfuhr er unmittelbar, welche Bestellungen bei den Mitbewerbern eingingen. Schnell richtete er, meist schon während der Fahrt aus seinem reichlichen Vorrat entsprechende Pakete her, lieferte sie ab und strich das Geld ein. Wenn dann ein wenig später der richtige Lieferant mit seinem Paket kam, wurde er natürlich abgewiesen mit der Bemerkung, Lieferung und Bezahlung seien bereits erfolgt.

Obwohl er lange Zeit Agathe bei den Auslieferungsfahrten überlisten konnte, hatte sie dennoch in den letzten Tagen etwas bemerkt. Einige Male war es vorgekommen, daß Antonio nach einem Anruf plötzlich das Auto anhielt, drehte und eine andere Straße als vorgesehen benutzte. Ein anderes Mal hielt er auf einem Platz, drehte an den vielen Knöpfen seines Telefongerätes. Plötzlich sagte er eilig zu ihr, daß sie

schnell eine Bestellung im Auto zurechtmachen und ebenso schnell ausliefern sollte.
Diese unübliche Schnelligkeit kam ihr seltsam vor. Erstens konnte sie sich das dauernde Hantieren an den Knöpfen des ihr unbekannten schwarzen Apparates nicht erklären – sie wußte überhaupt nicht recht, was dies für ein Apparat war – zweitens war die plötzliche Erregung Antonios unverständlich und zudem wußte man bisher stets bereits vor der Abfahrt vom Betrieb, welcher Kunde welches Paket erhalten sollte. Hören konnte Agathe nichts, da Antonio in allen diesen Fällen auf einem Ohr einen Kopfhörer trug, den er oft solange aufbehielt, bis er wieder zu Hause angekommen war.
Obwohl sie gemeinsam deutsch sprachen, fiel Agathe eine Verklausulierung der Ausdrucksweise der Familienangehörigen auf. Oft warfen sie auch italienische Brocken ins Gespräch. Agathe hatte den Eindruck, daß die ganze Familie sie wohl an dem Gespräch teilhaben lasse, aber dennoch einige Heimlichkeiten für sich behalten wollte.
Plötzlich hörte sie das Wort, das die beiden Gangster mehrmals dem am Boden liegenden Antonio laut und böse zugerufen hatten.
Agathe gab sich einen Ruck und fragte laut und bestimmt: „Was heißt ‚Omertà'?"
„Was soll das?" antwortete Antonia.
„Die beiden Männer haben Antonio mehrmal in den Rücken getreten und bei jedem Tritt laut und fanatisch dieses Wort zugerufen."
Sie alle blickten sich groß an.
Schließlich sagte die eine Oma: „Es ist ein Wort, das nur geflüstert wird."
Antonio neigte sich zu Agathe herüber und sagte leise: „Ich will es dir im Vertrauen sagen, Agathe. So, wie ich dich kenne, wirst du doch keine Ruhe geben, bis du es weißt. Es handelt sich um einen typischen Ausdruck der Mafia-Sprache, der bedeutet: ‚Wer redet, stirbt!'"
„Was hat das mit dem Überfall auf dich zu tun, Antonio?"
„Das heißt etwa: ‚Halte dein Maul über das, was soeben geschehen ist! Wenn du darüber sprechen solltest, wenn du zur Polizei gehen solltest, wirst du deines Lebens nicht mehr sicher sein.'"
Agathe war erschrocken. Aus großen Augen sah sie im Kreis herum und sagte: „Gehört ihr etwa zur Mafia? Wenn ich das wüßte, würde ich keine einzige Sekunde mehr bei euch bleiben."
Antonio legte seine Hand auf ihren Arm und sagte ihr, daß diese

Familie natürlich nicht zur Mafia gehöre, doch vor irgendwelchen Verbindungen zu dieser verbrecherischen Organisation sei kein Italiener frei, egal in welchem Land der Erde er lebe. Es gebe auch hier in Deutschland sogenannte Schutzgelderpresser, die vor allem von italienischen Geschäftsleuten Geld verlangen unter dem Vorwand, sie vor Überfällen zu schützen. Wenn sich jemand weigere zu zahlen, wird sein Geschäft überfallen und verwüstet, in den meisten Fällen von den Erpressern selbst. Es sei ein Glücksfall, daß sie bis jetzt von diesen Umtrieben verschont geblieben seien. Wie lange noch? Das wisse niemand.

Agathe wollte noch sagen, daß dieser Überfall auf Antonio andere Hintergründe haben müsse, doch sie verkniff sich diese Frage, weil sie merkte, daß die Galleris dieses Thema beenden wollten.

Am nächsten Abend wartete eine neue Überraschung auf Agathe. Bereits um 21 Uhr schloß Antonio seine Pizzeria ab, benutzte alle Tricks, um die letzten Gäste zum Verlassen des Lokals zu veranlassen, schickte Peggy, die mit Agathe Dienst hatte, ohne Angabe von Gründen nach Hause und gebot auch Agathe, abzurechnen und ihr Zimmer aufzusuchen.

Es dauerte keine Stunde, da hörte Agathe Stimmen in der Pizzeria, die sie jedoch nicht verstehen konnte. Sie entsann sich, daß man von dem Zimmer im ersten Stock, in dem Wäsche, Geschirr und alles mögliche aufbewahrt wurde, einen, wenn auch begrenzten Blick ins Restaurant werfen konnte. Schnell huschte sie über den Gang in dieses Zimmer, räumte ein paar Dinge zur Seite und konnte nun deutlich sehen, wie acht verwegen aussehende Männer an zwei zusammengeschobenen Tischen Platz genommen hatten. Von diesem Beobachtungspunkt konnte sie zwar sehen, jedoch nichts hören, da sie das Fenster, das den Einblick gewährte, nicht öffnen konnte und unten nur sehr leise gesprochen wurde.

Die letzten Erlebnisse und die Gespräche mit der Familie Galleri hatten sie natürlich neugierig gemacht. Zwischen zwei Wäschestapeln hindurch konnte sie bequem und aufmerksam beobachten.

Jetzt kam Antonio hinzu. Seine Frau bediente die Männer, die Agathe immer unheimlicher wurden. Antonia reichte Schnaps und Bier. Agathe war sehr unglücklich, daß sie kein Wort verstehen konnte. Doch jetzt! Was war das? Antonio öffnete seine Brieftasche und reichte dem

Sprecher der unheimlichen Gruppe, einem ungepflegten Mann von etwa vierzig Jahren, ein großes Bündel Geldscheine hinüber. Agathe konnte sogar mitzählen, jedoch die einzelnen Scheine nicht erkennen. Es waren genau achzig Banknoten, die Antonio auf den Tisch zählte.
Es wurde viel gesprochen an dem Tisch dort unten. Agathe hätte etwas dafür gegeben, wenn nur ab und zu ein Satz für sie verständlich gewesen wäre. Natürlich war ihr klar geworden, daß zumindest Antonio in dunkle Geschäfte verwickelt und daß Antonia, seine Frau, Mitwisserin war.

Als Agathe am nächsten Morgen die Tageszeitung aufschlug, wurde ihr Verdacht in mehreren Punkten bestätigt. Ganz groß auf der Titelseite eine Meldung: „Italienisches Lokal in der Nacht überfallen, ausgeraubt und verwüstet. Inhaber angeschossen und im Krankenhaus."

Ihr war völlig klar, daß dieser Überfall mit den Ereignissen des Vorabends, die sie beobachtet hatte, in Verbindung stand. Als sie am späten Nachmittag des folgenden Tages zu Antonio in den Ersatzlieferwagen stieg, fiel ihr auf, daß der schwarze Kasten mit den vielen Knöpfen fehlte und daß Antonio auch keinen Hörer auf seinem rechten Ohr trug. Nur ein einfacher Telefonapparat mit einem Handgerät, wie man sie heute in vielen Autos findet, stand neben Antonio. Weiter fiel ihr auf, daß alle Essenspakete, die ausgeliefert werden sollten, vorher in der Backstube verpackt worden waren. Durch das Autotelefon kam lediglich eine Anweisung, nach Hause zu kommen und noch einige Bestellungen aufzunehmen.

Nur einmal geschah etwas Ungewöhnliches. Antonio trug ihr auf, zwei Pakete in die Seitenstraße links hinzubringen, obwohl diese Seitenstraße genau so breit und so leicht zu befahren war, wie die, in der er gerade parkte. Agathe war wenig mehr als zwanzig Meter in diese Seitenstraße hineingegangen, als sie an der Pizzeria vorbeikam, die in der vergangenen Nacht überfallen worden war. Wenn Antonio heute auch keine Angst zu haben brauchte, an diesem Kollegen vorbeizufahren, so war es ihm doch mit Sicherheit unangenehm. Natürlich brachte Agathe auch dieses Erlebnis mit dem ganzen Problem, daß sie im Augenblick so sehr beschäftigte, in Verbindung. Einmal aufmerksam gemacht, fielen ihr auch noch andere Dinge auf, die bisher unbeachtet an ihr vorbeigegangen waren.

Lange lag sie am Abend wach im Bett und überlegte. Wie kam es, daß so nette, freundliche und aufgeschlossene Menschen wie die Galleris in undurchsichtige Machenschaften verwickelt waren? Eine Weile spielte sie mit dem Gedanken, sofort das gastliche Haus der Galleris zu verlassen. Schließlich siegte aber doch ihre Neugierde, ganz nahe zu erleben, was hier noch geschehen könnte und das Wissen um die Geborgenheit in dieser Familie, auf die sie sich mit Sicherheit verlassen konnte.

Doch auch Agathe selbst trug wesentlich zu den Aufregungen im Hause Galleri bei. Als sie am nächsten Morgen am Frühstückstisch saßen, wurde ihr plötzlich übel. Mit den Worten „Mir ist nicht gut" sprang sie auf, lief hinaus und mußte sich auf der Toilette mehrmals hintereinander übergeben. Als sie wieder ins Zimmer kam, sahen ihr große, überraschte Augen entgegen.

Antonia war aufgestanden, hatte ihre Hand ergriffen und sagte: „Liebes Kind, das war keine übliche Übelkeit. Ich wette, daß du ein Baby bekommst. Ist es nicht so?"

Sie blickte plötzlich ihren Mann überrascht an und sagte zu ihm: „Antonio, du wirst doch nicht etwa ...?"

Der Angeredete sprang zornig auf: „Wie kommst du dazu, mich zu verdächtigen? Was hast du für Gründe?"

„Nun, Verdachtsmomente sind schon da, mein Lieber. Du hast Agathe mitten in der Nacht in unser Haus gebracht. Du kanntest sie nicht einmal einen ganzen Tag und ihr habt euch schon beim Vornamen genannt. Du konntest nicht schnell genug Agathe in dein Auto hineinbekommen, obwohl du jahrelang allein gefahren bist. Und jetzt kotzt sie uns beinahe auf den Frühstückstisch."

„Nicht grundlos!" rief Agathe laut und gequält.

„Du bekommst also ein Kind, Agathe?" sagte Antonia.

„Ja!" antwortete die Angesprochene leise und verschämt.

„Dann stelle uns bitte auch den Vater vor, ehe wir ungerechtfertigt einen Unschuldigen verdächtigen."

„Ich kann es nicht", sagte Agathe und zog diese vier Silben wie einen langen Satz auseinander. Sie machte ein schmerzhaft gequältes Gesicht, als sie fortfuhr: „Ich kann es nicht sagen, es ist zu furchtbar."

„Habt ihr etwa im Kloster ein Kind fabriziert? Raus mit der Sprache! Wer ist der Vater?"

Agathe überlegte lange, es bewegte sich heftig in ihrem Gesicht. Mehrmals öffnete sie den Mund und schloß ihn wieder heftig, als müsse sie den folgenden Satz erst zurechtkauen, der unbearbeitet nicht herauswollte.
Dann sagte sie schließlich: „Ich will Antonia diese Angelegenheit, die zu berichten mir sehr schwerfällt, anvertrauen; jedoch nur, um einen ungerechtfertigten Verdacht von Antonio wegzunehmen. Komm, Antonia! Wir gehen in die Küche!"
Doch Antonio rief dazwischen: „Ihr könnt ruhig hier weiterreden. Wir anderen werden hinausgehen."
Er verschwand zuerst, die anderen folgten langsam, wobei die beiden Mütter recht seltsame Gesichter machten. Sie beteiligten sich zwar nur selten an den in Deutsch geführten Gesprächen, konnten jedoch fast alles gut verstehen.
Agathe und Antonia saßen sich eine Weile gegenüber. Als Agathe weiter schwieg, forderte sie Antonia schließlich zum Reden auf: „Na, und?"
Nun sprudelte es plötzlich aus ihr heraus: „Also! Der Vater des Kindes ist ein Strauchdieb, ein Pennbruder, so dreckig, daß es mir übel wird, wenn ich an ihn denke. Vielleicht ist er sogar ein Verbrecher, doch das kann ich nicht beweisen. Jetzt denk von mir, was du willst. Ich bin in einer Waldhütte bei Oberrheinstadt das Opfer einer Vergewaltigung geworden – und das im Kleide einer Nonne."
„Was hattest du denn als Nonne in der Waldhütte zu suchen?"
„Es waren die Tage des Sammelns."
„Was heißt das?"
„Die Apotheke in unserem Kloster hat viele Spezialitäten auf dem Gebiet der Naturheilkunde herausgebracht. Die Grundstoffe in Form von Blüten, Blättern, Beeren, Gräsern und so weiter haben wir zum größten Teil selbst in den Wäldern und auf den Wiesen gesammelt. An den Sammeltagen bin ich immer mit einer Mitschwester in den Wald vorausgegangen, um Feuer zu machen und das Essen vorzubereiten. Dabei ist es geschehen."
„Der Mitschwester auch?"
„Ja!"
„Ist diese auch heute noch Nonne?"
„Sie wird es wohl auch bleiben, da es auch bei ihr eine Vergewaltigung war, die man ihr nicht vorwerfen kann."

„Bei dir war es auch eine Vergewaltigung. Warum bist du nicht im Kloster geblieben?"
„In meinem Fall waren es andere Gründe."
„Was willst du nun tun?"
„Ich weiß es nicht. Ich bin voller Scham, obwohl ich nichts dafür kann. Was soll ich machen, sollte das Kind so aussehen, wie dieser – Vater? Was soll ich machen, wenn dieses die Öffentlichkeit erfahren sollte? Was soll ich machen, wenn die bekannte Presse schreiben sollte ‚Liebesnacht einer Nonne mit einem Verbrecher. Kind wird erwartet!?'"
„Du bist keine Nonne mehr."
„Aber ich war eine als das Schreckliche geschah."
„Wer weiß davon?"
„Daß ich ein Kind erwarte, weiß außer dir niemand. Das, was in der Waldhütte geschehen ist, weiß der, der mir jahrelang nachgestellt und das Verbrechen in der Waldhütte angezettelt hat. Ich nehme an, daß er es auch der Priorin erzählt hat. Um mir zu schaden könnte ich mir vorstellen, daß er es der ganzen Welt erzählt hat oder noch erzählen wird. Er wird sicher auch hier auftauchen, wenn er erfahren sollte, daß ich mich hier in Bonndorf aufhalte."
„Und das alles kannst du beweisen?"
„Natürlich, Antonia! Meine Mitschwester Maria Agape ist zur gleichen Zeit im Wald von einem Mann vergewaltigt worden. Sie hat mit anderen Schwestern Erste Hilfe bei mir geleistet. Sie kann alles bestätigen und, wenn es sein soll, auch beschwören."
„Dann sage mir noch, wie dein Ordensname lautete."
„Mein Name war Maria Anna."
Sie fing zu weinen an. Das geschah bei ihr meistens, wenn die Sprache aufs Kloster kam, von dem sie sich unerlaubt entfernt hatte.
Antonia sprach weiter: „Willst du wieder ins Kloster zurück?"
„Auf keinen Fall. Ich habe mich nicht nur räumlich, sondern auch menschlich von Kloster verabschiedet."
„Du gehst aber sonntags in die Kirche und bist recht fromm dort, wie Leute mir erzählt haben."
„Das ist richtig. Ich habe mich doch nicht vom lieben Gott getrennt, sondern vom Orden und insbesondere von der Priorin, die nicht wert ist, daß man den gebotenen Gehorsam auf ihre Person überträgt. Armut zu ertragen, schaffe ich nicht mehr. Und die Keuschheit? Ich kann sie auch

in der Welt erhalten, obwohl sie nur ein Gebot des Ordens, nicht der Kirche ist, – und dem Orden gehöre ich nicht mehr an. Innerlich habe ich mein Ordensgelübde bereits ausgelöscht. Was aus mir einmal werden wird, weiß ich nicht. Ich weiß nur, daß für mich nur noch der Wille Gottes verbindlich ist, nicht derjenige von Menschen, die nicht mehr nach menschlichen Maßstäben denken und auch nicht nach solchen leben. Als ich persönlich mit ansah, wie die Priorin nachts in wenig schwesterlicher Kleidung im Zimmer der Nähschwester verschwand, ist mir ein Teil meines Glaubens verloren gegangen. Ich bin in den Wochen hier bei euch ein anderer Mensch geworden. Ihr seid fromm, ohne zu frömmeln, Ihr liebt euch ohne schlechtes Gewissen Gott gegenüber, Ihr geht ins Gotteshaus und seid dort angesehen. Ohne ins Kloster zurückzugehen, will ich auch keine Ausgestoßene mehr sein."
„In der Kirche, so wie wir sie verstehen, ist keiner ausgestoßen."
„Aber ich bitte dich, Antonia! Eine geflohene Nonne, die vorher schon durch den Tod ihres Verlobten ein falsches Brandzeichen trug! Solange diese Priorin lebt, kann ich mich ohnehin in keinem Kloster unseres Ordens mehr sehen lassen. Ich möchte nur zu gern wissen, was diese Priorin alles angestellt hat, um mich wieder einzufangen. Gott sei Dank bis jetzt erfolglos."
„Nichts, gar nichts wird sie unternommen haben. Sie wird froh sein, daß du weg bist."
„Ich bin nicht so ganz deiner Meinung, doch dein Wort in Gottes Ohr."
„Auf jeden Fall bleibst du bei uns. Wir werden dir aus deiner Lage heraushelfen. Ich weiß auch schon, wie."
Bereits am nächsten Abend wurde Agathe einem eleganten Ehepaar vorgestellt, die ihrem Aussehen nach auch Italiener sein konnten.
Antonia sagte: „Komm ruhig näher, Agathe! Dieses hier ist Dr. Adriano mit Gattin."
Sich selbst vorzustellen fiel Agathe schwer. So wie sie auf dem Polizeipräsidium bei der Ausstellung ihrer neuen Kennkarte auf ihren bürgerlichen Namen bereits Schwierigkeiten hatte, stand sie jetzt wieder linkisch vor dem vornehmen Ehepaar und brachte kein Wort heraus.
„Sag doch dem Doktor, wie du heißt, Agathe! Du brauchst vor dem Doktor nicht schüchtern zu sein."
Dennoch dauerte es eine ganze Weile, bis sie ganz leise herausdruckste: „Ich bin Agathe Sommer!"

Sie gab beiden die Hand, die der Doktor mit dem Anflug eines Handkusses zurückgab. Auch dies verwirrte sie von neuem.
Antonia nahm Frau Andriano beim Arm und sagte: „Ich werde nun mit Frau Adriano an einen anderen Tisch gehen. Dich lasse ich mit dem Doktor allein. Er weiß alles. Ich habe ihm alles Nötige erzählt."
Dr. Adriano mußte Agathe sanft auf den Polstersessel drücken. Agathe schien gar nicht zu wissen, was um sie herum mit ihr geschah.
Er begann mit einer für einen Mann ungewöhnlich sanften Stimme: „Sie brauchen sich nicht zu beunruhigen, Agathe. Es geschieht ja nichts. Ich möchte mit Ihnen nur ein Problem besprechen."
Agathe richtete sich ein wenig auf und gab damit zu erkennen, daß sie zu dem Gespräch bereit war.
„Also, Agathe! Ich weiß, daß Sie ein Baby erwarten, das nicht gewollt ist und das ihnen noch sehr viel Kopfschmerzen bereiten könnte."
„Nein!" rief Agathe laut dazwischen und machte einen abweisenden Eindruck.
„Nicht so vorschnell, mein Kind! Ich dränge mich nicht auf. Ich will Ihnen nur erklären, welche Möglichkeiten es in Ihrer Lage gibt. Wollen Sie ein Kind austragen, daß nicht gewollt, durch eine Vergewaltigung gezeugt ist und unter Umständen einen Verbrecher als Vater hat? Wollen Sie ein Kind austragen, daß vielleicht die Züge dieses Verbrechers trägt und Sie ein Leben lang an die Schreckensminuten im Wald erinnern wird? Wollen Sie sich Ihre ganze Jugend verderben? Ich werde nur tätig werden, wenn Sie ihr Einverständnis geben. Tun Sie es, wird in ein oder zwei Tagen alles erledigt sein. Ich will nicht weiter in Sie dringen. Ich werde Ihnen morgen früh einen Termin zur Voruntersuchung frei halten. Wenn Sie – sagen wir gegen neun Uhr – diesen Termin wahrnehmen und sich in meiner Praxis anmelden, wird alles den gewohnten Weg gehen. Kommen Sie nicht, wird von meiner Seite aus kein weiteres Wort mehr gesprochen werden. Ist es Ihnen so recht, Fräulein Agathe?"
Agathe nickte leicht mit dem Kopf, erhob sich und verließ den Raum.
Am nächsten Morgen erschien sie bei Dr. Adriano und eine Woche später begleitete Antonia sie zu dem Eingriff, der von Dr. Adriano in kurzer Zeit erfolgreich und schmerzlos durchgeführt war.
Als sie zu den Galleris zurückkam, schien ein Schimmer von Zufriedenheit, vielleicht sogar eines kleinen Glückes und natürlichen Frohsinns auf ihrem Gesicht zu stehen.

Die Galleris beglückwünschten sie und sie nahm mit großer Offenheit diese Glückwünsche entgegen.

„Danke!" sagte sie. „Ich bin erleichtert und danke euch sehr, daß Ihr mir einen Weg gezeigt habt, den ich selbst nicht gefunden hätte. Wie aber ist es mit der Bezahlung?"

„Bitte, mach dir darüber keine Gedanken. Wir sind sehr befreundet mit Dr. Adriano."

8.

**SCHWESTER MARIA ANNA
IST WIEDER FRÄULEIN SOMMER**

Die Zeit verging in dieser Stadt, die sehr lebendig war und für junge Leute viele Möglichkeiten der Zerstreuung bereit hielt, sehr schnell. Agathe fuhr fast nur noch mit Antonio Pizza und dergleichen aus, bis zu dem Tage, an dem diese Tätigkeit mit Gewalt beendet wurde. Natürlich hatte sie fast täglich bemerkt, daß Antonios sich mächtig steigender Umsatz nicht nur reelle Hintergründe hatte.

Doch seine Gegner blieben nicht im Dunkeln. Eines Morgens bemerkte Agathe einen Zettel mit einem großen A und einem ebenso großen schwarzen Kreuz an der Windschutzscheibe, den Antonio mit einem grimmigen italienischen Fluch abriß.

Ähnliche Vorfälle häuften sich. Einmal waren die Reifen zerschnitten, ein anderes Mal gab es einen tiefen Kratzer, der sich über das ganze Auto, vom Kühler bis zum Rücklicht, hinzog. Ein weiteres Mal flog ein schwerer Stein, an dem ein Zettel befestigt war, durch das geschlossene Backstubenfenster. Der italienisch geschriebene Text schien ernsten und gefährlichen Inhaltes zu sein, denn unmittelbar danach wurde eine Familienbesprechung abgehalten und alle liefen tagelang mit finsteren Mienen umher. Die Galleris einschließlich der Mütter gingen kaum noch aus dem Haus und man merkte, daß auch noch andere Sicherheitsvorkehrungen im und am Haus getroffen wurden. Agathe bekam auch einen neuen Begleiter zum Ausfahren der Waren. Es war Enzo Galleri, der Bruder Antonios.

Dieser hatte Agathe von Anfang an den Hof gemacht. Es war ein froher, immer zu Streichen aufgelegter Geselle, der im Gegensatz zu Antonio die deutsche Sprache zwar flüssig, jedoch mit einem lieblichen, italienischen Akzent sprach.

„Ich möchte dich einladen, Agathe", sagte er eines Samstags, kurz nach Beendigung der letzten Ausfahrt dieses Tages und sah sie dabei mit einem vollen, sympathischen Lächeln an. Sie hatten sich schon seit einiger Zeit geduzt, wie es bei den Mitarbeitern in Gaststätten und ähnlichen Betrieben üblich war.

„Na? Wie ist es?" wiederholte er noch einmal seine Einladung in kurzer Form.

„Was hast du vor, Enzo?"

„Ich richte mich natürlich ganz nach dir. Sag, was du unternehmen willst, ich werde einverstanden sein."

Agathe gab zwar das Lächeln Enzos zurück, sagte aber nichts. „Dann

mache ich einen Vorschlag: Gehen wir doch heute abend in die Primo-Diskothek."
„Ist dies eine italienische Disko?"
„Schon! Doch sie legen dort alles auf, was du auch von anderen Tanzlokalen gewöhnt bist."
„Ich bin überhaupt nichts gewöhnt. Ich war noch niemals in einer Diskothek."
„Wirklich nicht?"
„Nein! Ich hatte noch keine Gelegenheit."
„Dann wird es aber Zeit, meine Liebe!"
Er sagte das „meine Liebe" so, wie es in einem festen Verhältnis üblich ist. Agathe glaubte, daß dieses „meine Liebe" schon eine Forderung enthielt, daß Enzo möglicherweise glauben könnte, daß nach Tanz und Getränk noch eine Fortsetzuung des Abends vorgesehen sein könnte.
„Gut, Enzo! Ich werde kommen und mit dir in die Diskothek gehen. Jedoch möchte ich spätestens um Mitternacht wieder zu Hause sein."
„Klar!" sagte Enzo. „Dein Wort in Gottes Ohr."
„Was soll das heißen, Enzo?"
„Daß Gott mein Zeuge ist, daß alles nach deinem Willen zu geschehen hat."
Agathe überlegte eine Weile und antwortete dann: „Dieses bekannte Wort deute ich aber anders und zwar so, daß Gott möglicherweise oder hoffentlich mein Wort zu Gehör bekommt. Wenn es jedoch am Ohr Gottes vorbeifliegen sollte, sind alle Möglichkeiten offen. Ist es nicht so?"
Enzo gab sich keine Mühe nachzudenken und sagte sofort: „Was sollen die Spitzfindigkeiten. Du weißt genau, daß deutsch nicht meine Muttersprache ist. Ich muß dir also in dieser Beziehung recht geben. Ich schlage vor, daß wir um neun Uhr abfahren. Mach dich hübsch, Agathe!"
Auf einmal hatte sie es sehr eilig.
„Was ist mit dir?" sagte er. „Es sind doch noch neun Stunden bis dahin. Warum plötzlich diese Eile?"
„Ich habe nichts passendes anzuziehen, Enzo", antwortete sie. „Noch sind die Geschäfte auf, jedoch nicht mehr lange."
Das sah Enzo ein. Er sagte, daß er das Auto ausladen und parken werde. Sie, Agathe, könne sich also aus dem Staub machen. Sie solle am Abend nur hübsch und pünktlich sein.

Als sie sich um neun Uhr vor der Pizzeria trafen, stockte beiden der Atem. Beide waren mit einem Schlag neue, andere Menschen geworden. Agathe hatte sich in einer Boutique völlig neu eingekleidet. Sie trug ein buntes, ein bißchen poppig aufgemachtes Hemdchen, mit einem ärmellosen, einfarbigen Pulli, dazu eine Jeanshose. Ihre gute Jungmädchenfigur wurde großartig zur Geltung gebracht.
Auch Agathe bekam große Augen beim Anblick Enzos. Er bot das Bild eines begehrenswerten jungen Mannes, ein wenig schüchternes Muttersöhnchen, ein wenig Papagallo. Agathe mußte bei dieser Einschätzung bleiben, obwohl diese beiden Typen scheinbar nicht zusammenpaßten. Agathe wurde rot bis hinter beide Ohren, als Enzo sie mit einem Kuß begrüßte.
„Nicht so stürmisch, nicht so feurig, Enzo!" sagte Agathe lachend.
Er lachte spitzbübisch zurück, als er antwortete: „Das war nicht stürmisch. Wenn ich richtig stürmisch und feurig werde, Agathe, dann fallen dir die Augen aus dem Kopf. Dies hier war ein schüchterner Anfangskuß, meine Liebe."
Wieder sagte er die beiden Worte „meine Liebe" in einer Form, die Agathe aufdringlich vorkam.
„Steig ein! Oder willst du hier auf der Straße tanzen?"
Sie stiegen ein, fuhren ab und gingen wenig später schon in das große Portal, das zum hellerleuchteten Tanzsaal hineinführte. Die Musik kam Agathe zu grell vor – zu grell und viel zu laut.
„Hilf mir ein wenig, Enzo. Du weißt, daß ich solche Tänze zum ersten Mal höre und miterlebe."
Enzo packte sie bei den Armen und stürzte sich mit ihr in das Gewühl der vielen tanzenden, hüpfenden und bereits völlig naß geschwitzten Paare. Agathe hatte bisher nur Tänze geübt, die in dem Tanzsaal ihres Heimatortes üblich waren. Hier in Bonndorf war Schnelleres, Wilderes, Schrilleres an der Tagesordnung. Bald schon war sie durch und durch naß, hatte einen hochroten Kopf und die Haare fielen ihr in Strähnen ins Gesicht. Dennoch fühlte sie sich wohl. Dieses wilde, ausgelassene Tanzen schien alle Fasern in ihr mit Freude zu erfüllen. Der Sekt, den Enzo laufend reichte, tat noch ein übriges hinzu. Alle Leute schienen froh und glücklich zu sein. Die Musik ratterte, zuckte, schlug sich in die Seelen hinein und veränderte die Bewegungen der Körper. Helle Lichtfäden, die sich zu Kaskaden ausbildeten, blitzten, blendeten und schie-

nen die Tänzer verrückt zu machen, jedoch in einer Form, die nicht störte, eher süchtig machte. Die Bässe spürte man im Bauch, der Boden vibrierte, die Luft konnte man schneiden und kostenloser Körperkontakt war jedem garantiert. Dafür sorgte die drangvolle Enge, die durch dauernde Neuzugänge immer noch schlimmer zu werden schien, was jedoch seltsamerweise keinen störte.
Agathe machte alles mit. Sie tanzte immer wilder, genoß das Neue mit einer von ihr noch nie erlebten Inbrunst. Auch den süßlichen Duft, der von der Toilette her über die Tanzfläche wehte, den sie jedoch nicht einordnen konnte. Sie hinterließ Eindruck bei vielen Tänzern. Man lächelte ihr zu, forderte sie auf, berührte sie, strich mit lachendem Gesicht an ihr vorbei. Mehrmals lud man sie ein, mit an die Bar zu kommen.
Sie befand sich bald in einem Zustand, den sie weder erlebt, noch gekannt hatte. Die stampfende Musik, die grellen Stimmen, die ekstatischen Bewegungen, das überhell zuckende Licht und der ungewohnte Champagner hatten sie nach kurzer Zeit bereits verändert. Bald schon wußte sie nicht mehr, welches Verhalten normal und welches unüblich war.
Die Zeit hatte sie völlig vergessen. Sie tanzte, lachte, redete, trank, wußte bald nicht mehr mit wem, es sei denn, Enzo geriet einmal in ihre Nähe. Dieser freute sich, daß diese Diskothek offenbar ein Volltreffer für die bisher weitgehend entwöhnte Agathe darstellte. Erst als die Uhr hinter der Bar sie daran erinnerte, daß Mitternacht lange vorüber war, suchte sie ihn. Im Tanzsaal fand sie ihn nicht, in der Bar und in den Nebenräumen auch nicht. Also suchte sie ihn bei seinem Auto auf dem großen Parkplatz. Es dauerte eine Weile, bis sie ihn gefunden hatte. Enzo saß am Steuer seines Wagens oder – sollte es eine andere Person sein? Immer noch unsicher öffnete sie die Wagentür. Kaum hatte sie den Türgriff betätigt, als die Tür mit einem kräftigen Ruck aufflog. Zwei stark behaarte Männerarme wurden sichtbar, kräftige Hände ergriffen sie, zogen sie auf den Fahrersitz. Dann spürte sie von hinten ein heftiges Picken im Oberarm. Sie hatte noch deutlich das Gefühl, daß auf dem Hintersitz eine zweite Person lag, dann verlor sie die Besinnung.
Der ebenfalls betäubt auf dem Hintersitz des Wagens liegende Mann war niemand anderes als Enzo, der auf dem Weg zu seinem Wagen ergriffen, betäubt und gefesselt worden war.

Als Agathe erwachte, lag sie in einem völlig dunklen Raum auf dem Boden. Sie hatte ein dumpfes Gefühl im Kopf und das logische Denken fiel ihr schwer. Es war schrecklich. Sie lag ausgestreckt da, sah und hörte nicht das Geringste. Auch körperlich fühlte sie sich nicht wohl. Viele Fragen, auf die es keine Antworten gab, kreisten in ihrem Gehirn. Wo befand sie sich eigentlich? Wer hatte sie hierhergebracht? Was hatten die Leute mit ihr vor? Wohin hatten sie Enzo gebracht? Gegen wen richtete sich diese Entführung? Denn eine solche war es sicherlich. Richtete sie sich gegen sie selbst oder war Enzo das eigentliche Ziel des Angriffs? Hatten die geschäftlichen Machenschaften Antonios hiermit zu tun? War es ein Akt der Rache gegen Antonio, der die anderen noch unbekannten Täter nach Mafiosiart gegen sich aufgebracht hatte?
Jetzt merkte sie erst, daß ihre Hände und Füße gebunden waren. Sie betastete sich, so gut es ging, und merkte, daß ihre Kleider zerrissen waren. War sie wieder vergewaltigt worden? Manches ließ darauf schließen. Mit das Schlimmste war, daß sie jedes Zeitgefühl verloren hatte. Bald wußte sie nicht mehr, ob sie Stunden, Tage oder gar Wochen in diesem völlig abgedunkelten Versteck lag. Hunger quälte sie, noch mehr jedoch der Durst. Sollte sie etwa hier durch Nahrungsmangel umgebracht werden? An Hunger und Durst zugrunde zu gehen, war mit die schlimmste Todesart. Wem eigentlich hatte sie etwas zuleide getan, das eine so schlimme Todesart rechtfertigte? Nach der Zeit im Kloster hatte sie bei den Galleris gewohnt und gearbeitet. Sie war sich keiner Schuld irgendeinem gegenüber bewußt. Oder wollte man sie mitverantwortlich machen für das, was Antonio verschuldet hatte? Wo hatte man Enzo hingebracht? Dieses hier konnte keine Warnung sein, wie etwa das schwarze Kreuz oder die Inschrift auf dem Stein, die in Galleris Backstube geworfen worden war. Das alles war kaum zusammenzubringen. Was eigentlich hatte sie mit den Galleris zu tun? Außer der Tatsache, daß sie bei diesen angestellt und auch von diesen bezahlt worden war?
Sie schrie, sie tobte, sie stieß die gefesselten Beine und die Füße gegen eine Wand. Sie hörte etwas. Was war das? Stimmen hörte sie, leise Stimmen. Sie hatte das Gefühl, als hätte sie gegen eine Bretterwand getreten. Wieder leise Stimmen, die durch die Holzbretter noch gemildert wurden. Sie brachte ihr Ohr in die Nähe der Holzwand, so weit, wie es ihre Lage und ihre Fesseln zuließen.

Da hörte und verstand sie, wenn auch sehr schlecht und nur mit größter Anstrengung: „Die Nutte rührt sich. Hast du es auch gehört?"
„Ja!" antwortete ein anderer und fuhr fort: „Ich habe leises Schreien gehört. Offensichtlich hat sie jetzt Kohldampf."
„Wollen wir ihr etwas zu essen geben?"
„Das dürfen wir erst morgen Abend."
„Wenn sie uns aber verhungert, haben wir auch nichts mehr von ihr."
„Durst ist schlimmer. Ohne Essen liegen sie lebend eine Woche und länger in der Wüste, ohne Wasser keine drei Tage."
„Das ist richtig! Wollen wir ihr also zu trinken geben. Gib den Becher her, fülle ihn!"
„Mit Wasser?"
„Champagner hat sie sicher noch nicht verdient. Davon bekommt sie später wahrscheinlich mehr als ihr recht sein kann."
Die Stimmen verstummten. Nach einer Weile wurde dann doch eine Tür knarrend geöffnet.
„Gott sei Dank", entfuhr es Agathe.
Zwei Männer kamen gebeugt durch die Tür, die sich in der Wand befinden mußte.
„Du bekommst zu trinken, Schlampe", sagte der eine.
Der andere setzte den Becher mit Wasser an ihre Lippen. Sie trank wie eine Verdurstende.
„Höre!" sagte er. „Morgen Abend bekommst du auch etwas zu essen."
„Was habt Ihr mit mir vor?" kam es rauh vom Boden her.
„Wir haben nicht die Befugnis, dir das zu sagen. Wir wissen auch nicht viel. Eines jedoch wissen wir. Das Schicksal, das dir bevorsteht, wird weitgehend von deinem Verhalten und deinem Benehmen in den nächsten Tagen abhängen."
„Bitte!" schrie Agathe, so laut sie es noch vermochte. „Bitte, lassen Sie mich an die Luft! Nur eine Minute! Bitte, bitte!"
„Du hast Wasser bekommen. Sei dankbar dafür. Sei für alles dankbar! Das Leben ist das höchste Gut, das mit keinem anderen vergleichbar ist."
Die beiden gingen gebeugt durch die Türöffnung, schlossen die Tür und Agathe hörte, wie der Schlüssel zweimal herumgedreht wurde.
Dann hörte sie von draußen wieder die Stimmen der beiden.
Einer sagte, daß es in der Tat schneller gegangen sei als er vorher gedacht hatte. Der andere antwortete, daß der Durst in der Tat Berge

versetzen und den festesten Willen auslöschen könne. Er habe früher einmal nach drei Tagen Durst einen Pallottinerpater vor Publikum onanieren gesehen, als man dem bereits halb Verdursteten Wasser versprach. Ein anderer habe seinen Bruder erschlagen, wieder ein anderer habe sein eigenes Haus angezündet und Scheiße gefressen. Durst sei schlimm, sagte er, sei schlimmer als Hunger und Heimweh, er sei sogar noch schlimmer, als der Verlust aller Werte.

Danach hörte Agathe nichts mehr. Doch das soeben gehörte gab ihr zu denken. Man setzte sie doch nicht auf Nulldiät, ohne etwas von ihr zu fordern. Was könnte man von ihr verlangen? Was könnte man fordern? Was sollte sie, ausgehöhlt von Angst und Hunger und ausgedörrt von Durst für diese Leute tun? Es mußte etwas sein, was durch Geld nicht zu erreichen war. Es mußte etwas ganz Schlimmes sein, wenn man solch böse Druckmittel benutzte. Wie hatte doch der eine gesagt: „In kurzer Zeit haben wir sie soweit." Für welche Schandtat sollte sie soweit, für was sollte sie bereit sein?

„Was, verdammt noch mal, habe ich verbrochen? Was rechtfertigt eine Entführung unter solchen Umständen?" fragte sie sich immer wieder. Sie betete, betete, betete immer wieder zu Gott, der Mutter Gottes, zu allen Engeln und Heiligen. Seltsame Gedanken rasten ihr durchs Gehirn. Schließlich stellte sie das Beten ein. Sie fluchte nun auf alle, zu denen sie vorher gebetet hatte. Sie bekam Angst vor dem, was sie selbst mit ihren eigenen Ohren gehört hatte. Das war keine Angst, keine Enttäuschung mehr, das war Wahnsinn, purer Wahnsinn! Konnte der Entzug von Essen und Trinken Wahnsinn – in welcher Form auch immer – hervorrufen? Kann das Gehirn unter gewissen Belastungen solche Fehlleistungen vollbringen? Plötzlich wurde ihr klar, daß der Grat zwischen Vernunft und Wahnsinn oft nur Millimeter schmal sein kann.

Was also tun? Wie sich verhalten? Wie hier durchkommen? Mit dem letzten Rest von Vernunft stellte sie fest: „Zu Gott beten und ihn gleichzeitig verfluchen, das war Irrsinn."

Hatte sie dem von ihr geliebten Gott nicht allen Grund zu einer Abkehr von ihr gegeben? Hatte sie nicht das Kloster verlassen, was einer Abwendung von Gott gleichkam? Hatte Gott der armen Mitschwester Scholastika geholfen, als diese hungernd, durstend und von der Sucht nach Alkohol zermürbt im Verlies tief unter der Erde lag? Warum hatte Gott die Priorin nicht bestraft, als diese das Ordensgebot der Keuschheit mißachtete, als diese in einer Form maßregelte und verleumdete, die keinesfalls gottgefällig sein konnte? Wenn alle Taten der Priorin rechtens sein sollten, dann wollte sie, Agathe, nicht mehr beten. Aber auf das Beten zu verzichten, dafür gab es keine Gründe. Mein Gott! Was war das für ein Durcheinander, das in ihrem angeschlagenen Gehirn wütete!

Sie wollte überhaupt an nichts mehr denken. Bald schon merkte sie aber, daß dies nicht möglich war. Schlafen vermochte sie auch nicht richtig, wenigstens nicht so tief, um frei von zermürbenden Gedanken zu sein. Dieses Hin und Her gegensätzlicher Gedanken brachte schließlich immer mehr Durcheinander in ihren Kopf. Es regte sie auf, daß sie ihre Gedanken nicht beeinflussen konnte. Es kam ihr vor, als würde sie gleichzeitig beten und fluchen. Es waren Gedanken, die sich zwischen zwei verschiedenen Polen bewegten, doch eine Verbindung gab es nicht. In ihren lichten Augenblicken wurde ihr immer klarer, daß man dafür, daß man ihr Essen und Trinken gab, etwas von ihr fordern würde. Das, was sie tun mußte, würde den Entführern Vorteile bringen. Was würden das für Handlungen sein? Es würde nicht lange dauern, dann würde sie es wissen.

Am nächsten Tag brachte man ihr etwas zu essen.

„Wasser bitte!" bettelte sie.

„Heute nicht!" sagte einer der Entführer. „Heute gibt es Essen. Das muß dir genügen. Dafür wird heute Nacht eine schöne Ausflugsfahrt veranstaltet. Du wirst dabei zwar nichts sehen, aber dafür in eine Gegend kommen, die du noch nicht kennst und die dir hoffentlich gefallen wird." Agathe hatte längst gelernt, die Ironie solcher Worte herauszuhören.

Mit Heißhunger verzehrte sie alles, was man ihr in den Mund schob: Wurst, Reis und Bohnen. Dabei verschluckte sie sich.

„Bitte, setzen Sie mich auf. Ich kann so nicht schlucken!"

Sie war selbst überrascht, als man diesem Wunsch nachkam.

Doch kurz nach dem Essen drückte man ihr wieder eine Spritze in den Oberarm, ohne daß sie es verhindern konnte.

Sie weinte, schluchzte und bettelte, obwohl sie wußte, daß sie kein Mitleid von diesen Leuten erwarten konnte. Die hilfreiche Ohnmacht erlöste sie von diesen schrecklichen Gedanken und den Nöten des Körpers und des Geistes.

Als ihre letzte Selbstbeobachtung spürte sie, daß beide Beine eingeschlafen waren. Offenbar spürte sie immer noch den Druck der Fesseln, die ihr noch nicht einmal gelöst worden waren.

Als sie wieder zur Besinnung kam, wurde ihr sofort klar, daß sie sich in einem fahrenden Auto befand. Wieder plagte sie ein entsetzlicher Durst, ein Durstgefühl, wie sie noch keines erlebt hatte. Dazu kam eine Mundtrockenheit, die nicht mit normalen Mitteln zu erklären war. Sie wußte, daß sie vor einigen Jahren eine ähnliche Mundtrockenheit hatte, die damals durch ein Medikament verursacht worden war. Sie biß sich immer wieder auf die Lippen, schließlich so fest, daß das Blut übers Kinn lief. Das störte sie nicht so sehr, als diese unangenehme Mundtrockenheit hilflos zu ertragen.

Sie betrachtete es fast als eine Wohltat, als schließlich das Auto anhielt. Agathe wußte nicht, ob sie Stunden oder Tage in dem fahrenden Auto verbracht hatte. Dann hörte sie Stimmen, mehrere Stimmen, eine davon schien französisch zu reden, während eine andere übersetzte.

Dann! Was war das? Eine unbekannte Erregtheit überkam sie. Die Stimme des Übersetzers kannte sie. Das war niemand anderes als ..., das war doch nicht möglich! Sie horchte weiter. Auf einmal war ihr alles klar. Diese Stimme gehörte Manfred Ebert. Jetzt wußte sie, daß sie nichts Gutes zu erwarten hatte.

Manfred Ebert, der sie seit ihrer Mädchenzeit in Oberrheinstadt bedrängt hatte, der sie bis ins Kloster hinein mit seinen bösen Plänen verfolgt hatte, der sie immer wieder bei der Priorin angeschwärzt hatte, und als letztes, schlimmstes die Verantwortung trug für die schreckliche Vergewaltigung in der Waldhütte. Wer hatte diesen Bösewicht wieder einmal auf ihre Fährte gebracht?

Sie horchte weiter, doch es gab keinen Irrtum. Von den Leuten da draußen waren zwei, deren Muttersprache deutsch war und die sie bereits kannte, einer war ein Franzose und der vierte war Manfred Ebert, der französisch sprechen konnte und der dem Franzosen bisher alles übersetzt hatte. Doch das Hören war eine und das Verstehen eine andere Sache. Sie strengte ihre Ohren an. Sie verstand nur wenige Worte in der französischen Sprache. Aber das wenige genügte ihr, zu erkennen, daß das Gespräch das draußen sich jetzt um Zahlen drehte. „Treize mille – Dreizehntausend" verstand sie. Oder hatte er dreißigtausend übersetzt? Was war das für eine Ware, die hier offenbar verkauft werden sollte? Dann glaubte sie, gehört zu haben, daß besagte Ware offenbar in dem Auto liegen würde. Doch in dem Auto lag nur sie selbst. Eine schreckliche Angst kam über sie. In dem Auto befand sich außer ihr niemand und sonst nichts.

Sollte etwa sie, ihr Körper, hier verhandelt oder sogar verkauft werden? Schlimme Gedanken kreisten in ihrem Gehirn. Natürlich hatte sie schon von Menschenhandel gehört, von jungen Mädchen, die nach Afrika oder zu Scheichs in den Orient verkuppelt wurden. Sie wußte, daß diese Mädchen ihr Leben vertan hatten.

Die vier da draußen redeten immer noch. Dann hörte sie den Ausdruck „Religieuse" weiter das Wort „Couvent". Das erste Wort bedeutete Nonne, das zweite „Kloster". Mein Gott! Jetzt wußte sie, daß sie gemeint war. Das mit dem Kloster regte sie auf. Warum wurde das erwähnt? War eine Nonne besser zu verkaufen als ein anderes, gleichaltriges Mädchen? Warum eigentlich? Vielleicht weil es unüblich, weil eine Nonne begehrter war? Ja! Plötzlich wußte sie es! Man wollte aus ihr eine Prostituierte, eine Hure machen. Dem verdammten Manfred Ebert war auch diese Niedertracht zuzutrauen. Natürlich! Als Hure war eine Nonne besser zu verkaufen, als solche galt sie als ein höchst seltener und damit interessanter Fall. In der heutigen Zeit der Erlebnisgastronomie wird es wohl auch Erlebnisbordelle, die mit immer neuen Attraktionen Gäste anwerben, geben, denn der Mensch von heute will stets mit Neuem unterhalten sein und welcher geldschwere Freier hat schon einmal mit einer Nonne Liebe gemacht? Dafür würde mancher dieser lüsternen, halbseidenen Kavaliere eine beträchtliche Summe hinlegen!

Mein Gott im Himmel! Sollte sie für so etwas ausersehen sein?

Konnte sie überhaupt noch zu Gott rufen, zu ihm beten, wenn er sie in diesem schmutzigen Auto einem wahrhaft schlimmen Schicksal überließ? Sie begann damit bereits, ihren Gott vor die Entscheidung zu stellen: Entweder du hilfst mir aus meiner augenblicklichen Not oder ich will nichts mehr mit dir zu tun haben. Entweder du gibst mir jetzt einen Fingerzeig deiner göttlichen Allmacht oder ich vermag nicht mehr zu beten. Auf der einen Seite mußte sie ja auch willig sein. Mußte sie das? Hatte sie nicht von Mitteln gehört, einen Menschen gefügig zu machen? Hunger und Durst waren solche Mittel, Prügel und Folter auch. Auch in einem zivilisierten Lande?

Alles war auf einmal so gegensätzlich in ihr. Auf der einen Seite nahm sie immer noch Gott in Schutz, indem sie sagte: „Was alles verlangen wir von Gott? Manchmal unmögliches. Welchem Kriegsheer soll der liebe Gott helfen, wenn die Priester verfeindeter Länder ihre Kanonen segnen? Welchem Boxer soll er zum Sieg verhelfen, wenn sich beide bekreuzigen? Sowohl der Boxer in der roten, wie auch der in der blauen Ecke des Ringes? Warum segnen die Pfarrer Autos und Motorräder, obwohl sie schon wenig später unschuldige Menschen zu Tode bringen können? Warum zogen sogar Priester mit in den Krieg? Wohl um ihren Fahnen zum Sieg zu verhelfen. Der Sieg des einen Heeres ist gleichzeitig die Niederlage, die Demütigung des anderen.

Wie würde Agathe sich verhalten, wenn man ihr nur zwei Alternativen zuließ? Die eine war die Hingabe ihres Körpers an einen zahlenden Kunden, die andere bestand aus Schlägen, Folter, Hunger, Durst und ähnlichem. Gab es nicht in jedem Land Polizei und ähnliche Einrichtungen, an die man sich im Falle der Not wenden konnte?

Diese und ähnliche Gedanken quälten ihr Gehirn in rasender Folge. In Wirklichkeit waren keine fünf Minuten vergangen von dem Augenblick an, an dem sie die Stimme Manfred Eberts erkannt hatte.

Dieser verdammte Hund! Konnte er sich nicht solche Mädchen aussuchen, die für Geld freiwillig mit ihm gingen und die ohne Umstände das taten, was er von ihnen verlangte?

Plötzlich wurde sie aus ihren Gedanken gerissen, weil die Stimmen draußen wieder lauter und verständlicher wurden.

„Montrez-la! Zeigt sie uns!" befahl der Franzose.

„Mais seulement dans la maison!" antwortete Manfred Ebert.

Ohne zu wissen, was in den nächsten Minuten geschehen würde, war es doch erleichternd wohltuend, zu erkennen, daß sich überhaupt etwas ereignete, daß sie sicherlich dieses stinkende Auto, auf dessen verdreckter Ladefläche sie lag ohne sich rühren zu können, bald verlassen könnte.

Sie hörte, wie die hintere Klappe geöffnet wurde. Ein Mann stieg herein, löste ihr die Beinfesseln, stülpte ihr eine Plastiktüte über den Kopf, sprang wieder hinaus, faßte sie an den Unterschenkeln und zog sie von der Ladefläche herunter. Als sie draußen auf die Beine gestellt wurde, knickte sie in sich zusammen. Sie wäre der Länge nach auf die Erde geschlagen, wenn die beiden Männer sie nicht gehalten hätten.

Alle ihre Glieder schmerzten von der ruckeligen Fahrt und der unbequemen Lage am Boden. Die Fesselung tat noch ein übriges hinzu. Sie erholte sich nicht schnell genug, deshalb packte man sie und schleifte sie ins Haus. Obwohl die Plastiktüte bis zu den Schultern alles verdeckte, erkannte sie, daß es dunkel war. Die Gegend schien einsam zu sein, es war kein Geräusch zu hören, keine Stimmen, kein Auto, kein direkter Laut. Nur aus dem Erdgeschoß des Gebäudes vernahm sie ferne Geräusche, es klang wie das gemeinsame Gebet eines Pilgerzuges, dessen laute Einzelstimmen von nahem dröhnend, von fern wie unverstehbares Gemurmel klingen.

Agathe hatte das Gefühl, als würde sie jetzt leicht bergauf, über einen Pfad, der mit Steinplatten bedeckt war, geführt. Dann stand sie in einem großen Raum. Man zog ihr die Plastiktüte vom Kopf. Sie blinzelte heftig mit den Augen, so geblendet war sie von dem für sie überhellen Licht eines großen Kristallüsters, der in der Mitte des Raumes hing. Es sprach keiner etwas. Man ließ ihr offenbar Zeit, sich einzugewöhnen. Langsam erkannte sie etwas. Zuerst die Umrisse mehrerer Personen, dann wurden langsam lebendige Gestalten daraus.

Einer thronte wie ein Papst in der Mitte des Raumes, andere, offenbar Untergebene, saßen rechts und links von ihm auf Sofas und Polsterstühlen. Den großen Tisch, der offensichtlich in die Mitte des Raumes gehörte, hatte man an die Wand geschoben. Neben ihr standen die Männer, die sie hierher gebracht hatten und die, von denen sie empfangen worden war. Ganz links stand mit verschränkten Armen und todernstem Gesicht: Manfred Ebert! Wohltuend ruhte sein Blick auf ihr. Sie aber hätte ihn am liebsten angespuckt.

Der Mann in der Mitte des Raumes war offenbar der Vorgesetzte aller hier. Er betrachtete Agathe mit nichtssagendem Blick eine ganze Weile lang, ehe er mit lauter und forscher Stimme befahl: „Dèshabillez-la!"
Manfred Ebert übersetzte: „Zieht sie aus!"
Die beiden Deutschen, in deren Auto sie befördert worden war, ob Manfred Ebert auch mit diesem Auto aus Deutschland hierhergekommen war, wußte sie nicht – packten sie und begannen, die Knöpfe ihrer Bluse zu öffnen. Es nutzte nichts, daß sie sich heftig wehrte, ein Kleidungsstück nach dem anderen flog auf einen der leeren Sessel einschließlich Büstenhalter, Unterhose, Strümpfe und Schuhe.
„Schuhe wieder anziehen!" befahl der Mann. Auch dieses Mal über-

wand man die heftig mit den Beinen strampelnde Agathe und zog ihr die hochhackigen, schwarzen Schuhe wieder an.
Das schien dem Mann im Sessel zu gefallen, denn zum ersten Mal zeigte sein Gesicht einen Ausdruck verhaltenen Wohlgefallens.
Von oben bis unten war es ein Genuß, Agathe anzuschauen. Sie hatte eine schlanke Figur, sehr lange Beine, einen großen, vollen Busen und ein äußerst liebliches Gesicht, das über dem unbekleideten Körper noch ausdrucksvoller wirkte. Agathe hatte ihre Gegenwehr aufgegeben, da sie gemerkt hatte, daß diese doch sinnlos war. Bei jeder Bewegung des Unmuts und jedem Zug des Unwillens im Gesicht, griffen die beiden Männer noch fester zu und verursachten ihr heftige Schmerzen.
„Sie also war eine Nonne?" fragte der Mann, den alle Chef nannten.
„Über fünf jahre lang", log Manfred.
„Als Nonne ist man unschuldig. Ist es diese auch?"
„Nein, Chef, sie kann es schon ein wenig."
„Um so besser! Bringt sie rauf! Übergebt sie oben meinen Leuten!"
Zu Manfred gewendet fuhr er fort: „Mit deiner Forderung bin ich einverstanden. Du kannst deinen Scheck im Büro abholen. Los! Mach aber schnell!"
Manfred wendete sich an Agathe, die immer noch gehalten werden mußte, da sie immer noch wild um sich schlug und trat, wenn man die festen Griffe auch nur einen Augenblick lang lockerte.
„Du wolltest dich noch von mir verabschieden, meine Liebe!"
Da war wieder die Floskel, die sie so haßte. Er benutzte sie in demselben Ton wie Enzo, genauso besitzergreifend, genauso demütigend.
Sie antwortete ihm nicht, sondern spuckte vor ihm aus.
„Es freut mich, daß meine Erziehung nicht nur Erfolg hat, sondern auch noch Geld einbringt. Eine Nonne bringt ordentlich Geld, wenn man aus ihr eine Edelnutte machen kann. In der Tat, meine liebe Agathe, du hattest schöne Dinge unter deiner Nonnenkutte versteckt. Pflege dich gut; damit du noch lange gutes Geld einbringst. Ehe ich dich deinem Geschick und den Liebeskünsten deines zukünftigen Chefs überlasse, möchte ich in einigen Punkten noch deine Neugier befriedigen."
Er erzählte ihr, daß Enzo zwar kein Zuhälter im üblichen Sinne sei, aber doch mehrere Empfänger mit gutem Material beliefere. Die Nonne Maria Anna war sein bisher bester Fang, den er zahlungskräftigen Empfängern anbieten konnte. Dieser Chef hier war mit Abstand sein

bisher bester Kunde. Er sagte ihr noch, daß es ihm leid tue, daß das Etablissement dieses Chefs das eleganteste in Südfrankreich sei und er ihr lieber solche Typen wie den Begatter in der Waldhütte besorgt hätte. Doch die Freier hier strotzten nur so vor Geld und verlangten auch etwas dafür.

„Es sind auch reiche Amerikaner dabei", sagte er noch.

Agathe rührte sich nicht mehr und schwieg.

Doch Manfred ergriff noch einmal das Wort: „Wenn du es noch nicht wissen solltest, du befindest dich in Marseille, der wunderbaren Stadt am Mittelmeer. Hier schäumt das Leben über, und als Edelnutte ist hier viel Geld zu verdienen. Eines rate ich dir noch: versuche nie zu fliehen, denn die Plätze, an die du dann kommen würdest, sind wesentlich schlechter als dein jetziger Arbeitsplatz. Zur Polizei zu gehen, ist barer Unsinn. Der Chef hat beste Verbindungen, auch zur Polizei. Sie bringen dich auf irgendeine Weise wieder hierher zurück. Für den Fall, daß du in einen anderen Puff geraten solltest: hier gibt es welche, da kannst du nur noch beten."

„Ich bete nicht mehr. Ich kann nicht mehr beten, wenn ich an dich denke."

„Das ist auch gut so! Puff und Beten. Das paßt wirklich nicht zusammen. Außerdem weiß ich, daß du sehr oft an mich denken wirst. Bei jedem Freier, der auf oder unter dir liegen wird, wirst du an mich denken. Hoffentlich an den Penner aus der Waldhütte auch. Gegen den sind alle hiesigen Freier Kings."

Er wendete sich an die beiden Helfer, die sie immer noch fest gepackt hielten und sagte: „Schafft sie nun rauf! Der Chef wird ihr die wichtigsten Dinge beibringen, in dieser Beziehung dürfte sie noch reichlich unbedarft sein."

Oben empfing sie der Chef in einem eleganten Schlafsalon. Hier zeigte er zum ersten Mal, daß er sogar deutsch sprechen konnte und zwar nicht einmal schlecht.

Er breitete seine Arme aus und sagte mit leiser, hoher, beinahe zirpender Stimme: „Wir werden gemeinsam ein Bad nehmen, mein Täubchen."

Er drückte sie von hinten mit beiden Händen in ein helles, ganz aus weißem Marmor bestehendes Bad hinein, in dem man sogar ein paar Stöße schwimmen konnte. Gegenstromanlage, Whirlpool, viele Spiegel, aus mehreren Düsen spritzten auf Knopfdruck Wasserstrahlen in verschiedenen Wärmegraden. Das Licht wechselte automatisch die Farbe, von dunklem Lila zu hellem Rosa. Außerdem gab es ein seltsames ultraviolettes Licht, in dem kein falsches Körperteil verborgen blieb. Falsche Zähne erschienen als schwarze Lücken, Ohrschmuck, Fingerringe, Goldketten fehlten plötzlich ganz. Es blieb nur das von Gott Geschaffene übrig. Agathe fand dies lustig und vergaß eine Weile, daß sie sich eigentlich renitent verhalten wollte. Auf keinen Fall würde sie erlauben, daß dieser Lustmolch, dieser Mädchenhändler, dieser Bordellochse bei ihr zum Erfolg kommen würde.

Sie wollte ihn täuschen und rang sich sogar ein Lächeln ab, als sie vollends ins Bad hineinstieg.

Während er einen verdeckten Knopf bediente, erschien ein Diener, weiß gekleidet, und schüttete eine Flüssigkeit ins Bad hinein. „Liebesessenz", sagte der Chef und folgte ins Wasser nach.

„Geben Sie mir ein paar Minuten", antwortete sie. „Ich muß mich erst an diese Dinge, die für mich neu und ungewöhnlich sind, gewöhnen. Entschuldigen Sie, daß ich Sie nun ein wenig vernachlässige."

„Gewährt, gewährt!" antwortete er lächelnd mit Gönnermiene.

Agathe legte sich lang ins Wasser und schloß die Augen. Sie wußte, daß sie nicht viel Zeit hatte. Bald würde der Chef sie bedrängen.

Ob sie sich dieses eingeölten Kerls würde erwehren können? Wohl kaum! Er saß am längeren Hebel. War sie wirklich jetzt schon in diesem Ränkespiel des Lebens unterlegen? War sie wirklich jetzt schon von der Nonne zur Hure geworden? Gab es keine Rettung, keine Hilfe? Gab es überhaupt Möglichkeiten, noch dem Anfang zu wehren? Wie würde sich der Chef verhalten, wenn sie ihn ablehnen würde? Gewiß, es könnte gelingen, ihm einen Schlag gegen die Brust oder einen Tritt in die Beine zu versetzen. Auch ein Tritt in den Unterleib schien möglich. Vielleicht würde er vor Schmerz aufschreien, vielleicht gelang es ihm auch noch, auf den Knopf zu drücken. In jedem Fall würden die beiden Gorillas in Sekundenschnelle anwesend sein. So ging es also nicht. Sie mußte zu gleicher Zeit auch noch fliehen können. Wohin aber? Auf welchem Weg? Wie kam sie aus diesem palastähnlichen Gebäude mit den vielen Gängen heraus, ohne sich genau auszukennen?

Da meldete sich bereits der Chef: „Bist du bereit, mein Täubchen?"

Seine sanfte Stimme irritierte sie. Dennoch wollte sie sich seinen Wün-

schen entgegenstellen. Sie dachte, daß es ihm keine rechte Freude machen würde, wenn er auf einem Stück Fleisch lag, daß sich kaum bewegte.
Da näherte er sich auch schon. Er legte sich neben sie ins Wasser. Trotz seines Alters – er mochte fünfzig bis fünfundfünfzig Jahre alt sein – hatte er flinke Finger und die Beine unterstützten behend die Wünsche seiner Hände. Schließlich gelang es ihm mit einem geschickten Trick, ihren Mund zu öffnen. Eine schnelle Zunge drang ein – sie schmeckte fürchterlich – und nahm Besitz von ihrem gesamten Mundraum.
Sollte sie ihm auf die Zunge beißen? Sollte sie ihm mit einem schnellen Tritt in den Unterleib einen heftigen Schmerz zufügen? Gelegenheit und Stellung waren günstig. Doch, was sollte das? Sie wußte, daß die Gorillas allgegenwärtig waren und ihr größere Schmerzen zuzufügen vermochten, als es ihr bei ihm möglich war. Ein furchtbarer Gedanke schmerzte sie. Es gab wohl keine Möglichkeit, als die, sich in ihr Schicksal zu ergeben und die Folgsame und Unterwürfige zu spielen, alles, auch das Entehrendste mitzumachen, bis sie vielleicht einen Kunden – oder sagte man hier in diesem Milieu Freier? – kennen lernte, der vielleicht die Möglichkeit und das Geld hatte, sie aus diesem Bordell zu befreien.
Sie wußte aus Erzählungen und Berichten, daß auch die höflichsten und zärtlichsten Freier die Hure eher als ein Stück Dreck betrachteten, dem man Geldstücke, im besten Fall Scheine zuwirft und sie wenig später bereits in den Hintern tritt. Die Hure hat freundlich zu sein, alle Wünsche, auch die ekligsten, zu erfüllen, ihren Obulus einzustecken, freundlich „Besten Dank" zu sagen und den Mund über dieses meist unerlaubte Liebeserlebnis zu halten.
Als der Chef nun weiter drängte, neue Wünsche äußerte, streckte sie sich lang aus und öffnete die Schenkel. Trotz ihrer Unsicherheit und Unerfahrenheit achtete sie peinlich darauf, Ansteckungen zu vermeiden. Auch grauste ihr bei dem Gedanken, wieder schwanger zu werden. Doch der Chef, der natürlich ebenfalls beides fürchtete, hatte sie schnell in die Liebespraktiken und die besten Methoden zur Verhütung eingeweiht.

9.
ALS EDELDIRNE IM LIEBESSCHLOSS

Das elegante Haus, in dem Agathe jetzt lebte und tätig war, war eigentlich kein Bordell im üblichen Sinne, sondern eher ein Club, der gutbetuchte Mitglieder hatte, die einen beachtlichen monatlichen Betrag zahlten und dafür erwarten konnten, daß als Gegenleistung immer eine gute, brandheiße, möglichst noch unbekannte Besatzung zugegen war, die einen nicht geringen Wochenlohn erhielt. Deshalb nahmen die Damen für ihren Dienst am Kunden auch keine Gebühr, wie es in gewöhnlichen Bordells üblich ist, sie mußten es dem Kunden überlassen, was er sonst noch, je nach Zufriedenheit, auf den Tisch oder den Nachttisch legte.
Als es sich bei den Stammgästen herumgesprochen hatte, daß hier eine ehemalige Nonne tätig war, erlebte das Haus einen Ansturm, wie es ihn noch nie vorher erlebt hatte. Dadurch entstanden natürlich Schwierigkeiten, die es ebenfalls in diesem Haus noch nicht gegeben hatte. Die Kunden verlangten fast ausnahmslos die „Nonne" als Liebesdienerin, die anderen saßen oft stundenlang in einer langen Auswahlreihe und zeigten aufdringlich ihre Reize. Als dies nur wenig nützte, langweilten sie sich und beklagten die fehlenden Trinkgelder.
Auch als die Klagen über eine gewisse Teilnahmslosigkeit der „Nonne" bei den üblichen Liebesspielen immer häufiger wurden, riß der Wunsch, sie einmal, wenn auch nur kurze Zeit, zu besitzen, nicht ab.
Agathe hatte längst bemerkt, daß sie erstens nicht fliehen und daß sie zweitens sich nicht verweigern konnte. Sie machte jetzt gute Miene zum bösen Spiel. Anfangs hatte sie noch ihren „Judaslohn", wie sie die üppigen Trinkgelder nannte, noch aus dem Fenster in den Garten geworfen, doch bald gewöhnte sie sich daran, ließ das Trinkgeld in der Schublade liegen und genoß sehr wohl diese wunderbare Vermehrung des Reichtums.
Doch dieses Leben zwischen unangenehmer Abschätzung und daraus folgender Behandlung des Kunden, peinlicher Duldung und teilweiser Verweigerung konnte nicht lange gutgehen. Anfangs glaubte sie, ihre Identität erhalten, unter der Oberfläche dieselbe Agathe Sommer bleiben zu können – die Nonne Maria Anna hatte sie längst wie eine zweite, überflüssige Haut abgestreift – doch immer mehr wurde ihr bewußt, daß dieses nicht möglich war.
Mehr als ein dutzendmal täglich nach oben gehen, ausziehen, die Beine breitmachen und erfolgreiche Liebe vorspielen zu müssen, das zer-

mürbt mit der Zeit auch die festesten Vorsätze und damit selbst den aufrechtesten Charakter. Das zerstörte langsam sogar jede Spur normalen Selbstbewußtseins. Selbst ihr Name wurde langsam ihr immer unwichtiger. Sie war eine namenlose Hure geworden, die mit anderen Ansprachen zu leben hatte: „Die da! Die Deutsche dort! Die mit den langen Beinen! Die Vollbusige!" Oder schließlich auch manchmal „Die Nonne!" Das waren die Namen, mit denen sie aus der Reihe der wartenden Kolleginnen herausgeholt wurde, mit denen sie bei fernmündlichen Anfragen bezeichnet wurde und mit denen der dickleibige, schwarze Türsteher und die dienstplanführende Sekretärin konfrontiert wurden.
Es war alles exakt geregelt in diesem eleganten Hurenhause. Alle Angestellten waren willig, weil sie gut bezahlt wurden, mehrere Frauen hielten das Haus pieksauber, Gorillas sorgten für Recht und Ordnung und daß jede, die sich unbefugt zu entfernen wagte, in Minutenschnelle zurückgebracht wurde. Natürlich gab es schon einmal Unmut unter den angestellten Dirnen. Diese Probleme wurden jedoch erstaunlich schnell und lautlos geregelt. Es gab kein Schreien, keine Prügel, keine Folter, wie man in Erotikbüchern und -filmen oft gesagt und erzählt bekam.
Langsam merkte Agathe, daß es in diesem Hause etwas anderes, viel wirkungsvolleres gab: Es gab eine zeitliche Einsperrung. Dafür stand ein geeigneter Kellerraum, die „Gummizelle" zur Verfügung. Die Strafe der Einsperrung konnte erheblich verschlimmert werden durch Nahrungs- und Getränkeentzug. Immer mehr wurde ihr zur Gewißheit, was sie schon seit geraumer Zeit ahnte. In diesem Hause, in dem jeder kleinste Schaden, jeder Defekt sofort behoben wurde, in dem die Gardinen peinlich exakt ausgerichtet hängen mußten, in dem jede quietschende Türklinke und jede knarrende Angel sofort geölt wurde, in dem jedes Bild gerade hängen mußte, in dem eine exakte Buchführung selbstverständlich war, in dem jede technische Neuerung eher eingeführt wurde als in den Marseiller Luxushotels, in diesem neuzeitlichen Hause wurde mit Rauschgift gearbeitet. Mittels Rauschgift, Alkohol, Einsperrung, Nahrungs- und Getränkeentzug wurden Dirnen gefügig gemacht und gehalten. Das sind wirkungsvollere Mittel als Prügel, Folter und dergleichen. Eine süchtige Hure macht alles ohne zu murren, eine dürstende und hungernde gibt sich für Dinge hin, die ein normaler Mensch nicht für möglich hält.

Die Mädchen unterhielten sich natürlich oft miteinander, auch beobachteten sie sich gegenseitig. Auf diese Weise wurde Agathe klar, daß die Mädchen, die schon in dem Bordell an der Rue de la Canebière gearbeitet hatten, fast alle rauschgiftsüchtig waren, zwar noch nicht im Endstadium, jedoch so weit schon, daß sie nicht mehr in der Lage waren, ohne Drogen zufriedenstellend zu leben und zu arbeiten. Natürlich hängte keine der Süchtigen dies an die große Glocke – das hatte der Chef streng verboten – denn dies würde in jedem Falle Nachteile mit sich bringen.

Agathe beobachtete sich genau. Es war ziemlich sicher, daß sie bis jetzt nicht mit Rauschgift in Verbindung gekommen war. Sie hatte beobachtet, daß Kolleginnen, die Rauschgift bekamen, sogar frei herumlaufen durften.

„Wir kommen doch immer wieder zurück, wenn die Wirkung des Rauschgiftes nachläßt", sagten sie; „denn hier werden wir damit versorgt, ohne etwas dafür bezahlen zu müssen."

Weiter hatte Agathe beobachtet, daß diese Kolleginnen überhaupt kein Geld auf die Hand bekamen. Sie erhielten Essen, Trinken und eben Rauschgift gratis. Damit war die Summe des vereinbarten Lohnes in den meisten Fällen weit überschritten. Diese Mädchen waren auf Gedeih und Verderb an das Haus gebunden. Sie kamen immer wieder zurück, mußten immer wieder zurückkommen.

Alle waren sehr gut gekleidet, auch auf Kosten des Hauses. Das verhinderte, daß sie bettelten. Das alles hatten sie nicht nötig. Die Behandlung in diesem Hause richtete sich peinlich genau danach, wie gepflegt sie aussahen, wie sie sich hielten und danach, in welcher Weise sie die besonderen Wünsche der Kunden – auch der unangenehmen – erfüllten. Natürlich gab es eine Menge Freier, deren Wünsche zu erfüllen nur mit großer Überwindung möglich war. Das war hier auch der Knackpunkt. Man konnte sehr wohl Tausend-Franc-Scheine sammeln, wenn man immer und immer wieder dieser Überwindung fähig und bereit war.

Das war Agathe allerdings nicht und dadurch begannen schneller, als sie dachte, die Schwierigkeiten. Lange Zeit konnte sie diesen Nachteil durch den besonderen Status der Nonne im Bordell ausgleichen, doch ewig währte dieser Vorteil auch nicht.

Es ist nicht Sinn dieses Buches, die Bettgeschichten in allen Einzelheiten zu erzählen, vielmehr soll es den Lebenslauf der unglücklichen

Agathe Sommer schildern, wie, auf welche Weise, durch welche unglücklichen Umstände sie zuerst ins Kloster und nachher ins Bordell gekommen war. Weiterhin soll es versuchen, die Zentnerlasten auf ihrer Seele darzulegen, überhaupt wie sie alle diese ungewöhnlichen Abenteuer erlebt und überstanden hat, das Wechselspiel der Gefühle in den unterschiedlichsten Lebenslagen zu beschreiben, die Fragen zu beantworten, wie ein und dieselbe Person sowohl Nonne wie auch Hure werden kann. Der größte Teil der Leser wird sagen: „Das ist ein Einzelfall, das kann mir nicht passieren."
Doch klopfen wir uns an die Brust, versuchen wir mit gerechtem Urteil dem Leben der Agathe Sommer zu folgen. Es ist sehr schwer, ich weiß es, doch vielleicht wird es gelingen. Es gibt Fälle, in denen ein Mädchen als potentielle Hure zur Welt kommt. Dasselbe gibt es auch bei Männern, denen die Entwicklungen zum Verbrecher in die Gene gelegt worden sind. Das war bei Agathe Sommer keineswegs der Fall. Sie wurde als normales Menschenkind geboren und war in einem normalen Elternhaus aufgewachsen. Es waren lediglich die besonderen Umstän- de und die besonderen Geschehnisse, die ihr so übel mitgespielt hatten.
Scheinbar hatte sie trotz ihrer Hemmnisse auf den Chef Eindruck gemacht – er hieß übrigens Jacques Lamotte –, und er besaß neben dem schloßähnlichen Etablissement auf der Anhöhe mit dem Blick auf die vergoldete Statue der Marie la garde, die durch goldene Strahlen die Schiffe empfängt, die sich morgens dem Hafen nähern, weil sie ihr vergoldetes Haupt über die Erdkrümmung hinweg bereits sichtbar werden läßt, noch zwei Bordelle in Marseille, eines auf der Rue de la Canebière, der Geschäftsstraße, die zum Vieux Port, dem alten Hafen führt, auf dem viele Boote vor Anker liegen, das andere an der Hafenstraße, an der auch viele Restaurants liegen, infolgedessen wohlhabenderes Publikum zu Hause ist.
Dies erlaubte dem Chef, seine Mädchen wahlweise auszutauschen. Da im Schloß mehr Mädchen arbeiteten, als in den beiden anderen Häusern, brauchte er nur alle drei Monate verbrauchte Dirnen abzustoßen und dafür neue Menschenware zu beschaffen. Diese bekam er aus vielen Ländern der Erde, unter anderem – wie bekannt – von Manfred Ebert aus Deutschland, der mittlerweile die Zuhälterei zu seinem Beruf gemacht hatte.

Agathe, die das alles wußte, wunderte sich, daß sie sogar nach vielen Wochen als einzige immer noch auf dem Schloß tätig war. Sie war mittlerweile fest entschlossen, einen Mann zu finden, der sie aus diesem Milieu befreien konnte. Dafür war sie bereit, große Opfer in Kauf zu nehmen. Bisher hatte sie zwar reiche, elegante und sogar verständnisvolle Freier im Bett; doch keiner war dabei, der wegen ihr ein persönliches Opfer zu bringen bereit war. Die meisten Männer kamen heimlich, ohne Wissen der Ehefrau, der Verwandten, Bekannten, ihres Chefs. Alle waren – jedenfalls solange sie sich auf dem Schloß befanden – anonym. Sie parkten ihre Autos an einem bekannten Speiserestaurant und erreichten das Schloß, das Ziel ihrer geheimen Wünsche, zu Fuß über einen Schleichweg, auf dem sie fast unsichtbar blieben. Auch im Schloß fiel kein Name. Die Herren wurden mit „Monsieur" angesprochen, wenn sie telefonisch erreichbar sein mußten, geschah dies über einen Hilfsnamen.

Agathe bekam mehrmals die Erlaubnis, in die Stadt zu gehen, allerdings nur mit einem schwarzen Leibwächter. So lernte sie einigermaßen die Stadt kennen und konnte bald schon recht gut französisch sprechen und verstehen. Das war sehr wichtig, weil fast alle ihre Kunden die französische Sprache benutzten. Sie selbst war auch begierig darauf, das Kauderwelsch, diesen Mischmasch aus französisch, deutsch und englisch, mit dem sie sich bisher, oft mehr schlecht als recht verständigt hatte, endlich vergessen zu können.

In dieser Zeit lernte sie einen Kunden kennen, der seltsamerweise nicht viel mit Bettspielen zu tun haben wollte, dafür um so mehr Champagner trank und von ihr verlangte, sich daran zu beteiligen. Als das Zeichen ertönte, das die Schließung des Schlosses ankündigte und Agathe diesem seltsamen Freier die Getränkerechnung vorlegte, warf dieser einen Umschlag auf den Tisch, der zehn Tütchen mit Heroin enthielt. Auf den ungläubigen Ausdruck in Agathes Gesicht hin, sagte der Mann, daß er immer mit „Stoff" bezahle und das schon seit geraumer Zeit.

„Du brauchst nicht deinen Chef zu fragen, meine Liebe, das geht schon in Ordnung. Im übrigen beinhaltet dieser Umschlag den Gegenwert des dreifachen Betrages, den ich hier normalerweise zu zahlen hätte."

Agathe wußte nicht, was sie machen sollte. Dieser Mann war ihr äußerst sympathisch. Er hatte eine freundliche Stimme, hatte in langen Champagnergesprächen Höflichkeit, Anstand und gute Manieren er-

kennen lassen. Trotz ihres Berufes schien er Agathe zu achten und er war auch nicht hierhergekommen, weil Agathe einmal Nonne gewesen war. Sofern er dies gewußt haben sollte, vermied er dies im Gespräch auf dezente Art und Weise. Wenn dieser Mann nicht die Rauschgiftbeutel angeboten hätte, sie würde ihn sofort gebeten haben, ihr von hier wegzuhelfen. Warum eigentlich sollte sie ihn nicht dennoch fragen?
Eines Tages gab sie sich einen Ruck und fragte ihn: „Ich möchte raus aus diesem Milieu, mein Herr. Ich halte es hier nicht mehr länger aus. Können Sie mir nicht in dieser Beziehung helfen? Können Sie mir vielleicht einen Weg aufzeigen, auf dem ich nach Deutschland zurückkehren könnte? Ich bin nicht freiwillig hier. Man hat mich mit Gewalt hierhin nach Frankreich und in dieses Bordell verschleppt."
„Es ist ein Luxusbordell. Viele Mädchen in Frankreich würden sich die Finger lecken, hier arbeiten zu können", antwortete der Mann.
„Nicht ich! Hören Sie! Ich bin keine Hure! Ich will hier heraus. Haben Sie eine Möglichkeit, mir zu helfen? Sie waren mir von Anfang an sympathisch. Können Sie? Bitte sagen Sie es mir! Ich habe eine Menge Geld verdient. Das würde ich Ihnen geben."
„Ich brauche kein Geld von Ihnen. Ich habe genug davon."
„Dann frage ich Sie, ob sie mir gratis helfen können. Ich muß hier weg. Hören Sie! Wenn Sie mir nicht helfen, weiß ich tatsächlich nicht, was mit mir geschehen soll. Wie ist es? Können Sie mir helfen?"
„Vielleicht", sagte der Mann und wiegte seinen Kopf hin und her.
„Vielleicht ist schon halb gewonnen. Machen Sie das Ganze voll und sagen Sie Ja!"
„Nun ja, ich will es versuchen. Können Sie morgen abend zum Vieux Port kommen? Ohne Schwierigkeiten?"
„Ja! Das könnte gehen. Doch müßte es früher sein. Sagen wir vierzehn Uhr? Es ist jedoch nur mit einem schwarzen Leibwächter möglich."
„Das würde mir keine Schwierigkeiten bereiten. Wann? Morgen?"
„Ja!"
„Wohin soll ich kommen?"
„Wissen Sie, wo am Vieux Port die Fische verkauft werden?"
„Der Fischmarkt ist nur am Vormittag geöffnet."
„Das spielt keine Rolle. Ich möchte Ihnen nur die Örtlichkeit erklären. Dort fährt um fünfzehn Uhr das Motorboot zum Fort d'If. Sie kennen

diese kleine Insel mit der unbesiegbaren Festung darauf aus der Geschichte des Grafen von Monte Christo. Sie werden mit dem fahrplanmäßigen Boot auf die Insel fahren."
„Zusammen mit dem Leibwächter?"
„Ja! Den werden wir schon loswerden. Ich weiß auch schon, wie."
„Wie denn?"
„Ich werde ihn überlisten."
„Und dann?"
Er berichtete, daß er sie am Ufer des Fort d'If erwarten würde. Sie könne ihn bereits sehen, wenn sie über den Steg die Insel betreten würde. Das Boot, mit dem sie gekommen sei, würde bald schon zum Vieux Port zurückfahren. Wenig später würde ein anderes, schwarzes Boot, eine elegante Motoryacht von über zwanzig Metern Länge, hier anlegen, auf die sie nun steigen solle. Auf ihre Frage, was dann wohl mit dem schwarzen Leibwächter geschähe, erhielt sie die Antwort, daß dieses Problem ruhig ihm überlassen werden könne. Mit einem einfachen Trick würde dieser in das kleine Ruderboot am Heck der Yacht gelockt. Dann würden die Leinen gekappt, und schon würde er auf dem Meer treiben, während sie selbst mit höchstmöglicher Geschwindigkeit in Richtung Korsika abdampfen würden.
Auf die Frage Agathes, was dann mit ihm geschähe, antwortete der Mann, daß der Leibwächter rudern und nachher mit der Barkasse zum Vieux Port zurückkehren könne. Damit gab sich Agathe zufrieden.
Am nächsten Mittag erhielt sie die Erlaubnis, in die Stadt zu gehen. Mit einem Gorilla, versteht sich. Als sie dann gegen dreizehn Uhr nicht weit vom Schloß entfernt in den Bus municipal einstiegen, fühlte Agathe sich eigentlich ganz wohl. Sie schien sogar ein wenig übermütig zu sein und klopfte ihrem schwarzen Begleiter ungeniert auf die Oberschenkel. Als dieser sie daraufhin überrascht anblickte, sagte Agathe: „Ich freue mich. Wir werden eine kleine Boostfahrt hinaus zum Fort d'If machen."
„Hat Chef erlaubt?" sagte der Leibwächter,
„Er hat es nicht verboten", antwortete Agathe und fuhr fort:
„Was nicht ausdrücklich verboten ist, ist erlaubt. Ist dies klar, mein Freund?"
„Gut, gut!" sagte der und grinste breit über das ganze fettgepolsterte Gesicht.

Agathe wußte, daß dieser Halbneger vom südlichen Rand Algeriens, dort, wo die Karawanen ihren Weg durch die Sahara beginnen, wo es mehr Schlangen als Mäuse geben soll, ihr mehr gewogen war, als ihm erlaubt war. Er wagte jetzt sogar, ihr eine Gauloise anzubieten. Um diese lockere Stimmung aufrecht zu erhalten, nahm sie die Zigarette an und rauchte sie, zwar mehrmals hustend, bis zur Kippe auf.

Der Leibwächter – er hieß Ahmed – erklärte ihr manches aus dieser reizvollen Stadt. Ein großer, offenbar römischer Brunnen, zog sie besonders an.

„Sieh da, die Canebière, Ahmed! Dort ist das Restaurant ‚Le petit Louvre', in dem ich schon einmal Bouillabaisse gegessen habe."

Dann waren sie aber schon am Vieux Port. Der Fischmarkt war bereits zu Ende. Die Fischverkäufer hatten ihre Kisten schon eingepackt. Über die Kaimauer sahen sie jetzt schon das kleine Motorboot, das sie zum Fort d'If hinüberbringen würde. Sie zahlte für beide das Fahrgeld und nach wenigen Minuten saßen sie nebeneinander im hinteren Teil des Bootes. Agathe liebte sehr die Ausfahrt eines Schiffes aus dem Hafen.

„Habe Insel Monte Christe niemals gesehen. Freue mich sehr darauf!"

Danach blickte er sie voll an und sagte schließlich: „Warum Hure du?"

Agathe schüttelte den Kopf und antwortete: „Ich weiß nicht, Ahmed."

Dieser hob die Schultern hoch und sagte: „Siehst besser aus, zu schade für Hure, nicht wahr?"

Sie hatte in diesem Augenblick den Eindruck, als könne sie ein wenig Zuneigung aus diesem dunklen Gesicht herauslesen. Dieser Mann, der sie bisher nur bewacht und beaufsichtigt hatte, schien tatsächlich etwas für die Hure übrig zu haben. Das war schon sonderbar.

Sie beobachteten, wie der Hafen von Marseille kleiner wurde und verschwand, während sie über die Bugwelle hinweg sahen, wie das Fort d'If immer größer wurde. Agathe wußte, daß früher die verbotenen Protestanten hier gefangen gehalten wurden. Sie hatten in den dunklen, unterirdischen Gefängniskammern mit den Fingern Inschriften in die Wände geritzt, die von ihrem hoffnungslosen Schicksal erzählten.

Als Agathe den Landesteg betrat, sah sie bereits den wartenden Mann am Ufer. Sie begrüßten sich herzlich.

„Können wir die Festung besuchen?" fragte Agathe ihn.

„Nein!" antwortete er mit ungewöhnlich barscher Stimme, die sie bisher nicht von ihm gewöhnt war.

„Was tun wir also?"
„Wir werden, sobald das Fährschiff wieder abgefahren ist, die Yacht besteigen. Es ist etwas geschehen, das Eile gebietet."
„Und Ahmed?"
„Überlaß das mir! Los jetzt!"
Kaum war das Fährboot in Richtung Marseille wieder abgefahren, als sie bereits die große, schwarze Motoryacht sahen, von der am Heck ein winziges Ruderboot herabgelassen und mit einem dünnen Tau an der Yacht festgemacht worden war. Sie betraten das Schiff, Agathe nicht ohne ein wenig Erregung.
„Was sollen wir hier auf auf diesem Schiff?" fragte Ahmed.
„Wir wollen die Yacht ein wenig weiter nach draußen verlegen, dort ankern wir und kommen mit dem kleinen Kahn zurück. In ihn mag Ahmed jetzt schon einsteigen."
„Warum soll Ahmed jetzt schon in den Kahn?"
„Er soll mit dem Ruder verhindern, daß der Kahn Dellen in unsere Schiffshaut schlägt, wenn wir den Motor anlassen."
So geschah es auch. Vorn am Steuer stand der Mann, nach seinen eigenen Aussagen der Besitzer der Yacht, neben ihm Agathe und im angeleinten Kahn saß Ahmed, das Ruder in der Hand, angestrengt nach dem Steuerhaus ausschauend und von hier aus Befehle erwartend.
Jetzt sah Agathe, daß sich noch mehr Leute auf dem Schiff befanden. Sie erkannte zwei junge Männer, die man mit ein wenig Phantasie als Matrosen ausmachen konnte und eine Frau in den mittleren Jahren, die ihrer Kleidung nach Dienstmädchen oder Köchin sein konnte.
Einer der Matrosen ließ den Motor an und lenkte aufs offene Meer hinaus.
„Wie weit werden wir fahren?" fragte Agathe.
„Du wirst es sehen!" Die Stimme des Mannes war anders geworden, streng und befehlend, auch war aus seinem Gesicht jede Spur von Freundlichkeit gewichen.
Sie waren etwa fünfhundert Meter vom Fort d'If entfernt, als der Motor angehalten wurde. Agathe erschrak. Der bisher ihr als freundlich bekannte Mann war aus dem Steuerhaus getreten und hielt einen Revolver in der Hand.
„Mein Gott! Was wollen Sie mit dem Schießeisen?" fragte sie aufgeregt.

„Du weißt genau, daß wir diesen Mulatten loswerden müssen. Ich werde ihn einfach ein wenig erschießen und das Boot losmachen. Schon sind wir ihn los und können unbehindert abfahren. Das wollen wir doch, nicht wahr?"

„Auf keinen Fall", rief Agathe laut. Sie wiederholte diesen erschreckten Ausruf noch mehrmals: „Auf keinen Fall! Hören Sie?"

„Dann schieße ich ihn in den Arm, damit er nicht so schnell rudern kann."

„Davon war niemals die Rede! Wenn Sie schießen, springe ich ins Wasser. Machen Sie die Leine los und fahren Sie ab! Was befürchten Sie von diesem einsamen Mann im Boot? Wieso kann er uns schaden? Wir werden weit weg sein, bis er zur Insel zurückgerudert sein wird."

Er überlegte eine Weile, dann sagte er: „Wir bleiben in den Gewässern, im Hoheitsgebiet Frankreichs und Korsika ist auch Frankreich."

„Warum haben Sie Angst vor Frankreich? Wir haben doch nichts getan, was polizeiwidrig ist – oder doch?"

„Dann müssen wir eben weiter hinausfahren."

In diesem Augenblick begann Ahmed im Boot zu schreien: „Wohin? Wohin wollt ihr mich bringen? Ich verlange, zurück ans Land gebracht zu werden."

Der Mann verließ jetzt das Steuerhaus vollends, band die Leine los, die die Yacht bis jetzt mit dem Ruderboot verbunden hatte, ging zum Steuerrad zurück und erhöhte die Geschwindigkeit. Schnell entfernte sich die Yacht von dem Kahn, in dem Ahmed stand und ungläubig hinterherblickte.

„Er wird vor Einbruch der Dunkelheit auf der Insel sein. Morgen kann er mit dem ersten Boot zum Vieux Port zurückfahren. Er wird dann im Laufe des Vormittags deinem ehemaligen Chef Grüße von uns ausrichten können."

Mit der größtmöglichen Geschwindigkeit fuhren sie ins Mittelmeer hinaus. Lange stand Agathe schweigend neben dem Mann am Steuerrad.

Dann erst faßte sie sich ein Herz und fragte ihn: „Es wäre an der Zeit, daß Sie sich mir einmal richtig vorstellen würden. Für mich heißen Sie bis jetzt nur ‚Sie'."

„So soll es auch bleiben. Wenn es dir so nicht gefallen sollte, kannst du, wie alle anderen auch, Chef zu mir sagen."

„Sie sind nicht mein Chef. Merken Sie sich das!"
„Du kannst jetzt nicht mehr verhindern, daß ich es bald wirklich sein werde."
Es war Agathe bereits seit einer Weile aufgefallen, daß ihr Begleiter immer unfreundlicher und überheblicher geworden war.
Nach einer Weile ernsten Nachdenkens sagte Agathe: „Ich habe mich Ihnen anvertraut, weil Sie mir versprachen, mich aus dem Schloß in Marseille zu befreien, weil ich keine Dirne mehr sein wollte, die ich in Wirklichkeit nie gewesen bin. Sie haben mir weiter versprochen, mir zu helfen, nach Hause, nach Deutschland zurückkehren zu können."
„Habe ich dich nicht aus dem Schloß, das in Wirklichkeit ein Bordell war, herausgeholt und mit meinem Schiff aus Marseille herausgeschmuggelt? Mehr habe ich dir wirklich nicht versprochen."
Agathe erwiderte ihm, daß sie sich unsicher fühle, was ihre Zukunft betreffe. Sie wisse in der Tat nicht, was ihr bevorstehe. Auch sei er für sie nach wie vor ein namenloses Phänomen, das sie nicht einzuschätzen wisse. Darum bat sie ihn noch einmal inständigst, ihr jetzt endlich seinen Namen und seinen Stand preiszugeben und ihr zu sagen, was er mit ihr vorhabe.
Schlagartig wurde er daraufhin böse. Seine Halsschlagader schwoll, und auch auf Stirn und Schläfen wurden die Adern dicker und dunkler, als er ihr überlaut ins Gesicht schrie: „Verdammt noch einmal! Habe ich nicht alles gehalten, was ich dir versprochen habe? Habe ich dich nicht aus dem Hurenschloß herausgeholt und dich auf diese Yacht gebracht, die sich nun auf dem Weg nach Korsika befindet? Wenn du willst, spring ins Wasser. Ich werde dich nicht mehr herausholen."
Sprachs, ging ins Steuerhaus hinein, knallte die Tür zu und nahm voller Zorn das Steuerrad noch fester in die Hand.
Noch einmal öffnete sich die Tür, und er schrie durch den offenen Spalt: „Wer bist du eigentlich, daß du es wagst, mir solch freche Reden an den Kopf zu werfen? Du bist nichts anderes als eine armselige, deutsche Hure, die man je nach Gefallen umlegen kann, die man je nach Leistung bezahlt und in den Arsch tritt, wenn man sie nicht mehr benötigt. Mehr bist du nicht. Eine Hure ohne Anspruch auf Dankbarkeit. So, jetzt weißt du es! Laß mich endlich in Ruhe! In Ajaccio, in der Nähe der Iles sanguinaires, werde ich erst wieder mit dir reden. Vielleicht!"

Jetzt war doch manches für sie Wichtige gesagt. Auch hatte er jetzt endlich sein wahres Gesicht gezeigt. Sie bekam furchtbare Angst. Was hatte er gesagt? Iles sanguinaires? Das hieß Blutinseln. Hatte dieser ungewöhnliche Name irgendeine Bedeutung?
Sie ging in die Schlafkabine, die ihr zugewiesen worden war und legte sich auf das Sofa. Hier stand auch etwas zu essen, das die Frau, die wie eine Köchin oder ein Dienstmädchen gekleidet war, ihr hingestellt hatte: Brot, Butter, Schafskäse und eine Cervelatwurst aus Eselsfleisch, das hier in den Klippen aufgehängt und luftgetrocknet worden war. Die Frau, die das Essen gebracht hatte, räumte danach auch wieder das Geschirr und die Bestecke weg. Agathe fiel auf, daß die Besteckgriffe aus Kork bestanden. Später sollte sie auf der Insel Korsika noch mehr Gebrauchsgegenstände kennenlernen, die aus Kork bestanden. Danach versuchte sie zu schlafen.
Doch daran war vorerst nicht zu denken, zu sehr wühlte es in ihrem Innern. Schließlich siegte aber doch die Müdigkeit eines gedemütigten Leibes. Sie schlief traumlos fest und erwachte erst, als die Morgensonne durch die Fenster schien und die Anker klatschend und ratternd ins Wasser flogen.
Sie sah hinaus und gewahrte in einiger Entfernung Land. Einige Anhöhen schimmerten rötlich. War es die Sonne, die diese Kalkfelsen rötlich färbte und dadurch der kleinen Inselkette ihren Namen gegeben hatten? Blutinseln! Das hörte sich gräßlich an, so als ob Mörder ihre Hände im Spiele hätten.
An Hand ihrer Uhr stellte sie fest, daß sie ungefähr vierzehn Stunden von Marseille bis in den Golf von Ajaccio gebraucht hatten. Die Motoryacht lag jetzt, wie man an der in der Kabine aufgehängten Karte leicht erkennen konnte, im Golf von Ajaccio. Viele Passagierschiffe fuhren vorbei, die alle im Hafen von Ajaccio festmachen wollten.
Sie lagen, das war mit einiger Bestimmtheit auszumachen, nicht weit vom Hauptbadestrand Ajaccios, nahe der Ansiedlung Vignola. Der Badestrand befand sich längs des Boulevard Albert I. Nach Osten hin sah Agathe den Hafen, hinter dem, auf engem Raum nach oben strebend, zum Teil sehr modern anmutende Bauten sich erhoben. Von ihrem Liegeplatz aus erkannte sie den Place Geraud mit dem bekannten Napoleondenkmal, das den Empereur mit Hut und Mantel zeigt, und weiter westlich die Zitadelle. Ihr Schiff lag ziemlich genau in der Mitte

zwischen Vignola, dem geräumigen, aufsteigenden Friedhof mit den vielen Grabhäusern, in denen bei schlechter Witterung sogar Obdachlose Schutz suchen und der nordöstlichsten Spitze der Iles sanguinaires. Deutlich erkannte sie von ihrem Fenster aus im Westen beziehungsweise Südwesten den Point de la Parata, am letzten Ausläufer des Festlandes, sofern man bei einer Insel von Festland reden kann, einen Meeresarm, den Passe des Sanguinaires, die kleineren Inseln und als Abschluß zum Meer hin die Grande Sanguinaire mit dem mächtigen Turm auf der höchsten Erhebung.

Das hatte sie durch die Kabinenfenster, durch die geöffnete Tür und mit Hilfe einer Karte, die ebenfalls in der Kabine hing, schon bald herausgefunden. Wenig später brachte einer der Matrosen ihr das Frühstück mit dem strikten Verbot, weder die Kabine zu verlassen, noch die Kabinentür zu öffnen. Nach dem Mittagessen mußte sie in eine Kabine umziehen, die wesentlich prunkvoller eingerichtet war als ihre erste Unterkunft. Die neue war ein richtiges kleines Appartement, besaß ein elegantes, mit Marmor ausgekleidetes Bad, ein verschnörkeltes Bettgestell, ebenso verschnörkelte Stühle, einen Tisch und goldumrahmte Fenster, von denen aus der Blick weit über den Golf von Ajaccio aufs Meer reichte.

Von dieser neuen Kabine war sie restlos begeistert, obwohl der Ausblick nach der Landseite hin kurzweiliger war und ihr eigentlich noch besser gefallen hatte. Dennoch konnte sie von hier aus ebenfalls die Blutinseln deutlich erkennen und in der Ferne war sogar der schneebedeckte Monte Cinto klar auszumachen, der mit 2700 Metern der höchste Berg Korsikas ist.

Warum eigentlich durfte sie auch diese Kabine nicht verlassen? Sie war in der Tat eingesperrt. Warum nur? Diese Frage sollte schon am Nachmittag auf drastische Weise beantwortet werden.

Nach einem guten Mittagessen, das wieder einer der Matrosen ins Zimmer gebracht hatte, kam der namenlose Mann, offenbar der Besitzer dieser Luxusyacht, mit finsterem Gesicht in ihre Kabine und sagte laut und schnarrend zu ihr, daß nun die Zeit der Arbeit beginnen würde. Auf ihre Frage, um welche Arbeit es sich handele, antwortete er, aus welchem Grunde sie überhaupt frage. Für sie käme ohnehin nur eine einzige Arbeit in Betracht. Es sei die Tätigkeit, die sie gelernt habe und mit welcher sie allein Geld verdienen könne.

Mit süffisantem Lächeln fügte er hinzu: „Du wirst dasselbe tun, was du in dem Schloß in Marseille getan hast. Und weil diese Tätigkeit sich auf dieser Luxusyacht abspielt, deren Eigner zu sein ich das Vergnügen und die Ehre habe, wirst du auf dieser schönen Insel, der Ile de Beauté, künftig nur die ‚Wasserhure' genannt werden. Diese Bezeichnung ist keine Erfindung von mir, sie ist überhaupt keine Erfindung. Dieser schöne, unübertreffliche Name hat sich schon zu Zeiten deiner Vorgängerinnen so eingebürgert."
„Wieso? Mich kennt doch niemand hier!" warf Agathe erregt ein.
„Wieso! Ich kenne auch nicht den Bäckermeister, den Schuster und den Kneipenwirt aus der Rue Fesch, dennoch gehe ich gezielt dorthin und ich weiß, welche Dienste ich von ihnen erwarten kann."
„Bin ich etwa ganz allein hier?"
„Nein, du kennst die Köchin, die gleichzeitig auch femme de chambre ist, und die beiden Matrosen, die das Schiff bewachen und auch auf dich ein Auge werfen werden. Sie werden in meiner Abwesenheit deine Tätigkeiten einteilen und die Gebühren für die Liebesdienste eintreiben. Von Zeit zu Zeit komme ich hierhin, sehe nach dem Rechten und rechne ab."
„War hier auf dem Schiff immer nur eine ...?
„Du kannst ruhig ‚Dame' sagen, denn auf meinem Schiff geht es ruhig und gesittet zu. Es gibt sogar einen Kunden, der nach getaner Arbeit ein Dankgebet mit dir zusammen sprechen wird. Nun zu deiner Frage."
Er sagte, daß er schon zwei, drei und vier Huren auf diesem Schiff zu gleicher Zeit beschäftigt hatte. Doch mit jeder Hure, die neu hinzukomme, wachse Arbeit und Ärger. Es hätte Ärger und Probleme mit der Einteilung gegeben, wer wen bedienen sollte. Jeder hätte besondere Wünsche, die Kunden und genauso auch die Huren. Der eine Kunde stinke, hätte eine gesagt, ein anderer rieche nach Knoblauch, und so weiter und so fort. Er wolle es diesmal nur mit einer einzigen versuchen, die weder Freund noch Zuhälter habe und weil ihre Eigenschaft als frühere Nonne bei Bekanntwerden ein besonders gutes Geschäft verspreche. Seine Werbung sei allein die Mund-zu-Mund-Werbung und diese klappe, sagte er zum Schluß seine Rede noch, auf dieser Insel der Schönheit vorzüglich.
„Das mache ich aber nicht mit", schrie Agathe dazwischen und ballte ihre Finger zu Fäusten.

„Was willst du denn anstellen, um das zu verhindern?"
„Ich werde lieber ins Wasser springen. Bis zum Ufer der Insel werde ich schon schwimmen können."
„Versuch's mal, mein Täubchen. Keiner von uns wird dich daran zu hindern versuchen."
Dann erzählte er ihr eine schreckliche Geschichte. Diese Inseln, sagte er, hießen nicht, wie es in manchen Reiseführern stünde, Blutinseln, weil die Sonne die Bergspitzen rot färbe. Diese fadenscheinige Begründung werde immer verwendet, um dem Tourismus keinen Schaden zuzufügen. In Wirklichkeit wimmelten die Wasserwege zwischen den einzelnen Inseln und dem korsischen Festland von Haifischen, die hinter den Schwärmen wohlschmeckender Thunfische im Mai hierherkämen und hier ausgezeichnete Jagdgründe vorfänden. Diese Ansammlungen von Haien seien auch das ganze Jahr über zu beobachten, weil es in diesen Meerengen immer etwas zu jagen und zu fressen gäbe und weil immer wieder – dabei grinste er genüßlich – junge Mädchen von den Schiffen springen würden, zur Freude der freßwütigen Haie. Vor allem in der Thunfischzeit im Mai, wenn ganze Rudel von Haien über die nahezu hilflosen Thunfische herfielen, färbe sich das Wasser rings um die Inseln blutrot. Das sei der wirkliche Ursprung des Namens. Im übrigen sei es eine der beliebtesten Mutproben auf dieser Insel, die kleinen Meeresengen zu durchschwimmen, jedoch keiner wage dies, ohne ein Boot im Rücken oder neben sich zu haben.
„Das ist doch wohl nicht Ihr Ernst?" sagte Agathe erregt.
„Dann spring hinein und du wirst mit deinen eigenen Augen sehen, was dann geschieht. Wenn du mit allen deinen Extremitäten drüben an Land kommen solltest, kriegst du von mir, was du haben willst. Also aus diesen und anderen Gründen mußt du schon mitmachen, ob es dir gefällt oder nicht. Doch ich weiß genau, daß es dir gefallen wird. Geld heilt die Wunden der Seele und man gewöhnt sich schließlich daran."

10.
DIE WASSERHURE

Am späten Nachmittag kam der Chef wieder in ihre Kabine und sagte mit einem aufgesetzten, gewollt fröhlichen Lächeln, das Agathe jedoch mehr als ein infames Grinsen empfand, daß heute am frühen Abend der erste Kunde käme. Er sei äußerst prominent, fügte er mit deutlicher Betonung hinzu, deshalb werde er abgeholt in einem kleinen Wirtshaus nahe dem Point de la Parata. Der Besitzer dieses Wirtshauses habe mit seiner finanziellen Hilfe einen Bootssteg aufs Wasser hinaus bauen lassen. Dieser Steg lohne sich sehr, weil viele Motor- und Segelboote in allen Größen ihn gegen eine Gebühr benutzten. Die Tatsache, daß an dem Steg immer Boote lägen, sei für ihn günstig, da auf diese Weise die Leute, die zu ihm hinauskämen, nicht so leicht erkannt würden und die Tätigkeiten, denen diese Leute auf der Yacht nachgingen, müßten leider immer noch mit dem Mantel des Schweigens bedeckt werden.
Natürlich besäßen die meisten Kunden, die sie hier draußen auf See aufsuchten, eigene Boote. Für diese sei eine Vorrichtung an der Yacht angebracht, die es ihnen erlaube, bequem von ihren eigenen Booten umzusteigen, um sich hier draußen ohne Gewissensbisse den mannigfachen Freuden der Liebe hingeben zu können. Dieser Anonymität diene auch die Tatsache, daß die Boote der Kunden an der Seite zum Meer hin festgemacht würden.
Schon wenig später kam er ziemlich erregt in Agathes Zimmer und sagte: „Er ist am Steg angekommen. Ich habe ihn mit dem Fernrohr beobachtet. Während wir ihn abholen, werde ich dir einiges über Herrn Flaubert, so heißt dieser Monsieur, erzählen."
Er berichtete ihr, daß dieser Herr Flaubert sehr leicht beleidigt sei. Er spreche über nichts lieber als über den Kaiser Napoleon. Zu diesem gebe es auch einige Verbindungen, in die seine Familie eingebunden sei. Er verwalte nämlich in der Stadt Ajaccio ein kleines Museum, das nur Exponate, die Familie Bonaparte betreffend, ausgestellt habe. Monsieur Flaubert führe seine Abstammung auf eine Familie zurück, von der ein bedeutendes Mitglied ein Onkel Napoleons und zugleich einer der berühmtesten Geistlichen, die je auf dieser Insel residiert hätten, gewesen sei. In Ajaccio gebe es heute noch vieles, was an diesen berühmten Geistlichen, den Kardinal Fesch, den Bruder von Napoleons Mutter, erinnere: eine Rue Fesch, eine Place Fesch, ein Hotel Fesch und ganz besonders das einzigartige Fesch-Museum und vieles andere mehr. Es sei ratsam, bei der Ankunft dieses berühmten Gastes eine

Schallplatte mit korsischer Musik aufzulegen, da diese ein wenig traurigen Weisen die Psyche dieses Gastes in außerordentlichem Maße beflügele. Die Platte mit besonders schöner, korsischer Musik befinde sich in dem Gestell hinter dem Musikturm.

„Wenn er mit dir und deinen Leistungen zufrieden sein sollte, was ich voraussetze", sagte der Chef noch, „wird Monsieur Flaubert eine echtkorsische Bouillabaisse bestellen, die du mit ihm gemeinsam zu verzehren hast. Sie wird von Madame Agnès in der Küche zubereitet. Du kannst sie mit dem Haustelefon abrufen. Noch eines: Monsieur Flaubert ist eine sehr wichtige Persönlichkeit und zudem noch ein bedeutender Multiplikator, vielleicht der bedeutendste in Ajaccio, zum mindesten der wichtigste für uns. Hast du das verstanden?"

„Nein! Ich weiß nicht, was ein Multiplikator ist."

„Höre! Schnell! Meine Zeit wird knapp! Ein Multiplikator ist in diesem Fall eine Person, die Mundwerbung für eine bestimmte Sache macht, die Einzelheiten, gute und schlechte, bei seinen vielen Bekannten verbreitet. Und wisse: Eine einzige seiner Mundwerbungen ist oft mehr wert, als eine halbe Seite Reklame im ‚Paris soir'."

Die Yacht war bald am Ufer nahe dem Bootssteg angekommen. Agathe zitterte am ganzen Körper. Ängstlich blickte sie durch den Fensterschlitz, den die Spitzengardine ihr ließ, auf das Ufer hinaus. Sie sah das Wirtshaus, einige Personen davor und ein paar Autos. Doch damit war nicht viel anzufangen. Niemals war ihr bisher so sehr bewußt geworden, in welcher Lage sie sich befand und was aus ihr geworden war. Sie war, auch wenn Luxus sie umgab, eine billige Hure geworden, die mit dem Behütetsten, was eine junge Frau besaß, Geld machte.

Rasch knüpfte sie ihr Kleid auf und löste von einem Kettchen, das sie stets am Hals hängen hatte, ein kleines goldnes Kreuz ab, das noch aus dem Kloster stammte.

Diese kleine, von ihr stets behütete Erinnerung an ganz andere Zeiten, stellte sie auf den unteren Rand des Fensters und sagte laut: „Herr, vergib mir! Herr hilf mir! Wenn du das Leben, das ich im Augenblick führe, mir als eine schwere Sünde anrechnen solltest, so verzeihe mir und laß die Strafe milde ausfallen. Wie aber hätte ich dieses Leben abwenden sollen? Konnte ich aus dem Auto springen, das mich nach Marseille in das Schloß über der Stadt brachte? Hätte ich die Möglichkeit gehabt, mich zu weigern, einzusteigen? Hätte ich ein wenig mehr

Lebenserfahrung gehabt, hätte ich es vielleicht ahnen können. Aus dem Schloß hätte ich ohne Hilfe auch nicht fliehen können. Sie hätten mich, heute weiß ich das, geprügelt, sogar gefoltert. Sie hätten mich rauschgiftabhängig gemacht, vielleicht dem Alkohol ausgeliefert. Dann wäre ich jetzt ein Wrack ohne Willen, das ohne Prügel und Tritte wahrscheinlich nicht mehr funktioniert hätte, dann wäre ich ein Körper, dem die Seele gestorben ist. Bin ich nicht zweimal schon wie ein Sack Mehl verschoben worden? Vom Rhein nach Marseille auf dieses zwar elegante, doch hundsgemeine Hurenschloß und von dort auf dieses Schiff, dessen Luxus ich nun alleine zu verdienen habe. Konnte ich von hier fliehen? Wohl kaum! Im Wasser erwarten mich Haifische mit furchtbaren, zähnefletschenden Mäulern. Werde ich überhaupt einmal in Napoleons Geburtsstadt Ajaccio, die unmittelbar vor mir liegt, hineinkommen? Sicher nicht ohne wachsame Begleitung."
Sie merkte, wie die Yacht anlegte, sie sah, wie der Chef ausstieg und einen nobel gekleideten Herrn begrüßte und sich mit diesem eilig auf die Yacht begab.
Schnell sprach sie noch ein Gebet, das einem Hilferuf an Gott gleichkam: „Herr, hilf mir! Wenn du mir das, was gleich hier geschehen wird, als Sünde anrechnen wirst, verstehe ich die Welt nicht mehr. Auf jeden Fall wird es eine Sünde sein, für die ich nicht das Geringste kann. Wehre ich mich, werden sie mich prügeln, verschließe ich mich, wird mir vielleicht noch schlimmeres geschehen. Bis jetzt gehöre ich noch zu den Huren, die zur ersten Garnitur zählen und entsprechend behandelt werden. Ich habe den Vorteil, ich muß es sagen, Herr, daß ich einmal Nonne war und dadurch die Neugier der Kunden errege. Die Arbeit geht noch ohne blaue Flecken vonstatten, obwohl auch hier von mir Dinge verlangt werden, die mich anekeln, nicht nur im Religiösen, sondern auch in rein körperlicher Bedeutung. Da kommen sie, Herr, an meinem Fenster vorbei. Er sieht gut aus, dieser Monsieur aus dem Hause Fesch. Wenn ich mich ihm gleich hingeben muß, kann es sein, daß er über mich herfallen wird wie ein geiler Stier. Ich höre bereits die Schritte auf dem Deck, Herr, gleich wird er in meiner Kabine sein. Hilf mir jetzt, Herr! Ohne dich bin ich verloren."
Es kam ihr vor, als hörte sie eine Flüsterstimme: „Es gibt in der Tat schlimmere Freier als den, der jetzt zu dir kommt."

Sie hörte diese Stimme noch zweimal. Was war das für eine Stimme? War es die Stimme Gottes als Antwort auf ihre verzweifelten Fragen? Oder war es reine Einbildung, eine Ausgeburt ihrer angespannten Nerven?
Sie konnte gerade noch das Kreuz verstecken, da öffnete sich bereits die Tür und im Zimmer stand mit lächelndem, fast siegessicherem Gesicht der Chef, hinter ihm, jedoch ganz sichtbar, der Gast, offenbar Monsieur Flaubert, ein wenig schräg grinsend, voll staunender Vorfreude. Er war ein dunkler Typ, im Haar einige silberne Fäden, groß und breitschultrig, elegant gekleidet. Er schien ein wenig nervös zu sein, denn er trat die ganze Zeit über von einem Fuß auf den anderen. Das war unbegreiflich, denn dieser den Seitensprung liebende Herr hatte doch sehr oft schon die Liebesdienste ihrer Vorgängerinnen in Anspruch genommen. Oder war es die Tatsache, daß es sich diesmal um eine ehemalige Nonne handelte, mit der er bereits in wenigen Minuten nackt liebkosend im Bett liegen würde, die ihn so unsicher machte?
„Dieses ist Monsieur Flaubert, Agathe, den ich dir hiermit zur liebevollen Behandlung übergebe. Sei nett zu ihm, denn er ist einer unserer besten und liebenswertesten Kunden. Von dem Eindruck, den er von dir gewinnt, wird unsere weitere Tätigkeit an diesem Platz hier abhängen."
Nach diesen Worten ging er hinaus, schloß die Tür von außen und ließ die beiden allein.
Flaubert stand ziemlich linkisch da. Agathe trat auf ihn zu, streckte ihm die Hand hin, die er nicht ohne Routine zum Kusse anhob.
„Ich heiße Agathe", sagte sie. „Bitte entkleiden Sie sich nun hinter diesem Paravant dort. Wenn Sie wieder hervorkommen, werde ich bereit sein."
Er verschwand hinter der rotgrünen Trennwand. Sie brauchte keine Minute, um sich zu entkleiden, entnahm der Kabinenbar eine Flasche französischen Champagners, goß zwei Gläser voll und setzte sich wartend auf eines der beiden Polstersesselchen.
Es dauerte eine Weile, bis er hervorkam, zuerst tastend und von Komplexen behaftet scheinend, jedoch schnell freier werdend, als er seine Liebesgespielin bereits nackt vor sich sitzen sah.
„Wollen Sie sich nicht der Unterhose entledigen, Monsieur Flaubert? Kommen Sie, hier ist Ihr Glas. Wieviel Zeit haben Sie?"
„Ich bin kein Kater, Mademoiselle ..." Nach einer Weile fuhr er fort:

„Sie sind eine Deutsche, Mademoiselle, sie sprechen jedoch außerordentlich gut französisch."
„Ich bin nicht erst seit gestern in Ihrem Land, Monsieur."
„Man hat mir gesagt, Sie seien eine ehemalige Nonne. Stimmt das?"
„Das ist Ihnen also schon bekannt! Ich wußte, daß es so kommen mußte!"
„Wieso ‚kommen mußte'?"
„Es ist mir peinlich. Was hat das mit meiner jetzigen Tätigkeit zu tun?"
„Alles, was selten ist, ist wertvoll. Vielleicht auch begehrenswerter, weil es anders ist!"
„Was ist anders? Bin ich etwa eine andere Frau? Was ist bei mir denn anders?"
„Sie sind eine sehr schöne, eine begehrenswerte Frau. Vergessen wir also, daß Sie einmal eine Nonne waren. Es tut ja auch wirklich nichts zur Sache. Dennoch glaube ich, daß Sie überlaufen werden, wenn es sich herumspricht, daß eine Nonne auf einem Schiff ..."
„... ihr Unwesen treibt. Als Wasserhure, nicht wahr?"
„Ja! Diese Bezeichnung wird sicherlich weithin bekannt werden. Ich werde mir gleich bei Madame Agnès mehrere Termine vormerken lassen, aus Angst, keinen zu erhalten, wenn es über mich kommt."
„Wenn was ‚über Sie kommt'?"
„Ich weiß nicht, ob Sie das verstehen. Es sind Anwandlungen, die aus mir einen anderen Menschen machen. Es ist ein Ziehen im Kopf, im Gehirn. Ich kann dann nicht mehr richtig denken. Es scheint, als seien die meisten der zahllosen Gehirnwindungen in Watte eingepackt. Ich denke, ich rede, ich bewege mich verlangsamt, kalter Schweiß bricht bei mir aus, und alles an mir ist voller Nervosität."
„Und diese schlimmen Anwandlungen verschwinden, wenn Sie bei einer Frau sind?"
„Ja!"
„Sind Sie verheiratet?"
„Ja!"
„Dann haben Sie ja eine Frau."
„Bei meiner eigenen Frau gehen diese Anwandlungen nicht vorbei."
„Aber, aber!"
„Es muß schon etwas Besonderes sein, ich meine, etwas Erregenderes."

„Und Sie glauben, daß ich etwas ‚Erregenderes' bin? Wir hatten ja bisher noch nicht das Vergnügen."
„Was ich gesehen habe, reicht."
„Wollen wir trinken?"
Sie ließen die Gläser klingen, Agathe nippte nur an ihrem Glas, während er seines mit einem Zug leerte.
Agathe war sich bewußt, daß dieses hier auf dem Schiff ein ganz anderes ‚Arbeiten' war, als auf dem Luxusschloß in Marseille. Es war ihr zugesagt worden, daß sie auf der Yacht höchstens einen Kunden täglich empfangen müsse.
Er goß sich ein zweites Glas voll, trank es wieder in einem Zug aus und sagte: „Der Chef hat Ihnen sicher schon gesagt, wer ich bin und was ich so treibe. Hat er das?"
„Ja! Er hat mir erzählt, daß Sie der berühmten Familie Fesch entstammen, ein Museum Napoleons leiten und der berühmteste Fachmann für napoleonische Dinge sind."
„Das haben Sie schön gesagt, mein liebes Kind." ‚Mein liebes Kind', so hatte sie schon lange keiner mehr angeredet. Sie begann, immer mehr Sympathie für diesen Mann zu entwickeln. Das war keiner der üblichen Freier. Sie hatte den Eindruck, daß dieser Napoleonfachmann mehr eine Sprechpartnerin denn eine Bettgespielin brauchte und suchte. Vielleicht war dieser erste Besucher bereits der Mann, der sie aus dem Hurenleben herausbringen konnte. Doch sie wollte noch ein wenig warten, ihn damit zu behelligen.
Nach einer Weile des Nachdenkens begann er langsam und leise zu sprechen: „Wenn Sie Lust hätten, liebes Kind, würde ich Ihnen meine Museen, meine geheimen Exponate, aber auch Devotionalien in großer Auswahl zeigen. Ich bin nicht nur der größte Kenner der Schätze dieser Insel, ich bin vielleicht auch der bedeutendste Sammler von Kunstschätzen aus der napoleonischen Zeit, nach dem französischen Staat natürlich. Zum Beispiel ist die Maison Bonaparte nicht mehr das sehr einfache korsische Haus, in dem der Empereur zur Welt kam und in dem er seine Kinderzeit verbracht hat. Es ist ein mit vielen Erinnerungsstücken vollgestopftes Museum, dessen Einzelheiten jedoch nicht immer authentisch sind. Zum Beispiel steht das echte Taufbecken in der Nähe, in der Madenuccia, der Kathedrale Notre-dame-de-la-misericorde aus dem sechzehnten Jahrhundert. Ich selbst wohne

und residiere neben der Chapelle Impériale von 1855. Diese Grabkapelle ist im Seitenflügel des Palais Fesch. Hier liegen auch die Eltern Napoleons und einige meiner Vorfahren der Fesch-Seite begraben. Hier wird auch mein Augapfel, die große Sammlung italienischer Meistergemälde gezeigt, die der Kardinal einst zusammengetragen hat, Gemälde von Bellini, Botticelli, Veronese, Tizian und Caneletto."
Er hatte sich richtig in Erregung geredet und hätte sicher so weitergemacht, wenn Agathe ihn nicht unterbrochen hätte.
„Halt, halt, Monsieur!" sagte sie und fuhr fort: „Ich bin sehr wißbegierig, doch möchte ich alles gern im Kopf behalten, was mir vordoziert wird. Jetzt bedarf ich dringend einer Pause."
Das sah der kunstsachverständige Monsieur ein. Er schwieg und sah Agathe fragend an.
„Natürlich interessiere ich mich sehr für die Bauwerke und Kunstschätze der Insel", sagte sie, „doch ich weiß nicht, wie ich es anstellen soll, meine Wißbegier zu befriedigen. In Marseille durfte ich keinen einzigen Schritt ohne Bewachung gehen. Hier, in Ajaccio, wird dies ähnlich sein. Soll ich ins Meer springen, das hier voller Haifische ist? Stellen Sie sich vor: Ich darf keinen Fuß auf die Insel setzen, ohne die Erlaubnis des Chefs eingeholt zu haben. Wahrscheinlich auch nicht ohne Begleitung. Die beiden Matrosen haben ja nichts anderes zu tun, als die Maschinen zu warten und mich zu überwachen. Ich bin hier der einzige Arbeitnehmer, der Geld einbringt."
„Vordem scheint dies anders gewesen zu sein. Ich habe schon vier Damen zu gleicher Zeit auf diesem Schiff gezählt. Doch dieses sei vorbei, hat mir der Chef gesagt. Er wolle die Arbeit verringern, jedoch verbessern."
„Dann bin ich wahrscheinlich die einzige Verbesserung?"
„Das werde ich mit voller Überzeugung bestätigen."
Es dauerte noch sehr lange, bis Monsieur Flaubert die Tätigkeit verlangte, für die er bereits bezahlt hatte. Doch dann hatte Agathe erhebliche Mühe, ihn der Freuden teilhaftig werden zu lassen, die er, das merkte sie jetzt, ersehnt und auf die er sich gefreut hatte.
Obwohl Agathe vor dem Besuch Monsieur Flauberts noch den Vater im Himmel um Beistand gebeten hatte, war sie vor allem bei den Bettszenen eine andere geworden. Während sie in Marseille noch jedesmal richtig gelitten hatte, wenn rauhe Finger sie betatschten, wenn ein Kun-

de beim Liebesspiel in sie eindrang oder wenn einer ihren Mund verlangte, hatte sie inzwischen, die Unsinnigkeit jeder Abwehr einsehend, schon eine ganze Menge Erfahrung gesammelt und die Hilfen, die dieser Beruf verlangte, in ihrem Schrank und in ihrem Repertoire.
Natürlich machte sie sich, wenn sie allein im Bett lag, Gedanken darüber, wie ihr Leben wohl zu Hause am Rhein verlaufen wäre, mit Rainer Stark vielleicht. Oder wie ihr Leben als Nonne im Kloster der Benediktinerinnen sich weiter gestaltet hätte. Sie dachte an das Leben der armen Mitschwester Maria Scholastika, das auch nicht das Nonplusultra der Lebenswünsche enthielt. Sie dachte an all die anderen Mitschwestern, die in der Tat ihr Leben für ein Dasein in Gottesnähe geopfert hatten. War ‚geopfert' eigentlich der richtige Ausdruck dafür, was sich im Klosterleben abspielte? War sie eigentlich ausschließlich aus Liebe zu Gott im Kloster gewesen? Sicherlich hatte auch der Tod des Verlobten und Liebhabers Rainer Stark seinen Teil dazu beigetragen. Viele der Mitschwestern waren aus enttäuschter und verschmähter Liebe in einen Orden eingetreten, hatten sich im Lauf der Jahre an dieses Leben gewöhnt, waren unfähig geworden für ein Leben außerhalb der Klostermauern. Immer mehr sah sie in diesen stillen Stunden ein, daß ihr ganzes Leben ein Balanceakt auf einem Seil gewesen war, das das Schicksal für sie gespannt hatte.
Jetzt hatte sie auch das Gefühl, daß der nackt neben ihr liegende Monsieur Flaubert sich verwandelt hatte. Man sah seinen entspannten Gesichtszügen an, daß er Freude erfahren hatte. Agathe wurde mehr und mehr bewußt, daß sie diesem älteren Mann etwas geschenkt hatte, was seine Frau ihm offenbar nicht hatte geben können.
Bald war er in ihren Armen eingeschlafen. Agathe löste sich sanft von ihm, zog den Nachtmantel über, nahm den Telefonhörer und bestellte bei Madame Agnès die gewünschte Bouillabaisse. Als diese hereingebracht wurde, weckte sie ihn und sie aßen, mit reichlich Champagner, dieses korsische Nationalgericht. Es dauerte nicht viel mehr als eine Stunde, bis beide ein wenig angetrunken waren.
Agathe schätzte die Anwesenheit dieses Mannes immer mehr. Elegant, geschliffen, fast liebevoll war seine Ausdrucksweise, sanft glitten seine Finger auch jetzt noch über ihren Arm. Sie hätte es sich vorstellen können, bei diesem Mann zu bleiben, wenn dieser nicht verheiratet gewesen wäre. Doch seine Ehefrau schien ein Schreckgespenst zu sein,

da sie auf einen solchen Mann nicht positiv reagierte. Längst in die Ausgelassenheit der Champagnerstimmung eingetreten, begann Flaubert von neuem mit seinem Lieblingsthema: „Wenn wir uns etwa hundert Meter von unserem augenblicklichen Liegeplatz entfernen würden, könntest du den Empereur sehen am Ende des Cours Grandval in typischer Pose hoch über dem Westteil der Stadt: ein pompöses Denkmal über der Grotte, in der Napoleon Bonaparte als Kind mit seinen Freunden gespielt haben soll. Zum Hafen hin liegt die Place De Gaulle, auch Place Diamant genannt. Hier befindet sich ein weiteres Denkmal: Der Kaiser hoch zu Roß, umgeben von seinen vier Brüdern. Ich könnte dich zum Beispiel ins Restaurant ‚Des Palmiers' einladen. Hier werden die Hummer und die Langusten für jederman sichtbar aus dem Meer geholt. Sagen Sie, Agathe, Sie kommen aus Deutschland. In welchem Teil Ihres schönen Landes lebt Ihre Familie?"
„Mein Elternhaus steht unmittelbar an den Ufern des Rheins."
„Kennen Sie auch das Städtchen Andernach, meine Liebe?"
„Das ist nicht weit von meinem Geburtsort entfernt. Ich bin sehr oft dort gewesen."
„Das ist gut. Die Wirtin des Restaurants ‚Des Palmiers' kommt aus dieser Stadt am Rhein, die sehr schön sein soll, wie sie mir gesagt hat. Interessant sind die miserablen Französisch-Kenntnisse dieser sonst liebenswerten Frau, die sich auch in einigen Jahren nicht gebessert haben. Dorthin werde ich Sie einladen, meine Liebe. Dort werden wir gut essen und Sie können die Anweisungen der Wirtin übersetzen, die die Kellner ohne einen Helfer mit Kenntnis in der deutschen Sprache nicht zu verstehen vermögen. Gott sei Dank befinden sich dort sehr oft deutsche Gäste, die ein wenig französisch verstehen oder Franzosen, denen das Deutsche nicht ganz unbekannt ist. Ich habe sie gelehrt, die Bouillabaisse so zuzubereiten, wie sie auch deutsche Gäste mögen: die Fische filiert, entgrätet und geschnitten. Früher hat man dort die Fische ganz in den Suppentopf geworfen, mit Gräten, Schwänzen, Flossen und den Köpfen mitsamt den Augen. Eine solche Zubereitung liebt kein Ausländer und von den Bouillabaisse essenden Korsen kann ein so spezialisiertes Restaurant nicht leben."
Als die Kajüte sich öffnete und der Chef hereinkam, machte Flaubert nicht den geringsten Versuch, sich von Agathe, die er gerade noch einmal umarmt hatte, zu lösen.

„Ich habe bei Ihnen eine Dirne gesucht", sagte er, „und eine liebe Freundin gefunden, die mir ein Stück Jugend zurückgegeben hat. Sie werden nichts dagegen haben, wenn ich Sie in den nächsten Tagen das eine oder andere Mal zur Besichtigung der Stadt einladen werde. Keiner hier wird besser in der Lage sein, die vielen Sehenswürdigkeiten und die ruhmreiche Vergangenheit der Stadt besser zu erklären. Na? Was halten Sie davon? Wie stehen Sie diesem Wunsch gegenüber?"
„Daraus wird nichts, mein Freund", antwortete der Chef mit harter, nicht gerade freundlicher Stimme.
„Und, warum nicht?"
„Das will ich Ihnen sagen! Ich habe diese Hure – denn eine solche ist sie und wird sie auch bleiben – unter Lebensgefahr aus dem Schloßbordell auf der Anhöhe über der Hafenstadt Marseille herausgeholt. Dort oben hätte sie keinen Versuch ausgelassen, zu fliehen. Der Schloßherr hat dem Lieferanten viel Geld dafür bezahlen müssen, weil es eine ehemalige deutsche Nonne ist. Er sagte mir einmal, daß er noch niemals eine so hohe Summe für ‚Frischfleisch', so drückte er sich in der Tat aus, habe bezahlen müssen."
„Sie aber haben nichts dafür bezahlt, nicht wahr?"
„Dafür habe ich mehrmals mein Leben wagen müssen. Ich weiß, daß dieser Schloßherr, der in Wirklichkeit nichts anderes als ein Zuhälter ist, uns wie eine Stecknadel im Heuhaufen sucht.
Er kann uns vielleicht finden, weil einer seiner Gorillas weiß, daß die Spur der Dirne zum Alten Hafen in Marseille führt und darüber hinaus zum Fort d'If. Wir haben das Seil durchschnitten, das seinen Kahn mit der Yacht verband und ihn so auf der kleinen Insel, auf der das Fort steht, zurückgelassen, während wir in Richtung Korsika davonfuhren. Er kennt also die Richtung, die wir auf See genommen haben. Außerdem weiß ich aus Erfahrung, daß solche Huren sofort abhauen, wenn man ihnen ein Loch offen läßt. Hier aber sind es die Haie, die eine Flucht ohne Boot unmöglich machen."
„Wenn aber der Schloßherr hierherkommen sollte, um seine lukrative Dirne zurückzuholen?"
„Davor brauche ich keine Angst zu haben. Ich stehe mich gut mit dem Maire von Ajaccio und die Polizeioberen sind mir auch gewogen." Dabei grinste er genüßlich. „Sie alle waren schon auf meiner Yacht und haben schöne Stunden erlebt, ohne einen Sou dafür bezahlen zu müs-

sen. Ein einziger Anruf genügt und der Schloßherr einschließlich seiner Kumpane werden verjagt oder vor Gericht gestellt – wegen Menschenraubes! Sie werden staunen! In diesem Fall wird sogar Agathe auf meiner Seite stehen. Ist es nicht so, mein Täubchen?"
Agathe sagte nichts, sie blickte an ihm vorbei. Doch beide merkten, daß sie auf keinen Fall freiwillig nach Marseille zurückgehen würde. Sie wußte, daß der Schloßherr auch vor Drogen, Alkohol und Schlägen nicht zurückschrecken würde. Der war eben im Gegensatz zu dem Besitzer der Yacht ein richtiger, ein Vollblutverbrecher. Immer mehr wurde Agathe bewußt, daß es in diesem Milieu mehr oder weniger schlechte Menschen gab, kriminelle Verbrecher und solche, die nur das schnelle Geld machen wollten. War letzteres der Fall und gab im Sinne dieses Berufes jeder sein Bestes, konnte man ganz gut zusammenleben. Eines war Agathe auch ohne die Ausführungen der beiden Männer klar: Die Gefahr, vom Schloßherrn gekidnapt zu werden, gab es nur an Land. Dieser Hurenschloßbesitzer würde sich in jedem Fall hüten, sich auf einen Kampf zu Wasser einzulassen. Die Yacht des Chefs war schließlich eines der leistungsstärksten Schiffe in diesen Gewässern und zu schnell war man bei einem solchen Scharmützel von Bord aus ins Wasser gestürzt und die Haifische hatte jeder bereits in diesem Teil des Golfes von Ajaccio gesehen.
So gerne Agathe das Angebot Flauberts angenommen hätte, sie mußte einsehen, daß der Chef dies nicht erlauben konnte. Eine intakte Dirne auf der Yacht war für ihn unverzichtbar. Sie spürte jedoch auch, daß Flaubert nicht nachlassen würde in dem Begehren, mehr von ihr haben zu wollen, als die wenigen Stunden auf dem Schiff. Sie brauchte nur in seine begehrlichen Augen zu blicken, um sich darüber klar zu werden, daß er eines Tages Besitzansprüche auf sie geltend machen würde. Als Grund würde sie sich sogar nicht scheuen, seine Begehrlichkeit als Liebe zu bezeichnen.
Flaubert verabschiedete sich. Zu Agathe gewendet fügte er dem förmlichen „Au revoir" ein noch eindrucksvolleres „Je reviendrai" hinzu, fast ein Befehl, zum mindesten die feste Zuversicht „Ich komme wieder!" Alle drei hörten diesen Satz und sahen dabei auch die Augen Flauberts, der noch hinzufügte: „Ich werde die Bouillabaise und den Champagner nicht bezahlen, heute nicht! Das mag meine Entschlossenheit zeigen, wiederzukommen."

Er drückte die Hand Agathes, hauchte ihr noch einen Kuß auf den Handrücken, näherte sein Gesicht dem ihren und flüsterte: „A bientot!" Dieser letzte Satz drückte noch einmal die feste Absicht aus: „Bis bald!" Danach drückte er Madame Agnès, die gerade hinzugekommen war, einen Hundert-Franc-Schein in die Hand und sagte: „Ich werde telefonieren, Madame. Behalten Sie mich in Erinnerung!"
„Natürlich, mein Herr, ich stehe Ihnen jederzeit zur Verfügung."
Mittlerweile war die Yacht, von einem Matrosen gesteuert, am Bootssteg angekommen. Flaubert verließ das Schiff, er schien es auf einmal sehr eilig zu haben. Gelenkig wie ein Jüngling sprang er über den Steg seinem Auto zu, winkte noch einmal zum Schiff hinüber, stieg in eine große, elegante Limousine und brauste in schnellem Tempo der Stadt Ajaccio zu. Auch die Yacht machte los und begab sich zu ihrem Liegeplatz im Golf von Ajaccio zurück.
Für den nächsten Abend war ein neuer Liebhaber für Agathe angemeldet.
„Es ist ein ebenso guter Kunde wie Monsieur Flaubert, er wird jedoch mit seinem eigenen kleinen Motorboot hier anlegen. Was du bei diesem Herrn zu beachten hast, werde ich dir mitteilen, kurz bevor er ankommt."
Agathe aß mit den beiden Matrosen zusammen. Madame Agnès war sicherlich eine vorzügliche Köchin. Der Chef war mit seinem kleinen Boot, das vom Heck herabgehievt werden mußte, in die Stadt gefahren. Er gab Agathe immer noch Rätsal auf. Wohnte er eigentlich in Ajaccio? War er verheiratet? Hatte er Familie?
Beim Essen versuchte Agathe mit Fangfragen die Matrosen auszuhorchen.
„Wohnt der Chef in Ajaccio?" fragte sie den einen.
„Wir wissen nichts, und wenn wir etwas wüßten, würden wir es dir nicht sagen."
„Wissen S i e es?" versuchte sie ihr Glück nun bei Madame Agnès.
„Ich kann dir auch nicht helfen. Du mußt wissen, daß der Chef in privaten Dingen sehr verschlossen ist. Warum eigentlich willst du wissen, wo der Chef wohnt? Tue deine Arbeit ordentlich und kümmere dich nicht um anderer Leute Hühner! Im übrigen könnte es nicht dein Schaden sein, wenn du uns auch einmal einen Gefallen tun würdest."
„Und – was soll das für ein Gefallen sein?"
„Du willst also?"

„Zuerst muß ich wissen, um was es sich handelt."
„Es handelt sich um etwas, was dich nichts angeht. Du sollst heute Nachmittag von vier bis sechs Uhr lediglich deine Augen und Ohren auf Null stellen."
„Wenn ich mich aber weigere, wenn ich es nicht tue?"
„In diesem Fall wirst du für die nächste Zeit erbitterte Gegner haben. Ich könnte den Ausdruck ‚Gegner' auch in ‚Feinde' umändern. Du brauchst in besagter Zeit nichts anderes zu tun, als dich ins Bett zu legen, den Kopfhörer aufzusetzen und Musik zu hören. Das ist alles!"
„Wenn dies für mich aber Folgen haben sollte?"
„Er wird keinerlei Folgen haben, wenn du tust, was wir von dir verlangen. Noch einmal: wirst du uns den Gefallen tun? Es wird, wie gesagt, nicht dein Schaden sein, du wirst sogar mit einem Geschenk rechnen können."
„Ich werde euch bei dem, was ihr vorhabt, nicht stören, jedoch ein Geschenk werde ich nicht annehmen."
Agathe begab sich in ihr Zimmer und tat, was ihr aufgetragen worden war. Natürlich war sie neugierig, zu erfahren, was offenbar Verbotenes heute Nachmittag auf diesem Schiff sich ereignen würde. Ihr war klar, daß sie sich diesem Vorhaben der Angestellten nicht widersetzen konnte. Dafür war der Chef zu oft abwesend und die Matrosen und Madame Agnès hatten in dieser Zeit das Kommando. Natürlich hatte sie heimliche Ängste, in etwas verwickelt zu werden, was ihr Schaden, zum mindesten aber Unannehmlichkeiten bereiten könnte.
Es dauerte gar nicht lange. Sie sah, daß es erst kurz nach drei Uhr an diesem Nachmittag war, als sie vor ihrem Fenster eine laute Stimme hörte. Sie wäre keine Frau gewesen, wenn sie die Musik nicht auf eine kleine Lautstärke gestellt und einen der Hörer ein wenig vom Ohr genommen hätte. Auf ihrer, dem Land abgewendeten Seite, war ein kleines Motorboot angefahren, wie es alle Langustenfischer täglich bei ihrer Arbeit benutzen.
Ein Mann stieg die wenigen Stufen der Leiter zum Deck hinauf und rief: „Ist denn keiner hier?"
Dann hörte sie auch schon die ein wenig rasselnde Stimme des einen Matrosen: „Was willst du? Hier bin ich! Hast du Geld bei dir?"
„Wo ist die Frau?"
„Die ist hier. Gib also den vereinbarten Betrag!"

„Ich habe nur hundertzwanzig Franc. Deshalb habe ich noch einen Korb voller Langusten mitgebracht, die ich erst heute gefangen habe."
„Wir haben ausreichend Langusten. Was aber sollen wir mit den deinen?"
„Wenn ihr sie nicht essen wollt, verkauft sie! Der Preis ist gut im Augenblick."
„Wenn der Preis so gut ist, warum verkaufst du sie nicht selber?"
„Ihr habt den Termin bestimmt, nicht ich. Wenn ich sie hätte verkaufen wollen, hätte ich jetzt nicht hier sein können. Wo ist die Frau? Ist es wirklich eine ehemalige Nonne?"
„Ja!"
„Ihr wißt genau, daß ich diesen hohen Betrag nur für die ehemalige Ordensfrau bezahle. Eine gewöhnliche Wasserhure interessiert mich nicht. Huren gibt es genug in Ajaccio."
„Du kannst beruhigt sein, es ist die frühere Nonne."
Agathe hörte jetzt, wie der Langustenfischer in die Luxuskabine geführt wurde, die neben der ihrigen lag. Sie preßte ihr freies Ohr gegen die Wand, die die beiden Kabinen von einander trennten. Um deutlicher hören zu können, entfernte sie den Wandteppich. Dabei zog sie unabsichtlich eine große Holzschraube an der Wand. Das dadurch entstandene Loch erleichterte ihr das Abhören der Gespräche von nebenan sehr. Als sie nun ihr Gesicht dem Loch in der Wand näherte, stellte sie zu ihrer Überraschung fest, daß sie sogar ein wenig hineinsehen konnte, wenn sie eines ihrer Augen an das Guckloch drückte.
Sie bekam Angst. Wenn jetzt einer der Matrosen oder die Madame ins Zimmer treten würde, um sie zu überwachen! Nicht auszudenken, wie die Betreffenden reagieren würden. Sie stellte den Wandteppich so neben ihr Bett, als wäre er ohne jede Mithilfe herabgefallen. Die Holzschraube legte sie daneben.
Dann hörte sie Stimmen durch das Loch.
„Da bist du endlich! Kannst du beweisen, daß du einmal eine Nonne gewesen bist?" sagte die Stimme des Besuchers.
„Wie soll ich das beweisen?" hörte sie jetzt die Stimme eines Mädchens, das offenbar eben erst in das Zimmer hereingekommen war.
Eine große Last wich von Agathe. Sie hatte fest geglaubt, daß sie selbst diesem groben Fischer zu Diensten sein solle. Also hatten die beiden

Stromer auf dem Schiff sich die Abwesenheit des Chefs zunutze gemacht, um dessen Geldquelle mit abschöpfen zu können. Sie atmete jetzt freier. Wie aber war das Mädchen an Bord gekommen? Doch das würde sie schon noch erfahren. Obwohl sie die beiden Bediensteten durch ihr Mitwissen nun ein wenig in der Hand hatte, wollte sie diesen Vorteil jetzt nicht ausnützen. Sie beschloß, mit dem Kopfhörer am Ohr sich ausschließlich aufs Mithören zu beschränken, da in diesem Fall ein plötzlich Eintretender nichts bemerken konnte.
Dann hörte sie auch schon die Stimme des Mädchens: „Wie soll ich das beweisen? Ich habe das Kreuz und den Rosenkranz immer noch bei mir. Das ist alles!" Sie war also gut vorbereitet worden.
Im allgemeinen ist eine Nonne unschuldig", hörte sie weiter. „Es ist also nicht das erste Mal?"
„Du hast wohl nicht mehr alle Tassen im Schrank. Ich bin kein Zauberer. Ich war bereits auf dem Schloß in Marseille. Das ist ein Luxusbordell. Auch auf dieser Yacht bist du längst nicht der erste. Mein Gott! Welche Einfalt!"
„Huren wie dich, über die schon Dutzende, vielleicht sogar Hunderte gerutscht sind, kann ich in Ajaccio jederzeit für fünfzig Franc haben."
„Das glaube ich dir, aber nicht auf einer Luxusyacht wie dieser hier. Auch bei den Freudenmädchen gibt es erhebliche Unterschiede. Eigentlich müßtest du das wissen."
„Na, wenn schon! Leg dich also hin! Wir haben nur eine Stunde Zeit."
Als Agathe jetzt Bettgeräusche hörte, überkam sie doch die Laune, einmal, wenigstens einmal, durch das Guckloch zu blicken.
Sie richtete sich ein wenig auf, drückte das Auge ans Loch und sah tatsächlich in dem kleinen Ausschnitt die beiden Personen. Sie waren völlig nackt und erfreuten sich an den üblichen Bewegungen bezahlter Liebe. Bezahlt mit ein wenig Geld und einem Korb voller Langusten Das hatte sie auch noch nicht erlebt.
Plötzlich glaubte sie Geräusche von draußen zu hören. Schnell verschloß sie ihr Guckloch mit der Holzschraube, legte sich hin und setzte die Hörmuscheln fest auf beide Ohren. Es beschäftigte sie der Gedanke, wie diese Kollegin, dieses unbekannte Freudenmädchen, auf das Schiff gekommen war. Sie mußte zugeben, daß dies eine tolle List der drei Beschäftigten auf der Yacht war: Der Alte, wie er heimlich von einem der Matrosen, dem Steuermann, genannt wurde, war nicht anwesend.

Wahrscheinlich war bekannt, wie lange er weg sein würde. Man holte sich ein Freudenmädchen, auf welche Weise auch immer, aufs Schiff und verdiente sich sein Taschengeld nach dem gleichen Reglement, das ihnen der Chef oft genug vorgemacht hatte.

Dann ging plötzlich ihre Kabinentür auf. Es war doch gut, daß sie sich von dem Guckloch entfernt und den Kopfhörer korrekt aufgesetzt hatte. Mitten im Raum stand Madame Agnès und hielt ihr einen schnurlosen Telefon-Handapparat entgegen.

„Der Chef will mit dir reden. Melde dich!"

Wenig später hörte sie in der Liebeskabine nebenan die laute Stimme der resoluten Madame Agnès: „Seid sofort still! Ich sage Euch, wann ihr weitermachen könnt."

Plötzlich war die Stimme des Chefs im Handapparat deutlich zu verstehen: „Hör zu, Agathe, ich werde mich heute Abend wahrscheinlich verspäten. Dein heutiger Gast wird ein Monsieur Leblanc sein. Merke dir genau, was ich dir jetzt sage! Dieser Herr wird von einem Erlebnis berichten, das mit seiner Mitwirkung in Sartène, einem kleinen Städtchen im Süden der Insel geschehen ist."

Er berichtete ihr nun, daß in Sartène an jedem Karfreitag eine Prozession, die „Prozession des Catenaccio" veranstaltet würde, bei der ein rotverhüllter Büßer das Kreuz Jesu Christi durch Straßen und Gassen schleppt, um sich dadurch von Sünden reinzuwaschen. Das sei fürs erste einmal genug. Monsieur Leblanc werde ihr ohnehin alle Einzelheiten dieser Prozession berichten. Es sei nur wichtig, daß sie dieses Ereignis kenne, das offenbar den wichtigsten Punkt im Leben dieses Mannes darstelle. Dieses Wissen würde die Arbeit mit ihm wesentlich erleichtern. Auch würde sicher die Höhe des „Pourboire", des Trinkgeldes, davon in wesentlichem Maße beeinflußt. Das heiße natürlich auch, daß sie von diesem Freier keinen roten Sou bekäme, wenn sie in der Frage der Prozession „wie ein Ochs vor dem Berge" stehen würde. Vielleicht würde der Chef auch schon auf der Yacht sein, wenn besagter Gast einträfe, vielleicht auch nicht. Jedenfalls habe er hiermit das Wichtigste gesagt.

Wenig später hörte sie von nebenan wieder die bekannten Geräusche. Sie mußte jedoch jetzt vorsichtig sein, denn Madame Agnès würde mit Sicherheit bald den Telefonhörer zurückfordern, was diese auch bereits nach kurzer Zeit schon tat.

„Du weißt also jetzt, wie du dich zu verhalten hast, wenn der ‚Catenaccio' kommt."
„Ich denke, der heutige Gast heißt Monsieur Leblanc?"
„Natürlich heißt er so, doch weil er immer von der Prozession des Catenaccio erzählt, der gewesen zu sein er immer wieder vorgibt, nennen wir ihn alle so. Du jedoch darfst ihn nicht so anreden. Für dich ist und bleibt er der Monsieur Leblanc. Hör dir seine Geschichte an und werde nicht ungeduldig, auch wenn er sie dreimal hintereinander erzählen sollte. Ansonsten ist dieser Monsieur Leblanc ein Herr mit feinen Manieren und sehr viel Geld. Auch er wird dir einen Handkuß zum Empfang und zum Abschied geben. Das Trinkgeld – es sind meistens fünfzig Franc – wird er in die Schublade deines Nachttisches legen. Davon darfst du zwanzig Franc behalten."
„Und was geschieht mit dem Rest?" fragte Agathe.
„Darüber ist nicht lange zu beraten, den Rest bekommen wir, die Angestellten auf der Yacht. Und zwar im Einverständnis mit dem Chef."
„Habt ihr denn etwas von Monsieur Flaubert erhalten?"
„Bei jedem Gast gibt es andere Verhaltensweisen, es sind Regeln, die dem Chef bekannt sind. Merke dir das! Ändern kannst du doch nichts daran. Sei froh, wenn du überhaupt etwas abbekommst."
„Wieso das? Ich habe im Gegensatz zu euch doch eine Leistung zu erbringen."
„Du wirst gekauft und verkauft wie ein Ackergaul. Wenn dich der Chef morgen an irgendein Bordell in der Hafengegend von Marseille verkauft, wirst du dort die Beine breit machen müssen."
„Und wenn ich mich weigere, wenn ich zur Polizei oder zum Bügermeister gehe?"
„Das wirst in deinem eigenen Interesse sehr wohl bleiben lassen. Hier auf der Yacht hast du das große Los gezogen. Hier bist und bleibst du ein normaler Mensch. Im Hafenviertel von Marseille hast du bereits eine Rauschgiftspritze im Arsch, ehe du deinen ersten Kunden beglückt hast. Wenig später wirst du überhaupt kein Geld mehr bekommen. Du hast dann nur noch Schulden abzubezahlen. Jeden Samstag wird man dir ein dickes Buch vorlegen. Hierin steht auf jeder Seite, säuberlich verzeichnet, was du verdient hast und rechts, ebenso säuberlich verzeichnet, stehen die Schulden, die du dem Chef zurückzuzahlen hast."

„Wieso Schulden?"
„Du hast offensichtlich jetzt schon keine normalen Gedanken mehr. Dein Gehirn arbeitet, wie das aller Huren, nur in einer Richtung. Ich sage dir: Du wirst vor lauter Schulden nicht mehr richtig denken können. Und die Spanne zwischen Soll und Haben wird immer größer werden."
„Was soll denn in der Spalte ‚Soll' zum Beispiel stehen?"
„Dort wird dein Rauschgiftkonsum vermerkt sein. Dieser Konsum wird immer größer werden. Wenn du einmal keinen Schnee haben solltest, wird dein Zustand furchtbar sein. Du wirst den Chef auf Knien um Stoff anbetteln. Du wirst ihm die Zehen lecken und noch viel mehr, wenn du ‚down' bist. Du wirst nicht arbeiten können. Man wird dich zur Arbeit prügeln. Du wirst dich besaufen und du wirst wieder nüchtern geprügelt. Glaube mir, die Sucht, die man in dich hineinspritzt, ist ein besserer Wächter als die beiden Matrosen hier auf der Yacht; die Gier nach Rauschmitteln ist ein haltbarerer Kerker als diese Yacht, die von Haifischen umgeben ist. Man wird dir dort Verbrecher auf deine Bude schicken und Taschendiebe, man wird dir Leute zumuten, die von einer Knoblauchwolke umgeben sind, die Fusel saufen und bei denen der billigste Tabak aus dem Hals heraus stinkt. Diese werden von dir Dinge verlangen, die dir die Kotze im Hals aufstauen. Und dagegen kannst du nichts machen. Dir bleibt in der Marseiller Hafengegend nur die Wahl zwischen gehorchen und Prügel, zwischen Befehle ausführen und Entzug, zwischen Alkohol, der kurze Betäubung bringt, und einem allmählichen Tod. Kaputt gehst du in jedem Fall. Entweder du verreckst am Suff, an Schlägen oder ähnlicher Folter, am Rauschgift, dem ‚Goldenen Schuß', du stürzest dich aus dem Fenster des Puffs auf Pflaster oder du springst ins Meer, in dem du ersäufst, wenn dir nicht vorher die Haie das Fleisch von den Knochen gefressen haben. Wenn du dir das alles reiflich überlegst, dann siehst du, wie gut es dir auf dieser Luxusyacht geht, wo die Freier ausgesucht werden, die dir in manchen Fällen sogar die Hand küssen. Du bist nun mal keine Nonne im Kloster mehr, aus dem du fliehen kontest, wann immer du wolltest. Du bist jetzt eine Hure, die zu gehorchen hat. Freue dich und danke Gott im Himmel dafür, daß du nicht im Bordell am Hafen oder auf dem Straßenstrich an der Rue de la Canebière gelandet bist, wo Zuhälter über alles entscheiden, was ihre Huren betrifft."

Sie machte eine längere Pause, dann sprach sie weiter: „Jetzt muß ich den Langustenonkel rausschmeißen, ehe vielleicht der Chef oder dein Kavalier kommen werden, die unser schönes Geschäft verderben könnten. Noch eins: wenn heute Abend über das Essen gesprochen werden sollte, verlange Langusten, denn davon haben wir mehr als genug. Die müssen schnell weg, wenn wir sie noch in Geld umwandeln wollen."
Es war keine große Mühe, den Langustenfischer in sein Boot zu bringen, natürlich erst, nachdem sie ihm die einhundertzwanzig Franc abgenommen hatte. Die Langusten waren lange schon im Topf. Sie waren schon dort zu einem Zeitpunkt, als der Fischer bereits die ersten Übungen mit seiner Beischläferin vollbracht hatte.
Kaum hatte er meerseitig abgelegt, als sie vorn bereits ein anderes kleines Motorboot ausmachten, das Kurs auf die Yacht genommen hatte.
„Da kommt Leblanc", rief Madame Agnès durch den geöffneten Spalt in Agathes Kajüte hinein. „Halte dich bereit und denke daran, daß Monsieur Leblanc nicht irgendwer ist, schon gar nicht irgendein Langustenfischer, der nur hundertzwanzig Franc im Beutel hat. Der, der gleich an Bord steigen wird, ist ein größeres Kaliber."
„In welcher Beziehung?"
„In jeder!" lautete die knappe Antwort.
Dann flog die Kabinentür zu.
Agathe kam mit der jetzigen Lage nicht ganz zurecht. Sie hatte den Fischer gesehen, als dieser abfuhr. Sie war ihm noch eine Weile mit ihren Blicken durchs Fenster gefolgt, als er zuerst eine größere Strecke aufs Meer hinausfuhr. Dann drehte er in einem großen Bogen wieder dem Land auf der Insel zu, wo er auch bald einen Platz in der Nähe der Rue des Sanguinaires fand.
Auf der anderen Seite der Yacht, also landwärts, war mittlerweile Leblanc sichtbar geworden. Wo aber war das Mädchen, die Kollegin, wie sie sich selbst bezeichnet hatte, geblieben? Im Boot des Fischers war sie nicht, auch das Nebenzimmer hatte sie längst verlassen. Sie konnte sich also nur noch irgendwo auf der Yacht aufhalten. Aber wo?
Es blieb Agathe keine Zeit mehr, darüber nachzudenken, da sie sich auf den nächsten Gast, Monsieur Leblanc, vorbereiten mußte. Wenn das alles stimmte, was Madame Agnès vorhin zu ihr gesagt hatte, mußte sie einfach Angst vor dem haben, was ihr unter Umständen noch bevorstand.

Obwohl ihr nicht mehr viel Zeit zum Nachdenken blieb, kam ihr jetzt der Gedanke an Gott, den sie immer noch als ihren Vater im Himmel betrachtete. Sie wußte, wie leichtfertig viele Menschen heute mit ihrem Gott umsprangen. Für viele von ihnen gab es am Lebensende meist nur ein schwarzes Loch, in das man hineingeworfen wird. Ende also!? Mit diesem Gedanken konnte sie sich keineswegs anfreunden. Für diese Leute mußte der Tod furchtbar sein, ohne jede Hoffnung, ohne jeden Halt. Agathe gehörte nicht zu diesen Menschen. Bereits ehe sie ins Kloster eingetreten war, glaubte sie fest an ein Leben danach, an den Pfad jenseits der Brücke, von der aus man links in die Freuden himmlischer Glückseligkeit und rechts in die Glut satanischer Unterwelt abstürzen konnte, je nach Art des Lebenswandels, je nach Verdiensten und Sünden. Was aber war für sie bestimmt, nach welcher Seite abzustürzen war für sie vorgezeichnet? Bei ihrem augenblicklichen Lebenswandel!? Eine Hure im Himmel, an der Pforte der Seligkeit? Davon hatte sie weder gehört noch gelesen.

Da draußen näherte sich wieder einer, der sündhaftes Tun von ihr verlangte. Sie dachte an den Dorfpastor, der das sechste Gebot für das wichtigste und die Sünde dagegen als den bösesten Verstoß gegen Gott für ein junges Mädchen bezeichnet hatte. Lange hatte sie sich danach gerichtet, bis Rainer auf der Bühne ihres Lebens erschienen war. Freiwillig hatte sie ihre Unschuld verschenkt. Doch sie war keineswegs bereit, heute schon gar nicht mehr, diese Tatsache als Sünde zu bezeichnen. Sie war Ordensschwester geworden, über der eigentlich immer der weiße Engel der Unschuld zu schweben hatte. Wenn sie ehrlich zu sich selber war, mußte sie eingestehen, daß sie nicht aus Liebe zu Gott, sondern aus verlorener weltlicher Liebe in den Orden eingetreten war. Doch auf diesem Gebiet war sie die Einzige nicht. Obwohl sie nichts dafür konnte, daß der Unhold im Wald sie vergewaltigt hatte, war danach natürlich keineswegs mehr von Unschuld zu reden. Zuviel war in ihrem Schoß geschehen, als daß man noch immer von Unschuld, in welcher Form auch immer, hätte reden können. Nachdem sie das Kind hatte abtreiben lassen, fühlte sie sich erst recht verdorben, denn dieses war mit Willen und Wissen geschehen. Hatte sie dadurch bereits die Richtung festgelegt, der sie im Jenseits zu folgen hatte? Danach die Hurenzeit! Hatte sie sich eigentlich genug zur Wehr gesetzt? In Marseille wäre es vielleicht möglich gewesen, die Polizei oder die Behör-

den aufzusuchen. Doch hätte dies Erfolg gehabt? War nicht immer der Gorilla an ihrer Seite, wenn sie das Haus verließ, genauso wie hier die beiden Matrosen jeden ihrer Schritte überwachen würden, wenn sie einmal an Land hätte gehen dürfen?
Wie hatte sie eigentlich die Liebesspiele empfunden, für die die Freier ja hatten bezahlen müssen? Wie eigentlich empfand eine Hure diese ungewollten und aufgezwungenen körperlichen Begegnungen? Natürlich gab es verschiedenartige Liebhaber. Es gab die, die rücksichtslos ihr durch Bezahlung erworbenens Recht einforderten. Diese waren meist rauh und herzlos, oft grob und ungeschlacht. Sie ließen blaue Flecke und oft sogar körperliche Wunden zurück. Von den seelischen Wunden sprach man kaum in diesem Metier. Aber es gab auch solche Freier, die sich nicht als Herr über eine Magd empfanden, die ihm in allem untertan zu sein hatte. Es gab durchaus zarte und sogar liebenswürdige Freier. Es gab sogar solche, die ihre vorübergehende Liebesgespielin nicht als Hure betrachteten, die sie ansahen, als sei es eine verloren gegangene Person aus ihrem Vorleben, ein Wunschweib vielleicht sogar. Dann gab es viele, die keine Gelegenheit zu körperlicher Liebe hatten, die zu ängstlich waren, für die es ein unüberwindbares Problem darstellte, ein Mädchen im Alltagsleben anzusprechen, die Furcht vor dem ersten Mal empfanden. Dann gab es natürlich auch Männer, die durch ein körperliches Gebrechen keine Lebensgefährtin fanden. Obwohl es auch für die Hure nicht leicht war, solche Männer anzunehmen, konnte sie besonders bei diesen sogar Gefühle von Liebe feststellen. Diese besuchten immer ein und dieselbe Liebesdienerin und empfanden es als Fremdgehen, als eine Form von Liebesbruch, wenn sie einmal, aus welchen Gründen auch immer, die Partnerin wechselten.
Agathe hatte viele Arten von „faire l'amour", wie die Franzosen in feiner Form jede Art von Beischlaf nannten, erlebt, doch von der primitiven, absolut animalischen Liebesbetätigung, dem Straßen- oder Autostrich, der Tätigkeit in Schmuddelbordellen, wie man sie in Marseille zu Dutzenden findet, war sie bisher verschont geblieben.
Das alles kreiste in ihrem Kopf herum, als sie den nächsten Freier erwartete. Doch ihre Gedanken ließen sie noch immer nicht in Ruhe. Sie glaubte, sich freimachen, freier denken, freier reden zu können, sich selbst wieder einmal die Absolution geben zu müssen, ehe sie den

nächsten Partner zur sündhaften Liebe empfing. Sie konnte denken, in welcher Richtung sie auch wollte, es blieb immer derselbe Gedanke, dasselbe Bild übrig, das sie auf dem schmalen Grat zwischen Himmel und Erde zeigte.

Doch sie wußte auch, daß sie mit diesen Gedanken im Kopf keine normale Partnerin für den Freier, der gleich kommen würde, sein konnte. Doch hatte nicht Monsieur Flaubert ihr mehrere Einladungen zukommen lassen, die nichts mit der Yacht, nichts mit der Hure zu tun hatten? Hatte dieser wirkliche Herr nicht ihr, der Hure, die Hand geküßt? Hatte er nicht tiefe Betroffenheit, ja sogar eine Form von Trauer gezeigt, als sie ihm ihren Mund verweigerte?

Jetzt hörte sie vor dem Fenster das typische Geräusch des Anlegens. Monsieur Leblanc hatte einen weiten Umweg gemacht, um unbemerkt die Meeresseite der Yacht erreichen zu können. Dann kam er an ihrem Fenster vorbei. Ein großer Mann, typisch Korse, dunkel, mit ein paar silbernen Fäden im Haar, ein kleines Schnurrbärtchen unter einer großen, leicht gekrümmten Nase, fast zusammengewachsene Augenbrauen. Eine schwarze Hornbrille gab ihm das Aussehen eines seriösen Herrn. Er war mindestens einen Kopf größer als sie selbst. Die Scheu, ja die Angst vor den Freiern, die sie noch in Marseille wenigstens zeitweise beherrscht hatte, war längst einer klugen Neugierde gewichen. Sie stellte sich vor, wie dieser Herr sich benehmen würde, was er sagen, wie er sprechen würde, und ganz besonders natürlich, was er von ihr verlangen würde.

Dann stand er da, groß, breit, den Türrahmen fast ausfüllend. Schnell schloß er die Kabinentür hinter sich und verhinderte damit, daß Madame Agnès, die hinter ihm stand, auch eintreten konnte. Er lachte über das ganze Gesicht, zwei weiße, makellose Zahnreihen wurden sichtbar, kleine Lachfältchen zeigten sich hinter den Schläfen. Dieser Mann sah in der Tat großartig aus.

Wie kam ein solcher Mann zu einer Hure? sagte sich Agathe. Da kann doch etwas nicht stimmen. Ein solcher Mann durfte doch keine Schwierigkeiten mit Damen haben.

Weiterdenken konnte sie nicht, denn er rückte seine Krawatte zurecht und sagte laut und offenbar froh gelaunt: „Je m'appelle le Leblanc!" Das waren doch sicher einmal ‚le' zuviel? „Je m'appelle le Leblanc!" Er wiederholte noch einmal, dieses Mal langsamer und deutlich mit

dreimal ‚le': „Je m'appelle le Leblanc. Ich bin ‚der Leblanc' oder ich nenne mich ‚der Leblanc'". Es war also ein Satz, der, will man ihn wörtlich übersetzen, komisch klingt.
„Und Sie, Sie sind die Agathe. Stimmts?" fuhr er fort und reichte ihr höflich die Hand herüber.
„Können wir zuerst einen Kaffee trinken?"
„Natürlich!" antwortete Agathe, ging hinaus und bestellte ihn bei Madame Agnés, die den Kaffee auch wenig später in die Kabine brachte.
Sie setzten sich, noch angekleidet, an den Tisch. Offenbar wollte, er jetzt ein wenig plaudern. Wollte er etwa nur plaudern? Agathe hatte Glück, weil seine erste Frage sie bereits auf das vorbereitete Thema brachte.
Er sagte sehr leise und höflich: „Sie sind Deutsche, mein Fräulein, nicht wahr? Was haben Sie denn alles schon von unserer schönen Insel gesehen?"
„Eigentlich nicht viel. Gesehen habe ich nur das, was man von diesem Schiff aus sehen kann: die Blutinseln, die große Straße da vorne, die zur Stadt hinführt. Doch ich habe mir schon einiges angelesen und auch erzählt bekommen. Ein Herr erzählte mir Geschichten aus der Fremdenlegion. Was mich besonders interessiert, sind Volksfeste und Volksbräuche, von denen es auf Korsika eine Menge zu geben scheint."
„In der Tat, mein Fräulein, es gibt viele solche Bräuche auf der Insel. Haben Sie vielleicht schon von der kleinen Stadt Sartène im Süden von hier gehört?"
„Ja, dort soll es zu Ostern eine Prozession geben."
„Das haben Sie richtig gehört. Nur findet diese nicht zu Ostern, sondern am Karfreitag statt und zweitens handelt es sich nicht um eine gewöhnliche Prozession, sondern um eine, die einmalig auf der Welt ist. Möchten Sie, daß ich Ihnen davon erzähle?"
„Ich werde eine interessierte Zuhörerin sein, Monsieur."
Dann erzählte er die Geschichte dieses religiösen Umzuges mit großer Begeisterung.
Diese Prozession gibt es schon seit hundert Jahren als Folge der Blutrache, die es auf dieser seltsamen Insel heute noch, wenn auch nur noch in Einzelfällen, geben soll. Viele Leute hatten sich im Lauf der Jahrzehnte schuldig gemacht, weil sie einen Mitbürger, oft einen Nachbarn,

im Streit erschlagen hatten, denn das Blut ist heiß, besonders bei den Männern des altkorsischen Schlages. Diese Mörder kamen zwar vor Gericht, schlüpften aber immer wieder durch eine der vielen Lücken des Gesetzes, indem sie vorgewarnt wurden und flüchteten in die dicht wuchernde Macchia, die einen großen Teil der Insel bedeckt. Wie aber sollten sie sich vor Gott reinwaschen? Die Karfreitagsprozession gab ihnen hierzu eine gute Möglichkeit, denn so wild die Korsen auch waren, fromm waren sie bis auf die Knochen immer geblieben.

Bei dieser Prozession schleppt jährlich der Büßer, mit blutroter Kapuze und gleichfarbenem Gewand bekleidet, das schwere Holzkreuz mit dem Gekreuzigten daran durch die Straßen und Gassen von Sartène. Man sagt, daß seine schwere Schuld vergeben sei, wenn er dabei die Stimme Gottes hören würde. Dieser Brauch hat eine interessante Vorgeschichte.

Die beiden Familien Vincenti und Grimaldi befanden sich in schwerer Fehde, eine Blutrache betreffend. An einem Sonntag, es war das Fest der Assunta, kam es vor der Kirche zum Streit zwischen Orso Paolo, einem Vincenti und Ruggero von der Familie der Grimal- di. Orso Paolo schoß und traf einen Bruder Ruggeros. Er floh und konnte sich nur noch in das Haus seines Verfolgers retten, in dem sich zu diesem Zeitpunkt nur der zweijährige Sohn Ruggeros befand. Orso fand Waffen und Munition im Haus, verschanzte und verteidigte sich geschickt. In ohnmächtigem Zorn ergriff Ruggero ein brennendes Holzscheit und schleuderte es in sein eigenens Haus, ohne auf sein Kind zu achten. Das Haus brannte ab, die Decken stürzten ein. Weinend durchsuchte Ruggero, nun von verzweifelter Reue erfaßt, die Trümmer seines Hauses und fand unter einem Kellerbogen Orso Paolo, der das Kind unter sich barg. Beide lebten. Die Blutfeinde umarmten sich und alle Bürger Sartènes fanden sich am selben Abend mit Ölzweigen in den Händen zur Prozession zusammen. Es wurde beschlossen, jährlich am Karfreitag diese Prozession zu veranstalten. Unter der Verhüllung des Catenaccio, des Gefesselten, sollte stets einer gehen, dem die Blutrache Schuld aufgeladen hatte. Es wird erzählt, daß Gott während der Prozession mit dem Catenaccio sprechen und ihm dabei vergeben würde.

So geht bis heute ein rotverhüllter Catenaccio durch die engen Gassen des Städtchens Sartène. Bis heute ist es noch immer ein Sünder, dem die Blutfehde eine schwere Schuld aufgeladen hat.

„Und wissen Sie, mein Fräulein", begann Leblanc etwas später von neuem, „wer vor drei Jahren in dieser Prozession als rotverhüllter Büßer gegangen ist?"

„Ich weiß es nicht, Monsieur."

„Ich war es, der Monsieur Leblanc, der hier vor Ihnen steht. Jawohl, ich war vor drei Jahren der Büßer."

„Können Sie mir sagen, welch' böse Tat Anlaß zu diesem interessanten Geschehen gewesen ist?"

„Nein, ich werde es Ihnen nicht sagen; denn dieses Wissen gehört nur in die Herzen zweier Menschen. In die Erinnerung des Catenaccio selbst und in das Herz des Pfarrers von Sartène. Er ist der einzige Mensch, dem die Person des Catenaccio bekannt sein darf."

„Darf ich noch eine Frage stellen, Monsieur Leblanc?"

„Bitte, mein Fräulein, fragen Sie!"

„Ich möchte gerne wissen, ob Gott mit Ihnen während der Prozession gesprochen hat."

„Wenn er mit mir gesprochen haben sollte, hätte ich seine Stimme nicht hören können."

„Nicht hören können?"

„Ja! - Ich habe in diesem heiseren Gebrüll, durch das die Trommeln wie dumpfe, hölzerne Urwaldpauken dröhnten, mit dem sie aus mir einsamem, armseligem Menschenkind alle Teufel und Dämonen der Welt hinausbeten, -schreien und -zerren wollten, erkannt, daß hier keine Spur wirklicher Frömmigkeit zu finden ist. Die Peitschenhiebe, die mich trafen, die entstellten Gesichter, zu Fratzen verformt, die mich haßerfüllt anstarrten, die sie mir drohend und abwehrend zugleich immer wieder entgegenstreckten, erweckten in mir ganz plötzlich die Eingebung, nicht mehr gläubig sein zu können. Nein, in diesem Höllenlärm war auch die Stimme Gottes nicht mehr zu hören."

„War das wirklich so schlimm, Monsieur Leblanc?"

„Das war das Gebaren von Heiden, die sich in Trance hineingesteigert hatten. Die tanzenden, islamischen Derwische, die buddhistischen Gurus, die Neger, die sich ihre Seele von wilden Rhythmen manipulieren lassen, diese alle sind leichter zu ertragen, als diese schreienden, Peitschen schwingenden Christen. Durch dieses heidnische Chaos aus einem christlichen Anlaß trägt unbeeindruckt der Geistliche am Kopf der Prozession sein Kreuz mit dem Erlöser daran. Von diesem Augenblick an konnte ich nicht mehr beten, wie ich bisher gebetet hatte. Um das

Verhalten dieser Menschen zu begreifen, gab es für mich nur zwei Deutungen: Entweder wollten sie aus mir, dem Büßer, die Teufel austreiben, aus dem Catenaccio, der für eine Sünde die Vergebung Gottes erflehen wollte, die mit diesem widerlichen Fetischismus in enger Geistesbeziehung stand oder sie wollten ein Kirchengesetz, dem ich bisher gedient hatte, lächerlich machen. Ich habe meinen Entschluß gefaßt, als ich während der Prozession auf Gottes Offenbarung warte- te. Als ich das Kreuz trug, als ich inbrünstig nach Gott spähte, als meine Seele bereit war für Gott, aufnahmefähig für alles Neue und Gute. Da, in diesen Augenblicken, fraßen sich die Kreuze und Fratzen in eine auf Gott wartende Seele, bohrten sich die Trommeln und Schreie in mein Gemüt, brannten sich wie Feuer in mein Herz. Alles, was ich vom Kinderglauben an vervollkommnet habe in Richtung auf Gott und die ewige Seligkeit, hat mir dieser Veitstanz von Sartène ins Gegenteil verdreht."
„Sie glauben also, daß Gott Ihnen seine Stimme verweigert hat und sind deshalb von Ihrem Glauben abgefallen?"
„Noch bin ich nicht vom Glauben abgefallen, aber seit diesem Tag von Sartène sagt er mir nicht mehr viel. Daß ich ohne Gewissensbisse zu Ihnen komme, Verehrteste, mag Ihnen Beweis dafür sein."
„Dann sagen Sie mir bitte noch, warum Sie mich wie eine Dame behandeln! Ich will Ihnen jetzt schon sagen, daß diese Behandlung mir wohl tut."
„Ich will Ihre Frage ehrlich beantworten. Ich sehe in Ihnen nicht die Hure. Sie sind ein liebenswürdiges, schönes und kluges Geschöpf Gottes. Hätte er Sie so schön geschaffen, wenn er von Ihnen die Männer hätte fernhalten wollen? Im Übrigen gab es Zeiten, sie sind schon eine Weile her, in denen Dirnen hochgeschätzt waren, in denen sie sogar Ärzte ersetzten, vor allem Gemütsärzte. Ist es nicht so, daß Sie einsamen Menschen nicht nur Zweisamkeit, sondern auch ein begrenztes Glück schenken? Vielleicht schenken Sie Ihren Mitmenschen heute mehr Freude, als Sie als Nonne dazu in der Lage gewesen wären."
„Haben Sie keine Frau, Monsieur Leblanc?"
„Ich habe eine Frau. Doch was nützt mir eine Frau, die sich mir verweigert, mit der ich auch nicht so reden kann, wie ich möchte, die länger in der Kirche sitzt als neben mir im Ehebett? Und die in diesem Benehmen von ihrem Pfarrer noch bestärkt wird. Glauben Sie mir, Agathe, Sie schenken mir schöne Stunden. Ich würde Sie noch am

heutigen Tag vor das Standesamt schleppen, wenn nicht so viele Hindernisse auf meinem Weg lägen. Warum eigentlich legt sich der Mensch selbst all diese Stolpersteine in den Weg? Komm, wir lieben uns, Agathe, ehe uns ein solcher Stein auf den Kopf fällt!"
Agathe war begeistert von diesem Mann, von seiner Sprache, seiner Klugheit, seiner Männlichkeit. Alles, was er gesagt hatte, war in irgendeiner Form gegen die kirchlichen Orden gerichtet. Sie wußte, daß Leblanc in mancher Beziehung Recht hatte. Sie selbst wäre in ihrer Seele keine Nonne mehr, wenn es in ihrer neuen, wenn auch aufgezwungenen Tätigkeit nur Leute gegeben hätte, von dem Format der Herren Leblanc und Flaubert. Obwohl es auch in Marseille viel gutes Publikum gab, hatte sie dennoch Männer erlebt, die man als ‚Lumpen im Frack' bezeichnen konnte, die in ihr nur das Stück Fleisch sahen, daß sich hinlegen und freundlich zu Diensten sein mußte. Sie wußte natürlich, daß es in Marseille und wahrscheinlich auch in Ajaccio Bordelle gab, wo das Treibgut der Männerwelt verkehrte und dennoch freundlich bedient werden mußte, was letztlich nur mit Alkohol und Drogen zu ertragen war, wovon fast alle Prostituierten abhängig waren, wo es bei angeblich schlechter Leistung oder auch nur auf Denuntiationen hin Prügel und Folter gab. Sie wußte, daß es in solchen Puffbuden Frauen gab, die in Wirklichkeit gar keine richtigen Menschen mehr waren, die kaum noch eine richtige Unterhaltung zu führen imstande waren, deren Gespräche sich in einem begrenzten, doch bezeichnenden Wortschatz verloren.
Beide hatten sich mittlerweile bereits entkleidet und auf seine neuerliche Bitte „Kommen Sie, meine Liebe!" vereinigten sie sich.
Auch beim Liebesspiel merkte Agathe, daß Leblanc kein gewöhnlicher Liebhaber, überhaupt kein gewöhnlicher Mann war. Er war in jeder Beziehung und bei jedem Anlaß liebenswürdig, zart, betrachtete und behandelte sie, wie man seine Verlobte zu behandeln pflegt. Schon die Tatsache, daß er sie, die Dirne, mit Mademoiselle und mit ‚Sie' und nicht wie in dieser Umgebung mit ‚du' und dem Vornamen ansprach, war ungewöhnlich und bemerkenswert.
Obwohl sich Agathe vorgenommen hatte, bei ihrer jetzigen, erzwungenen Tätigkeit so passiv wie möglich zu sein, merkte sie, wie sie bei diesem Mann plötzlich auflebte, wie Leblanc ihr Bewegungen aufzwang und liebkosend abverlangte, die sie noch nie so erlebt hatte. Was

war das? Sie erinnerte sich an ihre Zeit mit Rainer. Auch damals war es nicht so, obwohl sie beide in großer gegenseitiger Liebe verbunden waren. Damals hatte ihnen natürlich die Erfahrung gefehlt. Sie wußten, wie die Sache technisch in etwa abzulaufen hatte, nicht mehr.
Doch hier, bei diesem Liebhaber hatte sie mehrmals, nein, immer wieder das Gefühl, im Himmel zu sein. Natürlich hatte sie längst gelernt, beim Verkehr mit Freiern, nicht bis an die Grenze ihrer Möglichkeiten zu gehen, körperlich sich so wenig wie möglich zu strapazieren. Sie ahmte die Bewegungen, die der jeweilige Freier vorgab, lediglich nach, versuchte, wie alle ihre Kolleginnen, Tempo aus der Bewegung zu nehmen, mehr mit Armen, Händen und Beinen als mit dem Leib zu machen, letztlich sich nie ganz hinzugeben.
Dieses war in dem Schloßbordell in Marseille, wo die Freier oftmals Schlange vor dem Zimmer der ‚Nonne‘ standen, auch nötig, hatte sich bei allen ihren Kolleginnen seit altersher so eingebürgert. Wie hätte man auch zu Geld kommen können, wenn man bereits beim ersten Freier am Tag seine Kräfte leichtfertig verschleudert hätte?
Doch bei diesem Mann hier war das etwas ganz anderes. Was machte er eigentlich anders als die vielen Freier, die sie in letzter Zeit im Bett gehabt hatte? Sie überlegte, beobachtete, doch sie kam zu keinem plausiblen Ergebnis. Jedenfalls gab es an der Tatsache, daß er seine Sache anders wahrnahm wie die sonstigen Liebhaber, keinen Zweifel. Agathe, die schon mal bei besonders gierigen Männern sich zu einem leisen Mitstöhnen hatte hinreißen lassen, bemerkte, wie sie mehrmals laut aufschrie, ihre Finger in Leblancs dunklen Haarschopf krallte, ihren Leib wie eine Turnerin zur Brücke stellte, ihren Kopf hin und herschüttelte und ihm sogar ihren geöffneten Mund schenkte. Sie hatte das Gefühl, als ob dieser Kuß endlos dauern würde.
Dann lagen sie nebeneinander, erschöpft zwar, doch glücklich, Hand in Hand. Beide atmeten noch eine Weile hörbar. Sie wollte ihm sagen, wie schön es war, welch großartiger Liebhaber er sei, der ihr ein nie vorher gespürtes Erlebnis geschenkt hatte, aber dann hielt sie sich doch wieder zurück. Sie meinte, daß weder Huren, noch Nonnen, so etwas glaubhaft sagen konnten und durften. Dafür kamen ihr seltsame Gedanken. Was hatte sie eigentlich von der Nonne noch an sich? Was war davon übriggeblieben? Eigentlich nichts mehr. Keuschheit? Mitnichten! Armut? Wenn sie die Trinkgelder von einer Woche zusammenzählte,

hätte sie mit einem mittleren Beamten nicht getauscht. Daneben erwartete sie von jedem Freier noch ihre Gage vom Chef. Gehorsam? Natürlich war sie folgsam. Doch nicht aus Liebe zu Gott, sondern aus Furcht, geprügelt, gefoltert, ins Meer zu den Haien geworfen zu werden, aus Furcht vor der Spritze, aus Angst vor erzwungener Sucht. Wieviele Beispiele gab es in ihren Kreisen von Leuten, denen man eine Spritze reingedrückt, sie süchtig und abhängig gemacht hatte. Nein, sie war keine Nonne mehr, sie war in der Tat das Gegenteil geworden, eine Hure, des Weihwassers unwürdig.

Aber sie betete immer noch. Sie hatte vor allem in Marseille Bittsprüche zum Himmel geschickt, wenn sie hilflos dalag, auf sich einen derben Koloß, der sie zu erdrücken schien, der auch dann, wenn sie laut darum bat, wenn sie Schmerzenslaute austieß, nicht locker ließ, keinerlei Mitgefühl zeigte, sie für ein bezahltes Stück lebendiges Fleisch hielt, das nur zu gehorchen und nichts zu sagen hatte.

Hatte eigentlich ein solch grober Mann etwas von dem erzwungenen Liebesakt? Doch höchstens das Gefühl des Herrschers, des Gebieters über das Wesen unter ihm.

In ihre Gedanken hinein sagte Leblanc etwas.

„Hören Sie", begann er leise. „Ich würde Sie auf der Stelle heiraten, Agathe, wenn ..."

„... wenn?"

„... wenn ich nicht eine Frau hätte, die mich zwar gut behandelt, die mir aber nichts Vergleichbares zu schenken in der Lage ist. Doch aufgeben werde ich sie nicht. Ich werde jedoch künftig öfter hier sein. Vielleicht fällt mir etwas ein, wie ich Sie enger an mich binden kann. Wenn Ihnen etwas fehlen sollte, wenn Sie Hilfe benötigen, in welcher Form auch immer, sagen Sie mir! Ich bin vermögend und zudem einer der einflußreichsten Männer auf dieser Insel."

Dann rief sie das bestellte Langustengericht ab, das Madame Agnès schon bald zusammen mit einer Flasche Champagner brachte. Sie saßen sich gegenüber, fast schweigend. Bei der zweiten Flasche zeigte der Champagner Wirkung und beide wurden immer lustiger, ausgelassener und lauter. Agathe hatte das Gefühl, als ob sie schon immer mit diesem Mann zusammen sei.

Beim gemeinsamen Essen erzählten beide gegenseitig aus ihrem bisherigen Leben.

René Leblanc wohnte in Propriano, am Golfe de Valinco, einem der schönsten Plätze auf dieser Insel. Er besaß einen großen Betrieb, der sich mit verschiedenen Erzeugnissen des Landes befaßte. Eigentlich waren es mehrere Fabriken, die zusammen in einem engen Tal lagen, das das Flüßchen Rizzanese ins felsige Land gegraben hatte. Da war zum ersten die Korkfabrik, in der das aus einer eigenen Korkeichenplantage gewonnene Material zu allen möglichen Dingen des täglichen Bedarfs verarbeitet wurde, wie zum Beispiel Griffe für Eßbestecke, Bucheinbände, Untersetzer für alles mögliche Gerät, Umhüllungen von Gefäßen, Trinkbechern, Amphoren, Tassen, Tellern, Schüsseln, sogar Schultafeln, Bilderrahmen und natürlich zur ureigensten Verwendung, zu Verschlüssen von Flaschen aller Art.

Nicht weit von der Korkfabrik befand sich ein weiterer Betrieb, in dem die verschiedenfarbigen Blüten der Macchia, die einen großen Teil der Insel bedeckt, zu wundervoll duftender Seife, zu Parfüm und anderen Duftmitteln, so wie zu Likören, Schnäpsen und Wachs verarbeitet wurden.

Leblanc machte sich außerdem einige besondere Gaben der Insel zunutze. Zum Beispiel erntete er tonnenweise aus eigenen Wäldern die Früchte der Eßkastanie, die auch als Futter für die vielen kleinen, wilden Schweine dienten, die er in einer weiteren Fabrik schlachtete, zu Wurst verarbeitete, und in Dosen gefüllt mit großem Gewinn verkaufte. Nicht zu unterschätzen waren auch die Erzeugnisse der Korallenbänke vor Valinco und am Ausgang des fjordähnlichen Ausflusses bei Bonifacio, die ebenfalls im Tal des Rizzanese zu wundervollen Schmuckstücken, Broschen, Armreifen, Kopfschmuck und vielen anderen schönen Dingen verarbeitet wurden.

Blieb nur noch der Gewinn aus seinen Fischereikolonnen, die an vielen Stellen Fische aller Art aus dem Meer herauszogen und die in einer Fabrik im Rizzanesetal verarbeitet wurden.

Leblanc sah man seinen Reichtum nicht an. Er lebte in einer sehr schönen Villa, mehr unter- als oberirdisch in diesem engen Tal, führte nach außen hin einen bescheidenen Lebenswandel, und auch seine Betriebe befanden sich zumeist in Höhlen und an Felsausbuchtungen geschmiegt, nahe dem reißenden Rizzanese, an dem nur verborgene, selbstangelegte Pfade entlangführten. Oft mußten seine Fertigerzeugnisse ein Stück lang auf extrem schmalen Traktoren oder sogar auf Handkarren befördert werden, ehe man sie in der Nähe der beiden

bekannten, großen Menhire, die „Mönch und Nonne" genannt wurden, auf die firmeneigenen Lastkraftwagen umladen konnte.
Gegen den Reichtum und die Möglichkeiten dieses Mannes kam Agathe in keiner Weise an. Natürlich hatte sie in der Zeit ihres Aufenthaltes in Marseille und hier auf der eleganten Yacht etwas verdient. Sie glaubte, diesem Mann, der nicht nur seinen Körper und seine Verhältnisse, sondern auch seine Seele vor ihr offenbart hatte, Ehrlichkeit schuldig zu sein, was sie ihm in den nächsten Tagen und Wochen auch nicht verheimlichte. Ihr mißfiel nunmehr vor allem, daß sie sich immer noch anderen Männern hingeben mußte, während sie Leblanc bereits als ihr festes Verhältnis betrachtete. Aber sie brachte es auch nicht fertig, ihn zu bitten, sie hier herauszuholen. Hatte nicht der jetzige Chef ihr nach den bösen Erlebnissen in Marseille auf dieser Yacht ein achtbares Zuhause gegeben und ihr bisher nur Männer zugeführt, die appetitlich, gut erzogen und in den meisten Fällen auch wohlhabend waren? Natürlich wußte sie, welch erniedrigende Dinge es in ihrem jetzigen Gewerbe gab. Natürlich wußte sie von Alkohol- und Rauschgiftdelikten, von Prügeltorturen und Verletzungen, die bei anderen Huren an der Tagesordnung waren. Oder sollte der Chef ihr Vorleben als Nonne bei ihrer Behandlung positiv berücksichtigt haben?
„Ich werde Ihnen kein Trinkgeld zum Abschied geben, Agathe, weil es entehrend wäre und in Anbetracht Ihres Benehmens mir gegenüber unangemessen. Ich werde Ihnen dafür eine kleine Wohnung in Ajaccio mieten, über die Sie frei verfügen können. Ich werde für alle Kosten aufkommen, die anfallen. Als Ausgleich wünsche ich, ab und zu, sagen wir einmal in der Woche dich besuchen zu können.
Plötzlich nahm sein Gesicht den Ausdruck eines Jungen an, der bei einer Schandtat erwischt worden war. Er legte die Hand auf den Mund, wie es Überraschte zuweilen tun.
Dann sagte er: „Ich habe mich eben selbst dabei erwischt, Sie mit ‚Du' angesprochen zu haben. Soll ich dies als unerlaubten Seitensprung betrachten, oder sollen wir es dabei belassen, nachdem unser Verhältnis so eng geworden ist, das es praktisch das vertraute ‚Du' herausfordert? Na, wie denkst du darüber?"
„Das vertraute ‚Du' würde ich als Ehre auffassen, Monsieur."
Sie nahm das Sektglas vom Tisch und sagte, nun frei und ohne Hemmungen: „Santé, René!" Und nach einer Weile fügte sie hinzu: „Um

aber auf das vorige Thema zurückzukommen. Wie steht es mit der Frage, ob mein Chef dies erlauben wird?"
„Laß dies bitte meine Sorge sein, Agathe!"
Monsieur Leblanc verabschiedete sich so, wie er gekommen war, mit Handkuß und freundlichem Lächeln. Als er danach mit seinem Boot wegfuhr, geschah dies fast lautlos.
Leblanc war noch keine Stunde weg, als der Schiffseigner die Yacht betrat. Sein Personal begrüßte er nur kurz, wendete sich jedoch dann Agathes Kabine zu und sagte, kaum daß er die Tür hinter sich geschlossen hatte: „Du scheinst einen enormen Einduck auf meinen Freund Leblanc gemacht zu haben."
„Wie soll ich das verstehen, Chef?"
„Er will dich mir abkaufen und gleichzeitig ist er damit einverstanden, daß du von Zeit zu Zeit weiter meine Hure sein wirst. Das ist mir einfach unverständlich."
„Er will für mich eine Wohnung kaufen. Das hat er mir gesagt. Er will Sie fragen, ob Sie erlauben, daß ich in diese Wohnung einziehe."
„Dieses Angebot hat er auch mir vorhin am Bootssteg gemacht. Jedoch mit der Einschränkung, daß du auf die Yacht zurückkommst, wenn Monsieur Flaubert oder der eine oder andere Prominente sich ansagt."
„Muß denn das sein?"
„Ja, es muß sein! Flaubert und ein paar andere Herren mit großem Einfluß benötige ich, um manche für mich sehr wichtige Rechtswege problemlos umgehen zu können."
„Können Sie denn kein anderes Freudenmädchen finden, Monsieur?"
„Finden schon, jedoch keines mit deinen Qualitäten."
„Ist es nicht seltsam, daß eine ehemalige Nonne sich bis an die Spitze aller Schiffshuren auf dieser Insel emporarbeitet?"
„Für die Tätigkeit auf einem solchen Schiff bist du nun einmal wie geschaffen, mein Kind. Du beherrschst nicht nur die Spielregeln der Liebe besser als alle deine Kolleginnen, sondern du hast auch Allgemeinbildung, du sprichts unsere Sprache liebenswürdiger, du forderst Komplimente und Trinkgelder geradezu heraus. Doch diesem Angebot Leblancs kann ich nicht widerstehen, zumal ich dich ja nicht ganz verliere."
„Wenn ich jedoch damit nicht einverstanden sein sollte?"
„Du vergißt, daß du noch immer mir gehörst. Du bist nach wie vor

meine Hure, mit der ich tun und lassen kann, was ich will. Ich kann zum Beispiel meine Männer rufen, die dich auf meinen Befehl hin so zurichten werden, daß weder Leblanc noch Flaubert, noch andere Liebhaber Freude und Interesse an dir haben werden."
Diesen Worten ließ er eine lange Rede folgen. Diese bezog sich darauf, was er alles mit seiner Hure tun könne, wie er sie behandeln, beziehungsweise bestrafen könne. Er sprach von körperlichen Züchtigungen, von Spritzen mit Rauschgift, von Alkoholsucht, vom Entzug des Essens und Trinkens und nicht zuletzt von der Möglichkeit, sie den Haien zum Fraß vorwerfen zu können. Dies alles seien nur Drohungen, sagte er mit Nachdruck. Er hoffe sehr, diese Drohungen nicht wahrmachen zu müssen.
„Trotzdem möchte ich dein Einverständnis erbitten; denn mit einer freiwilligen Zusage läßt sich besser leben als mit Druck, der stets mit Unannehmlichkeiten verbunden ist. Also, wie ist es?"
„Ich bin einverstanden. Ich werde zweimal in der Woche entsprechend Ihren Wünschen auf der Yacht arbeiten."
„Ich werde das Geld von Leblanc einstreichen und du bist mit Ausnahme dieser beiden Tage ein freier Mensch."
Er bemerkte weiter, daß sie sich nicht einbilden solle, ihn hinters Licht führen zu können. Er habe viele Möglichkeiten, sie wieder aufs Schiff zurückzubringen und zwar mit allen für sie höchst unangenehmen Folgen. Auf ihre Frage, wann sie die Wohnung beziehen könne, antwortete der Chef, daß sie dies von Leblanc selber hören werde. Er käme übermorgen hierher, sagte er noch.
Wenn sie geglaubt hatte, die nächsten beiden Tage in aller Ruhe auf dem Schiff verbringen zu können, so hatte sie sich gründlich geirrt. Kaum hatte der Chef am folgenden Morgen das Schiff verlassen, als die Matrosen in ihre Kabine eindrangen in der eindeutigen Absicht, gemeinsam mit ihr das Bett zu teilen, einen „Flotten Dreier" zu machen, wie sie sagten. Sie jedoch wehrte sich heftig.
„Wir wollen von dir nichts anderes, als das, was du seit Monaten hier täglich freiwillig für Geld tust. Also ziehe dich aus und zwinge uns nicht, dir die Klamotten mit Gewalt vom Leib zu reißen."
„Ich werde Madame rufen!"
„Versuche es!" Sie wird auf unserer Seite stehen. Denn wir sind die einzigen, die ihr ab und zu eine Freude dieser Art zukommen lassen. Also wie ist es? Runter mit den Kleidern!"

Agathe spürte, daß jeder Widerstand gegen die beiden zur Gewalt entschlossenen Muskelmänner zwecklos war, und sie ergab sich in ihr Schicksal. Es sollte mit das Schlimmste und Widerlichste werden, was sie bisher erlebt hatte. Die beiden Matrosen fielen wie wilde Tiere über sie her, keiner gönnte dem anderen den Vortritt. Sie krallten sich mit ihren schmutzigen Fingern in ihre Haut und suchten immer wieder die gleiche Stelle. Dann schienen sie eine gemeinsame Methode gefunden zu haben. Der eine stellte sie fast auf den Kopf, riß ihre Beine auseinander, während der andere in sie eindrang. Und so abwechselnd immer wieder, bis beide erschöpft rechts und links von ihr in die Kissen fielen. Es gelang ihr nicht, aufzustehen. Bei jedem Versuch spürte sie einen behaarten, tätowierten Arm, der sie immer wieder zurückdrückte.
Das ging so weiter bis zum Mittag als Madame Agnès das Essen brachte.
Sie schaute sich wissend um und sagte: „Laßt jetzt das Mädchen in Ruhe und schlagt euch den Bauch voll, damit wenigstens einer von euch beiden noch ein wenig Manneskraft für mich übrig hat. Los! Raus aus der Furzkiste und an den Mittagstisch!"
Die beiden Matrosen folgten dem Befehl der Madame aufs Wort. Sie ordneten ihre Kleidung und schlichen hinaus. Danach überschlugen sich die Ereignisse. Kaum waren die beiden Matrosen draußen, als Agathe durch das Fenster das kleine Boot ihres Chefs ankommen sah. Sie spürte förmlich die Aufregung auf der Yacht, denn ihr war sofort klar, daß hier etwas geschah, womit niemand gerechnet hatte.
Der Chef war längere Zeit weggewesen und hatte auch seine Ankunftszeit nicht mitgeteilt. Es war erstaunlich, in welcher Geschwindigkeit die unüblichen Spuren weggewischt worden waren. Auch Agathe hatte ihre Kajüte und auch ihr Bett bereits in Ordnung gebracht. Sie war völlig unschlüssig. Sollte sie dem Chef den Überfall der beiden Matrosen melden? Zu langem Nachdenken gab es keine Zeit mehr. Schnell entschloß sie sich, zu schweigen, zumal ihr Leben sich ohnehin bald schon zum Besseren hin sich wenden würde. Sie hoffte, schon bald in die eigene Wohnung in Ajaccio umzuziehen. Vor dieser neuen Entwicklung wollte sie sich keine neuen Hürden aufbauen. Dieser Umzug hatte in jedem Fall Vorrang. Und darauf freute sie sich riesig.
Der Chef stieg an Bord, begrüßte Agathe nur flüchtig und begab sich zu

Madame Agnès, mit der er abzurechnen und einiges weitere zu besprechen hatte. In diesem Augenblick kam auf der dem Land abgewendeten Seite ein weiteres Motorboot an. Agathe war auf den schmalen Fensterausschnitt und ihr Gehör angewiesen. Es war ärgerlich, nicht erkennen zu können, wer da kam.
Doch dann hörte sie auch schon die rauhe Stimme: „Ist die Nonne da? Ich habe wieder einen Korb voller Langusten bei mir. Wo geht's hin? Wieder in dieselbe Kajüte?"
Kein Zweifel, es war der Langustenfischer, dem neulich die Szene mit der korsischen Dirne vorgespielt worden war. Das konnte aber diesmal nicht gutgehen. Der Chef war bereits oben erschienen, um den erwarteten Besucher zu empfangen.
„Ich will zu der Hure, der früheren Nonne; ich war schon vor einigen Tagen hier. Wo ist sie? Ich habe meine Zeit nicht gestohlen!"
Der Chef holte Agathe aus ihrer Kajüte. Er zerrte sie förmlich heraus.
„Ist es diese?" fragte der Chef ihn.
„Was soll ich mit der da?" antwortete der Fischer. „Los, laß mich an Bord! Was willst du denn hier? Wer bist du eigentlich?" wendete er sich an den Chef.
„Ich bin der Besitzer dieser Yacht und habe das Recht, dich zu fragen, wer du bist und was du auf meinem Schiff willst."
„Wenn du der Chef bist, dann frage ich dich, wer diese Frau ist, die mein Geld eingesteckt und meine Langusten gefressen hat."
Dem Chef schwollen die Adern an. Mit krebsrotem Gesicht rief er: „Kommen Sie mit in die Steuerkabine! Das muß aufgeklärt werden!"
Gemeinsam gingen sie in die Kabine, in der sich die beiden Matrosen und Madame Agnès aufhielten. Natürlich blickten diese sehr überrascht drein. Doch sie waren kaltblütig. Blitzschnell hatten sie sich über ihr Verhalten geeinigt, ohne ein einziges Wort miteinander gesprochen zu haben.
„Was will dieser Mann hier? Er ist nicht angemeldet", sagte die Madame mit einem Seitenblick auf die beiden Matrosen.
„Er behauptet, hier gewesen zu sein und mit Geld und einem Korb voller Langusten bezahlt zu haben", sagte der Chef.
Die Matrosen und Madame Agnès leugneten hartnäckig, den Fischer zu kennen.
„Was will der eigentlich von uns? Er hat Agathe nicht einmal wieder-

erkannt. Wenn er behauptet, mit Agathe zusammengewesen zu sein, muß er sie schließlich erkennen. Nicht wahr, Chef?"
„Das ist richtig, das leuchtet ein. Das ist ein Beweis."
Er wendete sich jetzt an den Fischer: „Sie sagen die Unwahrheit. Verlassen Sie sofort mein Schiff! Sie kennen Agathe, die ehemalige Nonne nicht und behaupten, mit ihr in der Kabine gewesen zu sein. Sie behaupten weiter, mit einem Korb voll Langusten bezahlt zu haben. So etwas hat es bei uns noch nie gegeben. Marsch, los, ins Boot, ehe ich den beiden Matrosen den Befehl gebe, Sie den Haien vorzuwerfen."
Die beiden Matrosen schalteten sofort auf Angriff und drängten den Fischer in sein Boot, das auch sofort abgestoßen wurde. Der Fischer war offenbar kein besonders mutiger Mann, denn erst als er hundert Meter entfernt war, erging er sich in üblen Beschimpfungen gegen die Motoryacht und alle Personen, die sich darauf befanden.
„Ihr verdammten Halsabschneider", schrie er und fuhr jetzt sogar noch viel lauter fort: „Wißt ihr, was das für ein Schiff ist? Es ist ein schwimmendes Bordell mit einer Puffmutter, zwei Gorillas und ein paar Nutten darauf, von denen eine sich als ehemalige Nonne ausgibt. Ich weiß, daß ich gegen eure Übermacht allein nichts ausrichten kann. Nur deshalb ziehe ich mich zurück. Ganz allein deshalb! Aber ich werde euch drankriegen. Schließlich gibt es auch hier in Ajaccio eine Sittenpolizei!"
Wieder schoß dem Chef das Blut zu Kopf. „Ihm nach!" schrie er. „Wir müssen ihn haben, ehe er das Land erreicht. Dieser Kerl ist imstande, unser schönes Geschäft zu verderben."
Die beiden Matrosen waren bereits ins Boot des Chefs gesprungen, hatten losgemacht und waren gestartet, als sie nun sahen, daß der Fischer eine andere Richtung einschlug. Er fuhr nicht, wie alle anderen Yachtbesucher, auf die Straße zu, die in Richtung auf die Iles Sanguinaires führte, sondern hielt geradeaus Richtung auf den Hafen zu und schien diesen in Höhe der Zitadelle anlaufen zu wollen.
„Er fährt zur Zitadelle!" rief der Chef und fuhr fort: „Das macht unsere Jagd auf ihn einesteils leichter, anderenteils schwieriger."
„Wie sollen wir das verstehen, Chef?"
„Es ist leichter für uns, ihn zu fangen, wenn die Strecke, die uns zur Verfügung steht, länger ist. Es ist schwerer für uns, weil nahe dem Hafen viel mehr Leute der Verfolgungsjagd zusehen können. Los! Ihm nach jetzt!"

Auch er sprang ins Boot. Die ungleiche Verfolgungsjagd konnte also beginnen. Ungleich war die Jagd, weil das Boot des Chefs fast doppelt so schnell war wie das des Fischers. So hatten sie ihn fast erreicht, als die griechische Kapelle am Ufer zu sehen war. Von der Motoryacht aus konnten die beiden Frauen, Agnès und Agathe nicht mehr richtig das Geschehen verfolgen, da die Entfernung mittlerweile zu groß geworden war.

„Ihm nach, auf ihn!" rief der Chef und schlug dem Mann am Steuer die Faust in den Rücken. Damit meinte er, daß er den Fischer ummähen könne, wann immer er wolle. In diesem Falle bestand natürlich die Gefahr, daß der Verfolgte vielleicht nicht lebend davonkäme. Das wollte der Chef auch nicht. Viel mehr wollte er den Fischer lebend in seine Gewalt bekommen.

Der Matrose steuerte sein Boot ganz eng an das Boot des Verfolgten heran, einmal schienen sich die beiden Boote sogar zu berühren, so daß der Fischer ernsthaft in Gefahr geriet zu kentern.

„Haltet ein!" rief er. „Ich gebe auf! Ich will nicht in die kalte Brühe, in der die Haifische auf Beute lauern."

Der Chef rief ihm hinüber, daß er seinen Motor abstellen solle, einer seiner Matrosen werde in sein Boot umsteigen und dieses zur Yacht bringen.

So geschah es auch. Als sie später alle auf die Motoryacht geklettert waren, sagte der Chef zu dem Langustenfischer: „So, was machen wir jetzt mit dir?"

Dieser erste Satz hörte sich noch ein wenig freundlich an, danach brach ein Ungewitter über den verängstigten Mann herein. Der Chef schrie ihm laut ins Gesicht, daß es einige Möglichkeiten gebe, um zu verhindern, daß er zur Polizei gehe oder anderweitig sein Wissen preisgebe. Erstens könne er seine Matrosen anweisen, ihn windelweich zu prügeln und ihn danach ins Meer zu werfen, aus dem normalerweise kein Sterblicher mehr herauskäme. Die zweite Möglichkeit sei, ihm sofort eine Kostprobe der Torturen zu geben, die möglich seien, um ein leichtfertiges Ausplaudern zu verhindern.

„Eines weiß ich genau", sagte er noch, „wer von meinen Gorillas in die Mangel genommen wird, läßt sein Maul klugerweise zu, auch wenn er sich durch Reden eine Menge Geld und sonstige Vorteile verdienen könnte. Im übrigen, zeig mir einmal deinen Paß!"

„Weshalb? Zu welchem Zweck?" antwortete der Fischer. „Ich habe keinen!"
„Wir brauchen den Nachweis deiner Wohnung. Wir wollen wissen, wo wir dich finden für den Fall, daß du unsere Ratschläge in den Wind schlagen und Dinge ausplaudern solltest, die uns nun mal nicht so gut gefallen. Also, wie ist es? Wie kannst du dich ausweisen? Davon hängt ab, ob du nach Hause gehen kannst oder nicht."
Der Fischer antwortete, daß er sich mit seiner Anglerkarte ausweisen könne, auf der vermerkt stehe, wo wer wohne. Er hielt sie hin, der Chef nahm sie an sich und steckte sie in die Tasche.
Damit war der Fischer gar nicht einverstanden. Ungeduldig antwortete er: „Wenn Sie mir meinen Ausweis abnehmen, will ich auch den Ihren haben. Ich möchte zum mindestesten den Namen desjenigen wissen, der sich meinen Ausweis unter den Nagel gerissen hat."
Der Chef zeigte ein schalkhaftes Lächeln, als er antwortete: „Fragen Sie die beiden Matrosen, fragen Sie Madame Agnès, fragen Sie, wen Sie wollen, Sie werden niemanden finden, der meinen Namen kennt. Wenn Sie unbedingt einen Namen benötigen, nennen Sie mich Monsieur Meunier. Dieser Name stimmt zwar nicht, aber es gibt so viele Menschen dieses Namens, daß der Schaden, der entstehen könnte, denkbar gering ist." Er machte eine Bewegung mit der rechten Hand, die dem Fischer anzeigen sollte, daß er wegfahren könnte. Dabei schrie er ihm noch in die Ohren, daß er sofort geholt würde, wenn er nur ein einziges Sterbenswörtchen von dem verrate, was er über dieses Schiff und seine Bewohner wisse. Ungeklärt bleibe auch die Frage, mit wem er das Vergnügen auf diesem Schiff gehabt habe, da Agathe auszuschließen war.
Der Chef schüttelte mehrmals den Kopf, sah abwechselnd die Matrosen, Agnès, Agathe und den Fischer an. Doch alle vier machten unwissende Gesichter, hoben beide Schultern wie ahnungslose Kinder und behielten schließlich ihr Wissen doch für sich. Als er dann den Fischer noch einmal scharf ansah, rief dieser laut und unwillig: „Es war die Schwarze, mit der ich das Zimmer geteilt habe. Das Geld hat die da eingesteckt und den Korb mit den Langusten hat der da weggeschleppt."
Dabei zeigte er auf Madame Agnès und den Steuermann.
Der jedoch sprang vor, packte den Fischer fest an der Gurgel, drückte schmerzhaft zu und schrie: „Willst du diese boshafte Anschuldigung gefälligst zurücknehmen? Wir kennen dich nicht, wir haben dich vorher

niemals gesehen. Wenn du dein blödes, unwahres Geschwafel nicht sofort zurücknimmst, drücke ich zu und stoße dich ins Wasser. Sage sofort dem Chef, wie es tatsächlich gewesen ist! Versichere ihm, daß du in Wirklichkeit überhaupt nicht hier auf diesem Schiff warst und daß alles, was du erzählt hast, ins Reich der Märchen gehört!"
Er schüttelte den Fischer noch einmal kräftig durch, bis dieser schließlich laut und deutlich das Geständnis über seine Lippen brachte, daß er niemals vorher auf diesem Schiff gewesen sei.
„Warum hast du denn heute nach der Nonne gefragt? Was weißt du von einer solchen, die auf diesem Schiff die Hure spielen soll?"
„In der Kneipe am Ende der Straße dort drüben, von der aus man den Point de la Parata sehen kann, erzählt man sich seit Tagen von einer besonders schönen, ehemaligen Nonne, die sich auf dieser Yacht für Geld hingeben würde. Ich wollte es mit Langusten versuchen, da meine Alte sofort merkt, wenn ich über die Maßen Geld ausgebe."
„Also ist die Geschichte von der schwarzen Hure, mit der du angeblich das Bett auf dieser Yacht geteilt hast, auch frei erfunden?"
Der Fischer senkte den Kopf und sagte leise und kleinlaut nur das eine Wort: „Ja!"
Auf die Frage, warum er eine solche Lügengeschichte in die Welt setze, antwortete er, daß er bei seinen Fischerfreunden in der Kneipe Eindruck machen wollte. Er werde jedoch heute noch die Sache in Ordnung bringen. Dann trottete er zur Leiter, die ihn in sein kleines Boot führte und fuhr, so schnell sein alter ratternder Motor es noch vermochte, der Uferstelle zu, an der sich besagte Kneipe befand.
Es kann vorausgeschickt werden, daß dieser Fischer fortan seinen Mund weitgehend hielt; denn diese schwarzhaarige Frauensperson und ihre Geschichte kamen nicht mehr zur Sprache und waren bald von allen Beteiligten vergessen.
Als nachher der Chef wegfuhr, gab es auch für Agathe noch eine deftige Überraschung. Sie saß in ihrer Kabine und dachte über das heute Erlebte nach. War es richtig, dem Chef die Wahrheit zu verschweigen? Machte sie sich dadurch nicht mitschuldig? Letztlich beschloß sie, sich darüber keine Gedanken mehr zu machen. Wenn sie durch eine Aussage die Matrosen und Madame Agnès in Schwierigkeiten bringen würde, würde dies sicherlich auch für sie schlechte Auswirkungen haben.

Plötzlich hörte sie Lärm vor ihrem Kabinenfenster. Was konnte denn das jetzt wieder sein? Sie trat ans Fenster und sah die dunkelhaarige, einheimische Dirne in großer Aufregung vor ihrem Fenster hin- und hergehen.
Sie fuchtelte erregt mit beiden Händen in der Luft herum, warf wilde Blicke hin und her und rief: „So, wie ihr euch das gedacht habt, läuft die Sache nicht. Das kann ich euch versprechen. Ich sitze nunmehr bereits einige Tage in dem Maschinenraum, habe im Ganzen drei Freier gehabt und das Fressen war auch nicht viel wert. Ich verlange fünfhundert Franc für entgangenen Verdienst. Von dieser Summe gehe ich keinen einzigen Sou ab."
Ihr Gesprächspartner, einer der Matrosen versuchte, sie zu beruhigen. Das nütze ihr alles nichts, sagte sie und fuhr fort, daß sie den ganzen Tag über blöde herumliege und nur ab und zu mal Nachts arbeiten könne. Sie verlange den besagten Betrag oder sie wende sich an den Chef.
Man sah dem Matrosen die Aufregung an, die ihn befiel, als er das Wort ‚Chef' hörte.
Im Gegensatz zu sonst wurde er plötzlich überaus beredt, versprach ihr die Sterne vom Himmel und bat sie, möglichst bald die Yacht zu verlassen.
„Es wird nicht dein Schaden sein", sagte er noch und war selber erstaunt, als sie darauf einging und ins Boot stieg.
Dabei sagte sie noch: „Wenn ich nicht in drei Tagen das Geld haben sollte, werde ich wieder hier sein. Merk dir das! So, und jetzt rudere mich rüber!"
Sie konnten nur das Rettungsboot benutzen, da der Chef mit dem Motorboot unterwegs war. Und dieses Rettungsboot besaß keinen Motor.
Agathe machte sich jedoch ernsthafte Gedanken über ihre Kollegin. Bei allen schlechten Erinnerungen über die Erlebnisse in dem Lustschloß oberhalb Marseilles, nach all den Erinnerungen über Rauschgift, Alkohol, Prügel und so weiter, kam jetzt eine neue Dimension hinzu. Man muß sich einmal vorstellen: Diese schwarzhaarige Kollegin, die man als ehemalige Nonne ausgegeben hatte, war mehrere Tage im dunklen Maschinenraum eingeschlossen. Sie durfte nur ein paarmal während der Nachtstunden nach oben, wenn die Matrosen oder Agnès ihre oft nicht appetitlichen Kunden bestellt hatten.

Was mußten Huren alles erdulden? Sie hatten keinerlei Rechte, nur Pflichten im Übermaß. Sie wurden in dreckige Löcher gesperrt, sie bekamen Essen und Trinken entzogen, sie wurden geprügelt, sogar oft verstümmelt, und wenn sie sich immer noch weigerten, die Befehle ihres Chefs auszuführen, hängte man sie an die Flasche, und wenn dieses alles noch nichts nützte, gab man ihr die Nadel, die Spritze mit Heroin.
Agathe wußte genau, daß ihre Chance, wieder ein normales Leben zu führen, gering, daß die Möglichkeit, wieder nach Hause zu kommen, gleich null war. Ihr einziger Hoffnungsschimmer war der ehrenwerte Monsieur Leblanc, der ihr die Wohnung in Ajaccio versprochen hatte. Wenn sie zu ihm besonders freundlich sein würde, ihm alle seine Wünsche erfüllte, wagte sie zu hoffen, daß dieser sie vielleicht hier herausholen konnte.
Am nächsten Tag kamen nachmittags zwei Freier im Abstand von zwei Stunden. Agathe hatte jedoch nur noch Gedanken für Herrn Leblanc. Sie fertigte die beiden auch verhältnismäßig schnell ab und staunte selbst, daß die sich eine solch nachlässige Behandlung gefallen ließen.
Sie kannte sich selbst kaum wieder und dachte lange darüber nach, mit welch lässiger Routine sie ein Geschäft erledigte, zu dem sie nun wirklich nicht geboren worden war. Sie überlegte eine Weile und versuchte nachzurechnen, mit wievielen Freiern sie bereits im Bett gelegen hatte. Diese Rechnung ging nicht auf, sie konnte sich nicht mehr an jede einzelne Liebesnacht erinnern, vor allem nicht mehr an die vielen Nächte in dem Schloßbordell hoch über dem Hafen von Marseille. Dies alles war äußerst schlimm und demütigend gewesen. Trotz allem mußte sie froh sein, ihre zweifelhafte Tätigkeit nunmehr auf dieser luxuriösen Yacht ausüben zu können. Viele ihrer Kolleginnen hatte man beim geringsten Widerspruch, der kleinsten Unfolgsamkeit, in die dreckigen Puffs der Marseiller Hafengegend gesteckt, wo diese Tätigkeit für sie nur erträglich war, wenn sie mit Alkohol und mit Rauschgift vollgestopf waren. Es gab schreckliche Typen dort, die im Rausch über sie herfielen und keinerlei menschliche Regungen mehr gelten ließen.
Die Freier hier auf der Yacht waren sozusagen handverlesen, hatten zumindest eine gute Kinderstube, hatten Erziehung und Bildung. Dieses alles hinderte allerdings auch diese Klientel nicht daran, im Bett ihre Wollust richtig auszutoben. Man stelle sich eine Klosternonne vor, die täglich fromm betete, keusch lebte, mit gesenktem Kopf zur

Kommunionbank schritt, und die man im nächsten Augenblick bereits nackt mit einem ebenso nackten Seemann die Liebe in härtesten Formen vollziehen sah.

Das ging einem Normalbürger sicherlich über sein Fassungsvermögen hinaus. Es geschah aber, wie hier im Falle der Agathe Sommer geschildert, tatsächlich von Zeit zu Zeit. Und doch war es auch bei ihr so, obwohl sie nichts dafür konnte, obwohl sie keinerlei Schuld dafür trug. Sie war ein Opfer widriger Verhältnisse geworden, die jeden Menschen einmal in dieser oder jener Form erreichen konnten.

Jetzt aber schien sich für Agathe alles zum Besseren zu wenden. Monsieur Leblanc kam an folgenden Tag, um sie mit der Erlaubnis ihres Chefs abzuholen. Sie fuhren mit dem Motorboot an Land, bestiegen die große Limousine Leblancs und erreichten in wenigen Minuten den Cours Grandval, an dem das Haus stand, in dem für Agathe eine elegante Wohnung gemietet worden war.

Diese große Avenue wird im Osten vom Place Giraud mit dem Monument des Empereur, das von dem Bildhauer Seurre gestaltet, begrenzt, und das ihn in der selteneren Ausführung mit Hut zeigt. Im Westen mündet dieser große Cours, am Place de Gaulle vorbeiführend, auf dem Place Maréchal Foche und damit am Hafen. Das Haus stand fast genau an der Stelle, an der die beiden großen Achsen der Stadt, der Cours Napoleon und der Cours Grandval zusammentreffen.

Vom vierten Stockwerk dieses an sich schon hochgelegenen Hauses konnte Agathe im Süden den Golf von Ajaccio, den Strand, die Zitadelle und am Monte Salerio vorbeiblickend, sogar die Iles Sanguinaires und ihre Motoryacht gut sehen. Im Norden erlaubte der Cours Napoleon ihr die Sicht bis zum Justizpalast, dem Bahnhof und dem Jetée du Margonaro, auf dessen Spitze der hohe Leuchtturm nachts sein Licht übers Meer kreisen ließ. Unmittelbare Nachbarn waren das Hauptpostamt und die Polizeipräfektur. Über den Place de Gaulle hinweg ruhte ihr Blick wohlgefällig auf dem Bonapartedenkmal, das Napoleon hoch zu Roß zeigt, umgeben von seinen vier Brüdern Joseph, Lucien, Louis und Jérome, alle mit griechischen Gewändern dargestellt.

Auf diesem Place de Gaulle findet an jedem Nachmittag eine unvorbereitete Modenschau statt. Es sind die jungen Damen der Hauptstadt, die hier, auf dem groben Sand des Platzes, die Hauptrolle spielen. Es ist

einfach erstaunlich, welch wunderbare Schönheiten dieser Schmelztiegel des Mittelmeeres immer wieder hervorbringt. In der Erbmasse dieser Mädchen und Frauen haben sich seit Generationen korsische, französische, italienische und afrikanische Elemente zu großer Vollkommenheit vermischt, was sich nicht nur im Aussehen, sondern auch in der Anmut der Bewegung ausdrückt. Diese jungen Damen können anziehen, was sie wollen, ob billige Fähnchen aus Zweiterhandgeschäften, ob geschenkte oder geerbte Kleidungsstücke, auf diesem primitiven Laufsteg sehen sie wie Königinnen aus, wie perfekte Vorführdamen, die täglich eine Menge Neugieriger anziehen.
Genauso spektakulär wie der Blick aus dem Fenster war ihre Wohnung. Sie bestand aus drei Zimmern, Küche, Bad und einem überbauten Balkon, der ebenfalls einen Blick bis weit in den Golf von Ajaccio erlaubte.
Die Einrichtung war traumhaft. Kam man vom Treppenhaus durch die Wohnungstür, sah man rechts die kleine, gut ausgestattete Küche. Dieser gegenüber lag das prunkvolle Wohnzimmer, mit einer kleinen, praktischen Eßecke. Vom Flur aus schloß sich das Schlafzimmer an, ein großes, französisches Himmelbett mit Baldachin, ein langer, mehrteiliger Schrank, auf dem eine wundervolle, kleine, altenglische Uhr leise vor sich hintickte, an den Wänden vier echte Gemälde von Chagall, Manet und im Wohnzimmer sogar eines von van Gogh. Die Krönung der Wohnung war jedoch das Bad, in Herzform, und ganz aus reinem Carraramarmor gebaut.
„Welch wunderbare Wohnung!" rief Agathe aus, fiel Leblanc um den Hals und küßte ihn heftig. „Solch eine Eleganz habe ich noch niemals gesehen. Vom Balkon aus kann man in drei verschiedenen Richtungen das Meer sehen. Mein Gott! Wie schön! Und darin soll ich wohnen?"
Leblanc antwortete, daß diese Wohnung ihr gehöre. Sie habe den Status einer Mieterin, brauche jedoch nichts zu zahlen. Der Mietvertrag dauere jeweils zwölf Monate. Wenn er bis dahin von keiner Seite gekündigt würde, verlängere er sich jeweils um ein weiteres Jahr. Als einzige Gegenleistung verlange er die Duldung seines Besuches zweimal in der Woche. An diesen beiden Tagen lasse er Essen und Trinken im Wohnzimmer auftragen. Um welche Uhrzeit er hier erscheine, werde er ausreichend früh vorher bekannt geben. Außerdem erinnerte er an das gemeinsame Versprechen dem Chef der Yacht gegenüber, ab und

zu einmal „Dienst" auf dessen Boot zu machen. Wenn das Geld, das sie dort erhalte, als Taschengeld nicht ausreiche, würde er ihr eine bestimmte Summe bei seinen Besuchen zurücklassen. Im übrigen besitze er noch drei weitere, voll eingerichtete Wohnungen in Ajaccio und in der näheren Umgebung. Diese Wohnungen seien in erster Linie für die Unterbringung von Geschäftsfreunden und Mitarbeitern vorgesehen. Es handele sich hier vor allem um Partner und Geschäftsfreunde vom europäischen Festland, für die ein einziger Tag nicht ausreiche, um ihre Geschäfte zu erledigen.

Agathe war einerseits erfreut und überrascht von soviel Großzügigkeit ihres Gönners, andererseits gefiel ihr die trockene Geschäftsmäßigkeit in der Wohnungsfrage gar nicht. Doch was sollte sie dagegen tun? Die Großzügigkeit Leblancs schlug ihr einfach alle Einwände aus der Hand. Daß sie diese Luxuswohnung mit ihrem Körper bezahlt hatte, war ihr völlig klar, doch sie war nun mal eine Hure. Besser war es alle Male, eine Luxushure, denn eine Bordsteinhure zu sein.

Sie überlegte sich: Wenn Herr Leblanc zweimal in der Woche kommen würde und sie außerdem zwei Freier wöchentlich auf dem Schiff zu empfangen hatte, so waren dies doch viel weniger, als sie in Marseille an einem einzigen Tag zu befriedigen hatte. Ganz abgesehen von dem Bordell in der Rue de la Canebière, vor dem sie bisher ein gütiges Geschick bewahrt hatte.

Für den nächsten Mittwoch war Herr Leblanc, den Agathe längst René nannte, angemeldet. Sie spürte so etwas wie Sehnsucht, als sie, schon eine Stunde vor der vereinbarten Zeit, auf ihrem Balkon stand und über den Place de Gaulle hinweg Ausschau nach René hielt.

Schließlich sah sie die große Limousine, als diese neben ihrem Haus in den Hof fuhr. Wenige Minuten später klingelte es bereits an ihrer Wohnungstür. Freudig, mit ausgebreiteten Armen, empfing sie den Freund.

„Wie freue ich mich, René! Ich habe bereits alles sauber gemacht."

„Die Wohnung sollte gereinigt an dich übergeben werden. So war es mit der Gesellschaft, die dieses und andere Häuser vermietet, vereinbart. Im übrigen bin ich Teilhaber auch dieser Immobilienfirma.

„Die Wohnung war gereinigt. Jedoch nicht so, wie es deiner würdig ist. Mein Gott, René! Du wirst ja immer reicher. Und ich darf mich deine Freundin nennen!"

„Du darfst nicht nur. Im Gegenteil, ich fühle mich geehrt, wenn ich dich, meine liebe Agathe, Freundin nennen darf."
In der freudigen Erregung, in der sich Agathe befand, merkte sie gar nicht, daß auf dem Flur vor ihrer Wohnungstür zwei Männer in Livrée standen, denen sie die Tür vor der Nase zugeschlagen hatte.
„Wo sind die beiden Bediensteten" sagte Leblanc und öffnete wieder die Tür.
Dort sah Agathe jetzt zwei Männer, den einen in Kochkleidung, den anderen in der Montur eines Oberkellners. Sie hatten sich bereits ihrer Mäntel entledigt. Sie hatten ein mehrstufiges Tragegestell neben sich stehen, in dem sich offenbar die verschiedenen Speisen befanden. Ein Karton mit Weinflaschen war ebenfalls dabei.
„Diese beiden Herren werden jetzt das Essen zubereiten und es uns im Wohnzimmer servieren und zwar heute als Eröffnungsdiner besonders festlich. Laß dich überraschen, mein Schatz!" sagte Leblanc und machte das Gesicht eines Gourmets, der ein neues Gericht entdeckt hat.
Die beiden Bediensteten waren in der Tat erstklassige Fachleute. In Minutenschnelle zauberten sie ein Menü mit allen Feinheiten auf den Wohnzimmertisch. Es dauerte keine Viertelstunde, bis der Oberkellner an Agathe, die mit René auf dem Sofa saß, meldete: „Madame, il est servi!"
Es roch vorzüglich. Die Düfte vieler Regionen zogen sich in die Nasen.
„Une petite salutation de la cuisine, Madame! Zum Empfang ein kleiner Gruß aus der Küche!" sagte der Kellner und brachte zwei kleine Teller, auf denen sich eigentlich nur zwei noch kleinere Stückchen der auf der Insel immer delikaten Hummerterrine mit hübscher Kräuterdekoration befanden. Dann gab es der Reihe nach Salatvariationen der Insel, klare Suppe von Meeresfrüchten, als Zwischengericht eine halbe Languste, Cochon de lait farci, ein gefülltes Spanferkel, offenbar eines der kleinen Schweinchen, die zu Tausenden Wälder und Hecken der Insel bevölkern und kaum größer als Dackel sind. Dazu gab es Kartoffellocken, Pralinenkartoffeln, eine Auswahl heimischer Gemüsesorten und als Nachtisch Pate de merle, die in Ajaccio sehr beliebte Amselpastete.
In jedem freien Augenblick, den das Servieren dieses umfangreichen Menus dem Kellner ließ, hatte dieser eine Weinflasche in der Hand und schenkte nicht nur freigebig ein, sondern ermunterte auch die beiden

immer wieder zum Trinken. Es gab einen korsischen Tafelwein, lieblich und süffig, der an den Talhängen zwischen dem Golfe de Valinco und der alten Stadt Sartène wuchs, der Lieblingsstadt Leblancs, an die er offenbar sein Herz verloren hatte, seit er im Gewande des Büßers das Kreuz durch die engen Gassen, büßend und betend, getragen hatte. Dieses alte Städtchen und die dortige Karfreitagszeremonie stand immer noch zwischen dem Liebespaar und gab Agathe nach wie vor große Rätsel auf.
Zu gerne wollte Agathe wissen, welche Verfehlung René veranlaßt hatte, sich für die Rolle des Büßers zu bewerben, die wie ein unsichtbarer Klotz zwischen den beiden stand und Agathe nach wie vor an der völligen Hingabe ihrer Gefühle René gegenüber hinderte. Offenbar war er immer noch nicht bereit, Agathe die Wahrheit darüber zu gestehen.
Agathe kannte sich bei diesem Eröffnungsmenü und nach dem Genuß des überaus süffigen Weines selbst nicht mehr wieder. Sie nahm immer wieder die Aufforderung zum Trinken an, hatte bald schon rote Bäckchen, glänzende Augen und mußte sich immer wieder festhalten und abstützen, wenn sie einmal aufstand und ihren Platz verließ.
Als die Bediensteten abgeräumt und, reichlich belohnt, gegangen waren, war sie es, die den Liebhaber ins Bett zwang.
„Ich liebe dich, René! Wenn du mich jetzt fragen würdest, ob ich dich heiraten will, ich würde einverstanden sein."
„Warum sagst du das jetzt, meine Liebe?"
„Du weißt, daß ich schon eine ganze Weile eine Hure bin, du weißt, daß ich immer noch dieser Tätigkeit auf dem Schiff – höchst ungern, versteht sich – nachkomme, nachkommen muß. Dennoch behandelst du mich wie eine Dame aus deinen Kreisen. Das gibt mir die Kraft und den Mut, diese Frage an dich zu richten."
Eine ganze Weile herrschte Schweigen im Schlafzimmer. Dann begann er leise, aber bestimmt und sagte, daß sie genau wisse, daß er verheiratet sei. Diese Tatsache sei zwar rückgängig zu machen, aber es gäbe noch einen weiteren Grund, der einer Verbindung mit ihr im Wege stünde.
Jetzt, an dieser Stelle des Gespräches und durch den Wein beflügelt, wagte sie zu fragen, ob er sich nicht entschließen könne, ihr diesen schwerwiegenden Grund mitzuteilen.
„Nein!" sagte er bestimmt, „das geht nicht, meine Liebe, noch nicht. Genügt es dir nicht, daß ich dir eine Wohnung zur Verfügung gestellt

habe, in der wir ohne Angst eheähnlich leben können? Muß unbedingt ein Pfarrer dazwischenstehen?"
„Nicht der Pfarrer allein ist mir wichtig, sondern Gott soll dabei sein."
„Eine Hure beruft sich auf Gott. Das ist in der Tat ungewöhnlich!" Doch kaum hatte er dieses schlimme Wort ausgesprochen, als es ihm sichtbar leid tat. Er hielt die Hand vor seinen Mund, machte erschrokkene Augen und sagte nur die beiden Worte: „Mein Gott!" In diesem Ausruf kam seine Enttäuschung und gleichzeitig seine Überraschung zum Ausdruck. Er schien nicht zu begreifen, wie ihm solches passieren konnte.
Es dauerte eine Weile, bis er sich soweit beruhigt hatte, daß er weitersprechen konnte: „Verzeih mir Agathe! Es ist mir herausgerutscht."
„Laß es gut sein, René", antwortete sie ihm und fuhr fort „Du hast die Wahrheit gesagt, René. Ich bin nun einmal eine Hure. Trotzdem nimmst du mich an und schon allein dieses verpflichtet mich zu Dank dir gegenüber. Verzeih mir, daß ich Gott ins Spiel gebracht habe. Er paßt wahrhaftig nicht zu einer Hure, es hört sich aus einem solchen Munde recht komisch an, dieses sehe ich ein. Doch vergiß bitte nicht, daß ich einen Großteil meines Lebens in einem katholischen Orden verbracht habe, in dem Gott der Morgen-, Mittags- und Nachtgedanke war. Ich fühle mich durch eigene Schuld von Gott verstoßen, doch er schwirrt immer noch in meinem Kopf herum. Wenn in ein paar Jahren wieder alles anders mit mir werden sollte, kann ich vielleicht auch wieder auf seinem Wege gehen. Doch wer weiß dies schon? Gott selbst hat, der Bibel zufolge, einer Hure verziehen. Warum sollte dies mit mir nicht geschehen?"
Hinter das Geheimnis, das Leblanc doch zu bewegen schien, kam Agathe schneller, als sie erwarten konnte.
Anfang der folgenden Woche mußte Agathe wieder auf die Motoryacht, denn Monsieur Flaubert hatte sich angesagt. In der Tat fiel es ihr lästig, mit anderen Männern ins Bett zu müssen, wenn es sich in diesem Falle auch um einen guten Bekannten, den reichen Sproß aus der Familie Fesch handelte, dem Mann, der Ajaccio wie kein zweiter kannte und der ihr bisher immer nur Gutes angetan hatte. Es war jedoch etwas anderes, ob man sich gebunden fühlte und aus diesem Bund nur sporadisch ausbrach oder ob man voll und ganz als Hure tätig war, der alle Gefühle einer etwaigen Bindung fremd zu sein hatten. Natürlich

gab es verheiratete Huren, doch in diesen Verbindungen herrschte der Mammon, das Geld war das Bindemittel, das oftmals recht gut hielt, besser als eventuelle gemeinsame Kinder, besser als alle gemeinsamen Erlebnisse, besser als private Sympathien.
Doch im Falle Agathes handelte es sich um ein festes, wenn auch mündliches Versprechen, das auch von Leblanc anerkannt worden war. Weshalb hatte Leblanc dies getan? Warum pochte er nicht auf das alleinige Besitzrecht an ihr, zumal er sich im Klaren darüber war, daß Agathe ihm in der Tat allein gehört hätte, wenn er dieses Versprechen nicht gegeben hätte. Vielleicht genügten ihm die wenigen Stunden in der Woche, in denen er mit Agathe zusammen sein konnte? Er hatte auch bisher kein Wort darüber verlauten lassen, ob es Agathe erlaubt oder verboten sei, auch andere Kunden in ihrer Wohnung zu empfangen. Gehörte dies alles zum Thema Großzügigkeit? Er hatte bis heute Agathe nicht ein einziges Mal nach ihren Erlebnissen gefragt, die sie auf dem Schiff hatte, nachdem sie ihre private Wohnung bezogen hatte.
Es war Anfang der nächsten Woche, als sie mit der schnellen Barkasse des Chefs die Yacht erreichte und ihr Liebeszimmer betrat. Schon auf den ersten Blick bemerkte sie, daß in der Zwischenzeit eine oder mehrere Huren hier tätig gewesen sein mußten. In aller Eile räumte sie auf, verbarg die fremden Dinge in einer Schublade und verlangte von Madame Agnès neues Bettzeug.
Es war auch höchste Zeit, denn sie sah durch das Fenster, wie ein kleines, jedoch elegantes Motorboot sich der Yacht näherte, das konnte nur Flaubert sein, ein Mann, dem Pünktlichkeit über alles ging.
Agathe mußte sich beim Liebesspiel immer wieder bemühen, ihre gedankliche Abwesenheit zu verdrängen, denn bei jeder Bewegung hatte sie René vor ihrem geistigen Auge.
„Du bist nicht mehr die alte Agathe, mein liebes Kind."
„Wieso nicht?" antwortete sie ein wenig trotzig. „Erfülle ich dir nicht alle erdenklichen Liebeswünsche?"
„Das schon, doch ein wenig steifer, lustloser als früher, empfinde ich. Du hast dich verändert, Agathe, seitdem du eine eigene Wohnung in der Stadt hast."
„Du weißt das? Wer hat dir das mitgeteilt?"
„Für mich gibt es in dieser Stadt keine Geheimnisse. Wenn ich Nachrichten über Personen und Dinge wünsche, habe ich bald jemanden

gefunden, der mir dieses mitteilen kann. Im übrigen ist René Leblanc eine Persönlichkeit des öffentlichen Interesses. Er, der sich oft überheblich selbst mit dem eingebildeten Titel ‚König von Korsika' anspricht, kann kaum etwas heimlich tun."
„Kennst du Leblanc?"
„Natürlich kenne ich ihn. Ich kenne seine Vergangenheit, seine familiären und auch seine geschäftlichen Verhältnisse zur Genüge."
„Hat er dir etwas über mich erzählt?"
„Man muß nicht unbedingt mit einem reden, um ihn zu kennen. Das, was er dir bietet, hätte auch ich dir geben können, doch unter normalen Bedingungen."
„Bist du etwa nicht verheiratet?"
„Doch! Aber ich habe keine Geheimnisse, weder vor meiner Frau, noch vor meiner Geliebten."
Als Agathe ihn bat, ihr die Geheimnisse Renés mitzuteilen, erzählte er ihr eine erregende Geschichte.
Leblanc lebte in einer schlechten, zweiten Ehe, die ihm große Probleme bereitete, die immer wieder durch immer größere Beträge aus der Welt geschafft werden mußten. Die jetzige, die zweite Frau, wußte um die Umstände, unter denen die erste gestorben war, besser gesagt, umgebracht worden war. Umgebracht von ihrem Mann René. Es gab für sie keinen Zweifel, daß er ihr ein Schlafmittel eingeflößt hatte, unter dessen Wirkung sie am nächsten Tag mit ihrem Wagen gegen eine Mauer gefahren war. Ihm war jedoch nichts nachzuweisen, da er das Rezept eines hiesigen Arztes vorweisen konnte, das auf den Namen seiner Frau ausgestellt war und besagtes Schlaf- und Beruhigungsmittel verordnete. Doch alle Welt wußte, daß Renés Frau ihm im Wege stand, daß er ein Verhältnis mit der Frau eines hohen städtischen Beamten hatte, die sich schließlich scheiden ließ und ihn, René, heiratete.
Aber auch nach dieser Eheschließung hörten seine amourösen Eskapaden nicht auf. Er hatte vor Agathe bereits mehrere kostspielige Geliebte und andere Gespielinnen gehabt. Als die Ehefrau plötzlich mit dem Auto tödlich verunglückte, war die Gerüchteküche in Ajaccio am brodeln. Die Zeitungsreporter gaben sich alle nur erdenkliche Mühe, hinter das Geheimnis dieses mysteriösen Autounfalls zu kommen. Vergeblich! Das Arztrezept schlug alle bösen Vermutungen aus dem Feld.

Lange Zeit hörte man danach nichts mehr, die Angelegenheit schien eingeschlafen zu sein, bis plötzlich die Meldung die Runde machte, Leblanc sei bei der Prozession in Sartène als Büßer, als Gefesselter, als Catenaccio, in Erscheinung getreten. Man durchleuchtete alle nur möglichen bisherigen Büßer und kam zu der Feststellung, daß alle, ohne Ausnahme, Verbrecher waren, die ihre Taten entweder durch Urteile weltlicher Instanzen verbüßt oder die der weltlichen Gerichtsbarkeit mit Geschick oder Glück entgangen, also durch Gesetzeslücken geschlüpft waren. Alle Büßer hatten, ohne Ausnahme, den Wunsch, ihre Taten auch vor Gott zu bereinigen. Dieses war hier auf der Insel nur durch die Verkörperung des Büßers in der Prozession von Sartène am Karfreitag eines jeden Jahres möglich. Wenn auch die meisten der Catenaccios ihre Taten in Verfolgung einer Blutrache verübt hatten, gab es auch einige andere. Die jeweiligen Pfarrer von Sartène, die als einzige die Namen der bußfertigen Verbrecher kannten, hatten bewußt keine Aufzeichnungen gemacht. Sie waren bestrebt, die Namen unentdeckt zu lassen. Ob dieses Verhalten mit den kirchlichen Gesetzen in Einklang zu bringen war, wußte keiner. Zum mindesten hatte die Kirche nichts dagegen. Fast alle Catenaccios behaupteten mit großer Sicherheit, während der Prozession mit Gott gesprochen und die Absolution von Gott selber erhalten zu haben.

Die in diese Angelegenheit eingeweihten Einwohner Ajaccios fragten sich natürlich, warum Leblanc als Catenaccio gegangen war und das schwere Holzkreuz durch die Straßen und Gassen Sartènes geschleppt hatte, wenn er nicht eine schwere Schuld zu verbüßen gehabt hätte. Das nunmehr allgemeingültige Wissen in Verbindung mit dem Tod der ersten Frau Leblancs gab natürlich sehr vielen die Gewißheit, daß beide Ereignisse in einen gefährlichen Zusammenhang gebracht werden konnten.

Auch die Tatsache, daß Leblanc nur mäßig trauerte und schon bald seine Gespielin ins Haus nahm und heiratete, wurde mit mehr als einem Augenzwinkern zur Kenntnis genommen.

Es war nur verwunderlich, daß Leblanc trotz dieses Verdachtes keine geschäftlichen Einbußen hatte. Er war ein außergewöhnlich guter Geschäftsmann und Fabrikant und seine Partner lebten zum überwiegenden Teil auf dem französischen Festland und in vielen anderen Ländern Europas.

„Mit großer Wahrscheinlichkeit bist du jetzt die Geliebte eines Mör-

ders", schloß Flaubert seinen ausführlichen und erregenden Bericht.
Agathe erholte sich schnell von ihrem Schock. Es konnte einfach nicht wahr sein, daß René einen Mord begangen hatte. Der höfliche, liebenswürdige und zuvorkommende Mensch ein Mörder? Nein, das konnte einfach nicht wahr sein. Aber er suchte immer noch Huren auf. Sie war schließlich selbst nichts anderes als eine Hure. Schon ehe sie in Ajaccio auf der Yacht aufgetaucht war, war er dort einer der bevorzugsten Gäste gewesen. Ein solcher Mann, mit seinem Wissen, seiner Intelligenz, seiner Höflichkeit, Zuvorkommenheit und vor allem seiner Offenheit! Konnte ein solcher Verbrecher so unbeschwert lieben? Konnte ein Mörder einer Frau so unbefangen ins Auge blicken? Konnte ein Mörder so zärtlich und liebevoll sein? Nein, das konnte und wollte sie nicht glauben. Sie dachte an den Strauchdieb im Wald, der sie in übler Form vergewaltigt hatte. Dieser Mann hatte Mörderaugen, sein ganzes Gesicht war böse. Doch René hatte niemanden erwürgt, auch hatte er niemanden erschossen, erstochen oder erschlagen. Man warf ihm vor, seine Frau durch ein Schlafmittel fahruntüchtig gemacht und dadurch den tödlichen Unfall herbeigeführt zu haben. Wen aber konnten die Beschuldiger als Zeugen anführen? Niemanden! Es hatte keiner mit eigenen Augen gesehen, daß Leblanc seiner Frau das Schlafmittel eingeflößt hatte. Der Apotheker bezeugte, daß er zwar Frau Leblanc dieses Schlafmittel mehrmals auf Rezept verkauft hatte, jedoch niemals Herrn Leblanc. Als Verdachtsmoment gegen ihn galt lediglich sein kühles Verhältnis zu seiner Frau, seine schnelle Wiederheirat, der häufige Besuch in Bordellen und die Tatsache, daß seine Frau seinen vielen Liebschaften im Wege stand. Zu einer Verurteilung reichte dies bei weitem nicht, das war vom Gericht auch so gesehen worden.
Als Flaubert begann, sich wieder anzukleiden, sagte Agathe leise, doch sehr bestimmt: „Ich weigere mich einfach, in René, Verzeihung, in Leblanc, einen Mörder zu sehen. So wie er sehen Mörder nicht aus, solche Augen haben Mörder nicht. Ich nehme dieses Gruselmärchen nur zur Kenntnis, mehr nicht. Ich frage vielleicht Herrn Leblanc auch danach. Ich bin sicher, daß er alles abstreiten wird."
„Ich werde dich jetzt verlassen. Heute in einer Woche werde ich wieder hier sein, meine Liebe. Du bist nach wie vor dein Geld wert. Auch wenn Leblanc bei jedem Geschmuse, bei jedem Liebesspiel unsichtbar dabeisteht. Ihm wird es jedoch nicht gelingen, dich mir zu entziehen. Ich

weiß nämlich auch um deine Vereinbarung mit dem Chef, die auch Leblanc anerkennt. Es sind nur noch wenige, die das Glück haben, mit dir, meine Liebe, das Bett zu teilen. Ich will auch künftig einer dieser wenigen sein. Denn die Gelegenheit, mit einer nackten Nonne Amouröses zu erleben, ist selten. Wenn diese nackte Nonne außerdem noch gut ist, den Kolleginnen weit überlegen, dann muß man schon die Schatulle ein wenig weiter öffnen. Ich jedenfalls lasse mir dieses Vergnügen schon etwas kosten."
Als er gegangen war, sah Agathe durchs Fenster, daß er Madame Agnès einige Geldscheine übergab. In ihrem Nachtschrank fand sie einen Tausend-Franc-Schein. Das war eine tolle Entlohnung für zwei Stunden. Agathe mußte an die Kolleginnen in der Rue de la Canebière denken, die für diesen Betrag zehn betrunkene und stinkende Seemänner über sich ergehen lassen mußten.
Agathe hatte sich in Ajaccio zu einer außerordentlich schönen jungen Frau entwickelt. Sie trug erlesene, modische Kleider aus den eleganten Geschäften der Rue Faubourg St. Honoré in Paris und wertvollen Schmuck ähnlicher Herkunft. Dies alles brachte René von seinen Geschäftsreisen mit, die ihn fast immer auch nach Paris führten. Wenn sie, so gekleidet, mit dezentem Makeup, auf dem Place de Gaulle saß, wanderten die Augen der Männer jeden Alters mit Interesse und Hochachtung zu ihr hinüber. Fast täglich mußte sie sich Ausreden ausdenken, um Rendezvous und ähnliche Zusammenkünfte abzuwehren. Ihr machte es sichtlich Freude, die anerkennenden und gleichzeitig begehrlichen Blicke auf sich gerichtet zu fühlen.
Kann man Blicke fühlen? Jawohl, man kann es. Man kann sehr wohl die Probe auf diese Behauptung machen. Man braucht nur hinter jemandem herzugehen und diese Person mit beharrlichem Blick zu verfolgen. In dreiviertel aller Fälle wird sich die durch Blicke verfolgte Person nach wenigen Augenblicken schon umdrehen oder eine ähnliche Verhaltensäußerung sichtbar werden lassen. Vielleicht ist dies die einfachste Form der Telepathie.

11.

CONNY PRINTEMPS

Eines Spätnachmittags klingelte es an der Wohnung Agathes. Als sie öffnete, stand ein junges Mädchen im Flur. Auf den ersten Blick sah Agathe, daß es eine Kollegin von ihr, eine Hure also, sein mußte. Doch noch etwas anderes entdeckte sie in den schönen braunen Augen des Mädchens. Diese immer noch reizvollen Augen zeigten den Ausdruck des Wissens, des Mehrwissens, des Mehrerlebten. Diese Augen hatten einen seltsamen Glanz, sie blickten einen auch dann noch voll an, wenn andere Augen sich senkten. Auch hatte dieses junge Gesicht bereits Falten, Krähenfüße an den Schläfen, an Nase und Mund, die in ein so junges Antlitz eigentlich nicht recht hineingehörten. Agathe fragte sich, ob es eigentlich ein typisches Hurengesicht gäbe, eine Physiognomie, die andere Mädchen beziehungsweise junge Frauen nicht hatten und auch mit schauspielerischem Vermögen nicht zustandebrachten. Die Lippen hatten zuviel und zu dunkles Rouge, die schön geschwungenen Brauen waren mit zuviel Schwarz nachgezogen. Auch die Kleidung war irgendwie anders an dieser jungen Person. In allem lag etwas Übertriebenes, ein wenig zu dick Aufgetragenes. Das sah man auch an den Fingernägeln, die ein deutliches und aufregendes Gemisch zwischen rot und violett zeigten und als besonderen Blickfang einige goldene Punkte aufwiesen. Ohne jeden Zweifel, je länger Agathe dieses Mädchen betrachtete, je sicherer wurde sie in ihrem Urteil, daß es sich hier um eine junge Hure handelte.
Alle diese Feststellungen traf Agathe in wenigen Sekunden, fast in der Zeit, die ihre Anrede „Mit wem habe ich das Vergnügen?" dauerte.
„Mein Name ist Conny Printemps. Ich habe bereits mehrfach auf demselben Schiff gearbeitet, das auch dir nicht unbekannt sein dürfte."
„Und? Was soll das? Was wünschen Sie von mir?"
„Sag zuerst einmal ‚du' zu mir. Huren sind weder Akademiker noch Staatsbeamte. Also, was ich will? Höre!"
Conny begann mit einer spannenden Geschichte, die zu Agathes Überraschung in dem deutschen Städtchen Bad Godesberg am Mittelrhein begann. Bereits in den ersten französisch gesprochenen Sätzen Connys glaubte Agathe rheinische Klänge herauszuhören.
Conny arbeitete als Reiseleiterin in einem Kölner Reisebüro. Da es sich seinerzeit um einen sonnigen Herbst im Jahre 1975 handelte, bestand die Haupttätigkeit Connys aus der Begleitung von Reisegruppen zu den

Orten der Weinlese, zu den Zentren rhein- und moselländischer Fröhlichkeit. Wie auch an jenem Septembersamstag.
Conny besuchte mit ihrer Reisegruppe zuerst Bonn und das Bundeshaus am Rheinufer, danach Königswinter und – mit Eseln bequem erreichbar – den Drachenfels. Hier begann bereits der alkoholische Teil dieser Exkursion, die zwar fröhlich, mehr jedoch noch feucht werden sollte. Danach ging es in ein Weinlokal in Königswinter, während der Abschluß in einem Tanzlokal in Bad Godesberg stattfand. Hier war trunkene Freude Trumpf.
Da Conny ihre Lebenslust wegen der Überalterung der Gesellschaft nicht mit den Reiseteilnehmern ausleben konnte, sah sie sich schon frühzeitig nach einheimischen jungen Männern im Saale um. Bald hatte es ihr ein junger Mann angetan, mit dem sie danach nur noch tanzte.
„Wie heißt du, mein flottes Kind?" wollte der gute Tänzer bereits nach kurzer Zeit wissen.
„Ich heiße Cornelia Frühling und bin die Reiseleiterin dieser Kölner Gruppe."
„Mein Name ist Manfred Ebert und ich bin mutterseelenallein hier in diesem Tanz- und Sündenpfuhl."
„Und die Leute an deinem Tisch?"
„... sind Kumpels. Wir sind nur des Vergnügens wegen hierhergekommen. Übrigens sind wir öfter hier, weil hier gute Musik gemacht wird und immer junge hübsche Damen zu finden sind. Wie lange bleibt ihr in diesem Vergnügungstempel?"
„Da viele unserer Reiseteilnehmer weit verstreut im Kölner Umland wohnen, übernachten wir hier und bringen die Leute morgen Mittag nach dem Essen wieder nach Hause."
Das war für Manfred Ebert natürlich eine Aufforderung. Er bemühte sich so sehr mit Artigkeiten und spendabler Großzügigkeit um Cornelia, daß er die Erlaubnis erhielt, die Nacht in Cornelias Hotel zu verbringen. Sie schwelgten im siebten Himmel. Obwohl sie schon lange ihre Unschuld verloren hatte, waren die Liebesspiele mit diesem Mann für sie etwas ganz besonderes. Er konnte es eben. Er kannte das seltene Geheimnis, Frauen zur Ekstase zu bringen.
Als der Morgen graute, hatte Cornelia noch kein Auge zugetan. Sie begab sich praktisch aus den Armen des Mannes zum Frühstückstisch. Da Cornelia ihren Reiseplan für die nächsten Wochen bei sich hatte, war

es kein Problem, sich zu mehreren Treffen zu verabreden. Von dem letzten dieser Rendezvous kam Cornelia nicht mehr nach Hause zurück. Von jetzt ab ähnelte das Schicksal Cornelias fast exakt dem Agathes bei ihrer eigenen Entführung. Cornelia war rein verrückt am Abend des letzten Treffens und in der darauf folgenden Nacht. Sie wußte nicht mehr, wieviel sie mit Manfred getrunken hatte. Auch hatte sie nicht mehr bemerkt, wie Manfred ihr eine Spritze in den Oberarm gedrückt hatte, während sie sich im Liebesspiel völlig an diesen Mann geklammert hatte. Am nächsten Tag erwachte sie in dem stockdunklen und laut ratternden Kleinbus. In der Abenddämmerung des nächsten Tages hielten sie bereits vor dem Liebes- und Lustschloß über Marseilles. Cornelia konnte erst wieder einigermaßen denken, als sie bereits vom neuen Chef auf ihre Aufgabe, die sie in dem Hurenschloß erwartete, vorbereitet war. Agathe überkam bei dieser Erzählung ein nicht endenwollender Zorn. Schon wieder trat der Schurke Manfred Ebert in ihr Leben, wenn es diesmal auch ein anderes Mädchen war, das er auf dem Gewissen hatte. Ihr war nun völlig klar, daß Manfred das Geschäft des Menschenhandels berufsmäßig betrieb. Daß sie das Mädchen Cornelia, die ihren Namen Cornelia Frühling längst in Conny Printemps geändert hatte, nun in Ajaccio traf, war reiner Zufall. Eines jedoch unterschied diese beiden Mädchen. Agathe hatte auf dem Lustschloß Gehorsam vorgetäuscht und mit List und Tücke eine Abhängigkeit vom Rauschgift zu vermeiden gewußt. Conny dagegen tobte laut und wehrte sich viele Tage heftig. Das hatte zur Folge, daß sie eine Spritze nach der anderen reingedrückt bekam und nach kurzer Zeit schon vom Heroin abhängig wurde. Daß sie vor allem bei Entzugserscheinungen renitent, ja bösartig wurde und fast alles zerschlug, was ihr in die Finger kam, war wohl der Grund dafür, daß der Marseiller Chef sie verhältnismäßig bald an ein Bordell in Ajaccio verkaufte.

Manfred Ebert war inzwischen mit vollem Geldbeutel nach Hause zurückgekehrt. Er verabschiedete sich vom Chef des Schloßbordells mit den Worten: „Ich hoffe, bald schon wieder ihr Vertrauen rechtfertigen zu können. Sie sehen, welch schöne Mädchen unser Rheinland immer wieder hervorbringt."

„Dieser Drecksack, dieser Saukerl!" dachte Agathe bei dem Bericht Connys und dachte weiter: „Wenn ich diesen Lumpen nur noch ein einziges Mal zu Gesicht bekäme, ich glaube, ich würde mich vergessen."

Auch wie Conny nach Ajaccio gekommen war, erfuhr Agathe in diesem Gespräch. Es war ihr eigentlich ähnlich ergangen, wie auch Agathe es erlebt hatte. Man hatte ihr absichtlich die Flucht aus dem Liebesschloß in Marseille ermöglicht, hatte sie auf die Motoryacht gelockt und anschließend mit dieser nach Ajaccio verbracht. Hier war sie die Nachfolgerin Agathes geworden. Die beiden Mädchen hatten sich nur deshalb bisher noch nicht zu Gesicht bekommen, weil Conny an den Tagen, an denen Agathe arbeitete, stets freibekommen hatte. Madame Agnès hatte die Anschrift von Agathes Wohnung. Daß sie sie persönlich aufgesucht hatte, diese Tatsache hatte einen anderen Grund.
Wie schon beschrieben, war Conny inzwischen rettungslos dem Rauschgift verfallen. Sie bekam es wohl auf der Yacht von den beiden Matrosen oder vom Chef in kleinen Dosen verabreicht, doch diese begrenzte Menge reichte ihr schon bald bei weitem nicht mehr. Sie mußte sich schon am Rande des Abgrunds, sogar in der Gefahr verzweifelter Selbsttötung befinden, wenn sich der Steuermann herabließ, für sie seinen Heroinbeutel zu öffnen. Madame Agnès aber glaubte, daß Agathe sich im Besitz von Rauschgift befände und es ihr eventuell verkaufen könne.
„Das stimmt nicht, Conny, ich besitze kein Heroin und ich benötige auch keins", sagte Agathe zu ihr.
„Du Glückliche! Jetzt erst kann ich ermessen, wie schön es bei uns am Rhein war."
Die beiden jungen Frauen blieben noch eine Weile zusammen und beschlossen, sich öfter zu treffen, obwohl keine Aussicht bestand, von Agathe Heroin erhalten zu können.
Als Agathe sich das nächste Mal auf der Motoryacht befand und sich auf den Besuch Monsieur Flauberts vorbereitete, vernahm sie plötzlich leises Schreien und mehrmaliges Stöhnen. Sie ging hinaus und horchte. Es war niemand zu sehen. Zu hören jedoch war das laute Stöhnen, das jedoch noch hastiger geworden war. Agathe suchte auf dem Schiff herum und stellte fest, daß die Schmerzenslaute aus dem Maschinenraum kamen. Agathe ging hinein und sah Conny halbnackt auf einer Kiste sitzen, die mit Schmierlappen, Schrauben, Werkzeug und anderlei Dingen nahezu bis zum Rand gefüllt war. In der Ecke des dunklen Raumes stand der Matrose, der offensichtlich gerade im Begriff war, Conny mit einem Leibriemen zu züchtigen.

„Du verdammte, dreckige Hure!" rief er laut in korsischem Dialekt. „Entweder du läßt endlich die Klamotten fallen oder ich reiße dir die Haut in Streifen vom Leibe."

„Was nutzt das schon! Entweder ich bekomme Stoff von dir oder ich lasse mich lieber kaputtschlagen, ehe ich mich dir hingebe, verdammter Dreckwanst. Ich weiß genau, daß du den Stoff hast."

„Ich habe ein paar Joints. Damit ist dir nicht gedient. Der Chef in Marseille hat dich bis zur Halskrause mit Heroin zugepumpt. Das hat mir unser Chef hier auf der Motoryacht erzählt. Was also willst du mit ein paar Zügen Hasch?"

„Bitte, gib mir etwas! Ich brauche es! Siehst du denn nicht, in welchem Zustand ich mich befinde?"

In der Tat, Conny sah schrecklich aus. Sie begann wieder zu schreien und zu stöhnen. Sie klopfte mit beiden Fäusten so fest auf die Holzkiste, daß sich die Haut an ihren Händen blutig färbte. Beide Augen waren groß aufgerissen. Sie schien durch den Matrosen hindurchzublicken. Dicke Tränen wirkten wie ein Vergrößerungsglas, daß die hellen, wasserblauen Pupillen deutlich erweitert schienen.

Agathe stand starr vor ihr und war kaum fähig, sich zu bewegen. Mehrmals versuchte sie, auf Conny zuzugehen, allein es gelang ihr nicht, es schien, als seien ihre Füße am Boden angewachsen. Mit ihren blutigen Händen packte Conny ihre Kleider und riß sie mit festen Rucken auseinander, so daß an Brust und Hüfte die weiße Haut zum Vorschein kam. Wie eine Wahnsinnige riß sie weiter, immer fester und wilder, bis sie völlig nackt vor dem Matrosen stand.

„Reicht es so? Genügt dir das?" schrie sie dem Matrosen plärrend ins Gesicht. „Willst du es hier auf der Kiste haben oder hast du ein Bett zur Verfügung? Du kannst mit mir machen, was immer du willst. Doch zeig mir das Besteck, damit ich mich behandeln kann. Ohne Stoff läuft ohnehin nichts. In meiner jetzigen Verfassung wirst du nicht viel Freude an mir haben."

„Das laß mal meine Sorge sein, mein Kind!"

Er schickte Agathe hinaus mit der Bemerkung, daß jeden Augenblick Monsieur Flaubert erscheinen könne.

Agathe begab sich in ihre gewohnte Kabine und bereitete sich auf ihren Besucher vor. Plötzlich hörte sie Lärm in der Kabine nebenan. Sie nahm den Wandteppich herab, zog die Schraube heraus und hatte so

wieder den Einblick in die Nebenkabine, den sie schon damals gehabt hatte, als sie den Langustenfischer mit der schwarzen Hure beobachtet hatte.
Doch das, was sie hier sah, übertraf sogar ihre kühnste Vorstellungskraft.
Conny bat und bettelte: „Gib mir das Zeug! Du siehst ja, daß ich bereit für dich bin!"
Doch der Matrose blieb hart und sagte: „Zuerst die Bezahlung. Ich will dich, Geld nehme ich nicht."
Er öffnete die Tür eines Schränkchens, das an der Wand befestigt war und in das er Heroin und Besteck hineingelegt hatte. Conny griff in großer Erregung hinein. Er jedoch packte sie, warf sie brutal aufs Bett und sagte, überraschend leise, doch sehr bestimmt: „Zuerst die Bezahlung! Nur deine Leistung bestimmt die Menge des Stoffes, den du nachher von mir erhalten wirst. Also, strenge dich an, mein Kind! Du weißt, was Heroin wert ist."
Er warf sich auf den wimmernden und zuckenden Körper und vollführte die ganze Palette sexueller Grausamkeiten an einem Menschenkind, dem nichts anderes übrigblieb, als zu gehorchen und diesen stabilen Grobian zu ertragen, der wenigstens doppelt so schwer war als sie und der sie mit unflätigen Bewegungen zu erdrücken schien. Sie ließ es eine ganze Weile über sich ergehen, länger als es Agathe erträglich schien, ehe sie bittend und tränenden Auges sagte: „Wann?!" In diesem einen Wort lag soviel Traurigkeit, Verzweiflung und Bitternis, daß für einen normalen Menschen kein weiteres Wort nötig gewesen wäre.
Dieser schwergewichtige Matrose zurrte jedoch seine dicken, tätowierten Arme noch fester um den grazilen Leib unter sich und antwortete laut lachend: „Was heißt hier ‚Wann'?"
„‚Wann'"heißt wie lange noch? Siehst du denn nicht, daß ich nicht mehr kann? Ich kann dein Gewicht nicht mehr aushalten, ich kann die grausame Art nicht mehr ertragen. Und ich kann nicht länger auf den versprochenen Stoff warten. Siehst du denn nicht, daß ich im Begriff bin, kaputt zu gehen?"
Diese hastig ausgestoßenen Sätze ließen soviel Verzweiflung erkennen, soviel Hilflosigkeit, daß jeder Außenstehende erkennen mußte, daß hier ein verzweifelter Mensch wie in einem Schraubstock gepreßt lag, der nicht mehr ein noch aus wußte.

Doch der Matrose verhielt sich weiter rücksichtslos. Mit einem Ausdruck grenzenloser Geringschätzung sagte er: „Du bist eine Hure. Das scheinst du vergessen zu haben. Du weißt sehr wohl, daß man eine Hure anders behandelt als die Ehefrau oder die Verlobte. Du wirst bezahlt und hast auf Befehl zu hopsen, so lange und so schnell, wie der, der dich bezahlt, es haben will."
„Aber, ich kann es nicht mehr aushalten", machte Conny noch einen verzweifelten Versuch. „Weißt du überhaupt, wie es einem Abhängigen zumute ist, der keinen Stoff mehr hat. Das ist die Hölle auf Erden, glaube es mir!"
Sie wand, bog, streckte sich und versuchte immer wieder, aus dem festen Griff herauszukommen; doch der tätowierte Schraubstock hielt fest, drückte sie so hart aufs Bett, daß sie laut aufschrie. Jetzt verließ Agathe ihr Guckloch und begab sich in die Kabine nebenan.
Sie konnte sich kaum noch beherrschen und schrie dem bulligen Matrosen laut ins breite, ungepflegte Gesicht, auf dem jedoch jetzt ein genüßlich-zufriedenes Lächeln lag: „Sofort läßt du meine Freundin los und ebenso schnell wirst du ihr das Heroin geben, das sich dort in dem Schränkchen befindet!"
„Eine Scheiße werde ich tun!" herrschte er Agathe an und drückte Conny's Körper wieder und diesmal noch fester aufs Bett.
„Du scheinst nicht zu wissen oder vergessen zu haben, daß ich Monsieur Flaubert erwarte, der nicht nur in Ajaccio, sondern auch bei dem Besitzer dieser Yacht, deinem Chef, eine nicht unwichtige Rolle spielt. Du scheinst ebenfalls nicht zu wissen, daß ich eine Freundin des Monsieur Leblanc bin, der mir sogar eine Wohnung in Ajaccio geschenkt hat. Du weißt scheinbar ebenfalls nicht, daß auch ich bei deinem Chef großen Einfluß habe. Ich möchte wissen, was der sagen wird, wenn er erfährt, daß du seine Leute vergewaltigt hast, daß du Heroin für deine eigenen Zwecke hortest und daß du eigne sexuelle Geschäfte auf einem Boot machst, das dir nicht einmal gehört. Los! Runter von meiner Freundin! Und raus mit dem Rauschgift! Conny hat ihre Bezahlung geleistet und jetzt bist du an der Reihe. Im übrigen: Eine Hure ist immer noch ein Mensch, ein Geschöpf Gottes, mit dem man nicht machen kann, was man will, sondern das dir für eine exakt festgelegte Palette von Leistungen zur Verfügung steht, die du normalerweise mit barem Geld zu entlohnen hast. Merke dir das!"

Jetzt erst ließ er von Conny ab, ging zum Schränkchen, entnahm ihm ein Tütchen Heroin und ein Pappkästchen, das wie der Griffelkasten eines Schülers aussah und das eine Spritze, einen Löffel, ein Gummiband und einen sauber gefalteten Lappen enthielt.
Conny riß ihm dieses Rauschgiftbesteck aus der Hand und rannte damit zur Kajütentür hinaus. Dies alles geschah so überraschend, daß Agathe erst nach einer Weile den Mut faßte, die Freundin zu suchen. Sie fand sie im Maschinenraum, mit angezogenen Beinen gegen die Werkzeugkiste gelehnt. Ein glückliches Lächeln umspielte ihren immer noch schönen Mund und gab auch ihrem Auge einen zufriedenen und fröhlichen Schimmer.
„Laßt sie ruhig hier sitzen", sagte Agathe. „Es geht ihr nun besser, weil der Stoff zu wirken beginnt. Später, wenn der Schlaf mit seinen Träumen sie überkommen wird, könnt ihr sie in die Kajüte legen und dort vorerst auch liegen lassen. Wenn ein Kunde für sie kommen sollte, schickt ihn weg. Sie hat am ganzen Körper Blutergüsse und ein paar Tage der Ruhe nötig."
Agathe begab sich in ihre Kajüte und hörte kurz darauf, wie eine kleine Barkasse anlegte. Das konnte nur Monsieur Flaubert sein.
Ohne auf die anderen Leute auf der Yacht zu achten, ging er sofort in Agathes Kabine. Sie empfing ihn strahlend, die Hand vorgestreckt, denn sie wußte, daß der Willkommensgruß Flauberts stets mit einem vorschriftsmäßigen Handkuß begann.
„Entschuldige bitte, wenn ich dich so lange auf meinen Besuch warten ließ, meine Liebe. Doch ich hatte allerhand zu tun. Heute morgen war ich noch auf dem Schloß La Punta – du siehst es durch das Fenster – etwas links von der Hauptstadt. Die Familie Pozzo di Borgo wohnte schon immer auf diesem Berge. Als man damals den ersten Bau der Pariser Tuilerien abriß, ließ Pozzo di Borgo die Steine hierhin bringen und erbaute mit ihnen das Schloß La Punta dort oben. Wer hier die Geschichte der großen Familien Bonaparte und Fesch studiert, kommt auch um das Studium der Familie Pozzo di Borgo nicht herum. Denn die beiden bedeutendsten Familien Ajaccios, Bonaparte und Pozzo di Borgo, waren Todfeinde, bestimmten dennoch einen großen Teil der Geschichte Ajaccios, das zur Römerzeit Adjaccium hieß, was auf einen Ruheplatz der Wanderhirten und gleichzeitig der römischen Besatzungssoldaten hinwies."

Flaubert war ein seltsamer Mensch. Die Geschichte Ajaccios und überhaupt die Geschichte der Insel bewegten ihn so sehr, daß er nicht aufhören konnte, davon zu erzählen, wenn er einmal damit angefangen hatte. Auch das aufregendste Liebesspiel hielt ihn nicht davon ab, in begeisternden Worten von ehemaligen und heutigen Städten und deren Menschen zu berichten.

Heute sprach er fast unentwegt von den Torreanern, den ersten Invasoren, die die Zugänge zur Insel bewachten, die die weiten Buchten und die vielen winzigen Inseln zum Meer hin ihr eigen nannten. der Ausdruck ‚Torreaner' kommt von Torre = Turm, benannt nach den vielen Türmen aus allen Epochen, die verborgen in der Macchia unter dem Strauchbewuchs ein fast unsichtbares Dasein fristen.

In den letzten Wochen hatte Flaubert sich an mehreren Excursionen über fast alle Teile der Insel beteiligt, und er wußte spannend davon zu berichten. Er war durch die dichte Macchia des Monte Cinto gestreift, dem niederen Gehölz, das diesen höchsten Berg der Insel umgibt. Dieses Buschwerk barg zudem Hunderte von Höhlen, die vielen Verbrechern der Insel, Totschlägern, Mördern und Bluträchern verborgene, für die Polizei nahezu unauffindbare Verstecke boten. Hier gab es heute noch Räuberbanden, die, wie Robin Hood einst in England, die bösen Reichen bestahlen und die guten Bedürftigen beschenkten. Diese Höhlenbewohner des Monte-Cinto-Gebietes halfen, versteckten und nährten sich gegenseitig, so daß selbst große Polizei- und Militäreinheiten vergeblich zwischen Wald und wilden Gebirgsbächen suchten. Er erzählte von den Menhiren in Filitosa, einem Riesenfeld vieltausendjähriger Kolosse aus allen hier vorkommenden Gesteinsarten. Zyklopenmauern nennen die Bewohner diese Gesteinsriesen mit oft erstaunenswerten Physiognomien, aus denen man künstlerisch dargestellte Freude, Trauer, Zufriedenheit, Verzweiflung, Überlegenheit und Hochmut herauslesen konnte. Gigantenkräfte mußten ebenfalls hier am Werk gewesen sein. In einer der Umfriedungsmauern von Filitosa sieht man heute noch einen gewaltigen Fünfzehn-Tonnen-Block, den Muskel- oder Wasserkraft – wie auch immer – hier hoch- und hineingehievt hatten.

Weiter erzählte Flaubert vom zehnten Kapitel der Odyssee Homers. Hierin schildert dieser die schmale Bucht von Bonifacio genauso exakt wie ein moderner Reiseführer. Homer schreibt von ‚ringsum zum Himmel strebenden' Felsen, mit denen als Munition riesige Laestrigonen seine und seiner Männer Schiffe beworfen hatten. Auch noch andere mystische Gefahren bergen die vielen natürlichen, zur Landung einladenden Häfen. Ein halbes Jahrtausend nach Homer erzählt ein Bericht des Appollonius von Rhodos über den Zug der Argonauten, deren Fahrten sie an eine von Blumen bedeckte Insel führten, die von Sirenen bewohnt war und deren Gesang verhängnisvoll werden konnte. Orpheus mit seiner Leier übertönte damals diese lockenden, todbringenden Gesänge. Diese blumenbedeckte Insel befand sich in den Gewässern bei Korsika.

Flaubert erzählte auch seine eigene Geschichte, die auch den Büchern Prosper Mérimées entnommen sein könnte oder dem spannenden Roman „Kreis der Matarese" des New Yorker Schriftstellers Robert Ludlum, der seine 1979 geschriebene Geschichte im engen Dickicht über Porto Vecchio angesiedelt hatte. Die Erlebnisse Flauberts waren interessant und spannend genug, um mit ihnen die Treffen mit Agathe stets höchst reizvoll zu garnieren.

Es waren etwa drei Jahre her, als Flaubert sich in Corte, der mittelalterlichen, neben Sartène korsischsten aller korsischen Städte, mit Paolo Campo, dem bekanntesten Bergführer des Monte-Cinto-Massivs traf, um eine Besteigung des höchsten korsischen Berges von der Südwestseite her zu versuchen. Flaubert fiel auf, daß Campo für einen Bergsteiger recht seltsam gekleidet war. Er hatte Sandalen an, trug einen weiten hellbraunen Mantel, der sowohl als Kleidungsstück als auch als Bettzeug diente. In der Hand trug er einen langen Stab, wie ihn die Hirten hierzulande zu benutzen pflegen, auf seinen dunklen Locken saß ein breitkrempiger Hut. Über der rechten Schulter hing ein Seil, an dem ein Jutesack befestigt war, in dem sich alles befand, was sein Träger auf der Reise zu benötigen glaubte. Campo war ein großartiger Bergführer. Nicht nur, daß er mit seinen Füßen nur festes Gestein betrat, er nahm stets den Weg in der günstigsten Richtung und in der ökonomischen Art der Bewegung, die nur geschulten Bergführern eigen ist.

Was Flaubert nicht wußte, nicht wissen konnte, war, daß Campo wegen eines Deliktes die Blutrache betreffend von der Polizei gesucht wurde. Er hatte sich deshalb wie ein einheimischer Schafshirte gekleidet. Er wußte aber auch, daß er sich als einheimischer Mörder in dieser Gegend sicherer bewegen konnte als ein Unbescholtener in der Kathedrale Notre-Dame-de-la-miséricorde in Ajaccio.

Sie marschierten, fuhren mit einem Bauernwagen, der von einem Maultier gezogen wurde, ritten auf Eseln meist an einem kleinen, namenlosen Flüßchen entlang, das vom 1951 Meter hohen Pinerole nach Westen führte und in den Lac de Calacuccia einfloß. Von hier aus ging es mit ähnlichen Verkehrsmitteln oder so es diese nicht gab – zu Fuß an dem etwas größeren Wasserlauf, Viru genannt, bis zu dessen Quelle nahe dem Punta Minuta. Hier hatten sie schon eine Höhe von mehr als 2500 Metern erreicht. Jetzt gab es nur noch die kleinen Bergesel, die sie zum Lac du Cinto und schließlich unter den Gipfel des Monte Cinto brachten.

Nicht ohne Stolz erzählte Flaubert von dieser alpinistischen Leistung auf einer Mittelmeerinsel. Noch stolzer wurde sein Ton, als er von den Einzelheiten auf dieser zweiwöchigen Exkursion berichtete. Nachts schliefen sie in den Hütten der Ziegenhirten, tranken mit ihnen Milch und Wein, aßen von ihrem Käse, ihrer luftgetrockneten Eselswurst und ihrem herzhaften Brot.

Als die Hirten errieten, daß bei ihren Gästen eine kriminelle Handlung Anlaß ihrer Flucht in die macchiabedeckte Bergwelt Korsikas war, stieg die Achtung vor Flaubert und Campo ins Unermeßliche.

Genauso seltsam war, daß ihre ausgezeichnete Verkleidung ihnen bei den Berghirten eigentlich nichts nützte. Diese einsamen, einfachen Leute hier oben schienen ihnen in die Seele geschaut zu haben.

Für den Rückweg benutzten sie dieselbe Route. Erst bei ihrer Ankunft in Ajaccio erfuhr Flaubert den eigentlichen Zweck dieser Reise. Flauberts Bekannter Campo wollte einen Ort auskundschaften, wohin er ausweichen konnte, wenn die Polizei ihn auf der Liste haben sollte. Und das konnte schon bald der Fall sein, weil die Untat bereits geschehen, jedoch bisher noch nicht entdeckt worden war. Der Weg zum Punta Minuta war machbar, heimlich zu gehen und dort gab es ausreichend Möglichkeiten zum gefahrlosen Untertauchen.

Auch nach diesem umfangreichen Bericht Flauberts gab es noch allerlei zu erzählen an diesem Tag auf der Motoryacht. Bei Wein und Langusten berichtete Agathe von ihrer Heimat am Rhein. Sie erzählte von der Loreley am Mittelrhein, einer wundervollen Jungfrau auf der Anhöhe, die stets ihr seidig goldenes Haar kämmte und durch ihre Schönheit die Blicke der Schiffer in ihren Kähnen nach oben zwang, so daß diese dadurch die Felsen und Riffe im Wasser vergaßen, an denen dann die ungesteuerten Schiffe zerschellten. Weiter sprach sie von ihrem Eltern-

haus, ihrem verunglückten Freund und zum ersten Mal von ihrer Zeit als Nonne im Kloster. Flaubert interessierte sich sehr für diese Verwandlung der Nonne zur Hure.
„Ich habe diese Wandlung nicht freiwillig erlebt", warf Agathe ein. „Doch ich glaube, daß man dieses Problem anders angehen muß."
„Wie anders?"
„Sieh! Ich war Nonne. Das stimmt. Im Kloster gab es aber auch Dinge, die mir das Klosterleben bald schon vergällt haben. Ich wäre auch dann aus dem Orden ausgetreten, wenn der Vorfall im Wald nicht geschehen wäre. Dieser Vorfall war nur der auslösende Punkt. Jedoch die Wandlung zur Hure war natürlich nicht gewollt."
„Ich weiß es", antwortete er. „Du müßtest jedoch auch gemerkt haben, daß ich in dir heute weder die Nonne noch die Hure sehe, sondern ich halte dich für ein reizendes, liebenswertes Geschöpf, das von unbekannten Kräften erst in die eine, dann in die andere Lebenslage hineingezwungen wurde. Ich weiß dies nicht allein aus deinen Berichten, sondern mehr noch aus meiner Lebenserfahrung und der daraus resultierenden Menschenkenntnis."
Weiter berichtete er, daß er in seinem Leben viele Sorten von Frauen kennengelernt hatte, auch verschiedene Arten von Nonnen und eine ebenso reich gegliederte Spezies Huren. Es gebe Nonnen, die ihren Mitmenschen nicht das Wasser in der Suppe gönnten, die im Namen ihres Herrn und Meisters lögen, verunglimpften, sich übler Nachrede schuldig machten. Genauso gäbe es hilfreiche Huren und solche mit ungewöhnlicher Herzensgüte. Nicht alle Huren besäßen die Sprache der Gosse und eine Seele, die nur auf Geld reagiere. Er habe sehr wohl Huren kennengelernt, die viel Gutes taten und sich an Sammlungen zum Zwecke guter Werke beteiligten, und er kenne Nonnen, die sehr viel Böses im Schilde führten. Letzteres hatte Agathe am eigenen Leib selber gespürt.
Dieser Monsieur Flaubert wurde Agathe immer sympathischer. Er erkannte an, daß sie, ohne ihre Tätigkeit als Hure in Frage zu stellen, noch immer zu ihrem Gott und Vater im Himmel zu beten vermochte, wenn das Gewissen es ihr befahl oder ein inneres Bedürfnis sie dazu zwang. Sie wußte auch, daß Monsieur Flaubert bereit war, dasselbe für sie zu tun, was René Leblanc bereits in reichem Maße bewiesen hatte. Sie wußte, daß sie bei solchen gebildeten Herren ankam, weil sie sich

bemühte, so wie die Damen ihrer Kunden zu sprechen, weil sie sich dezent kleidete und weil sie Liebe in einer Form machte, die wohltat, ohne dabei ein schlechtes Gewissen bekämpfen zu müssen.
Natürlich wußte sie genauso, daß sie eine Hure war, daß sie sich die Hingabe ihres Leibes bezahlen ließ und daß sie ihre Liebhaber nicht immer mit dem Herzen aussuchen konnte. Aber man konnte mit ihr reden, sie hatte sich ihren Sprachschatz bewahrt und immer wieder, wenn sie auch die Freier nehmen mußte, die sie anbefohlen bekam, bemühte sie sich, Einfluß auf die Art des Liebemachens nehmen zu können.
Sie hatte auch am heutigen Tage das Bedürfnis, Herrn Flaubert ihren Körper in der natürlichsten und schönsten Form zur Liebe anzubieten. Und das wußte dieser auch zu schätzen. Immer wieder verglich sie sich mit Conny, die auch gegen ihren Willen in Marseille gewesen und auf dieses Schiff gekommen war. Aber Conny war, obwohl gezwungen, so doch eine richtige, gewöhnliche Hure geworden. Im Alkohol- und Drogenrausch warf sie ihren Körper regelrecht weg, für Drogen, ohne die sie nicht mehr existieren konnte, machte sie alles Schmutzige und Widerliche, was eine verderbte Phantasie sich nur ausdenken konnte, die Werbung „keine Tabus" stand ihr praktisch auf der Stirn geschrieben und daß sie sich selbst in einen Sexrausch hineinsteigern konnte, merkte jeder, der zehn Minuten nackt mit ihr im Bett lag und der bei Madame Agnès seinen Obulus und im Nachtschränkchen sein „Pourboire" hinterlassen hatte.
Während Agathe immer öfter vom Heimweh nach Hause überwältigt wurde, blieb Conny davon gänzlich verschont. Sie wußte, daß sie in der Heimat am Rhein der Rauschgiftsucht wegen kaum leben konnte, da sie immer noch ein wenig Scham besaß, dieses „Letzte" der Öffentlichkeit zu Hause preiszugeben. Hier in Ajaccio kannte sie keiner und von dieser sündigen Motoryacht drang kein Wort von ihr, auch nicht gefiltert, nach Hause. Hier gab es nur eine Conny Printemps, die Reiseleiterin Cornelia Frühling war gestorben. Auch in der Heimat am Rhein gab es sie nicht mehr.

12.
EIN LEBEN SOLL LITERATUR WERDEN

Flaubert konnte sich nicht satthören an den Erzählungen Agathes, vor allem an denen, die ihre Erlebnisse im Kloster betrafen. Gespannt lauschte er ihren spannenden Erinnerungen, in denen die arme Mitschwester Maria Scholastika, die stets fröhliche Maria Felizitas, die Freundin Maria Agape und vor allem die hinterlistige Oberin, Mutter Maria Rosa, eine Rolle spielten. Mehr als aufmerksam wurde er, als Agathe, einstmals Schwester Maria Anna, von dem Hausgeistlichen berichtete, der die Oberin bei der Nähschwester erwischt hatte, und sichtlich erregt wurde er, als sie von dem unterirdischen Karthäuserkloster, von heimlichen Räumen und vor allem von der unsichtbaren Sprech- und Abhörleitung, die sogar als Orakel verwendet werden konnte, erzählte, mit dessen Hilfe die Oberin ihre untergebenen Ordensschwestern belauschte und verängstigte. Als Agathe von der Knochenkammer sprach, in der Schädelknochen und Gebeine zuhauf lägen, die von Leuten stammten, die sowohl eines natürlichen Todes gestorben, als auch getötet, wahrscheinlich sogar ermordet worden waren, sprang Flaubert auf, riß Agathe mit in die Höhe und rief: „Da muß ich hin, Agathe! Und zwar bald."
„Was willst du denn in Oberrheinstadt?"
„Ich will nicht nur nach Oberrheinstadt, ich will überall hin, wo deine Lebensgeschichte sich zugetragen hat. Ich möchte deinen Geburtsort sehen, aber auch das Kloster und die Orte, in denen du gelebt und gearbeitet hast."
„Noch einmal! Was willst du dort? Warum wühlst du in meiner Vergangenheit herum?" „Ich will es dir sagen! Du weißt, daß ich neben der Tätigkeit, die alle hier in Ajaccio kennen, auch Schriftsteller bin und zwar kein unbedeutender. Dieser Tatsache verdanke ich den größten Teil meines Vermögens. Neben vielen wissenschaftlichen Büchern über die Geschichte und die Kunstwerke Ajaccios habe ich auch einige Romane geschrieben, deren Grundlage Personen und Ereignisse aus Ajaccio und aus anderen Gegenden Korsikas waren. Alle meine Buchinhalte habe ich gründlich erforscht. Diesen Recherchen verdanke ich meine Kenntnisse über diese Insel."
„Das wußte ich nicht! Warum aber willst du von meinem Leben schreiben?"
Weil du mir bereits alles erzählt hast. Deine Geschichte ist unglaublich toll, spannend und läßt jede literarische Behandlung zu. Was jedoch das

Wichtigste ist: Deine Geschichte ist wahr, hat sich in der Tat so ereignet. Ich werde sie dir abkaufen. Je nachdem, wie sich der Bucherfolg einstellt, kannst du ausgesorgt haben. In der nächsten Woche fahren wir beide zum Rhein."
„Ich bin nicht frei. Hier in Ajaccio bin ich an zwei Stellen gebunden, an Monsieur Leblanc und an den Chef, den Besitzer dieser Yacht."
„Das laß meine Sorge sein!"
„Du weißt nicht, ob ich überhaupt nach Hause will. Sie haben mich dort als Nonne in Erinnerung. Und jetzt soll ich als Hure zurückkehren? Das schaffe ich nicht! Niemals!"
„Die Hure kannst du vergessen! Du kommst in meiner Begleitung als vornehme Dame in deine Heimat zurück. Wenn du es vorziehen solltest, sogar als französische Staatsbürgerin."
„Was wird Leblanc sagen, der mich besser behandelt hat, als seine eigene Frau?"
„Du selbst brauchst ihm nichts zu sagen. Überlaß das mir! Du weißt, daß wir beide uns gut kennen. Fürs erste brauchen wir, sagen wir mal, zehn Tage. Du weißt genauso gut wie ich, daß Leblanc öfter einmal ein paar Wochen geschäftlich verreist ist. Wir werden den Zeitraum einer solchen Geschäftsreise wählen und vor ihm wieder zurück sein. Auch wie sich unsere Beziehung weiterentwickelt, liegt in deiner Hand. Ich kann dir hier, auf der Ile de Beauté, der Insel der Schönheit, ein sorgenfreies Leben schenken, wenn du dich für mich entscheiden solltest. Bei Leblanc hast du keine rechte Zukunft zu erwarten. Wie die privaten Dinge bei ihm liegen, kannst du immerfort nur seine Mätresse sein, mehr nicht. Bei mir sieht die Sache schon etwas anders aus. Wovor also hast du Angst, mein liebes Kind?"
„Ich habe vor allem Angst vor meinen Eltern, vor den vielen Freundinnen und Schulkameraden. Wie soll ich den Pfarrer meiner Heimatgemeinde anblicken? Wie soll ich mich verhalten, wenn eine der Benediktinerinnen mich treffen sollte, wie soll ich den Leuten in Oberrheinstadt gegenübertreten, die mich alle kennen, wie soll ich mich verhalten, wenn ich die Leute aus Bonndorf treffe, denen ich die Pizza ins Haus gebracht habe?"
„Zu den Galleris kannst du die Polizei schicken, denn diese haben wahrscheinlich Beihilfe zum Menschenraub geleistet, das Austragen von Pizza ist keine verbotene Handlung und aus dem Kloster geflohen

sind schon viele Nonnen, denen das Kloster nicht gefallen hat, die nicht soviel beten und arbeiten wollten. Du aber hast sogar Kriminelles dort erlebt."

„Muß ich mit dir auch mit ins Kloster? Willst du auch dort recherchieren?"

„Ich zwinge dich nicht, mit mir ins Kloster zu gehen. Für mich jedoch ist dies der wichtigste Platz, was meine Nachforschungen betrifft. Dort hoffe ich, die Hauptfiguren meines Buches zu finden. Ich hoffe, möglichst viele Nonnen im Kloster anzutreffen, die ich ja mittlerweile alle kenne. Sie sind mir durch deine Erzählungen bereits in Fleisch und Blut übergegangen. Ich identifiziere mich immer mehr mit allen diesen Figuren. Sie gefallen mir als gute und schlechte Personen einer nahezu unglaublichen Handlung."

Für den nächsten Morgen hatte Flaubert Agathe in das Palais Fesch eingeladen. Hier hingen an den Wänden die großen Kunstwerke der Malerei, hier standen Büsten und Skulpturen, die der Kardinal Fesch, der Bruder von Napoleons Mutter und Vorfahre Flauberts gesammelt und eingerichtet hatte. Flaubert zeigte Agathe auch eine Kammer, die neben dem Palais lag und in der Hunderte von Kunstwerken, teilweise längst zu Torsos und Bruchstücken verkommen, ein unbeachtetes Dasein fristeten.

Hier hörte Agathe nach der üblichen Begrüßung erneut die lange Rede Flauberts, die die Wichtigkeit des Kardinals für die Insel manifestierte und die seinen Vorfahr in der Bedeutung weit über dessen kaiserlichen Neffen erhob.

Heute werde wohl zu Unrecht der l'Empereur von den Ajacci, den Einwohnern der Hauptstadt, vermarktet, vergessend, daß ihn mit Ausnahme einer Stippvisite als Dreißigjähriger nach dem Ägyptenfeldzug niemand mehr in Korsika gesehen hatte, vergessend, daß er seine Landsleute verachtet, zwangsrekrutiert und von seinen Statthaltern brutal demütigen ließ, vergessend auch, daß sie bei seinem endgültigen Sturz im Jahre 1815 seine Skulpturen und Büsten voll freudiger Begeisterung ins Meer geworfen hatten.

Das alles sei heute vergessen angesichts der pompösen Straßennamen, Avenu du premier Consul, Cours Napoleon, Rue Bonaparte, Boulevard Madame Mère, Boulevard Roi Jérome, Cours du Prince Imperial, angesichts der vielen Straßen und Plätze, die heute noch von Napoleons

Schlachten künden: Wagram, Rivoli, Jena, Austerlitz, Arcole, angesichts unzählbarer Hotel- und Restaurantnamen und der schneeweißen Fähre „Napoleon", die wöchentlich mehrmals hier anlegte und die der anderen großen Luxusfähre „Ile de Beauté" Konkurrenz machte, die jedoch später an die italienische Reederei Costa verkauft und dort umgetauft wurde, weil man der „Napoleon" dieses Schicksal ersparen wollte. Hintangestellt hätten die Ajacci auch den Kardinal, der so vieles für die Stadt und die Insel getan hätte. Das Bildnis des Empereur stehe in den Vitrinen, sein berühmtes Kürzel „N" bestücke Kaiserkronen und Ordenssterne. Diese unvorstellbare Dankbarkeit rechtfertige eigentlich nur die Tatsache, daß Napoleon im Jahre 1811 die von der jungen Republik verfügte Teilung der Insel in zwei Départements aufhob und seinen Geburtsort zur Hauptstadt der Insel machte. Dazu paßt natürlich auch, daß der Politiker, der in Ajaccio Bürgermeister werden will, ein überzeugter Bonapartist sein muß.

Noch ein weiterer Minuspunkt für die Familie Bonaparte waren die Pozzo di Borgos, die hoch über der im Bonaparte-Kult verfangenen Ebene mit der Hauptstadt sich das Chateau de la Punta mit Blick über Stadt und Meer erbauen ließen und die als besonders demütigende Handlung hierfür die Steine aus einem 1877 abgerissenen Pavillon der Pariser Tuilerien verwendeten.

Napoleon und Pozzo di Borgo waren im gleichen Haus, der ‚Casa' aufgewachsen, Letitia, die Mutter Napoleons, wurde oft als beider Mutter angesehen. Später aber verfeindeten sich die beiden Familien, die eine versuchte die andere zu übertreffen, jede wollte mehr für Stadt und Insel getan haben. So entstand dieser familiäre Zweikampf, der an eine zivilisierte Form der Vendetta, der in Korsika bis heute üblichen Blutrache erinnert. Zweifellos war es Letitia, die den Streit mit den Pozzo di Borgo vom Zaun gebrochen hatte. Sie triumphierte jedoch in der Genugtuung, daß ein weiterer Nachkomme ihrer Familie Empereur wurde: Napoleon III., Neffe des großen Napoleon, der die Chapelle Imperiale bauen und das Palais Fesch vollenden ließ. Zweifellos ein Sieg im Krieg der beiden Familien.

Dieses alles erzählte Flaubert, als er und Agathe sich in einer ruhigen Fensternische mit Blick auf die Ajaccio umgebenden Hügel gegenübersaßen. Schon morgens, beim Aufstehen, war der Widerstand gegen Flauberts Plan immer geringer geworden.

Wieder einmal verspürte Agathe so etwas wie Heimweh.
Als Flaubert nach kurzer Pause wieder zu sprechen begann, war ihr Widerstand gegen sein Vorhaben nahezu verflogen. Die Reise sollte an dem Tag beginnen, an dem Leblanc seine nächste Geschäftsfahrt aufs Festland starten würde. Sie wollten nach Marseille übersetzen und dann die Reise ins Rheinland mit Flauberts Auto fortsetzen. Dies war zwar nicht der nächste Weg, doch Flaubert hatte in Marseille und Lyon noch einige geschäftliche Dinge zu erledigen.
Für heute Abend wollte Agathe den Freund zu sich nach Hause einladen. Dies hatte sie bisher noch nie gewagt, denn sie konnte nicht wissen, ob ihr Gönner Leblanc damit einverstanden sein würde.
Schließlich beschloß sie, in dieser Beziehung einmal leichtsinnig zu sein. Leblanc kam heute nicht, das wußte sie, und sie war mittlerweile so bekannt in diesem Hause, daß ein Besuch kaum auffallen würde. Wie hatte Leblanc beim Vertragsabschluß gesagt: „Agathe, du wirst in diesem Haus den Status einer Mieterin haben."
Und Mieter durften im allgemeinen Besuch empfangen.
Als sie später über den Place Fesch in den Sqare César Campinchi einbogen, breitete sich vor ihnen, unmittelbar hinter dem Hotel de ville, der tägliche Markt aus, auf dem gerade die letzten Reste des bäuerlichen Angebotes an den Mann gebracht wurden. Beim Anblick der frisch gehäuteten Zicklein, der vielen Käse- und Kuchensorten, der geräucherten Schinken und Würste, des hausgemachten Weines, der Maronen- und Minzetöpfe kam beiden der Gedanke, die Vorräte in Agathes neuem Kühlschrank zu ergänzen.
Als Flaubert mit dem Finger nach oben, zu den Bergen hinzeigte und Agathe erklären wollte, wo die Gebirgsbauern, die hier ihre Erzeugnisse verkauften, zu Hause seien, fielen ihm wieder, wie immer, einige die Gegend und die Historie betreffende Geschichten ein.
„Den Ort, den du meinem Finger folgend siehst, heißt Aleta. Er ist in die Geschichts- und Schulbücher eingegangen. Hier, in dieser kleinen Gemeinde, wurde Napoleons späterer Intimfeind, André Pozzo di Borgo, der Bruder des napoleonischen Jugendfreundes, geboren. Hier, in diesem Ort, wurde dessen Neffe, der Finanzchef des Départements unter dem Jubel und dem Beifall der Dorfbewohner ermordet. Hier spielte sich in Wirklichkeit auch das Drama des Mateo Folcone ab, das von seinem Dichter, Prosper Mérimé, der dramatischen Wirkung we-

gen nach Porto Vecchio verlegt wurde. In diesem Drama, in dem ein Junge von den Franzosen fünf Goldstücke für den Verrat des Versteckes eines Deserteurs erhielt, und daraufhin von seinem Vater ‚der Ehre wegen', erschossen wurde. Nur wenige Kilometer weiter siehst du im Gebirge rote Zinnen und Zacken. Für die Leute dort sind diese phantastischen Gebilde aus Stein ein Werk des Teufels. Der Sage nach soll er an dieser Stelle versucht haben, eine junge Hirtin zu verführen, die ihm jedoch ihre Faust ins Gesicht schlug und ihren Mann zu Hilfe rief. Angesichts zweier so reiner Seelen habe der Teufel mit Blitz und Schwefel dieses Chaos aus rotem Granit geschaffen und darin Hirte, Hirtin und Hund abgebildet. Der französische Dichter Maupassant erkennt in diesen seltsamen Figuren zwei riesige Mönche, einen sitzenden Bischof mit Mitra und Stab, einen neben der Straße kauernden Löwen, eine Frau, die ihr Kind stillt und einen eigenartigen, gehörnten Kopf des Teufels, der Grimassen schneidet und dieses steinerne Gefängnis und die in ihm eingeschlossenen Menschen bewacht."

Unter diesen und anderen Erzählungen kamen sie bald an Agathes Wohnung an. Straße und Haus waren menschenleer und keiner sah sie, als sie es betraten.

Den ganzen Nachmittag und den frühen Abend schmiedeten sie Pläne, das rheinische Abenteuer betreffend. Danach bereiteten sie gemeinsam ein typisch korsisches Gericht. Die Nacht über blieb Flaubert in Agathes Wohnung. Sie schenkte ihm eine Liebesnacht, wie er sie bisher noch niemals erlebt hatte.

Bereits am nächsten Mittag rief Flaubert bei Agathe an und berichtete ihr, daß sie schon am Montag der kommenden Woche fahren könnten. Leblanc würde wahrscheinlich am Samstag, also übermorgen, zu ihr kommen. Anschließend würde er für zehn Tage nach Rom fahren. Es war günstig, daß sie von zwei verschiedenen Städten aus Korsika verließen, Leblanc von Bonifacio, Agathe und Flaubert von Ajaccio aus.

Natürlich machte sich Agathe in den Tagen vor ihrer Abreise ihre Gedanken. Wenn sie Flaubert gegenüber Leblanc so begünstigte, war dies natürlich eine Bevorzugung des einen und eine Benachteiligung des anderen. Sie konnte sich hier in Ajaccio aber mit Sicherheit nicht längere Zeit nur einem von beiden zuwenden. Diese beiden vermögenden und einflußreichen Bürger Korsikas hatten beide ein Verhältnis mit ein und derselben Prosituierten, die wiederum nur diese zwei Dauerkunden hatte.

Das war in der Tat ein seltenes und seltsames Verhältnis. Agathe wußte auch, daß sie jeden der beiden hätte heiraten können, wenn sie es darauf abgesehen und wenn die Ehefrauen nicht im Weg gestanden hätten. Auch war ihr klar, daß ein solches Doppelverhältnis nicht ewig fortbestehen konnte. Es war eigenartig. Sie war eine Hure und doch auch keine richtige mehr. In ihrer Wohnung empfing sie Leblanc, auf der Motoryacht nur noch Flaubert, seitdem Conny ihren Posten übernommen hatte. Sie hatte sich in beider Sympathie so verflochten, daß eine Lösung mit nur einem nahezu unmöglich schien. Das seltsamste jedoch war, daß beide diese Verhältnisse gut kannten und keiner der beiden bisher Einspruch erhoben hatte.

Die Behandlung, die Leblanc ihr angedeihen ließ, war so gut, so teuer und so individuell, daß sie das Verhältnis mit ihm nicht lösen beziehungsweise beschneiden konnte. Ganz abgesehen von der wundervollen, noblen Wohnung, auf die sie keinesfalls verzichten wollte, zumal sie fürs erste in Korsika zu bleiben gedachte. Auf der anderen Seite hatte sie sich in die Buchidee Flauberts so verrannt, daß sie auch davon keinesfalls lassen wollte. Auf jeden Fall, ihre vordringlichste Sorge galt jetzt dem Buch. Innerlich hatte sie sich längst festgelegt, mit Flaubert nach Deutschland zu fahren und mit diesem nach getaner Arbeit wieder nach Ajaccio zurückzukommen.

Aber es gab noch einen weiteren Punkt zu überlegen. Wußten ihre Eltern eigentlich, welchen Weg ihr Leben in letzter Zeit genommen hatte? Geschrieben hatte sie den Eltern nie. Es war die Scham vor den Vorkommnissen im Walde, für die sie nichts konnte. Es war die Scham, als Nonne ein Kind abgetrieben zu haben, und es war die Scham, ins Hurenleben zwar gezwungen worden zu sein, vielleicht jedoch nicht den nötigen Widerstand dagegen gesetzt zu haben. Sie hatte keinerlei Verbindung mehr mit Oberrheinstadt, mit Bonndorf, noch mit Waldbuch. Sie hatte sich seinerzeit in dem Schloßbordell, als das Schlimmste, das Dreckigste von ihr verlangt wurde, vorgenommen, nie mehr nach Hause zurückzukehren. Sie glaubte, sich dort nicht mehr sehen lassen zu können.

Was eigentlich hatten die Eltern unternommen, um sie zu finden? Was hatten die Behörden unternommen, bei denen sie sicher als vermißt gemeldet worden war? Wie hatte das Kloster reagiert? Und schließlich, wie hatte sich Manfred Ebert verhalten? Hatte er in Oberrheinstadt,

Bonndorf und den anderen Orten ihrer gemeinsamen Jugend geschwiegen oder hatte der notorische Bösewicht seine Rache an Agathe weiterverfolgt? Eigentlich hätte er allen Grund gehabt, zu schweigen, denn er hatte sich als echter Krimineller erwiesen, er hatte sich der Freiheitsberaubung, der Entführung, in einer noch unbekannten Zahl von Fällen der Körperverletzung schuldig gemacht. Agathe jedoch konnte sich nicht vorstellen, daß dieser Intimfeind seinen Triumph nicht bis zur Neige auskosten würde, denn er war schließlich der einzige in Oberrheinstadt, der von dem Überfall in der Waldhütte, der Abtreibung und ihrer Tätigkeit als Hure im Marseiller Schloßbordell Kenntnis hatte. Welch ein Triumph für ihn, in allen Einzelheiten erzählen zu können, was aus Agathe geworden war. Von der Nonne zur Hure! Welch kurzer Weg vom Himmel zur Hölle! Welch ein Erfolg! Welch frohe Genugtuung! Nein, darauf würde dieser Lump aus guter Familie nicht verzichten.
Agathe überlegte und überlegte. Fast die ganze Nacht machte sie kein Auge zu. Sie wollte keine Rache. Trotzdem! Sie würde nach Oberrheinstadt fahren und den Dingen trotzig ins Auge sehen. Sollte sie gegen Manfred Ebert die Hilfe der Polizei in Anspruch nehmen? Konnte man der Menschheit zumuten, einen solchen Menschen frei herumlaufen zu lassen? Sie selbst war von ihm verschleppt worden. Auch den Fall der Cornelia Frühling, die in Korsika zur Conny Printemps geworden war, konnte sie beweisen. Es war anzunehmen, daß dieser Berufsverbrecher auch noch weitere Mädchen betäubt, verschleppt, ins Ausland verkauft und zu Huren gemacht hatte. Durfte man dieses alles verschweigen, wenn man Beweise hierfür in Händen hatte? Sie war sich klar darüber, daß sie vor Gericht keine guten Karten hatte. Er, der Sohn des bekannten Arztes Dr. Ebert, sie die Hure. Nein, bei dieser Konstellation vor Gericht waren ihre Chancen gleich null. Sie sah vor ihrem geistigen Auge, wie der Verteidiger ihre Glaubwürdigkeit genüßlich zerpflücken würde. Nein, vors Gericht wollte sie nicht. Der Weg, den Fall durch die beabsichtigte Romanveröffentlichung bekannt zu machen, schien ihr besser zu sein. Konnte man aber den eigenen Namen durch ein Pseudonym ersetzen und den anderen wahrheitsgemäß nennen? Nein, das würde Flaubert nicht tun. Verständlicherweise nicht.
Da Agathe nun nicht mehr aufs Schiff brauchte, hatte sie Gelegenheit, ihre Reise vorzubereiten. Immer mehr wurde ihre Zeit von den Gedan-

ken an die Heimat erfüllt. Sollte sie, so wie Flaubert es wünschte, elegant in der Heimat erscheinen? Sollte sie versuchen, ihre Schulkameradinnen auszustechen? Den Anschein einer gewissen Noblesse, eines Ausdrucks von Wohlhabenheit, einer auch durch Hilfsmittel erreichten körperlichen Schönheit konnte sie mit Flauberts Hilfe sicher erwecken. Doch begab sie sich sicher damit nicht wieder in den Augen ihrer Freundinnen in den Hurenbereich, in dem alles angezogen wurde, was man vorzeigen konnte? Wenn ihr dieser Ruf, wie befürchtet, vorausgeeilt war und sie dann als Paradiesvogel in Oberrheinstadt erschien, waren solche Gedanken sicher nicht von der Hand zu weisen. Als Aschenputtel vor die ehemaligen Mitbewohner treten, wollte sie allerdings auch nicht. Die Reaktion der Leute, sie als schlechte, billige Hure anzusehen, behagte ihr ganz und gar nicht. Nein, sie mußte wohlhabend-neutral erscheinen, die Lage beobachten und dann abwarten, in welche Löcher die Kugeln fielen.
Der Abend mit René Leblanc verlief harmonisch, eigentlich wie immer. Im Bett strengte sie sich besonders an, ließ die erotischste Platte ablaufen, die sie auf Lager hatte und beobachtete Leblanc dabei aufmerksam. Dieser schien die wohlwollende und professionelle Behandlung mit großem Vergnügen zu genießen. Jedenfalls hatte Agathe zu keinem Zeitpunkt und in keiner Weise den Eindruck, daß er diese Behandlung als Ausdruck schlechten Gewissens auffaßte. Ihr Benehmen hatte offenbar den Zweck erfüllt, denn René bewegte sich wie ein junger Mann, krähte mehrmals laut auf, spendete nach getaner Arbeit Agathe und sich selbst begeistert Beifall, wie es Russen nach einem gelungenen sportlichen gemischten Doppel zu tun pflegen und legte anschließend einige Hundert-Franc-Scheine in Agathes Nachttischschublade, die bewiesen, wie zufrieden der Spender war.
Als René zu vorgerückter Stunde die Wohnung Agathes verließ, sagte er: „Es war schön heute, mein Schatz, besonders schön. Leider muß ich jetzt fast zwei Wochen lang auf deine Liebe verzichten, doch auch dies hat einen Vorteil: Je länger ich Abstinenz üben muß, desto größer wird meine Gier nach deiner Liebe sein, auf die ich nicht mehr verzichten möchte, solange noch ein Tropfen heißes Blut in mir ist."
René verstand es immer wieder, auch mit Worten, das Band, das sie umgab, in Spannung zu halten. Besonders jetzt überkam sie ein starkes Gefühl schlechten Gewissens, das sie nicht leicht abschütteln zu kön-

nen glaubte. Es war eine höchst seltsame Lage: Agathe die ehemalige Nonne, die zu käuflicher Liebe Gezwungene, mußte sich mit Gewalt einreden, eine Hure zu sein. Nur mit dieser Feststellung konnte sie ihr zunehmendes schlechtes Gewissen René gegenüber ein wenig ausschalten.

13.
MIT FLAUBERT IN OBERRHEINSTADT

Am nächsten Vormittag fuhren sie mit Flauberts Wagen in das Parkdeck der großen Fähre „Provence" ein, die sich jedoch keinesfalls mit ihrem Gegenpart, der „Ile de Beauté" messen konnte, die man leider an die Costa-Reederei verkauft und umbenannt hatte. Die „Ile de Beauté" besaß richtige Suiten mit vielem Komfort, während die „Provence" nur spartanisch eingerichtete Kabinen mit Stockbetten vorweisen konnte. Die Fahrt bis Marseille dauerte zwölf Stunden, die fast völlig mit Essen und Schlafen durchgebracht wurden. Doch ein Erlebnis kam noch hinzu, das keiner, der es einmal sah, vergessen konnte. In der zweiten Nachthälfte machte Flaubert auf einen hellen Schein aufmerksam, der leuchtend zuerst hinter der Krümmung des Horizonts hervorlugte, immer heller wurde und schließlich als strahlende Mutter-Gottes-Figur ihren Sonnenreflex auf ein sehr ruhiges Meer malte. Es war die große Statue der Sainte Marie de la garde hoch über dem Hafen von Marseille.
Kurz nach sieben Uhr am Morgen fuhren sie aus dem Bauch der Fähre hinaus. Schnell hatte Flaubert in einer Seitenstraße der nahen Rue de la Canebiére einen Parkplatz gefunden. Er hatte es plötzlich sehr eilig, führte Agathe ein Stück über diese weltbekannte Straße in Richtung Vieux Port und setzte sie in dem guten Restaurant „Le petit Louvre" ab, das einen Speisesaal in der ersten Etage besaß, dessen Panoramafenster einen weiten Blick über die an diesem Morgen sehr belebte Geschäftsstraße freigab.
„Bestelle dir, was du magst, meine Liebe", sagte er und verschwand eiligen Schrittes.
Es war un die Mittagszeit, als er zurückkam und Agathe zur Eile zwang.
„Wir wollen heute noch nach Lyon, meine Geschäfte zwingen mich zur Eile. Eigentlich hätte ich zwei Tage früher fahren müssen."
So geschah es auch. Auch in Lyon erledigte Flaubert schnell seine Geschäfte. Sie übernachteten in einem Hotel in der Nähe des Bahnhofs. Als Agathe nach dem Frühstück wie immer noch einmal ihr Zimmer aufsuchte, machte sie eine seltsame Entdeckung: In dem halb offenstehenden Nachtschrank Flauberts fand sie einen geladenen Revolver.
Auf ihre überraschte Frage antwortete dieser: „In der Hafengegend von Marseille, um den Bahnhof von Lyon herum und auch in manchen deutschen Städten braucht man einen solchen, zumal wenn man, wie ich, meist viel Bargeld mit sich herumschleppen muß."

„Warum eigentlich hast du soviel bares Geld bei dir? Wir wollen doch nur eine Woche wegbleiben."
„Meine Geschäfte in Marseille und Lyon waren erfolgreich. Ich habe mehr Geld eingenommen, als ich vorher annehmen konnte."
„Hast du denn kein Scheckbuch bei dir?"
„Bei meinen Geschäften wird bar bezahlt oder überhaupt nicht, mein liebes Kind. Doch davon verstehst du nichts. Sei froh, daß du so bequem und kostenlos in meiner Gesellschaft reisen kannst."
Mit dieser Erklärung gab sich Agathe jedoch nicht zufrieden. Sie sah Flaubert von der Seite an und fragte schüchtern und leise: „Willst du mir nicht sagen, um welche Geschäfte es sich handelt?"
„Nein!" antwortete Flaubert und dieses eine Wort klang ungewöhnlich barsch. Er wurde jedoch wieder leiser und verbindlicher, als er fortfuhr: „Niemand, auch nicht meine Ehefrau, meine Freundinnen und Freunde bekommen auf diese Frage eine Antwort. Auch du nicht, meine Liebe, bei aller Zuneigung, die ich für dich empfinde. Bitte, versteh das und frage mich das nicht mehr."
Agathe gehorchte, obwohl ihr Geheimnisse in ihrer unmittelbaren Nähe nicht gefielen. Sie spürte, daß es nicht ratsam war, weiter dieses Thema zu behandeln.
Auch als sie schweigend nebeneinander in Richtung Straßburg fuhren, gelang es ihr nicht, ihre Gedanken auf einen üblichen Weg zu zwingen. Immer wieder mußte sie an die Geschäfte Flauberts denken. Was aber mochten das für Geschäfte sein? Verbotene? Bei Agathe stand alles Heimliche in der Nähe des Verbotenen. Warum hatte Flaubert einen Revolver bei sich? Wie kam es, daß sie das Thema „Rauschgift" nicht aus ihrem Kopf herausbekam? Dennoch schien ihr das irgendwie logisch zu sein. In ihrem Leben der letzten Zeit, seit sie aus dem Rheinland entführt worden war, gab es um sie herum stets eine gefährliche, verbotene Dreierbeziehung, die in Prostitution, Drogen und einem irgendwo versteckten Schießeisen seine Eckpfeiler hatten. Das Band, daß diese Eckpfeiler zusammenhielt, war das Geld. Und Flaubert hatte Geld. Wer viel Geld ausgab, mußte viel einnehmen. In den Zentren der Prostitution kannte er sich ebenfalls gut aus. Er war Stammgast auf der Motoryacht und ein Duzfreund des Eigners, seines seltsamen namenlosen Chefs, der bereits in dem Hurenschloß über Marseille mit Drogen zu tun hatte, denn diese waren schon dort dessen beliebteste Zahlungsmittel.

Als sie hinter Straßburg lange Strecken den Rhein entlangfuhren, änderte sich die Reiseleitung. Agathe fühlte sich sogar auf den französischen Rheinpassagen bereits irgendwie zu Hause. Der Rhein war der Schicksalsstrom der Deutschen und der Rhein hatte bei ihr stets etwas mit Heimat zu tun.
Sie plapperte nunmehr immerzu, erzählte Anekdoten von allen möglichen Orten am Rhein, auch wenn sie sich gerade irgendwo anders befanden. In Worms erzählte sie vom Speyerer Dom, in Mannheim vom Heidelberger Schloß, in Ingelheim von den Weinbergen der Nahe und des Rheingaus, in Mainz von dem großen rheinischen Denkmal, der Germania über Rüdesheim und fortan immer wieder von den vielen bekannten Burgen entlang des großen Stromes. Sie berichtete von dem Leben und dem Wohlleben der Ritter, vom „Jus primae noctis", dem verbrieften Recht der ersten Nacht, einem Vorrecht, das alle Ritter des Rheines beanspruchten und das sich nicht nur auf Burgfräuleins bezog, sondern auf alle jungen Damen in ihrem Befehlsbereich vor der Hochzeitsnacht.
So verging die Zeit im Fluge. Agathe wurde immer unruhiger, je näher sie ihrem Heimatort kamen. Sie erzählte ihre amüsanten Geschichten immer schneller und aufgeregter. Als sie noch einige Umwege wissentlich verursacht hatte, war es klar, daß sie die Ankunft gewollt hinauszuzögern beabsichtigte. Hatte sie etwa Angst vor der Heimat, vor den Leuten dort, vor ihrer Familie, den Nachbarn und den Freunden? Sie wußte nicht, wovor sie sich mehr zu sorgen hatte, vor dem Vergangenen oder dem Zukünftigen.
Seit dem Urlaub aus dem Kloster anläßlich des Klassentreffens war sie nicht mehr in Oberrheinstadt gewesen. Damals war sie noch als Ordensschwester aufgetreten. Jetzt kam sie mit einem Franzosen, der viel älter war als sie und kaum der deutschen Sprache mächtig war. Wie sollte sie ihn vorstellen? Als ihren Freund, als Geliebten, als Chef, als Arbeitskollegen auf einer Dienstreise? Sollte sie überhaupt etwas von dem beabsichtigten Buch erzählen? Sollte sie ihre Flucht und ihre Gründe dazu wahrheitsgemäß schildern? Wußten die Leute in Oberrheinstadt überhaupt etwas über die Hure Agathe Sommer? Auch befürchtete sie, letztere Überlegung in ihre vorbereitenden Gedanken einbeziehen zu müssen. Manfred Ebert würde seine Rache an ihr gründlich betrieben haben. Sie mußte davon ausgehen, daß die Bürger

Oberrheinstadts und ihre Verwandten, die in den Nachbarorten lebten, alles wußten.

„Wo schlafen wir?" fragte sie plötzlich und zusammenhanglos.

„Gibt es ein gutes Hotel?" antwortete Flaubert, ohne seine Aufmerksamkeit von der Straße abzuwenden.

„In Oberrheinstadt gibt es zwar ein kleines Hotel, doch ich würde lieber in Bonndorf absteigen. Das Hotel dort hat einen gewissen Komfort."

„Ist das der Ort, wo die Galleris ihre Pizzeria betreiben?"

„Ja! Doch es ist ein größerer Platz, in dem man nicht dauernd Bekannten begegnet."

„Fahren wir also nach Bonndorf. Um allem die Spitze abzubrechen: Du wirst dort meine Verlobte sein, und – wenn es nötig ist – auch als solche vorgestellt werden."

Damit war die Linie gezogen. Sie wußte nun, was sie zu sagen und wie sie sich zu verhalten hatte. Sie war aus dem Kloster ausgetreten, danach – aus welchen Gründen auch immer – nach der Insel Korsika gekommen und hatte sich hier mit Flaubert verlobt. Im übrigen, sie konnte übersetzen, was sie wollte, er verstand die Muttersprache Agathes nur mangelhaft.

Es war gegen Abend, die Dunkelheit breitete sich bereits über das Rheintal, als sie das Städtchen Bonndorf erreichten und vor dem Hotel „Rheinischer Hof" vorfuhren. Flaubert trug sich als Ehepaar Flaubert mit französischer Staatsangehörigkeit und korsischem Wohnsitz ins Fremdenbuch des Hotels ein. Die Erscheinung Agathes und Flauberts hatte an der Rezeption offenbar Eindruck gemacht, denn sie erhielten das wahrscheinlich beste Zimmer mit Balkon und Blick auf den Rhein. Noch am selben Abend fuhren sie die zwölf Kilometer lange Strecke nach Oberrheinstadt. Sie parkten auf dem freien Platz mitten im Ort und wollten sich als erstes Agathes Elternhaus ansehen. Obwohl Agathe ziemlich gedrückt wirkte, nahm sie ihre Erklärungen doch sofort wieder auf.

„Dort ist das Haus der Familie Stark, von dem ich dir mehrfach berichtet habe. Du siehst die Steintreppe und das reparierte Eisengeländer, von dem aus ich mit Rainer auf das Faß gestürzt bin. Für ihn gab es keine Rettung. Dort, rechts, ist der Heuschober, der auch viele – nicht nur gute – Erinnerungen birgt und da hinten, im Winkel, den die beiden Häuserwände bilden, siehst du mein Elternhaus. Zwei Fenster im Erdgeschoß sind erleuchtet, Vater und Mutter werden beim Abendbrot sein. Sollen wir hineingehen?"

„Nein!" entgegnete er bestimmt. „Wir werden uns morgen früh telefonisch anmelden und danach unseren Besuch machen."

„Warum nicht jetzt? Es fällt mir schwer, jetzt wieder wegzufahren."

Ich mache keine überfallartigen Besuche. Morgen ist auch noch ein Tag. Können wir uns dafür heute noch das Kloster von außen ansehen?"

„Ja! Doch schnell jetzt in die kleine Gasse!"

„Warum verstecken?"

„Dort kommt mein ehemaliger Lehrer und das Ehepaar dahinter kenne ich auch nur zu gut."

Sie verbargen sich im Schatten eines Hauses und stiegen, als die Bekannten vorbei waren, in ihr Auto. Offenbar hatte das französische Kennzeichen des großen Wagens die Aufmerksamkeit des Lehrers erregt, denn er umkreiste das fremdländische Auto zweimal, ehe er seinen Weg zur Ortsmitte hin fortsetzte.

Das Sträßchen in Richtung Waldbuch war noch einigermaßen normal zu befahren, schlechter wurde es erst, als sie südlich in Richtung des Klosters auf die Straße abbogen, die letztlich nach Bonndorf führte.

Es dauerte keine Viertelstunde, bis Agathe durch das überhängende Geäst verschiedener Laub und Nadelbäume den dunklen Koloß des Klosters ausmachte.

Sie fuhren genau an dem Platz vor, an dem Agathe seinerzeit die Entführung der Schwester Scholastika beobachtet hatte.

Es muß an dieser Stelle gesagt werden, daß Flaubert die Örtlichkeiten aus Agathes Leben ziemlich genau kannte, denn nach seinem Entschluß, das Buch zu schreiben, hatte er keine Gelegenheit ausgelassen, Agathe nach den Orten ihres seltsamen Lebens auszufragen. Hierzu boten die vielen Gespräche in Korsika und auf der Motoryacht genug Möglichkeiten.

Flaubert war höchst beeindruckt von diesem Bauwerk aus verschiedenen Epochen. Seine Phantasie zeigte ihm die Orte der Handlung über und unter der Erde und immer wieder sah er Agathe in Ordenstracht durch die großen, hohen Räume schweben. Er sah das Portal, aus dem sowohl Scholastika als auch Agathe geflohen waren. Einige Fenster waren erleuchtet. Wo befand sich wohl das Zimmer Agathes und wo dasjenige der Oberin, die soviel Schlimmes auf dem Kerbholz hatte?

Flaubert stand lange Zeit auf demselben Fleck, beobachtete, überlegte und beobachtete weiter. Dann zog er sein Notizbuch aus der Tasche und machte Aufzeichnungen, unter anderem fertigte er auch mit schnellen Strichen eine Skizze des Klosters an. Er war plötzlich mitten drin in seinen Recherchen. Agathe wunderte sich, daß er keine Fragen an sie stellte. Er schien offensichtlich ausreichend Antworten in seiner Erinnerung zu haben. Er hatte keineswegs die Absicht, ein Sachbuch zu schreiben. Einem Belletristiker kommen die Gedanken, wenn er still die Orte seiner Handlung betrachtet. Flaubert wollte, wie viele Romanciers, die Hintergründe stimmig haben, die personellen, geografischen, historischen und auch die sachlichen. Der Inhalt, der entworfene Handlungsfaden hatte sich in diese Hintergründe einzufügen. Es gab so unendlich viel Stoff, wahren, wirklichen Stoff, daß seine Buchgeschichte doch in die Nähe eines Sachbuches rückte.
Die Erlebnisse Agathes waren so dicht und so bunt, daß nur wenig Fantasie benötigt wurde. Bereits eine Prise zuviel hätte die spannende Handlung nur verschlechtern oder gar verderben können.
„Kann man das Kloster besichtigen?" tönte dann plötzlich seine Frage in die nächtliche Stille hinein.
„Natürlich kann man das! Wende dich am besten an den Klostergeistlichen. Das ist ein höchst gelehrter und gebildeter Ordensmann, der eine große geschichtliche Bibliothek sein eigen nennt. Er betreibt auch heute noch umfangreiche historische Studien und seine Freude wird groß sein, wenn er einen passenden Gesprächspartner findet, der ihm auf wissenschaftlichem Gebiet gleicht. Es könnte sogar sein, daß er dir die unterirdischen Gänge und Räume zeigt, die aus der Zeit der Kartäuserinnen stammen und die dank mir und Scholastika längst kein Geheimnis mehr sind. Der Geistliche und Beichtvater dieses Klosters war an der Befreiung Maria Scholastikas aus dem unterirdischen Gefängnis beteiligt. Seit diesem dramatischen Geschehen ist ihm sehr viel daran gelegen, auch die letzten Reste historischer Dunkelheit zu erhellen. Sein Hauptaugenmerk lag dabei stets auf der geheimnisvollen orakelähnlichen Konstruktion, mit deren Hilfe die bösartige Schwester Oberin, Maria Rosa, ihre untergebenen Schwestern belauscht und mit geheimnisvollen Befehlen verwirrt hatte."
Agathe zeigte ihm weiter, wo die Zellen der Schwestern lagen, die Kapelle und alles, was sie ungefähr von außen ausmachen konnte.

Danach fuhren sie nach Bonndorf zurück. Wie durch Zufall kamen sie an der Pizzaria der Galleris vorbei.
Flaubert fragte Agathe, ob sie gegen Enzo, den jüngeren Bruder des Inhabers, gerichtliche Schritt einleiten wolle, weil dieser mit Sicherheit an ihrer Entführung beteiligt war. Agathe jedoch wollte zuerst einmal abwarten und beobachten, da sie im Augenblick noch keine Beweismittel in der Hand hatte. Sollte sie jedoch während ihres Aufenthaltes Manfred Ebert, dem sie alle Unbill verdankte, auf die Spur kommen, dann würde sie sofort handeln.
Im Hotel aßen sie nur wenig, da sie die lange Fahrt noch im Kopf und in den Beinen hatten. Morgens freute sich Agathe, als sie von einer hellen Sonne, die über den Höhen jenseits des Rheines stand, geweckt wurde.
„Rufe gleich an, Agathe, gleich nach dem Frühstück!"
So geschah es denn auch. Sie suchte im Telefonbuch und staunte, daß an Stelle der früheren zwei nunmehr vier Ziffern zu wählen waren.
Lange stand sie, mit dem Hörer in der Hand, in der Fernsprechecke neben der Rezeption des Hotels. Sie konnte sich nicht entschließen, die Nummer zu wählen. Was sollte sie sagen? Wie sollte sie Flaubert ankündigen? Was würde die Mutter sagen über einen älteren Liebhaber, der zudem Franzose und der deutschen Sprache nicht mächtig war? Wie sollte sie ihre französischen Spachkenntnisse erklären? Wie die Art und Weise, wie sie auf die Insel Korsika gekommen war? Hatte Manfred ihnen etwas erzählt? Die Wahrheit? Oder hatte dieser Verbrecher nur Märchen in der Ortschaft verstreut, die mit ihr zu tun hatten? Egal, wie und was! Wichtig war zuerst einmal, was wußten die Eltern? War ihnen ihr Hurenleben zu Ohren gekommen, die Zeit in dem Schloßbordell? Was wußten sie von der Wasserhure, die auf einer schneeweißen Motoryacht ihr Wesen trieb?
Ruckartig riß sie den Hörer ans Ohr und wählte. Zuerst eine Weile nichts, dann die rauhe, doch leise Stimme des Vaters: „Hier Sommer! Mit wem spreche ich?"
Wieder dauerte es eine Weile. Und als Agathe schließlich antworten konnte, war ihre Stimme dünn und brüchig: „Vater! Vater! Hier ist deine Tochter Agathe!"
„Kind, wo bist du?"
„Ich rufe aus Bonndorf an. Wir haben uns im ‚Rheinischen Hof' ein Zimmer genommen."

„Was heißt ‚wir'? Warum im ‚Rheinischen Hof' in Bonndorf? Du hast noch immer dein Zimmer in deinem Elternhaus."
Die Stimme Agathes wurde immer leiser und schwächer: „Vater, ich habe jemanden bei mir, einen Franzosen, Vater! Verzeih, wenn ich meinen Freund, Herrn Flaubert, mitbringe."
„Was haben wir, deine Mutter und ich, jetzt noch zu verzeihen? Wir stehen nur noch vor der Frage, ob dein Elternhaus künftighin für dich verschlossen sein wird."
„Verzeih, Vater!"
„Laß das! Was sollen wir dir noch alles verzeihen?"
Wie Hammerschläge klatschten dann die Vorwürfe aus dem Telefon. Der Vater wußte alles. „Du hast abgetrieben, du bist aus dem Kloster geflohen, du warst in dem Hurenschloß in Frankreich. Und, und und!"
„Wer hat dir das gesagt?"
„Das ist ja das schlimme. Keiner hat es mir ins Gesicht gesagt. Auch deiner Mutter nicht! Überall in Oberrheinstadt und Umgebung hört man es, Bruchstücke schlimmer Reden, die sich wie ein Puzzlespiel zusammensetzen lassen. Und dies ergibt ein großes, schreckliches Bild, bei dem auf der einen Seite eine Nonne und auf der anderen Seite eine Hure steht."
„Mein Gott!" Das war das einzige, was sie herausbrachte.
„Wenn ich beim Frisör sitze, erzählen sie es hinter meinem Rücken, fahre ich mit dem Traktor ins Feld, machen sie hinter mir anzügliche Zeichen. In der Kirche hört man sie wispern ‚das sie den noch ins Gotteshaus lassen' und sofort verknüpfen sie es mit meinem Leiden, das mich jahrelang verfolgt hat. Ich wage nicht mehr, das Gasthaus zu betreten. Wenn sie betrunken sind, drohen sie mir oder lachen mich aus. Höchst süffisant werde ich angesprochen: ‚Wie geht es eigentlich deiner früher so gottesfürchtigen Tochter? Die ist sicher nicht ihrer frommen Tante nachgeschlagen? Wie man sich doch täuschen kann!' Ich glaube nicht, daß deine Mutter noch viel Tränen hat. Sie hat sich längst ausgeweint."
„Vater, kann ich dennoch kommen?"
„Wer ist bei dir?"
„Es ist Monsieur Flaubert, ein bekannter und vermögender korsischer Geschäftsmann, mit dem ..."
„... mit dem du ins Bett gehst?"
„Vater, ich bin keine Nonne mehr und alt genug bin ich auch!"

Die letzten Worte klangen ein wenig trotzig. Sie hatte genug Vorwürfe bekommen.
„Sag mir, ob ich kommen kann. Ansonsten fahre ich nach Korsika zurück. Ich habe eine Wohnung auf der Insel, und mir geht es sehr gut dort."
„Komm!"
„Wann?"
„In einer Stunde von mir aus!"
Dann hatte der Vater aufgelegt. Mittlerweile war Flaubert in die Telefonnische gefolgt. Flaubert fragte, ob alles in Ordnung sei und warum es so lange gedauert habe.
„In einer Stunde sollen wir dort sein. Ich packe nur noch einige Geschenke zusammen."
Dabei dachte sie unentwegt an die Worte des Vaters. Eigentlich konnte nur Manfred Ebert der Übeltäter sein. Er war der einzige, der von der Vergewaltigung im Wald, der Flucht aus dem Kloster, den Ereignissen in Bonndorf, und der von ihrem Aufenthalt in dem Lustschloß in Marseille wußte.
Es gab keine andere Möglichkeit. Er allein nur konnte der Verräter sein. Diese Erkenntnis war auch logisch. Er hatte sich bereits in jungen Jahren mehrmals ernsthaft um sie bemüht. Sie jedoch hatte diese Bewerbungen stets abgewiesen. Einmal konnte sie seine aufdringlichen Versuche nur noch mit der Bemerkung abwehren: „Hau ab! Du stinkst!"
Sie sah immer noch das Gesicht Manfred Eberts vor sich, das dieser nach der in der Tat ungehörigen Bemerkung aufsetzte: Ärger, Enttäuschung, Bösartigkeit und Haß, blanker, böser Haß sprach daraus. Eine Weile hatte sie Angst vor ihm gespürt. Als sie in den Orden eingetreten war, fühlte sie sich sicher vor ihm, bis zu dem Tag, als sie ihn im Zimmer der Oberin verschwinden sah. Und seine Rachsucht verfolgte sie: auf die Wiesen und in die Wälder des Sammelns, nach Bonndorf, wo er die Entführung inszeniert hatte und schließlich bis nach Marseille ins Lustschloß auf dem Berg über dem Hafen. Als sie dann auf verwobenen Pfaden im Hafen von Marseille auf der Motoryacht gelandet war, glaubte sie sich endgültig vor ihm sicher. Dementsprechend groß war die Enttäuschung, als sie in Ajaccio Conny Printemps traf und ihre Geschichte erfuhr, die auch von Manfred Ebert eingefädelt worden war.

Ihr Leben, vor allem was den negativen Teil betraf, war also weitgehend von diesem Menschen bestimmt worden. Die Tatsache, daß der Vater alles, fast alles, von ihr wußte, ließ wieder einmal diesen bösartigen Feind auf die Bühne ihres Lebens treten. Von keinem anderen konnte der Vater dies alles erfahren haben. Wieder einmal erkannte sie, wie gefährlich dieser Mensch war. Er würde sie auch in Zukunft nicht in Ruhe lassen. Sie befürchtete, daß er sie auch dieses Mal in Oberrheinstadt ausfindig machen würde. Es nützte nichts, wenn sie sich vor ihm versteckte, wenn sie die Straße mied, nicht ins Wirtshaus ging. Sie beschloß, die Tage weitgehend in Bonndorf zu verbringen. Aber sie mußte, wenn sie Flaubert eine echte Hilfe sein wollte, ihn begleiten und das hieß, die Stätten aufzusuchen, die sein Buch behandeln wollte. Zu diesen Stätten gehörte auch Oberrheinstadt, Bonndorf und das Kloster. Verkriechen konnte sie sich also nicht.
Nach langem Grübeln beschloß sie, sich den Gegebenheiten zu stellen: den Eltern, den Jugendfreundinnen, dem Geschwätz, den Gerüchten und auch den Wünschen Flauberts, gleich welcher Art.
Mittlerweile war es Zeit, die Eltern aufzusuchen. In weniger als fünfzehn Minuten hielt der große Wagen auf dem kleinen Platz neben dem Elternhaus. Es war ein großer Kontrast, den eleganten Wagen, wie es in der Gegend hier keinen auch nur angleichend ähnlichen gab, zwischen den beiden Misthaufen, die den Nachbarn gehörten, zu sehen. Der Wagen machte Furore in diesem kleinen Ort, zuerst kamen die Kinder, um ihn zu betatschen, danach die Jugendlichen, ihn zu bestaunen.
Als Agathe am Arm Flauberts die wenigen Schritte zum Elternhaus ging, fühlte sie viele Blicke auf sich gerichtet. Sicher war sie von den vielen Leuten an den Fenstern wiedererkannt worden. Das fühlte sie. In dem Augenblick, als sie vor der Haustür stand, hörte sie drinnen das Telefon. Sie deutete das als Grund dafür, daß die Tür so spät geöffnet worden war. In Wirklichkeit war es, wie sie später erfuhr, ihre anonyme Voranmeldung: „Sommer! Die Hure ist vorgefahren!" Das war wahrhaftig nicht der schönste Empfang.
Dann stand der Vater in der geöffneten Tür: alt, zerfurcht, grau und traurig. Nur seinen Augen sah man noch eine gewisse Lebendigkeit an. Er blickte die Tochter groß an und sagte: „Wenn ich euch schon erlaubt habe, hierherzukommen, muß ich wohl auch ‚Willkommen' sagen."
„Dieses ist wohl dein ...?"

„Dieses ist mein Begleiter, Monsieur Flaubert!" antwortete Agathe.
Der Vater begrüßte ihn mit einem Händedruck und sagte: „Seien auch Sie willkommen!"
„Bon jour, Monsieur", antwortete Flaubert und betrat hinter dem Hausherrn das Wohnzimmer.
Als sie Platz genommen hatten, bemerkte Agathe, wie nebensächlich: „Wo ist die Mutter?"
„Du mußt entschuldigen, Agathe. Dein Anruf traf sie wie ein Donnerschlag. Sie ist auch nicht mehr die Gesündeste. Sie will mit dir auch nicht über das reden, was nun mal geschehen ist. Das würde sie zu sehr aufregen. Du kennst ihre Lebenseinstellung. Der Tag deiner Aufnahme in den Orden der Benediktinerinnen war der wichtigste Tag in ihrem Leben. Das Scheitern dieses Lebenstraumes und die Art, wie er scheiterte, hat ihre Gesundheit zerstört. Sie will nunmal mit dir nicht sprechen. Erfülle ihr diesen Wunsch bitte!"
Bei Agathe war ein unwilliger Zug erkennbar. Sie richtete sich ein wenig auf. Man erkannte ihre Entschlossenheit, als sie mit lauter Stimme sagte: „Ich bin gekommen, um euch zu erklären, wie alles gekommen ist."
Sie sagte weiter, daß sie eine gewisse Schuld an den seltsamen Umständen ihres Lebens trage, jedoch nicht alle Schuld. Wenn es Manfred Ebert, den Sohn des Arztes, nicht gegeben hätte, wäre sie weder auf das Schloß in Marseille, noch auf die Motoryacht in Ajaccio gekommen. Wenn es die verbrecherische Oberin im Kloster nicht gegeben hätte, wäre sie noch heute im Orden der Benediktinerinnen, und wenn es Monsieur Flaubert mit seinem Wunsch, ein Buch über ihr Leben zu veröffentlichen, nicht gegeben hätte, wäre sie vielleicht niemals mehr nach Hause zurückgekommen.
„Mir ist übel mitgespielt worden, Vater, das kannst du mir glauben. Und höre jetzt gut zu: Wenn Mutter nicht im Hotel anruft und ein Gespräch mit mir wünscht, war dies mein einziger und letzter Besuch bei euch. Ich habe in Ajaccio eine schöne Wohnung, viele Freunde und wenn ich zu heiraten wünsche, stehen gleich mehrere zur Verfügung. Wenn nicht die Vorwürfe, die mich betreffen und im Raum stehen, in diesem Haus, im Pfarrhaus, im Kloster und in den Nachbarhäusern aus- geräumt sein werden, dann werde ich die französische Staatsbürgerschaft annehmen und das ist dann der endgültige Bruch mit der Heimat."

Nachdem sie alles Wichtige übersetzt hatte, sagte sie laut und energisch zu Flaubert: „Komm, wir fahren ins Hotel und beginnen morgen früh mit unserer Arbeit. Eine Versöhnung ist machbar, aber sie darf nicht allein von meiner Seite kommen. Der Schwarze Peter, wenn du es so nennen willst, liegt jetzt in diesem Haus und meine Mutter ist die einzige, die ihn aufspielen muß."

Man spürte die Verwirrtheit von Monsieur Flaubert, der zu einer nebensächlichen Person degradiert worden war. Erst als Agathe zu ihm sagte, daß er nichts für die augenblicklich unangenehme Lage könne und sie auch ohne die Eltern mit ihm die Recherchen betreiben werde, stand er auf und folgte ihr nach draußen. Dort hatte sich eine Menge Jugendlicher um das Auto Flauberts geschart und Agathe tat es wohl, als einer in schönstem rheinischen Dialekt an sie die Frage richtete: „Watt es datt do für en Karre, Madame?"

Noch größere Freude machte es ihr, dem Jungen in ebensolchem Dialekt zu antworten: „Datt weiß ich selwer nett, awer dä Wache kannst dau jetzt öfter hei im Flecke sehn. Tschöh!"

Übersetzt ins Hochdeutsche, heißt dies etwa wie folgt: „Das weiß ich selbst nicht, aber du kannst diesen Wagen jetzt öfter hier in diesem Ort zu Gesicht bekommen. Auf Wiedersehen!"

Sie standen alle wie verdutzt. Diese vornehme, fremde, ihren eigenen rheinischen Dialekt sprechende Dame mit dem großen französischen Wagen kam ihnen seltsam vor. Einer der Knaben fragte: „Woher kannst dau uns Platt, Madame? – Woher kannst du unsere Mundart, Madame?"

Doch da fuhr Flaubert bereits ab.

14.

IN OBERRHEINSTADT

Im Hotel spürte Agathe immer mehr, wie die Aufmerksamkeit und ihr Ansehen wuchsen. Es war einerseits ein positives als auch ein negatives Ansehen. Manche kannten die Familie Sommer aus den Nachbarort, anderen war ihr seltsamer Lebensweg nicht verborgen geblieben, wieder andere, vor allem die, die Beziehungen zu Oberrheinstadt unterhielten, waren offensichtlich von dem Geschwätz des Manfred Ebert beeindruckt worden.
Agathe fühlte im Hotel immer wieder die Blicke, die auf ihr ruhten. Sie zu deuten und zu unterscheiden, machte ihr mit der Zeit sogar Spaß. Da waren einmal die hochachtungsvollen Blicke, die auf der eleganten Erscheinung der französischen Dame und ihres Begleiters lagen. Da waren die Blicke derer, die von irgendeiner Seite etwas erfahren hatten, die Aufklärungen aus verschiedenen Richtungen erhalten hatten. Manche wußten einiges, andere wußten mehr, wieder andere hatten ihre Ansichten und Meinungen auf den verschiedenartigen Gerüchten aufgebaut. Bald jedoch gab es keinen mehr im Hotel, ob Gast oder Personal, der gar nichts wußte. Sie blickten hinter ihr her aus Türspalten, aus der Garderobe, hinter der Theke hervor. Die Gerüchte, die die Hurenzeit Agathes betrafen, erzeugten seltsamerweise mehr positive als negative Aufmerksamkeit.
Auch als Agathe und Flaubert in den nächsten Tagen durch Bonndorf und Oberrheinstadt schlenderten, spürten sie hinter sich viele neugierige Blicke. Flaubert hatte stets seinen Schreibblock bei sich, machte Notizen, Zeichnungen, Straßenpläne und so weiter. Dabei wurde er nicht müde, immerfort gezielte Fragen zu stellen. In Oberrheinstadt interessierten ihn vor allem die Häuser, Gassen, Straßen und Plätze, die das junge Leben Agathes weitgehend bestimmt hatten. Besonders der Liebespfad am Rhein mit der gegenüberliegenden Trutzburg hatte es ihm angetan. In Bonndorf wollte er alle Straßen, Plätze und Häuser erklärt haben, wo Agathe Pizza abgeliefert hatte. Natürlich interessierte ihn die Pizzeria der Galleris, der Parkplatz und die Diskothek, wo die Entführung Agathes ihren Anfang genommen hatte.
Schließlich kam die unangenehme Frage Flauberts: „Können wir beide morgen das Kloster besuchen? Du kommst doch mit, meine Liebe?"
Agathe wußte nicht recht, was sie tun sollte. In Ajaccio hatte Flaubert ihr mitgeteilt, daß sie ihn nicht ins Kloster zu begleiten brauche. Doch war es kaum möglich, ihn mit seinen schlechten Sprachkenntnissen

allein dorthin gehen zu lassen. Blieben also nur zwei Fragen. Sollte sie ihren Besuch telefonisch anmelden oder sollte sie einfach an der Klingel ziehen und der Dinge warten, die kommen sollten? Sie entschied sich für das Letztere. Vorher jedoch, vielleicht heute noch wollte sie ebenso überraschend in der Pizzeria der Galleris erscheinen.

„Du kannst ruhig mitkommen, Agathe", sagte Flaubert. „Ich bin kein Kriminalbeamter, also auch kein Richter. Du hast deine Arbeitsstelle bei den Galleris nicht böswillig verlassen, im Gegenteil, du bist entführt worden. Wir werden heute Abend als Gäste dort erscheinen."

So taten sie es auch. Am Abend betraten sie das Haus, an dem so viele Erinnerungen Agathes hingen. Sie hatten noch nicht vollends die Tür der Pizzeria hinter sich geschlossen, als Antonia Galleri, die hinter der Theke stand, sie erkannte. Sie lief sofort in die Küche, um diese Neuigkeit ihrem Mann zu berichten. Der Oberkellner nahm sofort Richtung auf die Eingangstür, wie er es bei jedem eintretenden Gast zu tun pflegte. Agathe und Flaubert blieben am Restauranteingang hinter der Tür stehen und erwarteten die ihnen wohlbekannte Begrüßungszeremonie.

Der Oberkellner befleißigte sich sofort des bekannten neutralen Blickes, der sich mehr um eine eventuelle Sitzmöglichkeit als um den eintretenden Gast kümmerte. Doch als er einen, zu den Ankömmlingen passenden Tisch ausgemacht hatte, wurde sein Blick deutlicher, konzentrierter, voll auf den Gast gerichtet. Immer mehr vergrößerten sich seine Pupillen, bis letztlich ein kleines Lächeln das Erkennen anzeigte. Dann kam auf einmal ein unsicherer, fragender Blick in sein Auge. Offenbar beschäftigte ihn die Frage, wie er diese ihm doch bekannten Gäste empfangen sollte, ob er sie wie fremde Gäste behandeln oder ob er eine freundlichere, persönliche Note mit in die Begrüßung einbringen solle. Er entschied sich für die letztere Variante. Dies alles geschah in den wenigen Sekunden, die er benötigte, um auf sie zuzuschreiten.

„Meine liebe Agathe", begann er und fuhr fort: „Dein überraschender Besuch freut und ehrt uns zugleich."

Als er den französischen Begleiter vorgestellte bekam, bediente er sich ausschließlich nur noch der Muttersprache Flauberts, die er ganz passabel beherrschte.

Er führte sie an den vorgesehenen Tisch, mußte jedoch seinen beabsichtigten Plausch in französischer Sprache einstellen, da das Ehepaar

Galleri bereits zur Begrüßung am Tisch erschienen war. Man spürte, daß ihre freundlichen Worte ehrlich waren und keineswegs gestelzt oder aufgesetzt klangen. „Dürfen wir uns ein paar Minuten zu euch setzen, Agathe?" begann Antonio Galleri ein Gespräch, das anders als beabsichtigt enden sollte. Nach den üblichen, unbedeutenden Begrüßungsformeln, nach dem „wer, wie, was, woher, wohin?" konnte Agathe die für sie entscheidende Frage nicht mehr unterdrücken noch aufschieben. „Was macht das Geschäft, wie geht es den Omas und vor allem, wie geht es Enzo?"
Dieser kleine Satz erzeugte eine ähnliche Erschütterung am Tisch, wie es ein plötzlicher, heftiger Blitzeinschlag nicht treffender hätte bewirken können. Die beiden Eheleute blickten sich mit erstaunten, überraschten Augen an, versuchten, sich mit diesen Augen gegenseitige Verhaltensweisen und Redemuster vorzugeben. Natürlich wußten beide, welche Rolle Enzo bei der Entführung Agathes gespielt hatte.
Schließlich machte Antonio den Mund auf und sagte stockend, aber doch verständlich: „Er ist schon lange nicht mehr bei uns. Wir haben ihn seitdem nicht mehr gesprochen. Wir haben nur gehört, daß er als Kellner in einer Nachtbar arbeitet."
„Wo befindet sich diese Nachtbar?"
„In Frankfurt!" antwortete Antonia, der diese intensive Fragerei überhaupt nicht zu gefallen schien.
„Ihr kennt meinen Lebenslauf der letzten Jahre?" begann Agathe von neuem.
Zuerst hörte man lange Zeit gar nichts, die beiden Eheleute blickten sich immer wieder an, keine wollte dieses Gespräch beginnen, bis Antonia schließlich leise mehr hauchte als aussprach: „Jawohl, Agathe, wir kennen das Schreckliche, daß dir geschehen ist."
Man sah, wie Antonio sich streckte, als er sagte: „Dafür jedoch siehst du immer noch glänzend aus."
„Mein Aussehen verdanke ich nicht der Tätigkeit, die ich ausgeübt habe, sondern der Pflege und Behandlung des Herrn, der neben mir sitzt."
Natürlich hatte Agathe ihrem Begleiter alles übersetzt. Dieser jedoch blickte wie gelangweilt in der Pizzeria umher und machte andauernd Aufzeichnungen in seinen Schreibblock.
„Woher wißt ihr, was mit mir geschehen ist?" fragte Agathe jetzt überraschend ins Gespräch hinein.

„Von keinem einzelnen. Viele Leute, meist Gäste, haben solange Einzelheiten beigesteuert, bis ein recht buntes Bild entstanden war. Dein Lebenslauf war auch kein normaler Lebenslauf, sondern eine Geschichte, von der man ein Buch machen könnte."
„Deshalb sind wir hierher, in meine Heimat gekommen. Wir betreiben gerade umfangreiche Recherchen in dieser Gegend, mein Leben betreffend. Natürlich müssen wir auch hier Fragen stellen. Unsere erste Frage an euch: ‚Wißt ihr, was der Manfred Ebert macht? Wo befindet er sich? Womit beschäftigt er sich gerade?'"
Wieder die völlig überraschte Mimik in beider Gesichter, bis schließlich Antonia sagte: „Er soll in Frankfurt sein."
In Frankfurt? Auch in Frankfurt wie Enzo Galleri? Das war in der Tat reichlich seltsam. Enzo hatte ihre Entführung eingeleitet, Manfred sie zu Ende geführt. Und jetzt befanden sie sich beide in Frankfurt. Hatten sie etwa dort gemeinsame Interessen?
Das war außergewöhnlich und seltsam. Auf jeden Fall war dies ein Anhaltspunkt, dem nachgegangen werden mußte. Man wußte überhaupt nicht genau, wieviel Mädchen Manfred auf dem Gewissen hatte. Bekannt waren nur die Fälle Agathe und Cornelia Frühling. Sicher gab es noch eine Menge unbekannter Fälle. Agathe schwor sich, aufzuklären, was sich aufklären ließ. Flaubert versprach mitzuhelfen, wenn solche Fälle in den Rahmen seines Buches hineinpassen sollten.
Agathe wollte gerade das Thema wechseln, als sie mit ihrer neuerlichen Frage wieder in ein Wespennest stieß, vielleicht in ein ebenso gefährliches wie vorhin bei der Frage nach Enzo.
„Was macht eigentlich die Bonndorfer Mafia? Fliegen immer noch Steine mit Drohungen durch euer Backstubenfenster? Mit der italienischen Aufschrift: ‚Wer redet, stirbt!'"
„Still!" zischte Antonio. „Es ist nicht gut, wenn man zuviel weiß. Man muß sich hier durchwursteln zwischen kriminellen Italienern, anderen Ausländern, Deutschen, Polizisten und Beamten der Kriminalpolizei. Was für den einen Recht ist, ist für den anderen eine Todsünde, die Strafe oder gar den Tod zur Folge haben kann. Das hat sich noch nicht geändert, seit du Bonndorf verlassen hast."
An nächsten Morgen standen Agathe und Flaubert am Portal des Klosters. Agathes Herz klopfte heftig, als sie die schlürfenden Schritte hörte, die sich dem großen, mit Schnitzereien versehenen Tor näherten.

Ein kleines Guckloch und ein großes Auge wurden sichtbar und eine helle Stimme hörbar: „Wer ist dort? Wer steht vor unserem Tor?"
„Eine frühere Mitschwester! Maria Anna steht hier."
„Was willst du noch bei uns? Geh auf dein Hurenschloß!" war die knappe Antwort.
Als Agathe fragte, woher sie das mit dem Hurenschloß wisse, schloß sich das Guckloch wieder und sie hörte, wie die schlürfenden Schritte sich entfernten. Was war zu tun? Wie sollte sie ohne die Mithilfe der Schwester an der Pforte ins Kloster hineinkommen? Sie dachte nach. Da fiel ihr plötzlich der Pater Rektor ein, an den sich zu wenden sie ohnehin Flaubert empfohlen hatte. Sie gingen an dem grünen Staketenzaun entlang, an dessen Ende sie die Wohnung des Rektors wußte. Lange brauchten sie nicht zu warten. Da sahen sie ihn brevierbetend sich von der Kapelle her seiner Wohnung nähernd.
Als er herangekommen war, zeigte sich Agathe und rief: „Pater Rektor! Kennen Sie mich? Ich bin die frühere Schwester Maria Anna!"
„Ach, die hübsche Anna, die mir schon ein paarmal Wein mitgebracht hat, und die plötzlich verschwunden war. Ich konnte dich immer gut leiden, doch jetzt ist kein Platz mehr in diesem Kloster für dich."
„Auch nicht mehr als Besucher?"
„Nein! Der Teufel wäre uns eher erwünscht als du, denn diesen kann man durch emsiges Beten verscheuchen. Für dich ist jedoch jedes Gebet zu schade. Geh besser dorthin, wo du hergekommen bist!"
Als sie ihm sagte, daß sie keineswegs beabsichtige, wieder ins Kloster zurückzukommen, sondern nur einem Schriftsteller Eintritt zu verschaffen, der ein Buch über ein Kloster machen wolle, wurde er etwas zugänglicher.
„Ist das der Schreiber?" fragte der Rektor mit Blick auf ihren Begleiter.
„Ja!" antwortete ihm Agathe.
„Sage ihm, er solle morgen früh wiederkommen. Bis dahin werde ich eine Klosterführung vorbereitet haben."
Auf die entsprechende Frage antwortete er, daß es auch mit der Sprache keinerlei Probleme gebe. Er werde die Führung selbst übernehmen, da er sich gern mit gelehrten Leuten unterhalte. Er forderte Flaubert in einwandfreiem Französisch auf, sich morgen früh um neun Uhr an der Pforte zu melden. Er selber würde ihn hereinlassen und mit ihm die Führung durchs Kloster vornehmen.

„Du selbst aber magst in dich gehen und nach langer Reue vielleicht einen Platz im Fegefeuer finden. Die Sünden, die du getan hast, werden dir den geraden Weg zum Himmel für allemal versperren."
„Woher wissen Sie so genau Bescheid über mich?"
„Warte!" rief der Pater, sprang in größter Eile in seine Wohnung hinein und kam nach wenigen Augenblicken mit einer Zeitung in der Hand heraus. „Hier in der Zeitung steht alles. Es ist ein langer Bericht, der die Auflage der Zeitung verdreifacht hat."
Er kam an den Staketenzaun heran und zeigte ihr einen Artikel auf den ersten Innenseiten mit der dicken, mit schwarzen und roten Balken unterlegten Überschrift, die Agathe deutlich lesen konnte: ‚Ein Mädchen aus Oberrheinstadt, das als Nonne begann und als Hure endete.'
Agathe war bleich geworden, als sie fragte: „Von wem stammt dieser Artikel?"
„Von jemandem, der dich gut kennt. Von einem gewissen Herrn Manfred Ebert, der schon viele üble Vorkommnisse aufgedeckt und Berichte hierüber im ‚Volksboten' veröffentlicht hat. Es gibt keinen Bewohner dieser Gegend, der diesen Artikel nicht mit hämischer Lust gelesen hat. Er ist so großartig drastisch geschrieben, daß der Satan sich den Bauch vor Freude gehalten hat, sollte er ihn gelesen haben."
Jetzt fiel es Agathe wie Schuppen von den Augen. Sie brauchte diesen Artikel im ‚Volksboten' überhaupt nicht zu lesen. Der Name des Artikelschreibers bürgte für üble Qualität. Alle negativen Dinge von ihr würde er mit spöttischer Akrebie, wenn nicht mit böswilliger Wollust verbreitet haben. Sie konnte sich denken, was alles in dieser Zeitung stand. Seltsam war nur, daß es Leute gab, die sie kannten und die mit Sicherheit auch diese Zeitung gelesen hatten, und sie trotzdem interes- siert, ja angenehm wohlwollend betrachteten.
Eine Hure erregte nunmal die Neugier in diesen Dörfern, eine Neugier, die in etwa mit der zu vergleichen war, die einem Musikstar oder einem anderen Künstler entgegengebracht wurde. Ein Dorfmädchen, das Nonne wurde, war schon etwas besonderes in dieser Gegend, eine Hure war noch seltener, ein Mädchen des Dorfes, das beide Laufbahnen hinter sich gebracht hatte, war eine dicke Sensation, die fast einmalig war. Seltsamerweise war dieses Interesse nicht etwa nur negativ, sondern es bot einen Reiz, wie ihn auch ein bekannter Künstler, Sportler oder Politiker in solch kleinem Gemeinwesen auszulösen pflegte.

Als Flaubert am Nachmittag des nächsten Tages von der Besichtigung des Klosters zurückkam, befand er sich in sichtlich heller Aufregung. Obwohl der Rektor bestrebt gewesen war, ihm nur die Schokoladenseiten des Klosters zu zeigen, gelang es Flaubert dennoch, eine Menge Dinge zu erfahren, die offenbar auf den Schattenseiten des Klosters angesiedelt waren.

Die neue Oberin, Schwester Maria Veronica, war bestrebt, zunächst mit eisernem Besen zu kehren, um den zwiespältigen Ruf des Klosters wieder zu normalisieren. Sie nahm kein Blatt vor den Mund bei Dingen, die ihre Vorgängerin verschuldet hatte. Das Verhältnis zwischen Maria Rosa und der Nähschwester war restlos aufgedeckt worden. Es hatte viele Jahre angedauert, und es war schließlich so intensiv geworden, daß es keiner Bewohnerin des Klosters mehr unbekannt bleiben konnte. In den unteren Gängen und Räumen des ehemaligen Karthäuserklosters waren in der letzten Zeit mehrere Nonnen, die sich, aus welchen Gründen auch immer, unbeliebt bei Maria Rosa gemacht hatten, eingesperrt gewesen.

Am meisten regte Flaubert die zwar sehr alte, aber dennoch fast perfekt funktionierende Abhöranlage auf, mit deren Hilfe die Priorin viele Geheimnisse aus Schwesternmündern nicht nur zu Ohren bekommen, sondern auch gegen gewisse Schwestern benutzt hatte. Diese Anlage glich fast genau den alten griechischen und ägyptischen Orakeln, mit denen im Altertum bereits die Zukunft vorausgesagt, aber auch Furcht und Schrecken verbreitet worden war. Flaubert erinnerte sich an eine Entdeckung, die er anläßlich einer Romreise im Petersdom gemacht hatte. Wenn man im Innern der gewaltigen Kuppel emporstieg und an gewissen Stellen gegen die Kuppelwand sprach, konnte man an der Wand gegenüber fast alles deutlich verstehen. Vielleicht, dachte er, könnte diese Beobachtung das Phänomen im alten Kloster zu deuten helfen.

Die Künste des klösterlichen Orakels sollten sich schon in naher Zukunft durch eine Leistung beweisen, mit der sicherlich keiner gerechnet hatte und durch die in kürzester Zeit ein Kriminalfall gelöst wurde, der so schnell und so gründlich mit keiner anderen Methode hätte aufgeklärt werden können.

Am übernächsten Tag – Flaubert hatte inzwischen zusammen mit Agathe die Recherchen für sein beabsichtigtes Buch beendet – wurde ein entsetzliches Verbrechen entdeckt.

An diesem Morgen wurden Agathe und Flaubert in ihrem Hotelzimmer in Bonndorf mit der telefonischen Nachricht geweckt, der Pater Rektor des Klosters möchte sie dringend in wichtiger Angelegenheit sprechen. Er warte bereits in der Sitzgruppe beim Empfang.
„Was mag der von uns wollen?" wendete sich Agathe an Flaubert und fuhr fort: „Er wird sicherlich dich meinen. Mich mag er nicht, das hat er mir deutlich zu verstehen gegeben. Du aber bist bei der Inspektion des Klosters ganz gut mit ihm zu Rande gekommen."
„Das mag stimmen, jedoch habe ich den Eindruck gewonnen, daß seine Zuneigung mehr der französischen Sprache galt als meiner Person. Er war völlig versessen darauf, jemanden vorzufinden, mit dem er französisch sprechen konnte. Du vergißt, daß du in seinem Kloster Nonne warst. Und was du nachher gemacht hast, steht in einem solchen Mißverhältnis zu seinen Ansichten, daß du es schon verstehen mußt, wenn er dich jetzt nicht so gerne sieht. Natürlich war er dein Beichtvater, dem du deine Geheimnisse anvertraut hast. Natürlich hast du ihm aus eurem Wingert mehrmals Flaschen mit Wein mitgebracht. Das zählt aber jetzt alles nicht mehr. Laß uns gemeinsam runtergehen. Wir werden uns anhören, was der Pater zu sagen hat."
Keine zehn Minuten später standen sie dem Pater in der Rezeption gegenüber. Sie fanden in der eleganten Sitzgruppe hinter einer riesigen Grünpflanze ausreichend Platz zum ungestörten Reden. Das, was der Pater zu berichten hatte, war so sensationell und für alle Beteiligten und das beabsichtigte Flaubertsche Buch so spannend, daß sie mit großen Augen an seinen Lippen hingen und anfänglich ohne Gegenfrage seinen Worten lauschten. Der Pater erzählte mit erregten Worten, daß die neue Priorin vor einer Stunde etwa, also bei beginnendem Morgenlicht, zu ihm gekommen sei, und ihm, in höchstem Maße aufgeregt, erzählt habe, daß sie in ihrer Klause hinter dem Bild der Madonna eine gedämpfte, jedoch gut verständliche Stimme gehört habe. Sie habe das gerahmte Madonnengemälde entfernt und die Worte einer ein wenig verzerrten Stimme vernommen, die mehrmals hintereinander deutlich gesagt habe: „Manfred Ebert ist tot. Man hat ihn erstochen. Sein Leichnam liegt in der Waldhütte, die Agathe Sommer, eure frühere Mitschwester, zur Genüge kennt. Verständigen Sie bitte die Polizei!"
Der Pater Rektor sagte, er habe zuerst die Beteiligten benachrichtigen wollen in deren eigenem Interesse, fügte er noch hinzu. Immerhin würde

die Polizei wohl zuerst die Beteiligten und Verdächtigen aufsuchen. Und das seien nunmal sie.

Auf die Gegenfrage Agathes, warum er sie für beteiligt und verdächtig halte, antwortete der Geistliche, daß sie immerhin in der Hütte, in der der Tote liege, vergewaltigt worden sei, daß der Ermordete die schrecklichsten Geschichten von ihr ausgeplaudert und verbreitet habe. Er sei es schließlich auch gewesen, der sie in das Schloßbordell nach Marseille gebracht habe, der durch seine Erzählungen den letzten Rest des guten Rufes in ihrem Heimatort und auch im Kloster verdorben hatte. Er sei also an ihrem sündhaften und elenden Leben schuld gewesen. Aus den dargelegten Gründen sei es mehr als logisch gewesen, wenn sie, von ihrem Zorn auf Manfred übermannt, auf Rache gesonnen hätte. Er, der Hausgeistliche des Klosters, sei der festen Überzeugung, daß der Plan Flauberts, ein Buch zu schreiben, nur ein Vorwand sei. Das eigentliche Motiv ihrer Reise sei Rachsucht gewesen. Jetzt, nach der Besprechung, würde er zur Polizei gehen und den Mord an Manfred Ebert melden.

Die Polizei begann ihre Nachforschungen überraschend im Kloster mit der Untersuchung der geheimnisvollen Tonträger in der Wand des Oberinnenzimmers. Die Beamten stellten fest, daß es mehr geheime Übermittlungsmöglichkeiten gab, als bisher entdeckt worden waren. Zuerst einmal gab es Abhörmöglichkeiten von mehreren Zellen aus in die Wohnung der Priorin, weiter mußte es eine solche auch ins Refektorium geben. Die Oberin Maria Rosa hatte also die Möglichkeit, Geheimnisse der Schwestern abzuhören und geheime Meldungen auszusenden und damit Furcht und Schrecken zu verbreiten. Die Polizei stellte weiter fest, daß an diesem Abhör- und Weiterverbreitungssystem nachher nichts installiert worden war, sondern daß alles dies aus dem Mittelalter stammen mußte. Es gab keinerlei erkennbare Installationen.

Schließlich war es doch soweit, daß Agathe und Flaubert gemeinsam aufs Polizeirevier geladen wurden. Sie konnten jedoch beweisen, daß sie zur angenommenen Tatzeit noch nicht in Bonndorf angekommen waren. Die Polizei und herbeigerufene Fachleute stellten nun das gesamte Kloster auf den Kopf. Sie fanden wohl einige, wenn auch höchst seltsame, aus einer anderen, unbekannten Epoche stammende Übermittlungs- und Abhörmöglichkeiten heraus. Wie jedoch letztlich dieses System so exakt funktionierte, das vermochten auch sie nicht zu ergründen.

Mittlerweile ging bei der neuen Oberin, Schwester Maria Veronica, eine weitere, höchst geheimnisvolle Nachricht ein, die sie nach Entfernung des Bildes, deutlich aus der Wand heraus hören konnte: „Morgen abend um achtzehn Uhr werden wir Ihnen auf diesem Wege mitteilen, wer den Mord an Manfred Ebert begangen hat. Ende!"
Zu diesem Zeitpunkt versammelten sich wieder alle Beteiligten in der Wohnung der Priorin. Außerdem waren über zwanzig Polizisten und bautechnische Fachleute im ganzen Kloster verteilt aufgestellt, in allen Fluren und Räumen und auch in den uralten Gemächern des ehemaligen Kartäuserklosters. Die Polizei wollte unbedingt die Geheimnisse der alten Übermittlungswege ergründen, natürlich waren sie ebenso begierig, den angekündigten Namen des Mörders zu erfahren.
Die Fachleute wollten sich sofort mit Hammer und Meißel auf die Wandstelle hinter dem Mutter-Gottes-Gemälde stürzen. Dieses ließ jedoch der Leiter der Kriminalpolizei nicht zu.
„Zuerst müssen wir den Namen des Schuldigen erfahren, danach werden wir um die Erlaubnis nachsuchen, von mir aus das ganze Kloster abzureißen."
Je weiter sich der große Uhrzeiger der Zwölf näherte, desto größer wurde die Spannung der Anwesenden. Alle starrten auf die Stelle der Wand, an der vorhin noch das Gemälde gehangen hatte.
Als der Uhrzeiger seinen letzten, entscheidenden Sprung tat, knackte es ein paarmal. Dann hörten die Anwesenden die laute und deutliche Stimme aus der Wand: „Der Mörder des Manfred Ebert, beziehungsweise der Vollstrecker einer längst nötigen Strafe, ist die ehemalige Priorin, Schwester Maria Rosa. Morgen, um dieselbe Zeit, können sie auf diesem Wege Einzelheiten erfahren. Für heute – Ende!"
Jetzt waren alle Puppen am Tanzen. Der Anführer der Polizei verbot erneut den wieder auf die Wand zueilenden Fachleuten, ihre Hämmer und Meißel zu benutzen.
„Wir müssen die angekündigte, morgige Nachricht abwarten!" sagte er und hängte das Gemälde wieder an seinen Platz. „Bis jetzt wissen wir nur, daß es sich um eine Frauenstimme handelt, und dieses nicht einmal sicher."
Nun ging es ans Fragen, Mutmaßen und Kombinieren.
„Warum gerade die Oberin? Sie hatte mit Manfred Ebert immer auf gutem Fuß gestanden. Er war es doch, der ihr alles zugetragen hat, was

er wußte. Er war es doch, der ihr besonders alles über Agathe mitgeteilt hat. Von ihm erfuhr sie erst die ihr bisher unbekannten Ereignisse von Marseille und von der Yacht vor Ajaccio."

Wie konnte Maria Rosa eine solche Tat vollbringen? Sie war doch nach Bekanntwerden der Vorfälle mit der Nähschwester in ein Kloster nach Luxembourg versetzt worden. Was hatte Manfred Ebert ihr Böses angetan? Es mußte etwas sehr Schlimmes gewesen sein, daß sie zu einem solchen Verbrechen trieb. Es war auch nicht herauszuhören, wessen Stimme es war, die aus der Wand heraus gesprochen hatte. Dafür war das Krächzen zwischen den einzelnen Silben diesmal zu stark und störend gewesen.

An diesem Nachmittag traf Agathe zufällig im Hotel die Bettelnonne des Klosters, die hier immer etwas für die Klosterküche erhalten konnte. Mit ihr hatte sie früher immer ein recht gutes Verhältnis, und sie war auch den vielen Erzählungen nicht abgeneigt, die die Nonne von jeder ihrer Betteltouren mitbrachte. Von ihr erfuhr Agathe nun eine höchst spannende Geschichte, die die meisten Rätsel löste.

Sie erzählte ihr, natürlich unter dem Siegel der Verschwiegenheit, daß die frühere Oberin, Maria Rosa, etwa alle zwei Wochen in Zivil von Luxembourg aus heimlich nach Oberrheinstadt käme, sich dort in einem Zimmer in einer kleinen Pension einmietete und sich hier mit der Nähschwester Maria Hilde, die sich mit Hut, Mantel und Umhang unkenntlich gemacht hatte, träfe, um den gemeinsamen Freuden der Liebe zu huldigen.

Hier habe Manfred Ebert die Nähschwester gesehen und sei ihr heimlich nach oben gefolgt. Er hatte gesehen, wie sie in eines der wenigen Fremdenzimmer geschlüpft war.

Diese Beobachtung kam Manfred Ebert gerade recht. Er, der schon lange ein Auge auf Maria Hilde, die Nähschwester, geworfen, sie vielleicht sogar als sein nächstes Opfer ausgewählt hatte, versuchte nun, diese zu erpressen. Warum aber wollte er sie erpressen? Welchen Vorteil wollte er damit für sich erreichen? Plante er etwa schon, Maria Hilde als Nachfolgerin für Agathe nach Marseille zu bringen?

Auf Umwegen ließ er ihr befehlen, sofort das Verhältnis mit Maria Rosa zu beenden. Bald schon konnte er sich über einen vermeintlichen Erfolg freuen. Vermeintlich deshalb, weil sich ab sofort in dem Pensionszimmer nichts mehr abspielte. Dafür kam Manfred nach kurzer Zeit

bereits zu Ohren, daß sich die beiden Nonnen nunmehr in der Waldhütte trafen, an die Agathe die denkbar schlechtesten Erinnerungen hatte. Vermutlich hatte er auch den beiden Taxifahrern, die die beiden Frauen auf verschiedenen Wegen mehrmals an den Rand des Waldes gebracht hatten, mit Bestechungsgeld die Münder geöffnet. Soweit die Mitteilungen der Bettelnonne.
Den Rest konnte man selber herausfinden. Offensichtlich war Manfred sehr daran gelegen, die beiden verliebten Nonnen möglichst bald auseinanderzubringen. Warum und wie dies geschehen sollte, blieb vorerst noch ein Geheimnis, das Agathe bei der nächsten angekündigten Nachricht durch die Stimme aus der Wand zu erfahren hoffte.
Wahrscheinlich war es Manfred Ebert inzwischen gelungen, die Schwester Maria Hilde durch gekonnte Schmeicheleien dem Einfluß Maria Rosas zu entziehen. Beim letzten Treffen der beiden verliebten Nonnen hatte Maria Hilde ihrer Geliebten Maria Rosa mitgeteilt, daß sie nun nicht mehr kommen könne. Auf die empörten Fragen Maria Rosas hin hatte sie erklärt, daß sie die Rache Manfreds fürchte, der sie schon öfter bedroht habe. Er wolle, sagte sie, ein Verhältnis mit ihr beginnen, wenn sie das Kloster verließe und mit ihm nach Korsika auswandere.
Der Bruch des Ordensgelübdes war durch ihr Verhältnis mit der ehemaligen Oberin längst vollzogen worden. Es kam also auf einen weiteren Verstoß gegen das Gebot der Keuschheit nicht mehr so sehr an, zumal ihre begehrlichen Gedanken Manfred gegenüber sich offenbar weiterentwickelt hatten.
Die Lebensgeschichte Agathes war Maria Hilde sicherlich nicht restlos bekannt, sonst hätte sie wissen müssen, welches Geschick ihr drohen konnte, wenn sie sich mit diesem Menschen näher einlassen würde. Doch Manfred war ein ausgezeichneter, wenn auch gefährlicher Liebhaber. Wenn einmal ein hübscher und brauchbarer Fisch an seiner Angel zappelte, war es meist um diesen Fisch geschehen. Manfred besaß viele Verbindungen und Möglichkeiten in vielen Ländern Europas und hatte offenbar jetzt nach Agathe und Cornelia Frühling es auf Maria Hilde abgesehen. Welche Eroberungen er außerdem inzwischen noch erfolgreich abgeschlossen hatte, hatte Agathe bisher noch nicht erraten können.
Am Abend versammelten sich wieder alle im Zimmer der Oberin Maria Veronica und verteilten sich wieder im ganzen Kloster: Agathe, Flau-

bert, die Oberin und die gesamte Mannschaft der Kriminalpolizei aus der benachbarten Stadt. Schließlich war es soweit. Das Bild war wieder entfernt worden und schon hörten alle die bekannte Stimme: „Die frühere Oberin Maria Rosa hat Manfred Ebert erstochen! Sie konnte nicht verwinden, daß die Schwester Maria Hilde sich von ihr ab- und Manfred Ebert zugewendet hatte. Sie ist eine gemeine Mörderin."
Es knackte noch ein paarmal aus der Wand heraus, danach blieb es still. Noch am selben Abend wurde Maria Rosa im Luxembourger Kloster festgenommen und kam in Untersuchungshaft, wo sie ohne jede Widerrede die Tat gestand. Nach diesem Geständnis, das durch die polizeilichen Ermittlungen weitgehend erhärtet wurde, gab man den Leichnam Manfreds zur Bestattung frei. Hierbei fiel den Eingeweihten auf, daß Maria Hilde sich in ziviler Kleidung an der Beisetzung beteiligte. Sie zeigte, beziehungsweise sie spielte, eine Trauer, die die der Eltern, des Dr. Ebert und seiner Frau, weit übertraf. Fast völlig in Tränen aufgelöst schluchzte sie laut und auffällig. Als der Totengräber ihr die kleine Schaufel mit Erde übergeben wollte, war sie nicht fähig, diese entgegenzunehmen. Sie schüttete die Erde auf ihre eigenen Schuhe, drehte sich abrupt um, ließ die Schaufel zu Boden fallen und verließ voller Tränen das offene Grab.
In diesem Zustand fand Agathe Maria Hilde vor, die am Friedhofsausgang auf dem kleinen Marmorbänkchen saß. Agathe setzte sich neben sie, versuchte sie zu trösten.
Sie fragte: „Was willst du jetzt tun? Gehst du wieder ins Kloster?"
Es war auf einmal ein armes, einfaches Menschenkind, das ihr antwortete: „Was soll ich machen? Der Weg zurück ins Kloster ist mir versperrt. Alles, was ich liebte, habe ich verloren: die Heimat, die Berufung, alles, alles. Ich habe weder Geld noch Wohnung."
Sie tat Agathe richtig leid, als sie einer plötzlichen Eingebung nachgab: „Sag mir nur noch, wer die Stimme des Orakels im Kloster war!"
„Das war meine Stimme, meine durch Verzerrungen unkenntlich gewordene Stimme. Ich gebe es zu: Ich war Rosa hörig, ich tat alles, was sie von mir verlangte. Deshalb habe ich, um alles aufklären zu können, ohne mich kenntlich zu machen, bis zum Schluß noch das Orakel benutzt. Von jetzt an werde ich keinen Fuß mehr über die Schwelle dieses Klosters setzen, das für mich wahrhaft kein Sprungbrett zum Himmel gewesen ist."

Mittlerweile hatte sich Flaubert, der während der Beisetzung zwischen den Gräbern herumgeschlendert war, zu ihnen gesellt.
Nachdem Agathe ihn bekannt gemacht hatte, sagte er zu ihr: „Du weißt, meine Liebe, daß wir morgen zurückfahren müssen, wenn René Leblanc nicht vor uns wieder in Ajaccio eintreffen soll."
„Morgen schon?"
„Ja, Ich habe diesen Termin mehrmals angedeutet. Aber du hast mir offenbar überhaupt nicht richtig zugehört."
„Aber ich will auf jeden Fall noch mit meiner Mutter sprechen, ehe ich zurückfahre. Denn sie meidet mich offensichtlich."
„Wollen wir nicht sofort hingehen?" antwortete Flaubert.
„Ja!"
Zu der ehemaligen Mitschwester, die mittlerweile wieder ihren bürgerlichen Namen Hildegard Paulus angenommen hatte, sagte sie: „Fürs erste werde ich für dich sorgen, Hilde. Komm heute abend zum Essen in unser Hotel nach Bonndorf. Wir werden gemeinsam essen und dabei alles besprechen. Du kannst den Bus nach Bonndorf nehmen. Um die Aufgabe, die mir jetzt in meinem Elternhaus bevorsteht, bin ich in der Tat nicht zu beneiden."
Als sie mit dem Auto Flauberts vom Oberrheinstadter Friedhof zu Agathes Elternhaus fuhren, wurden sie von etwa einem Dutzend einheimischer Kinder begleitet, die auf beiden Seiten der Straße neben dem schweren und Aufmerksamkeit erheischenden Wagen herliefen. Auch diesmal war der Besuch bei den Sommers in der Nachbarschaft wieder bekannt geworden. In diesen Orten gingen die aktuellen Nachrichten noch von Fenster zu Fenster, fast ebenso schnell wie ein Telefongespräch, vonstatten. Das bewies auch die Beobachtung, daß die Sommersche Haustüre, kaum daß Agathe den Klingelknopf bedient hatte, sich öffnete.
Im Türrahmen stand die Mutter, klein, gebeugt, alt, mit faltenreichem Großmuttergesicht und schneeweißem Haar. Agathe sprang auf sie zu, umfaßte ihren Hals und sagte übertrieben laut: „Grüß dich, Mutter! Wie geht es dir?"
Jeder konnte sehen, daß die Mutter diesem liebenswerten Überfall kaum gewachsen war. Zwar kam die Hand recht zögerlich auf der Tochter Schulter, doch dann drückte sie doch ein wenig zu und sagte mit zittriger Stimme: „Ich freue mich, daß du wieder da bist, Agathe. Verzeih mir!"

„Ich bleibe nur bis morgen, Mutter. Aber solange wie diesmal werde ich bestimmt nicht mehr wegbleiben."
„Warum nur bis morgen, Agathe?"
„Monsieur Flaubert muß zurück und ich auch. Vater wird dir gesagt haben, daß ich auf Korsika wohne und auch dort mein Auskommen habe. Hier würde ich euch doch nur auf der Tasche liegen. Wenn man einmal selbständig ist, möchte man nicht mehr abhängig sein."
„Und wer ist dieser Mann?"
„Ich dachte, du wüßtest es bereits. Sonst geht doch alles so schnell rund in Oberrheinstadt."
„Ist es der Franzose?"
„Ja, Mutter! Aber warum sagst du das so komisch? Du hast das Wort ‚Franzose' so geringschätzig gesagt, als befänden wir uns immer noch mit Frankreich im Kriegszustand."
„Lebt ihr zusammen?"
„Nicht dauernd, Mutter. Doch lassen wir dieses Thema. Du wirst vieles heute nicht verstehen. Das braucht an unserem Verhältnis jedoch nichts zu ändern."
Jetzt stellte Agathe ihren Begleiter der Mutter vor. Es war ein interessantes Bild, die lange, französisch gehaltene Begrüßungsrede Flauberts zu hören und zu sehen, zu der die Mutter eifrig mit dem Kopf nickte, ohne ein einziges Wort zu verstehen.
Es war sehr schade, fand Agathe, daß außer ihr keiner diese schöne Rede verstand. Auch ihre Übersetzung konnte den glänzenden Eindruck, den Flauberts Rede hätte machen können, nicht herstellen.
Es gab Kaffee und Kuchen, den der Vater noch schnell beim Bäcker geholt hatte. Es war recht gemütlich in dem Wohnzimmer, nur die französische Übersetzung störte etwas. Ein wenig Trauer kam erst auf, als Agathe und Flaubert aufbrachen, um zu dem vorbestellten Abendessen mit Hildegard Paulus nach Bonndorf zu fahren. Sonst wollte Agathe keinerlei Besuche mehr machen. Es war ihr unangenehm, Leute zu treffen, die ihr Vorleben kannten. Schließlich war sie ja mehrmals in der Tracht einer Nonne in Oberrheinstadts Straßen gesehen worden. Auch hatte sie aus dem Kloster heraus das Klassentreffen mit ihren Schulkameraden und auch die Weinlese besucht.
Sie kannte fast alle Leute noch, die ihr auf der Straße begegneten und diese kannten sie ebenso gut. Mit großer Sicherheit hatten die meisten

von ihnen mit lüsterner Begierde die Artikelfolge im ‚Volksboten' gelesen. In fast allen Familien, in Gasthäusern und Geschäften, ja, sogar in der Kirche und im Pfarrhaus war heftig über den Inhalt dieses Artikels von Manfred Ebert debattiert worden. Der Pfarrer hatte sogar von der Kanzel herunter dieses Thema angeschnitten. Er trug auch mit Schuld daran, daß mindestens neunzig Prozent der Einwohner Oberrheinstadts ihre Meinung eindeutig gegen Agathe richteten. Sie war die verdammte Hure, die aus guter Familie stammte und eine Tante als Ordensschwester hatte, die während ihrer Jugend mehr für die Kirche als für ihr Elternhaus getan hatte. Auch der plötzliche, gewaltsame Tod Manfred Eberts veränderte in diesem Ort ihr Bild zum Negativen hin. Es war einfach unfaßbar! Wie sagte der Pfarrer in seiner letzten Osterpredigt, ohne einen Namen zu nennen: „Der Fall dieser jungen Frau aus unserer Gemeinde ist das eklatante Beispiel dafür, daß Satan immer noch unter uns weilt und eifriger und erfolgreicher als je zuvor durch unsere Straßen wandelt und in die Häuser, Familien, sogar in die Kirche eindringt und immer wieder ehemals fromme und gottesfürchtige Menschen findet, die er vor seinen mit Sünde beladenen Karren spannen kann. Selbst die Drohung mit der Höllenglut kann diese Christen nicht davon abhalten, einiger armseliger Vorteile oder vermeintlicher Vorteile wegen, dem Teufel ihr Leben zu versprechen. Laßt es sie merken, wenn ihr ihnen begegnet und betet zu Gott, daß er sie von unseren Häusern fernhält."

Natürlich war Agathe klug genug, alle Institutionen zu meiden, in der die Kirche oder die Vertreter Gottes auf Erden das Sagen hatten. Natürlich merkte es auch die Familie Agathes täglich, daß sie in Oberrheinstadt geächtet war. Agathe und Flaubert hielten sich deshalb während ihres Aufenthaltes am Rhein hauptsächlich in Bonndorf auf. Aber auch hier spürten sie die Verachtung und Ablehnung, wenn auch nur in einzelnen Fällen.

Als sie in ihrem Hotel in Bonndorf ankamen, war Hildegard bereits da. Man hatte sie an den schönsten Tisch im Speisesaal gesetzt. Agathe und Flaubert wurden überhaupt in diesem Hotel bevorzugt behandelt. Natürlich war die Kunde von Agathes Vorleben als Nonne und auch als Hure längst auch in diesem Hotel bekannt geworden. Doch dieser negative Eindruck wurde durch die elegante Erscheinung des reichen Franzosen mehr als ausgeglichen. Nach jeder Mahlzeit gab es Trinkgeld und mor-

gens fanden die Zimmerfrauen auch stets ein paar Münzen auf dem Nachttisch vor.
Der Besitzer des Hotels und die beiden französisch sprechenden Angestellten konnten sich immer wieder von der Allgemeinbildung, dem guten Benehmen und der gepflegten Ausdrucksweise Flauberts überzeugen. Natürlich freuten sie sich auch, ihre eigenen, recht guten Sprachkenntnisse anwenden zu können. Es war Flaubert nicht entgangen, daß sich das Personal sogar darum stritt, ihn bedienen zu dürfen.
Es gab an diesem Abend ein opulentes Mahl, das gleichzeitig auch das Abschiedsessen Agathes und Flauberts sein sollte und das ebenfalls einen glänzenden Eindruck von der Leistungsfähigkeit dieser rheinischen Hotelküche gab. Dieses Essen bewies wieder einmal, daß man heutzutage nicht mehr nach Frankreich oder in die großen deutschen Städte fahren muß, wenn man erlesene Speisen haben will. Die deutsche Restaurantküche auch in den kleineren Orten der Touristikzentren hatte aufgeholt. Vor allem aber war es den Gastronomen locker gelungen, sich dem Preisniveau der größeren und bekannteren Kollegen anzugleichen.
Agathe ging an diesem Abend das Versprechen, für Hildegard zu sorgen, nicht aus dem Kopf. Was gab es für Möglichkeiten? Man konnte ihr Geld dalassen oder von Zeit zu Zeit welches schicken. Das war jedoch wenig befriedigend, da jeder für ein solches Geschenk eine Gegenleistung erbringen wollte. Das war auf diese Weise nicht möglich.
Als Agathe dies Flaubert anvertraute, fiel diesem sofort eine akzeptable Lösung ein.
Ohne lange nachzudenken, sagte er: „Ich denke, daß Hildegard nicht hier im Rheinland bleiben möchte, da sie hier stets an die Ereignisse im Kloster und außerhalb desselben erinnert wird. Warum fährt sie nicht mit uns? In Korsika kann ich ihr eine Menge gutbezahlter Stellungen anbieten. Sie könnte dort ein völlig neues Leben beginnen."
„Was könntest du ihr anbieten Flaubert? Eine Tätigkeit auf der Motoryacht etwa? Von der ich noch nicht gekündigt bin? Als Putzfrau in deinem Haushalt oder bei einem deiner vielen Freunde? Ihr eine solche Tätigkeit anzubieten, ist für sie wohl wenig befriedigend."
„Nichts dergleichen", antwortete Flaubert und fuhr nach kurzem Nachdenken fort: „Höchstens am Anfang, bis sie die französische Sprache gelernt hat. Später kann sie als Führerin für deutsche Reisegruppen in

Ajaccio, Sartène oder Bonifacio tätig sein. Überall dort habe ich gute Beziehungen. Auch in meinen Museen kann sie eine solche Tätigkeit ausüben. Ganz abgesehen von den vielen Möglichkeiten, die René Leblanc zu vergeben hat. Glaubst du, daß er ‚nein' sagen würde, wenn du ihn darum bittest?"
Agathe übersetzte Hildegard dieses Gespräch sinngemäß. Zu ihrem großen Erstaunen war Hildegard sofort bereit, unter diesen Möglichkeiten mitzufahren.
„Wir fahren jedoch bereits morgen sehr früh weg. Morgen Abend um neunzehn Uhr pünktlich geht die Fähre von Marseille aus in See."
„Ich habe mich entschieden, Agathe. Ich werde mit euch fahren. Spätestens in einer Stunde kann ich fertig sein. Verabschieden brauche ich mich bei niemandem. In der kleinen Pension in Oberrheinstadt, in der ich mit Maria Rosa genächtigt habe, habe ich bereits seit dem Tage gewohnt, an dem ich das Kloster verlassen habe. Meinen Lebensunterhalt habe ich dort mit Putzarbeiten bestritten. Ich kann mich jederzeit verabschieden."
„Wie ist es mit deinem Paß?"
„Das ist kein Problem. Mein Reisepaß, den ich seit dem Urlaub in Holland, den ich in den ersten Jahren meiner Klosterzeit mit meinen Eltern dortselbst verbracht habe, besitze, ist noch gültig. Außerdem hat man seinerzeit für mich im Kloster eine Kennkarte besorgt. Auch die dürfte noch gültig sein. Alles, was ich sonst mein eigen nennen kann, habe ich in fünf Minuten in meiner Einkaufstasche verpackt."
„Und deine Eltern?"
„Die leben in Norddeutschland. Von ihnen kann ich mich nicht mehr verabschieden. Sie konnten bisher nicht für mich aufkommen und werden das auch in Zukunft nicht tun. Ich werde ihnen von Korsika aus einen Brief schicken."
Dieser kurzfristige Reiseplan brachte es mit sich, daß der gemeinsame Abend bereits kurz nach dem Dessert zu Ende ging.

15.

WIEDER IN AJACCIO

Als Flaubert am nächsten Morgen in aller Frühe seinen Wagen vor dem Hotel parkte, stand Hildegard mit ihren wenigen Habseligkeiten bereits dort.
Sie fuhren dieselbe Strecke, die sie auf dem Hinweg bereits benutzt hatten. Am nächsten Morgen kurz nach sieben Uhr trafen sie nach einer angenehmen Nachtfahrt mit dem Fährschiff „Provence" im Hafen von Ajaccio ein.
Als Agathe Hildegard Paulus zu sich nach Hause mitnehmen wollte, wehrte Flaubert ab: „Das würde ich nicht tun, meine Liebe. Jeden Augenblick kann René Leblanc zurück sein. Wenn er, wie ich vermute, sofort in deinem Etablissement erscheinen wird – ich meine in dem, das er bezahlt – dürfte er nicht glücklich sein, einen weiteren Mitbewohner hier anzutreffen. Hildegard mag mit mir kommen! Ich habe im Seitenflügel eines Hauses in der Nähe der Chapelle Imperiale ein kleines, gut eingerichtetes Besucherzimmer. Dort kann sie vorerst bleiben. Hier wird sie in unmittelbarer Nähe der berühmtesten Sehenswürdigkeiten Ajaccios wohnen, deren Überwachung und Pflege mir persönlich unterstehen. Es handelt sich hier um die Grabkapelle der Familien Bonaparte und Fesch. In dieser 1855 erbauten Chapelle Imperiale sind die Eltern Napoleons und auch sein Onkel, der Kardinal Fesch, mein Vorfahr, bestattet. Weiter befindet sich dort die bedeutendste Gemäldesammlung und die wertvollste Bibliothek der Insel, die beide ebenfalls meiner Aufsicht unterstellt sind. Von hier aus kann Hildegard bequem zu Fuß deine Wohnung erreichen, wenn sie dich besuchen will. Was weiter mit ihr geschieht, wird sich ergeben. Auf jeden Fall werde ich für sie sorgen. Das verspreche ich."
Sie fuhren über den Parkplatz, an dessen Ende eine Reihe Taxis standen. Hier nahm Agathe einen Mietwagen. Obwohl Leblanc und Flaubert voneinander wußten, sich persönlich sogar ganz gut kannten, wäre es Flaubert doch unangenehm gewesen, wenn Leblanc beide gemeinsam beim Ausladen des Gepäcks aus dem Taxi gesehen hätte. Obwohl dieser eigentlich nicht vor übermorgen zurückerwartet werden konnte, konnte es dennoch möglich sein, daß er seine Reise – aus welchen Gründen auch immer – verkürzen konnte.
Als Agathe das Haus und dann ihre Wohnung betrat, merkte sie sofort, daß in der Zeit ihrer Abwesenheit jemand hier gewesen sein mußte. Der Teppich war an einer Ecke eingeschlagen, das Fenster in der Küche

stand auf Kippe und vor allem hatte sich jemand an der Schreibtischschublade zu schaffen gemacht. Das merkte sie sofort. Außer Leblanc kam jedoch kein anderer in Frage.

Wer, außer Leblanc, sollte die Schreibtischschublade geöffnet haben? Wenn es ein Dieb gewesen sein sollte, hätte er andere, wertvollere Dinge mitnehmen können. Diese Wertsachen hingen an den Wänden, standen auf dem Schreibtisch und auf den beiden Eckschränkchen; in der Schreibtischschublade befanden sich nur ein paar unwichtige Papiere und – als wichtigstes – der Mietvertrag. Der aber war noch da. Als Beweis für die Wertlosigkeit des Schreibtischinhaltes konnte man die Tatsache werten, daß es für diese Schublade keinen Schlüssel gab. Sie stand stets offen, so auch jetzt. Auf ihre Nachfrage erklärte jedoch das Mieterehepaar, das unter ihr wohnte, daß Monsieur Leblanc in Begleitung von drei Herren die Wohnung aufgesucht hätte, von denen einer der Besitzer der Apotheke am Boulevard Roi Jérome gewesen sei. Die anderen Herren hätten sie nicht gekannt.

Was sollte Leblanc wohl hier gesucht haben? Er hatte ihnen gegenüber erklärt, daß sie – Agathe – die Mieterin sei, obwohl er – Leblanc – die Miete bezahle und sich auch für die Instandhaltung der Wohnung verantwortlich erklärt hatte.

Agathe machte sich keine großen Gedanken über diesen Besuch. Schließlich bezahlte Leblanc alles und hatte auch einen Bund mit allen Schlüsseln in seinem Besitz, mit dem er ausnahmslos alle Schlösser in der Wohnung öffnen konnte. Was aber wollte der Apotheker hier? Wer waren die beiden anderen Männer?

Was sollte sie Leblanc sagen als Grund für ihre längere Abwesenheit? Sicher, sie konnte Heimweh als Ursache angeben. Oder sollte sie die Wahrheit sagen? Daß sie eine Möglichkeit, ihre Heimat kostenlos besuchen zu können, nicht ausschlagen wollte, konnte ihr niemand verübeln. Auch für die Entscheidung, Monsieur Flaubert bei den Recherchen für das Buch zu helfen, an dem sie auch finanziell beteiligt sein würde, mußte Leblanc Verständnis aufbringen können. Sie hatte ihn auch nicht fragen können, denn er hatte ihr keine Einzelheiten anvertraut. Sollte sie Leblancs Frau in Propriano am Golfe de Valinco anrufen? Nein, das wagte sie nicht.

Es wäre, wie sich später herausstellte, das Falscheste gewesen, das sie hätte tun können. Eines jedenfalls stand fest: Es mußte etwas Ungewöhnliches geschehen sein, das Leblanc gezwungen hatte, seine Geschäftsreise abzubrechen. Agathe entschloß sich, Leblanc die Wahrheit über den Grund ihrer Reise an den Rhein anzugeben, und die am leichtesten verdauliche Wahrheit waren die Nachforschungen für die beabsichtigte Lebensgeschichte Agathes, die der Schriftsteller Flaubert bei einem Verlag in Ajaccio herauszubringen beabsichtigte. Mit diesen Überlegungen beschäftigte sich Agathe den ganzen Nachmittag, während sie mit einer Tasse Kaffee auf ihrem Balkon saß und aufs Meer und auf die Iles Sanguinaires hinausblickte, vor denen ihre weiße Motoryacht vor Anker lag.

Sie schreckte heftig zusammen, als es an ihrer Wohnungstür klingelte. Sie öffnete und zu ihrer Überraschung standen dort Flaubert und Hildegard.

„Ich habe Hildegard einen Teil unserer Stadt gezeigt", sagte Flaubert.

„Sie ist viel schöner, als ich dachte, diese Stadt. Mein Zimmer ist wunderschön und auch deine Wohnung muß ein Märchen sein", fuhr Hildegard fort.

„Ist es dir recht, daß wir kommen", unterbrach Flaubert den Redefluß Hildegards.

„Nein, es ist mir gar nicht recht", antwortete Agathe. „Ich will euch auch sagen, warum. Leblanc hat offenbar seine Reise aufs Festland unterbrochen. Er befindet sich also bereits seit ein paar Tagen auf der Insel. Er ist von der Mieterin unter uns gesehen worden, als er diese Wohnung aufschloß und sie gemeinsam mit drei Herren aufsuchte, von denen einer der Apotheker vom Boulevard Roi Jerome war."

„Silence!" unterbrach Flaubert ihre Rede und fuhr fort: „Diese Geschichte kann ich ein wenig weiter erzählen. Höre! Als ich zu Hause die Zeitung aufschlug, las ich und bekam es sofort auch von meiner Frau bestätigt, daß man den Prozeß gegen Leblanc wegen des Todes seiner ersten Frau wieder aufgerollt hat. Der geschiedene Mann seiner zweiten Frau, bekanntlich ein hoher Beamter, der in Sartène seinen Sommersitz hat und bis heute nicht verwinden konnte, daß Leblanc ihm die Frau weggenommen hatte, gelang es plötzlich und überraschend – auf welchem Wege auch immer – ein Rezept aus dem Zylinder zu ziehen, welches beweist, daß mindestens einmal – und zwar am Tage vor Frau Leblancs Unfalltod – Monsieur Leblanc besagtes Schlaf- und Beruhigungsmittel in eben jener Apotheke am Boulevard Roi Jerome auf

Rezept gekauft hat. Natürlich benötigte die Staatsanwaltschaft das Original des Rezeptes als Beweismittel. Die beiden unbekannten Herren waren offensichtlich zwei Beamte der Staatsanwaltschaft, die übrigens nicht nur in dieser Wohnung, sondern in allen Wohnungen Leblancs nach dem besagten Rezept gesucht haben. Dieses Rezept wurde übrigens trotz intensiver Suche nicht gefunden. Ob die Aussage des Apothekers ausreicht, ein neues Verfahren erfolgreich zu beginnen, weiß ich nicht. Jedenfalls haben sie Leblanc zurückgeholt und ihn mehrmals vernommen. Soweit mein Zeitungswissen."
Agathe erklärte daraufhin, daß es ihr nach diesen Vorfällen besonders unangenehm sei, von Leblanc hier mit Besuch angetroffen zu werden und bat Flaubert und Hildegard, das Restaurant „Des Palmiers" am Place Maréchal Foche aufzusuchen. Sie selbst käme später ebenfalls dorthin, dann könnten sie weitersprechen. So geschah es dann auch.
Der Abend in diesem Lokal, dessen Wirtin gleich Agathe aus dem Rheinland stammte, verlief ungewöhnlich. Die Vier saßen noch keine halbe Stunde in einer Ecke dieses schönen Fischlokals – sie hatten sich gerade die in Ajaccio berühmte und beliebte Bouillabaisse bestellt – als sich die Tür öffnete und niemand anderes als René Leblanc eintrat.
Schnell kam er auf den Tisch zu, baute sich in voller Größe vor Agathe auf und sagte kurz und heftig: „Wo warst du? Du warst lange weg."
„René, verzeih mir! Aber es ging alles so schnell."
„Was ging so schnell?"
„Monsieur Flaubert bat mich, ihm mein Leben zu erzählen, das, wie du zugeben mußt, nicht uninteressant für einen Schriftsteller ist."
„Schriftsteller? Seit wann ist Flaubert Schriftsteller?"
„Seit über zwanzig Jahren bin ich Schriftsteller. Ich habe über fünfzehn Bücher veröffentlicht", unterbrach Flaubert das Gespräch.
„Bonaparte und Feschbücher, nicht wahr?"
„Jawohl, alle Bücher handeln von diesen Familien und aus deren großer Zeit. Alle meine Bücher sind gut verkauft worden und haben mir viel Geld eingebracht."
„Und jetzt wollen Sie einen Roman schreiben, der Agathes Leben behandelt. Auch von der Zeit und den Ereignissen auf dem Schiff?"
„Natürlich!"
„Auch von den Bürgern Ajaccios, die sich, wenigstens zeitweise auf diesem Schiff aufgehalten haben?"

„Ja!"
„Also auch von mir und von Ihnen?"
„Natürlich gehören auch wir beide dazu."
„Werden auch Namen genannt?"
„Ja, jedoch nicht die richtigen! Wie in allen diesen Fällen werde ich die Namen ein wenig verändern."
„Wie werde ich in diesem neuen Buche heißen? Lenoir wohl?"
„Ich weiß es noch nicht. Bisher habe ich nur eine Kladde mit Stichworten, die auf meinen Recherchen beruhen. Sonst noch nichts."
„Wird auch das vorkommen, was damals und jetzt wieder von mir in den Zeitungen stand?"
„Ja! – Jedoch auch dieses mit Decknamen versehen."
„Woher wissen Sie das alles?"
„Ganz einfach, ich habe es in der Zeitung gelesen."
Leblanc fragte noch eine Weile weiter. Unter anderem, in welchem Verlag das Buch erscheinen würde. Flaubert antwortete, daß der Verlag in Ajaccio beheimatet sei und sich „Tino-Rossi Verlag" nenne. Auf die Frage, warum dieser Verlag einen so seltsamen Namen trage, antwortete Flaubert, daß Tino Rossi der bedeutendste Sänger Korsikas gewesen sei und das Buch über das Leben dieses berühmten Künstlers sei das erste Buch gewesen, das in diesem jungen Betrieb verlegt worden sei. Als Leblanc fragte, ob alles so geschildert würde, wie es sich in Wirklichkeit zugetragen habe, antwortete Flaubert, daß es sich bei Romanen, die das Leben einer Persönlichkeit zum Inhalt haben, meistens um wahre Begebenheiten handele, wobei jedoch auch fiktive, als erdachte Geschehnisse verwendet werden können. Schließlich sei es kein Sachbuch und müsse sich als Belletristik verkaufen lassen. Dieser Verlag biete alle Voraussetzungen für einen erfolgreichen Verkauf. Auch Agathe werde einen Teil des Geldsegens mitbekommen.
Es war eine seltsame Gesellschaft an diesem Tisch: eine Hure, die beiden Männer, denen sie ihre Gunst gegen Bezahlung geschenkt hatte und die auch jetzt noch beide zu ihren Kunden zählten, die sich gegenseitig kannten und sich bereits bald schon wieder mit ihr in den Kissen räkeln würden, der eine in ihrer von ihm bezahlten Wohnung, der andere auf besagten Hurenschiff und Hildegard, die ehemalige Nonne, die eine Liebesbeziehung mit der lesbischen Priorin Rosa gehabt hatte. Beide Frauen hatten eine gemeinsame Zeit als Nonnen in dem rheini-

schen Kloster hinter sich, beide hatten aus eigenem Antrieb ihre Klosterzeit beendet und waren beide auf diese Insel gekommen, die eine der bezahlten Liebe wegen, die andere wußte noch nicht, welche Tätigkeit Monsieur Flaubert, der ihr versprochen hatte, für sie zu sorgen, ihr anbieten würde.

Genauso seltsam war die Lage, die sich ihnen bot, als sie aufbrechen wollten. Beide Herren hatten ein, wenn auch teuer bezahltes Verhältnis mit Agathe, beide spürten offenbar das Bedürfnis, die kommende Nacht mit ihr zu verbringen. Wenn auch jeder der beiden um das Verhältnis des anderen wußte, konnte jedoch nur einer in den Genuß dieser Liebesnacht kommen. Die besseren Karten hatte ohne Zweifel René Leblanc, der Agathes Wohnung und Lebensunterhalt finanzierte und die in wenigen Minuten erreichbar war.

Das Anrecht, das Flaubert für sich ableitete, bezog sich auf die gemeinsamen Tage und Nächte am Rhein. Oder sollte Hildegard diese Lücke irgendwie zu schließen versuchen? Sie saß ziemlich einsam und unsicher am Tisch, sah von einem zum anderen, sprach kein Wort und machte sich doch offenbar Gedanken über den weiteren Verlauf des Abends und wohl auch über den Verlauf der kommenden Nacht.

Wie war das eigentlich?, dachte sich Agathe. Hildegard hatte ihre Liebe eine lange Zeit der Oberin, Schwester Maria Rosa, einer nun einsitzenden Mörderin, geschenkt. Die beiden waren also Lesbierinnen oder zumindest als solche gemeinsam tätig gewesen. Natürlich gab es zweigeschlechtliche Wesen auf dieser Welt, die das Verhältnis mit einer ebenso veranlagten Person beenden und sofort ein Verhältnis mit einem anders veranlagten Wesen beginnen konnten. Was hatte Hildegard eigentlich für eine Veranlagung? Konnte sie nach der Beziehung mit einer gleichgeschlechtlichen Person nunmehr auch einen Mann körperlich lieben? Spürte sie auch bei einem Mann echte Befriedigung?

Jedenfalls löste Leblanc das Problem schnell und ohne Schwierigkeiten.

„Laß uns nach Hause gehen, Agathe; wir haben uns noch einiges zu erzählen", sagte er. „Ich hatte im Gegensatz zu Monsieur Flaubert viele Tage keine Gelegenheit dazu."

„Erzählen" war also der geheime Ausdruck für das, was beide vorhatten. Leblanc setzte wohl voraus, daß diese beiden auf der Reise an den Rhein nicht nur die Arbeit, sondern auch das Bett miteinander geteilt hatten.

Er nahm den dünnen Mantel, hängte ihn Agathe um die Schultern, winkte Flaubert und Hildegard kurz zu und öffnete die Restauranttür.
Flaubert rief noch kurz: „Am Mittwoch nachmittag bin ich auf der Motoryacht, Agathe. Daran kommst du nicht vorbei. Ich hoffe, daß du seit Bonndorf nichts verlernt hast! Wie tröstlich, daß selbst der reiche Herr Leblanc nichts daran ändern kann. Ich gönne ihm die heutige Liebesnacht. Wer weiß, wieviele er noch vor sich hat. Die korsische Polizei läßt nicht mit sich spaßen. Wenn sie einmal einen am Wickel hat, ist es meistens für eine Weile aus mit den Liebesnächten. Bon soir, Mademoiselle! Bon soir, Monsieur!"
Während Agathe und Leblanc auf die Straße hinaustraten, nahm Flaubert neben Hildegard Platz und bestellte zwei Karaffen des schweren korsischen Weines aus den Steillagen bei Sartène.
Leblanc dagegen zog Agathe zu der Bank am Ufer und blickte aufs Meer hinaus, von dem her eine dünne, frische Brise sie traf und die Schatten der beginnenden Nacht langsam näherkrochen.
Agathe legte ihren Arm um den Hals des geliebten Sponsors und sagte: „Bist du mir nun böse, René?"
„Nein", antwortete dieser leise und fuhr nach einer Weile des Nachdenkens fort: „Wie sollte ich? Ich freue mich über deine Gegenwart und deine Liebe. Rechte leite ich mir nicht ab für das, was ich für dich tun durfte. Flaubert und ich, wir beide kennen dich, wir wissen, was du für uns bedeutest und welche Opfer du für uns bringst."
„Opfer?" antwortete Agathe fragend.
„Jawohl, ich weiß um diese Opfer. Wir kennen deinen Beruf und wissen sehr wohl, daß du unseretwegen den Kreis deiner Kunden und Verehrer auf zwei begrenzt hast."
„Ich war eine gezwungene Hure, René. Ich bin und war niemals eine richtige. Ich habe in dem Lustschloß in Marseille gelitten und auf dem Schiff habe ich ebenfalls am Anfang gelitten, bis ich euch beide kennenlernte. Ihr habt mich im Gegensatz zu allen anderen nicht als Hure betrachtet und behandelt, sondern als Mensch, oft sogar als Dame, als eine richtige Dame. Wer hätte gedacht, daß ich eines Tages sogar wieder eine angesehene Person sein würde. Du, René, hast mir echte Liebe entgegengebracht, du hast mich menschenwürdig wohnen lassen, vom Geld nicht einmal zu reden. Flaubert hat mir eine Zärtlichkeit gegeben, die ich nicht mehr erwarten durfte. Jetzt hat er mich mit

seinem Buch finanziell zu seiner Teilhaberin gemacht. Ich stelle das Thema, den Stoff und helfe ihm beim Organisieren. Er ist der Schriftsteller. Glaube mir, René, er ist ein richtiger, ein großer Romancier. Es wird viele Leute geben, die meine Lebensgeschichte in einem Zug, an einem Tag oder in einer Nacht durchlesen. Er wird mit Sicherheit eine Anerkennung und eine Popularität erreichen, die ihm bei keinem seiner geschichtlichen Sachbücher beschieden waren. Ich bin keine Hure mehr, sondern die Geliebte von zwei verheirateten Männern, deren Liebe mir gleichermaßen gehört. Euch beiden verdanke ich alles. Soll ich aber deswegen euch beide klassifizieren? Soll ich den einen an die erste und den anderen an die zweite Stelle setzen, was gleichbedeutend wäre mit dem ersten und dem letzten Platz. Nein, ich will keine Frau sein, die zwischen zwei Männern steht, sondern ich möchte eine Frau sein, die mit zwei verschiedenen Männern zu leben versucht. Solange ihr mich braucht, werde ich bei und mit euch sein."
Agathe war auf einmal in einen richtigen Redefluß geraten. Sie sagte weiter, daß die Leute in Ajaccio natürlich darüber reden würden, wenn sie die Einzelheiten dieser Beziehung erführen. Die Leute der Insel seien noch gottesfürchtig und duldeten eine solch sündhafte Lebensweise nicht, selbst wenn sie um die besonderen Gründe wissen sollten. Natürlich sei es ihr als frühere Nonne nicht leicht, eine solche Beziehung für sich selber zu tolerieren. Doch es läge auch allerhand dazwischen, zwischen der Nonne und dem Jetzt, manchmal so viel, daß sie die Klosterzeit schon fast vergessen hätte, wenn es nicht die Arbeit an dem Buch gäbe, die die Gedanken an diese Zeit immer wieder auffrischen würde.
Als die Abendkühle empfindlicher wurde, erhob sich Leblanc und zog auch Agathe mit in die Höhe. Zwei knatternde Motorkähne näherten sich vom Meer und fuhren unmittelbar vor ihnen auf den Kiesstrand auf.
„Das sind die Langustenfischer", sagte Leblanc, „die ihre Reusen geleert haben. Das ist die tägliche Beschäftigung der betagten Fischer, die sich nicht mehr weit aufs Meer hinauswagen. Im Restaurant ‚Des Palmiers' gibt es im Keller außerdem große Aquarien, aus denen immer dann Langusten entnommen werden, wenn die Alten, zum Beispiel des Sturmes wegen, nicht zu ihren Reusen kommen können. Obwohl die Langusten hier in Korsika unter den Augen der Gäste aus dem Meer

gefischt werden, sind sie hier verhältnismäßig teuer. Ich war früher oftmals in Deutschland. Am Rhein, in Bayern, ja sogar auf dem höchsten Berg Deutschlands, im Schneefernerhaus auf der Zugspitze kann man hiesige Langusten manchmal billiger haben als hier, mitten in den Fanggründen."
Dann brachen die beiden auf und begaben sich in Agathes Wohnung. Schon hinter der Tür sanken sie sich in die Arme und konnten nicht schnell genug ins Bett kommen.
Sie kamen in dieser Nacht nicht zum Schlafen, da Leblanc offensichtlich unter Entzugserscheinungen litt.
Nicht weit entfernt, in der Wohnung Hildegards neben der Chapelle Imperiale ging es spannender zu. Flaubert wollte Hildegard an der Zimmertür verabschieden, doch diese, die an diesem Abend viel über seine persönlichen Verhältnisse erfahren hatte, sah ihn mit hingebungsvollen Augen solange an, bis er sich schließlich ins Zimmer hineinziehen ließ. Auch Agathe war es nicht verborgen geblieben, daß Hildegard schon im „Des Palmiers" immer näher an Flaubert herangerückt war. Jetzt, in dem kleinen Wohn-Schlafzimmer gab es für beide kein Halten mehr. Sie warfen sich aufs Bett und liebten sich heftig.
Als Agathe am nächsten Tag von dieser Liebeseskapade Hildegards erfuhr, überkamen sie seltsame, zwiespältige Gedanken. Natürlich hatte sie der ehemaligen Mitschwester bereits in Bonndorf und Oberrheinstadt von den Vorteilen und der wohlhabenden Lebensweise der beiden korsischen Männer erzählt. Diese ausführlichen Berichte waren bei Hildegard nicht ohne Eindruck geblieben. Jetzt, in Ajaccio, mußte man den Eindruck gewinnen, daß Hildegard sich einen der beiden schnappen wollte. Am Rhein sah sie voller Bewunderung zu Flaubert auf, wußte aber, wenn sie ihn Agathe wegschnappen wollte, daß dies kein Freundschaftsdienst gegenüber der Freundin sein konnte.
Hier in Ajaccio sah die Lage jedoch ein wenig anders aus. Es waren zwei Männer da, von denen einer sich die größeren Rechte an Agathe anmaß, während, wie sie glaubte, des anderen Rechte sich vornehmlich auf die gemeinsame berufliche Zusammenarbeit bei der Herstellung des Buches bezogen. Hier irrte sie natürlich etwas. Die Tatsache, daß sie sich ohne nonnenhafte Komplexe Flaubert hingab, beruhte ganz einfach auf dem primitiven Gedanken, warum einer zwei Geliebte und der andere keine abbekommen sollte.

Von der Forderung der klösterlichen Keuschheit hatte sie sich bereits in den Armen Maria Rosas restlos gelöst. Ihren früheren Ordensgehorsam begründete sie nur noch mit dem Gedanken, daß sie das andere Leben, in dem auch Liebe und Erotik ihren Platz hatten, vor der Verbindung mit Maria Rosa nicht gekannt habe. Mittlerweile hatte sie auch gefühlt, daß nicht nur die Frau, sondern auch der Mann ihr Liebe schenken konnte. Wenn sie auch durch ihre Blicke ein wenig nachgeholfen hatte, so war es doch Flaubert, der das erste Liebespiel eröffnet hatte.

Von dieser Liebesnacht der beiden Paare an, wurde die Rollenverteilung beachtet und entsprechend ausgeführt. Das hieß, daß Leblanc viele Nächte bei Agathe in der eigenen Wohnung und Hildegard nahezu ebenso viele in der kleinen Wohnung neben der Chapelle Imperiale verbrachte.

Schwieriger gestaltete sich die gemeinsame Arbeit an dem Buch Flauberts mit Agathe. Diese Arbeit verlangte auch beider fast tägliche Zusammenarbeit, die bald schon mit Wissen Leblancs in Agathes Wohnung verlegt wurde. Das schien ganz gut zu klappen, bis Flauberts Frau hinter die Heimlichkeiten ihres Mannes kam.

Bei genauer Betrachtung der Lage konnte dies auch nicht lange gutgehen, dafür lagen die einzelnen Plätze dieser außerehelichen Liebesbeziehungen zu nah beieinander: Die eheliche Wohnung Flauberts war keine fünfzig Meter von seinem Liebesnest entfernt. Seinen Arbeitsplatz in Agathes Wohnung erreichte er bequem in weniger als fünf Minuten. Außerdem waren beide Herren zu sehr bekannt, Leblanc als einer der bedeutendsten Kaufleute und als der vielleicht größte Fabrikant der Insel, Flaubert als Historiker und als Autor mehrerer dickleibiger Folianten über die napoleonische Zeit, insbesondere die Geschichte der großen korsischen Familien Bonaparte, Fesch und Pozzo di Borgo.

Als Flaubert eines Nachmittags die Treppe zur Wohnung Hildegards hinaufstieg, hörte er die lauten Stimmen von zwei Frauen. Je höher er stieg, desto deutlicher erkannte er diese zwei Stimmen. Es waren Hildegard und seine Frau, die sich gegenseitig laut anschrien. So traurig und unangenehm für ihn diese Szene auch war, es glitt ein kleines, spöttisches, belustigtes Lächeln über seine Züge. Beide Frauen schrien sich anhaltend an, die eine, Hildegard, meistens in Deutsch, die andere, Madame Flaubert, in Französisch mit einigen deutschen Worten und Satzteilen.

„Du verdammte Hure! Was hast du hier zu suchen?"

„Nix Hure!" Mit ein wenig Aufmerksamkeit konnte man weiter heraushören: „Meine Wohnung, nicht Hurenhaus. Mein Mann Hausherr."
„Ich nur noch wenige Tage hier in diesem Domizil, dann weg!"
„Du gehst noch heute weg. Du wirst keinen weiteren Tag mehr hier bleiben. Verstanden?"
Frau Flaubert drehte sich auf dem Absatz um, verließ die Wohnung und lief im Treppenhaus direkt in ihres Mannes Arme. Eine Weile sahen sie sich an, Frau Flaubert vorwurfsvoll, Herr Flaubert immer noch belustigt.
„Ich weiß, daß du fremd gehst, George. Es ist unglaublich! Ein Mann von deiner Stellung, von deiner Popularität, nimmt sich ein Flittchen, geht zu Huren! Ich begreife es nicht!"
„Diese Frau ist keine Hure, Marion. Wir betreiben gemeinsame, ernste Arbeit an meinem Buch, das auch dir zugutekommt."
„... in welcher Weise mir zugutekommen wird?"
„In finanzieller Weise; denn dieses Buch wird ein großer Erfolg werden. Das steht jetzt schon fest."
„Was liegt mir an deinem Scheißbuch! Diese Buchschreiberei ist nur ein Vorwand, wenn du dir deine Zeit mit Weibern vertreibst. Mit keinen gewöhnlichen Weibern, mit Huren! Hörst du? Mit Huren! Und ich dumme Kuh habe mir etwas darauf eingebildet, einen Nachfahren der Tante Napoleons, der Madame Letitia, einen aus dem berühmten Hause Fesch geheiratet zu haben. Eines sage ich dir! Diese Abstammung gibt dir noch lange nicht das Recht, deine Zeit und dein Geld mit Huren zu verbringen."
Flaubert war weiß wie die Wand im Treppenhaus geworden. Leise zischte er durch die Vorderzähne, doch gut verständlich, aber gefährlich drohend: „Was hast du eigentlich in diesem Haus zu suchen? Was willst du in der Wohnung, die dich nichts angeht? Über dieses Haus und diese Wohnung habe ich die Schlüsselgewalt. Ich bestimme, wer hier hereinkommt, nur ich, sonst niemand."
„In deinem Arbeitsvertrag steht mit Sicherheit nicht, daß du diese historischen Gebäude zum Bordell umfunktionieren sollst."
„Sage dieses noch einmal, Frau, noch ein einziges Mal! Und du wirst sehen, was ich mit dir mache."
„Was willst du schon mit mir machen? Mach es doch! Du kannst mir gar nichts anhaben. Ich werde dafür sorgen, daß dein Buch, dieses Hurenbuch, eingestampft wird."

„Hurenbuch?"

„Jawohl, Hurenbuch! Es ist die Geschichte einer Hure, es ist die Geschichte von mehreren Huren, es ist ein Buch von Pornografie, die in Korsika zu verbreiten verboten ist. Du machst aus Nonnen Nutten, läßt sie vergewaltigen, lesbische Dinge tun. Du läßt Nonnen auf den Strich gehen, mit Zuhältern verkehren und vieles andere mehr."

„Was sagst du da? Woher hast du dieses Wissen?"

„Ich weiß nicht nur vieles über dich, ich kann es dir sogar schriftlich geben."

„Schriftlich? Woher willst du etwas Schriftliches über mich haben?"

„Das will ich dir sagen. Deine Nutte dort oben hat wohl geglaubt, daß sie mich dazu bringen könnte, euer Verhältnis zu tolerieren, wenn sie mich freundlich behandelt. Jawohl, sie war zuerst recht nett zu mir, über alle Maßen nett, lieb und freundlich. Sie hat mich sogar eine Zeitlang in der Wohnung alleingelassen. Dabei habe ich auf dem Tisch dieses Schriftstück gefunden, das ich mit großem Interesse gelesen und danach eingesteckt habe."

„Zeig her!" herrschte Flaubert seine Frau an, die gerade im Begriff war, das Schriftstück, bestehend aus dreieinhalb engbeschriebenen Seiten, aus der Manteltasche zu nesteln.

Er riß ihr die Seiten aus der Hand und las sie mit großer Spannung. Es war das Handlungsgerüst, die Beschreibung der vorkommenden Personen und die Zeittafel. Diese drei Dinge sind für jeden Romanschreiber unentbehrlich. Es war also, wenn man es so nennen will, eine kurze, aber exakte Inhaltsangabe des gesamten zukünftigen Buchinhaltes. Er warf diese Seiten wieder auf den Tisch, wo seine Frau sie gefunden haben wollte.

„Wie kommen diese Schriftstücke auf diesen Tisch? Es war doch die andere, mit der ich ..."

„Natürlich war es die andere Hure, mit der du in Deutschland warst. Wahrscheinlich hast du diese Blätter der zweiten Hure gegeben und sie ihr erklärt, vermutlich um bei ihr anzugeben."

„Woher weißt du, daß ich in Deutschland war?"

„Dieses alles und noch viel mehr kann man diesen Seiten entnehmen. Es war natürlich die andere Hure, deren Handschrift diese Inhaltsangabe zu Papier gebracht hat."

„Das ist Diebstahl, weißt du das?"

„Natürlich ist es Diebstahl, das laß ich gelten. Um dich zu entlarven, ist mir jedes Mittel recht. Ein solcher Diebstahl ist bei uns noch nicht einmal strafbar. Er setzt mich vielleicht sogar in die Lage, das Erscheinen deines üblen, pornografischen Machwerks zu verhindern, oder aber, sollte es sogar schon gedruckt sein, dieses dem Reißwolf zu überantworten."
„Unterstehe dich! Eher bringe ich dich um."
„So wie der Beischläfer deiner Mitautorin seine erste Ehefrau umgebracht hat. Auch dies ist in ganz Ajaccio bekannt. Die Leute hier stecken ihre Nasen in alles Gedruckte über diesen Vorfall, und sie glauben sogar allen Gerüchten, die wie zäher Brei sich immer weiter auf der Insel verbreiten und sich dazu durch Straßen, Gassen, durch Gasthäuser, Versammlungssäle, ja sogar durch die Kirchen wälzen."
Flaubert war außer sich. Voller Zorn versuchte er, ihr die Schriftstücke zu entreißen, die sie wieder vom Tisch genommen hatte und die sie nun wieder fest in der Hand hielt. Doch dies gelang ihm nicht. Sie stieß ihn sogar so heftig gegen die Brust, daß er hart mit dem Hinterkopf an die Wand schlug. Schnell sprang sie an ihm vorbei die Treppe herunter und verließ das Haus.
Während dieses Streites stand Hildegard hinter der Tür ihrer Wohnung und blickte ängstlich ins Treppenhaus hinunter. Dort sah sie Flaubert stehen, gebückt, die Hände an den Hinterkopf gedrückt, von dem ein paar kleine Bluttropfen auf seinen weißen Hemdkragen tropften. Er bebte vor Zorn, seine Hände zitterten sichtbar. Als er danach die Stufen zu Hildegards Wohnung hinaufstieg, sah er auf einer der Treppenstufen ein Hörgerät liegen und zwar den Teil, der ins Ohrinnere gesteckt wird, samt dem dazugehörenden Kabel. Obwohl es aus der Wunde am Kopf noch immer leicht blutete, blieb Flaubert noch eine Weile stehen und schien lautlos vor sich hinzubrüten. Er bewegte sich selbst dann noch nicht, als Hildegard ihn laut ansprach. Er stand weiter lautlos dort und schien seinen Gedanken nachzuspüren.
Dann ging er langsam und immer noch wie geistesabwesend nach oben und ließ sich von Hildegard das Blut abtupfen.
Erst nach längerer Zeit sagte er laut und bestimmt: „Das wird sie mir büßen. Das schwöre ich!"
Danach steckte er das Hörgerät seiner Frau in die Tasche, verließ schnell entschlossen das Haus und verschwand zehn Minuten später in

dem Gebäude, in dem sich der Buchverlag und die dazugehörige Druckerei befand.
Seine Ohren glühten und seine Nase hatte sich weiß gefärbt. Das war bei ihm immer so, wenn er sich über die Maßen erregt hatte. Der Grund dafür war wohl in der Tatsache zu sehen, daß seine Frau ihm Wahrheiten an den Kopf geworfen hatte, die er nicht vertrug, daß sie ihn gegen die Wand gestoßen und die Schriftstücke wieder an sich gebracht hatte, viel mehr aber noch darin, daß sie seinen Roman, sein geistiges Gut, in übler Weise vermacht und angedroht hatte, diesen zu verbrennen, zu vernichten oder ihn sogar einstampfen zu lassen.
Diese Verunglimpfung seiner schriftstellerischen Fähigkeiten vertrug sein Stolz nunmal nicht. Man konnte ihn persönlich beleidigen, man konnte viele seiner Fehler vor ihm ausbreiten, das hielt er aus. Wenn aber einer sein Werk grundlos schlecht benotete, es nur noch für den Reißwolf tauglich bezeichnete, dann konnte er ausrasten. Es gab viele bekannte Fälle von Schriftstellern, die unberechtigt, ohne die Spur einer Erfolgsaussicht zu besitzen, Gerichte anriefen. Es gab Fälle, in denen sie ihre Gegenspieler tätlich angriffen, ja sogar umzubringen versuchten, Verhältnisse lösten oder die Scheidung begehrten, wenn die Frau nicht seine Ansicht bezüglich dem Gehalt des Werkes teilte. Es gab Fälle, in denen sie Berufe und Freundeskreise aufgaben, selber vereinsamten und keinen mehr sehen wollten, Zeitungen mit Leserbriefen bombardierten, wenn deren Kritik zu sehr von der eigenen Meinung abwich. Das Werk des Schriftstellers steht turmhoch über allem anderen. Diese Meinung muß man sich zu eigen machen, wenn man mit ihm reden oder verkehren will. Das war nicht nur bei Flaubert, daß ist allgemein bei Schriftstellern so.
Flaubert war völlig versessen auf diesen seinen Roman. Darüber vergaß er sogar seine sehr erfolgreichen geschichtlichen Sachbücher. Das Thema des geplanten Buches hatte es ihm angetan. Es stand bei ihm fest, daß dieses in jeder Beziehung ein großer Erfolg werden würde, in sachlicher und in qualitativer Hinsicht vor allem.
Als er sich an diesem Abend mit Agathe in deren Wohnung traf, um die Arbeit an dem Buch fortzusetzen, fiel ihr seine Flatterhaftigkeit auf. Er konnte sich nur schlecht konzentrieren und ließ sogar seine sonst so bestechende Logik vermissen. Als Agathe ihn fragte, warum er nicht, wie verabredet, auf der Motoryacht gewesen sei, antwortete Flaubert

kurz, er gehe dort nicht mehr hin. Auf die weitere Frage Agathes, ob Hildegard der Grund hierfür sei, antwortete er überraschend: „Ich würde sie sofort heiraten, wenn meine Frau nicht da wäre."
Damit war für Agathe der Fall klar. Sie konnte sich in Sachen Liebe jetzt völlig auf René Leblanc konzentrieren. Das war ihr auch angenehmer, denn René's Frau wohnte ziemlich weit weg am Golf von Valinco, während Flauberts Frau keine zehn Minuten von ihr entfernt zu Hause war. Von deren Problemen mit dem Buch ihres Mannes ahnte Agathe nichts.

16.
NONNE UND HURE

Endlich war der große Tag für Flaubert und Agathe da. Die Präsentation des Buches wurde im Hotel Imperial veranstaltet, nicht weit von der Route des Sanguinaires entfernt. Als Agathe und Flaubert in das Restaurant eintraten, das man höchst geschickt in eine Art salle de vernissage umgewandelt hatte, erhoben sich die jetzt noch wenigen Besucher von ihren Plätzen und applaudierten lange und anhaltend. Die Bezeichnung „salle de vernissage" war gar nicht so abwegig bei der Vorstellung dieses Buches, denn an den Wänden ringsherum waren in höchst geschmackvollen Abstufungen Aquarelle sowie gerahmte und ungerahmte Zeichnungen aufgehängt, deren Inhalte sich mit den Stationen der Buchthemen befaßten. Hier zeigte sich jetzt, warum Flaubert so viele Skizzen auf seinen Block gezeichnet hatte, während er seinen Recherchen am Rhein nachgegangen war. Für Agathe war es richtige, angenehme Heimatkunde: Die Bilder zeigten Gebäude, Straßenansichten und Motive vom Rhein und den Rheinbergen, das Kloster der Benediktinerinnen, die Pizzeria der Galleris, Gesamtansichten von Oberrheinstadt, Bonndorf, aber auch von Marseille und Ajaccio, alles aus dem Skizzenblock Flauberts. Für die Besucher waren Stuhlreihen aufgestellt, davor ein kleiner Tisch mit einer Lampe darauf. Offenbar sollte hier der jeweils Lesende sitzen.

In der Ecke des großen Raumes stand eine schmale, lange Tafel, auf der links gekühlte Sektflaschen und die entsprechenden Gläser standen, während auf der anderen Seite eine Anhäufung von verschiedenen, bunten Canapés die Augen des Betrachters auf sich zogen. Weiter befand sich dort die Bücherecke, vorne ganze Türme des neuen Buches, bunt das Äußere, mit viel Geschmack gestaltet, dahinter, ein wenig dezent und geduckt, die anderen, die geschichtlichen Bücher Flauberts, der Neuerscheinung eindeutig den Vortritt lassend.

Mittlerweile saßen über zweihundert Zuhörer im Raum, die bei den Lesungen der miteingeladenen, einheimischen Autoren nicht mit Beifall geizten. Danach standen die Lesungen der beiden Autoren, von der Musik einer Flöte und eines Pianos untermalt, auf dem Programm. Agathe las Passagen aus der Geschichte ihrer Jugend und ihrer Ordenszeit, während Flaubert alles auf Ajaccio abgestellt hatte. Er bemühte sich, die Hurenzeit in Marseille und auf dem Schiff zwar akribisch, doch betont distanziert zu behandeln. Dieses komplizierte Unterfangen gelang ihm vorzüglich.

Es war alles so schön, gemütlich und interessant, daß Agathe und Flaubert bald schon voller Freude strahlten. Dazu kam, daß die Dame, die den Bücherstand besorgte, einen großen Zettel mit langen Reihen von Vorbestellungen vor sich liegen hatte. Es lief einfach alles optimal. Doch dann geschah etwas Ungewöhnliches. Während der Lesung Flauberts – es war mittlerweile wieder völlig still im Raum – öffnete sich plötzlich die große Eingangstür, und im Türrahmen stand breit, behäbig, fast Ehrfurcht gebietend: Réné Leblanc! Aufmerksamkeit erheischend schritt er langsam durch den schmalen Mittelgang, locker und lässig nach beiden Seiten grüßend. Vor Agathe blieb er stehen, küßte ihr die Hand und nahm schweigend auf dem nächsten freien Stuhl Platz.
Flaubert unterbrach unwillig seine Lesung, klappte sein Buch zu und sagte, an die Zuhörer gewendet: Meine Lesung war ohnehin fast beendet. Für die noch fehlenden Sätze schlage ich nun mein Buch nicht mehr auf. Ich danke Ihnen! Ich danke auch Herrn Leblanc für seinen überraschenden Besuch. Nochmals danke!"
Er gab den beiden Musikern ein Zeichen, und sie begannen wieder zu spielen. Den Beifall hatte Leblanc ihm genommen, denn ein Mann am Rande einer Gefängnisstrafe zog natürlich mehr Aufmerksamkeit auf sich, als ein Autor, der meist nur höflichen, sensationslosen Beifall erwarten konnte.
Die neueste Geschichte Leblancs kannte hier sicher jeder. Alle wußten von der eventuellen Neuauflage der Anklage gegen ihn. Die Zeitungen hatten ausführlich darüber berichtet. Oder sollte – so dachten viele – wieder einmal das Geld über die Gerechtigkeit siegen? Oder sollten die Vorkommnisse, die am Golf von Valinco, genauer, am Rizzanese geschahen, nicht bis Ajaccio durchdringen oder sollten diese Nachrichten sich auf diesem Wege entscheidend verändert haben?
Obwohl die Autoren die härtesten Passagen dieser Nonnen-Hurengeschichte weggelassen oder kaschiert hatten, war die Aufregung über den Buchinhalt in Ajaccio nicht gering, denn hier auf der Insel wohnten gottesfürchtigere Leute als in Marseille und wenn jemand hier zu einer Hure aufs Schiff stieg, so geschah dies heimlich oder man stopfte sich die Ohren zu, um solch böse Dinge weder zu hören noch zu sehen. Ein Bluträcher dagegen wurde hier zwar bestraft, wenn man ihn fassen konnte, jedoch heimlich beschützt, versteckt und manchmal sogar noch bejubelt. Wenn hier die Geschichte eines Ehebrechers an die Öffent-

lichkeit kam, wurde dieser belacht und geächtet, wenn es ihm jedoch gelang, seine amourösen Eskapaden geheim zu halten und den Schutz der Dunkelheit oder eines heimlichen Versteckes optimal zu nutzen, konnte er sogar verstohlenen Beifalls sicher sein. Für einen nicht geringen Teil der Bevölkerung galt es als größte Sünde, wenn einer auffiel oder bei einem solchen Kavaliersdelikt erwischt wurde.

Am Bücherstand hatte sich eine Schlange, um Agathe herum eine große Menschentraube gebildet. Sie war darüber völlig überrascht, zumal sie die andere große Traube vermißte, die um den Hauptautor Flaubert herum zu diesem Zeitpunkt eigentlich zu stehen hatte. Auch war sie verwundert, daß sie bis jetzt noch nicht erkannt worden war – jedenfalls hatte es sich bis jetzt noch keiner anmerken lassen.

Es fiel ihr auf, daß der Besitzer des Verlages, Monsieur Garchet, noch nicht mit seiner angekündigten Rede begonnen hatte. Anwesend war er, denn er hatte sie kurz begrüßt und sich danach den prominenten Besuchern zugewendet. Bald jedoch wußte sie, warum Garchet sie so lange warten ließ. Immer noch vermißte sie die zweite, größere Traube, die um Flaubert herum. War Flaubert überhaupt noch da? Sie suchte und suchte, blickte nach allen Seiten. Flaubert, der eben noch seine Lesung beendet und seine Enttäuschung über Leblanc mit geschickten Worten ausgedrückt hatte, war nicht mehr aufzufinden. Sie löste sich aus der Menschentraube, ging durch alle Räume, begab sich aufgeregt nach draußen, suchte sogar auf der Toilette, doch Monsieur Flaubert war nicht mehr anwesend. Auch das Auto Flauberts war vom Hotelparkplatz verschwunden.

Was konnte ihn veranlaßt haben, einfach die Veranstaltung, seine Veranstaltung, zu verlassen, die hauptsächlich ihm zu Ehren durchgeführt worden war? Eine Enttäuschung über mangelhaften Besuch oder ebensolchen Buchverkauf konnte es nicht sein. Vielleicht war es sein Ärger über das plötzliche, verspätete Erscheinen und das seltsame Auftreten Leblancs? Sie konnte sich nicht vorstellen, daß Flaubert deshalb sein Fest verlassen hatte.

Mittlerweile hatte sich Leblanc zu Agathe gesellt. „Am heutigen Abend brauche ich dich sicher nicht zu erwarten, Agathe, heute – denke ich – wird Flaubert den Vortritt haben, nicht wahr? Im übrigen ist es ein tolles Buch. Du mußt verstehen, daß ich neugierig war. Ich konnte einfach nicht länger warten, ohne zu wissen, was von mir darinnen

steht. Deshalb bin ich gestern beim Verlag gewesen und habe mir ein Exemplar gekauft."
„Das durfte der Verlag doch gar nicht!"
„Wer kann kein Geld gebrauchen? Wer lehnt ab, wenn er einen größeren Schein unter die Nase gehalten bekommt? Noch kann man auf dieser Insel etwas mit seinem Geld machen. Im übrigen: Das Buch ist glänzend gemacht. Gerade die heiklen Passagen verraten viel Fingerspitzengefühl. Ich wäre nicht hierhergekommen, wenn nur ein leiser Hauch des Erkennens sichtbar gewesen wäre. Auch der Liegeplatz der Motoryacht zwischen dem Punta di Trio und Sagone ist gut gewählt. Er liegt nördlich von Ajaccio und weist nicht auf mich hin, der ich südlich davon in Propriano am Golfe de Valinco lebe. Wer auf Grund der Buchlektüre die Yacht mit Namen ‚Le pigeon blanc – die weiße Taube' suchen wird, mag dieses lange tun. Auch Flaubert hat sich recht geschickt in dem Buch versteckt. Nur gegen die Rivalität von uns beiden muß ich Einspruch erheben. Oder bist du der Meinung, daß wir ernsthafte Rivalen waren oder noch sein sollten? Eines jedoch ist mir aufgefallen, dich betreffend, meine liebe Agathe. Darf ich es sagen?"
„Schieß schon los, mein Lieber. Du weißt, ich vertrage mittlerweile schon etwas."
„Du bist als Nonne zu strahlend und als Hure in vielen Passagen zu diabolisch."
„Na, und? – Das Buch soll schließlich verkauft werden."
„Anerkannt und genehmigt!"
Dann sah Leblanc sich suchend im Raume um und fragte: „Wo ist eigentlich Flaubert, dein Mitautor?"
„Ich bin, mit Verlaub, der Mitautor. Die erste Geige bei diesem Buch hat Flaubert gespielt, und er wird sie auch fortan spielen. Doch zu deiner Frage! Mir geht es genauso. Ich halte schon eine halbe Stunde lang Ausschau nach ihm, jedoch ich finde ihn nicht, auch sein Wagen steht nicht mehr auf dem Parkplatz des Hotels."
Monsieur Garchet wollte nun offenbar nicht mehr länger auf Flaubert warten. Er trat hinter den Lesetisch, betätigte die kleine Klingel, die dort stand, und sagte: „Wir wissen nicht, welche Pflichten Herrn Flaubert im Augenblick abhalten. Ich kann Sie jedoch nicht länger warten lassen. Also: Wir sind hierhergekommen, um unser neues Buch Ihnen und damit der Öffentlichkeit vorzustellen."

Weiter sagte er, daß dies kein gewöhnlicher Anlaß sei. Auf Korsika seien im letzten Jahr nur drei Bücher verlegt worden, die von Korsen geschrieben worden seien und deren Handlung weitgehend auf dieser schönen Insel spiele. Wenn auch die Nonne irgendwo anders gelebt habe und nur die Hure hierselbst ihr Wesen treibe, so sei es doch ein echt korsisches Buch, dem eine profunde Kenntnis des Landes und seiner Bewohner zugrunde liege. Danach machte er noch einige allgemeingültige Bemerkungen, dankte den Autoren und wünschte dem Buch den erhofften Erfolg.
Natürlich wurde mit unterschiedlichem Gesichtsausdruck vermerkt, daß die vielleicht wichtigste Person nicht anwesend war; doch Garchet erwähnte ihn nicht einmal. Offenbar hatte er die Absicht, noch einmal das Wort zu ergreifen, wenn Flaubert schließlich einträfe.
Es wurde viel Champagner getrunken, Canapés mußten sogar nachbestellt werden, die Stimmung stieg schnell. Interviews mit Vertretern der Presse wechselten mit ähnlichen des Funks ab. Die Reporter befragten Autor und Publikum und natürlich, breit angelegt, den Besitzer des heimischen Verlages.
Es dauerte nahezu zwei Stunden, bis Monsieur Flaubert eintraf. Offensichtlich war er nervös, kreidebleich und hatte zudem ein wenig verzerrte Gesichtszüge.
Als Monsieur Garchet auf ihn zutrat, wirkte er fahrig und sogar die dargebotene Hand übersah er.
„Entschuldigen Sie bitte meine Verspätung, Monsieur Garchet, doch ich bin aufgehalten worden. Meine Frau ist überfällig. Ich habe über eine Stunde lang herumtelefoniert. Sie befand sich auf Besuchsreise bei ihrer Schwester in Filitosa und wollte spätestens heute nachmittag gegen vier Uhr zurück sein."
„Haben Sie denn nicht mit der Schwester ihrer Frau sprechen können?"
„Doch! Meine Frau ist früh genug von Filitosa abgefahren. Ich mache mir große Sorgen."
Trotz dieser Sorgen normalisierten sich seine Gesichtszüge sehr schnell, seine Nervosität schwand bald, und er widmete sich intensiv seinen aktuellen Aufgaben. Er nahm am Büchertisch Platz und wurde nicht müde, über eine Stunde lang die bereits verkauften Exemplare zu signieren.
Dazwischen ergriff Monsieur Garchet noch einmal das Wort für ein paar höchst ehrenvolle Sätze, an Herrn Flaubert gerichtet. Wann immer

sich Flaubert für ein paar Minuten frei machen konnte, ging er zum Telefon und versuchte, etwas über seine Frau in Erfahrung zu bringen. So stand er auch in der Telefonzelle des Hotels, als zwei Polizisten den Saal betraten und Herrn Flaubert zu sprechen wünschten.
Sie hatten ihre Gesichter in ernste, sorgenvolle Falten gelegt, als sie zu ihm sagten: „Sie sind der Ehemann von Frau Marion Flaubert?"
„Ja!"
„Wir müssen Ihnen die traurige Mitteilung machen, daß Ihre Frau heute nachmittag zwischen Porticcio und dem Flugplatz mit ihrem Auto tödlich verunglückt ist. Der Arzt Dr. Ciccerone aus Agnarellu hat den Tod festgestellt. Der Leichnam ihrer Frau ist bereits in die Pathologie des hiesigen Krankenhauses überbracht worden. Nach Freigabe durch die Kriminalpolizei wird er in die Leichenhalle am Boulevard Albert I. überführt. Wenn Sie möchten, können wir Sie mit unserem Wagen ins Krankenhaus mitnehmen."
„Können Sie mich zuerst an die Unglücksstelle bringen?"
„Wenn Sie möchten, sicher! Gestatten Sie, daß ich zuerst meine Dienststelle von dieser Änderung unseres Fahrbefehls in Kenntnis setze?"
„Bitte!" antwortete Flaubert, sich zur Ruhe zwingend.
Während der eine Polizist telefonierte, trat Flaubert von einem Fuß auf den anderen. Er konnte offenbar nicht erwarten, an die Unfallstelle zu kommen. Den Leichnam seiner Frau noch einmal zu sehen, hatte offenbar Zeit.
Schnell verließ man mit dem Polizeiwagen die Stadt nach Norden, um bald schon in Richtung des Flugplatzes nach Süden einzuschwenken. Es dauerte nicht lange, bis sie den Unfallort erreicht hatten. Noch waren an dieser Kurve die aufgewühlte Erde und die stark beschädigte Grasnarbe zu sehen, sowie ein paar Kreidemarkierungen nach der Meerseite zu. Nach dem Bericht der Beamten war der Wagen im Scheitelpunkt der scharfen Linkskurve offenbar mit großer Geschwindigkeit gegen einen dort befindlichen schweren Felsbrocken gerast. Dadurch konnte die Fahrerin die Richtung nicht mehr halten, war auf den Abhang zugeschossen und hatte sich offenbar, so zeigte es der erste Augenschein, ein- oder mehrmals überschlagen.
Mittlerweile war auch der Wagen zur Untersuchung ins Polizeipräsidium gebracht worden. Monsieur Flaubert hatte offenbar bereits an der Unfallstelle einen Schock erlitten. Er wirkte apathisch und stierte vor

sich hin. Er sah in der Tat wie ein Mensch aus, der einen schweren Schicksalsschlag erlitten hatte. Die Polizisten mußten ihn in den Wagen hineinheben, um ihn in die Pathologie des Krankenhauses zu bringen, wo er seine tote Gattin identifizierte.

Obwohl die Beamten den Eindruck hatten, daß Flaubert durch die Besichtigung des Unfallortes und die Identifizierung im Krankenhaus sehr erregt war, ging er doch noch einmal zur Feier anläßlich der Vorstellung seines Buches. Lange Zeit standen er und Agathe sich gegenüber. Er drückte der Mitautorin, der Freundin und Geliebten die Hand und Agathe konnte sich des Eindrucks nicht erwehren, als ob ein zartes Lächeln seinen sonst sehr energisch aussehenden Mund umspiele.

Was sollte dieses Lächeln und dieser warme Händedruck bedeuten? Ein Lächeln für die Geliebte am Todestag der Ehefrau? Wollte er mit diesem Lächeln sagen, daß er nun frei für sie sei? Agathe meinte, daß er sich dazu einen anderen, passenderen Termin hätte aussuchen können. Sie blickte ihn voll und ein wenig vorwurfsvoll an und sagte: „Geh jetzt, Flaubert! Der tödliche Unfall deiner Frau hat sich mittlerweile hier im Saal herumgesprochen. Sieh, wie die Leute dich ansehen! Mach nicht den Erfolg des Buches kaputt! Hier hast du den Schlüssel von meiner Wohnung. Ich denke, daß ich um halb zehn dort sein kann. Du brauchst heute Abend jemanden, der mit dir redet."

„Und wenn Leblanc auch kommen sollte?"

„Mit Sicherheit wird er heute nicht kommen. Ich werde ihm sagen, daß ich diesen Abend dir versprochen habe. Wir haben gemeinsam in meiner Wohnung gearbeitet. Es ist logisch, daß wir heute Abend, am Ende unserer Arbeit, dort ebenfalls noch die Schlußbesprechung machen. Wenn René dennoch kommen sollte, werde ich ihm die Wahrheit sagen. Weiter werde ich ihm sagen, daß du heute Nacht einen Gesprächspartner nötig hast."

Als sie nachher in Agathes Wohnung saßen, durchs Fenster blickten, sich an dem Halbdunkel weideten, das auf den Dächern, dem Hafen und dem Golf von Ajaccio lag, das nur von dem kreisenden Lichtstrahl, der von dem Leuchtturm in Richtung des Bahnhofs am Jetée du Margonajo ausging, unterbrochen wurde, faßte Flaubert Agathes Hand und sagte leise: „Jetzt steht uns nichts mehr im Wege, Agathe. Wir könnten zusammenwohnen und im nächsten Jahr heiraten, mein Schatz."

„Mein Gott, Flaubert! So etwas sagst du am Todestag deiner Frau?"

„Sie war schon lange nicht mehr meine Frau. Es gab weder Berührungen noch sonstige Zärtlichkeiten. Sie trug nur noch meinen Namen, ansonsten hat sie seit langem mir nur Schwierigkeiten gemacht."
„Ich bin auch Leblanc verbunden, vergiß das nicht!"
„Dem steht noch die Ehefrau im Weg, mir nicht."
„Wenn man dich so reden hört, könnte man meinen, du wärest am Tod deiner Frau nicht ganz unschuldig gewesen."
„Und wenn es so wäre?"
„Mein Gott, Flaubert!"
„Es kann niemand hören. Ich sage solches ja nur dir."
„Und wenn es Leblanc erfährt? Er könnte mich aus der Wohnung werfen."
„Was der dir bieten kann, vermag ich schon lange. Er verdient an Geschäften und kleinen Fabriken, ich an Tantiemen und sonstigem. Unser beider Wohlstand gegeneinander aufzuwiegen, ist verlorene Mühe."
Agathe sagte, daß sie bisher beide gleichermaßen als Freunde betrachtet habe und betonte das Wort ‚gleichermaßen'. Dagegen versicherte Flaubert, daß er sie geliebt habe von dem Augenblick an, als er ihr zum ersten Mal auf der weißen Motoryacht begegnet sei.
Agathe erklärte ihm, daß sie nicht zweifle, daß auch Leblanc sie geliebt habe und immer noch liebe. Als Flaubert ihr sagte, daß Leblanc im Gegensatz zu ihm eine Frau besitze und sie infolgedessen nicht ehelichen könne, begann Agathe zu weinen.
„Deine Frau ist noch nicht beerdigt, Flaubert, und du redest bereits von Heirat. Außerdem besteht immer noch die Möglichkeit, daß du den Tod deiner Frau, wie auch immer, verschuldet hast, nicht wahr?"
„Die Tatsache, daß ich dir heute, an diesem Tage, den Hof mache und sogar von Heirat spreche, ist ein Beweis dafür, daß ich an dem plötzlichen Tod meiner Frau unschuldig bin. Denn einer, der am Tod seiner Ehefrau zumindest mitschuldig ist, macht am Todestag wahrhaftig einer anderen Frauensperson keine Liebeserklärung. Er wartet zumindest eine Weile ab."
„Du hast auf die Frage nach deiner Mitwirkung geantwortet: ‚Und wenn es so wäre?' "
„Das war eine dumme Redensart von mir. Sage mir, wie ich solches hätte bewerkstelligen können! Ich habe telefoniert und telefoniert, um

sie zu erreichen. Danach war ich auf der Buchvorstellung und seitdem befinde ich mich hier in deiner Wohnung mit dir zusammen."

„Du bist sehr spät in den Saal gekommen. Das ist jedem aufgefallen."

„Meine Frau war in Filitosa und kam von dort, während ich mich nachweisbar zu diesem Zeitpunkt, nicht weit von hier, in Ajaccio befunden habe. In der Zeit meiner Abwesenheit habe ich telefoniert, oftmals telefoniert. Ich habe bei der Suche nach dem Verbleib meiner Frau wenigstens zwanzig verschiedene Nummern angerufen. Das dauert seine Zeit."

„Es gibt einen Punkt, den ich nicht richtig deuten kann. Du sagst, daß du keine Trauer über den Tod deiner Frau empfindest. Als du aber in den Saal hereinkamst, glaubte ich, einen gebrochenen Mann vor mir zu sehen. Du warst kalkweiß im Gesicht, deine Hände zitterten offensichtlich. Du schienst, einen Schock erlitten zu haben. So sieht keiner aus, der fern jeder Trauer ist. Oder warst du doch irgendwie an ihrem Tod beteiligt?"

„Verdammt noch mal, Agathe! Wie eigentlich soll dies vonstatten gegangen sein? Meine Frau befand sich allein in ihrem Auto auf der Fahrt von Filitosa nach Ajaccio: Ich hielt mich zur selben Zeit hier in Ajaccio auf. Soll ich etwa den Felsbrocken auf die Fahrbahn geschoben haben? Dieses Felsstück lag neben der Fahrbahn, als die Polizei eintraf. Es lag schon immer dort, war mit Muskelkraft nicht zu bewegen. An ihm vorbei haben Hunderte von Autos an diesem Tag in beiden Richtungen ihren Weg gefunden. Wenn überhaupt, wie soll ich das Auto meiner Frau von der Fahrbahn gestoßen haben? Oder etwa geschossen? Auch dieser Gedanke ist unsinnig. Den Einschuß oder die Einschüsse hätten die Beamten mit Sicherheit gefunden. Im übrigen ist dieses, auch das weiß jeder, eine stark befahrene Straße, auf der es keine halbe Minute gibt, in der nicht ein Auto, in welcher Richtung auch immer, die Unfallstelle passiert."

„Es gibt sehr wohl den Fall Leblanc, der auch noch nicht ausgestanden ist. Hierbei konnte auch niemand den ebenso tragischen Unfall vorhersehen. Die Ursache war ein Medikament, das den klaren Verstand der Fahrerin vernebelt und dadurch den tödlichen Unfall verursacht haben soll."

„Und in dem heutigen Fall vermutest du ähnliches?"

„Ich vermute überhaupt nichts. Ich stelle nur die Tatsachen fest und versuche, etwaige Möglichkeiten zu ergründen. Im übrigen bezeichne ich erst dann einen Menschen als Täter, wenn er einwandfrei als solcher überführt ist; doch ich mache mir auch vorher schon meine Gedanken darüber."

Plötzlich klingelte das Telefon. Agathe hob ab und hörte am anderen Ende der Leitung René Leblanc. Er wollte mit Flaubert sprechen. Das, was er sagte, war mehr als eine kleine Sensation, zumindest für Flaubert.

Er sagte, daß er gerade, von Ajaccio kommend, in sein Haus in Propriano am Golf von Valinco zurückgekehrt sei. Unterwegs, offenbar an der Unfallstelle Frau Flauberts, habe er angehalten und beobachtet, wie mindestens zehn Polizisten im Begriff waren, das Gebiet in großem Umkreis zu untersuchen. Er, Leblanc, habe etwas entfernt geparkt, sei zu Fuß zurückgekehrt und habe, zusammen mit einigen anderen neugierigen Fahrern gemeinsam, diese Sucharbeit der Polizisten aufmerksam beobachtet. Dabei habe er erfahren, wonach die Beamten suchten. Bei der Untersuchung des Unfallwagens im Polizeipräsidium hatte man nämlich ein Hörgerät gefunden, das in der Weise manipuliert war, daß es auf den Impuls eines Impulsgebers, zum Beispiel eines Bewegungsmelders oder ähnliches, ansprach. Man konnte also, an einer gewünschten, beziehungsweise geeigneten Stelle einen solchen Impulsgeber verstecken, der bei der Durchfahrt des präparierten Hörgeräts einen heftigen Knall im Hörgerät der betreffenden Person auslöste, der mit Sicherheit die gewohnte Fahrweise negativ verändern konnte. Natürlich gab es auch die Möglichkeit, diesen Impulsgeber von Hand zu betätigen. Da Frau Flaubert ein Hörgerät besaß, war der Verdacht gegen Flaubert nunmehr erheblich größer geworden.

Und diese Verdachtsmomente gegen Flaubert sollten sich noch vermehren. Agathe hatte von Hildegard die Geschichte der tätlichen Auseinandersetzung zwischen George und Marion Flaubert im Treppenhaus ihrer Wohnung, im Seitenbau der Chapelle Imperiale erfahren, bei der Flaubert seiner Frau mit dem Ausruf ‚Ich bringe dich um!' offenbar das Hörgerät aus dem Ohr gerissen hatte. Kurz darauf war Flaubert mit diesem Hörgerät in der Werkstatt seines Verlegers Garchet gesehen worden. Hatte er etwa mit Hilfe eines dort tätigen Handwerkers die Manipulation des Hörgerätes vorgenommen? Es war für ihn ein leichtes, dieses veränderte Hörgerät seiner Frau wieder zu unterschieben.

Die Polizei bekam schnell heraus, daß der Impuls im Innern des Hörgerätes zuerst einen für den Träger dieses Gerätes ohrenbetäubenden Knall und danach ein ebenso unangenehmes Rauschen und Knattern ins malträtierte Ohr schickte. Bei besagter Auseinandersetzung hatte Frau Flaubert ihrem Mann gedroht, das „pornografische Machwerk", dieses „Hurenbuch" einstampfen zu lassen, beziehungsweise ihn anzuzeigen, da die Nonnen- und Hurengeschichte in diesem Buch gegen die geltenden Bestimmungen des Landes verstießen.

17.
KORSISCHE JUSTIZ

Die Voruntersuchung im Falle Flaubert und die Wiederaufnahme gegen René Leblanc fand im Verlauf einer Woche in Ajaccio statt. Große Augen machten jedoch die Richter, als in beiden Fällen die Angeklagten, die Hauptpersonen also, fehlten. Flaubert schien schon eine Weile verschwunden zu sein, denn er hatte all seine Veranstaltungen platzen lassen. Mehrere vorgesehene Festreden bei Veranstaltungen in verschiedenen Städten Korsikas fielen aus. Es schien, als ob Flaubert der einzige sei, der ausreichend kompetent war, zum Thema korsische Geschichte, korsische Kunst und besonders über Napoleon selbst, seine Zeit und seine Zeitgenossen sich zu äußern. Sogar bei der Beisetzung seiner Gattin fehlte er. Natürlich erregte das plötzliche, fast gemeinsame Verschwinden von zwei so bekannten Persönlichkeiten die Aufmerksamkeit fast aller Bevölkerungsschichten. Die Befragung der Familien, der Angehörigen, der Freunde und Bekannten blieben erfolglos. Sie blieben einfach verschwunden, ohne die geringste Spur zu hinterlassen.

Natürlich begab sich die Polizei auch auf die Fährte der vielen Mörder, Totschläger und sonstiger Gewalttäter, die aus Furcht vor den Ordnungshütern in die Berge fliehen, wohlwissend, daß in den Höhlen und Capannen des Monte Cinto oder des Monte-Rotondo-Massivs und in den umgebenden Wäldern und Macchiagürteln noch keiner jemals gefunden wurde.

Die Verhandlungen vor Gericht fanden, wie so oft in Korsikas Justizpalästen, vor der Öffentlichkeit, jedoch ohne Angeklagte statt. Und wie so oft auf dieser andersgearteten Insel stand die Staatsanwaltschaft auf verlorenem Posten. Das Gericht hatte keine Helfer und vor allem keine Zeugen, während die Pflichtverteidiger aus einem Überangebot hilfreicher Aussagen wählen und gar nicht alle positiven Aussagen verwenden konnten. Insider wußten, daß auch die beiden Pflichtverteidiger in ihrem zukünftigen Leben keine finanziellen Sorgen mehr haben würden. Es war einfach seltsam in diesem Inselparadies. Jeder, tatsächlich jedermann wußte, was hier gespielt wurde, jeder wußte, daß ein Prozeß gegen so wohlhabende und bekannte Leute wie Leblanc und Flaubert zu einer Farce werden mußte. Jedem, der sich die Zeugen näher ansah, war es klar, daß diese der Reihe nach wie Dominosteine umfallen würden, kaum daß der Vorsitzende sie aufgerufen hatte. Der Ausgang eines solchen Prozesses war von Anfang an klar. Hier spielten nicht die üblichen Gerichtsregularien die erste Geige, sondern das Geld, Bestechungsgeld natürlich.

Auf dieser Insel gibt es nicht nur Heiratsvermittler und Wirtschaftsvermittler, sondern auch Bestechungsgeldvermittler. Die Methode, sein Bestechungsgeld schnell und heimlich an den richtigen Mann zu bringen, ist einmalig und gibt es so bequem auf dieser Welt nicht noch einmal. Und sie klappt vorzüglich, weil jeder mögliche Empfänger fest damit rechnet, daß ein solcher Vermittler bald seine Hausglocke bedienen würde. Danach verschwindet der Geldspender möglichst schnell und das Bestechungsgeld beginnt seine heimliche, aber höchst erfolgreiche Tätigkeit.

Der Grund, weshalb solche Angeklagten nicht, fast in keinem Fall, gefunden werden, liegt an der Hilfe sehr vieler in Frage kommender Leute: der Nachbarn, die kaum ein Wort sagen, ohne den Zeigefinger auf die Lippen zu legen, der Bürgermeister und Polizeibeamten, die mehr auf der Seite der Angeklagten als auf der des Rechtes stehen, vor allem aber die Ziegenhirten im Monte-Cinto- und Monte-Rotondo-Gebiet, für die die Lage der Höhlen und der versteckten Capannen stets ein nicht zu verratendes Geheimnis bleiben.

Wenn ein flüchtiger Straftäter seine Tat inhaltlich in die Nähe einer Blutfehde zu bringen vermag, ist er mehr Held als Täter und kann sogar ohne Bestechung mit der Hilfe vor allem der Bergbewohner rechnen.

Jedenfalls bekamen sowohl Leblanc als auch Flaubert den erwarteten Freispruch des Gerichtes in Ajaccio, wobei der Richter soweit ging, die hieb- und stichfesten Indizien im Falle Flaubert als abenteuerlich zu bezeichnen, und im Fall Leblanc gab es überhaupt keine Indizien mehr, weil die Zeugen einschließlich des Apothekers ihre Aussagen zurückgezogen hatten. In beiden Fällen handelte es sich nach Ansicht der Strafkammer um bedauerliche Verkehrsunfälle. Den Ehegatten, die beide über anerkannte Alibis verfügten, gehörte das Mitgefühl der Richter und der Mitmenschen. Wieviel Geld durch die Mithilfe der Vermittler den Besitzer gewechselt hatte, würde wohl nie der Öffentlichkeit bekannt werden.

Zwei Tage später klingelte es an Agathes Wohnung. Vor der Tür stand ein Mann in mittleren Jahren, der nach erstem Augenschein das Aussehen eines Banditen hatte. Er trug eine Hose und einen Rock aus weichem Leder, hatte am Gürtel sichtbar ein langes, breites, unten spitz-

zulaufendes Messer in einer ebenso geformten Scheide aus festem Material und um die Schultern einen zweiten Gürtel, an dem eine Art Brotbeutel hing.
Auf seinem Kopf trug er eine Kappe, deren Zipfel nach vorn, der Stirn zu, jede Kopfbewegung des Trägers nachahmte.
„Willkommen!" sagte er leise und Agathe bemerkte bereits an diesem einen Wort, daß es sich bei der Sprache des Fremden um dieses für Ausländer schwer verständliche Gemisch aus französischen und italienischen Elementen handelte. Auch Agathe mußte diesen seltsamen Dialekt erst eine Weile auf sich wirken lassen, ehe sie den Sinn der einzelnen, oft zusammenhanglos scheinenden Worte und Satzteile verstehen konnte. Doch nach einer Weile ging es bereits besser. Aufmerksam zuhörend, vernahm sie eine erregende Geschichte, die mit der Vorstellung des Gastes begann:
„Mein Name ist Atko, der Ziegenhirt. Ich komme im Auftrag des Herrn Leblanc, der mir Ihre Anschrift gegeben hat."
Die beiden Herren Leblanc und Flaubert befänden sich in einer ihrer Capannen im unwirtlichen Monte-Rotondo-Gebiet, sagte er. Eine Capanne sei eine geduckte, der Landschaft fast unsichtbar angepaßte Holzhütte, die allen Witterungsunbilden recht gut standhalte. In diesen Capannen hielten sich bei unsicherem Wetter auch die Ziegenherden auf. Weiter würde in ihnen der berühmte, wohlschmeckende Ziegenkäse hergestellt. Man trinke hier Ziegenmilch und den aus den vielfarbigen Blüten der Macchia hergestellten Fruchtbrand, der genauso wohl- schmeckend wie alkoholreich sei. Neben der Hütte befinde sich meist eine in den Berg gegrabene Höhle, deren verwinkelte Gänge es unmöglich machten, einen sich hier verbergenden Menschen aufzufinden. Er, Atko, sei hierher geschickt worden, um ihr mitzuteilen, daß Leblanc wohlauf sei und sie sich keine Sorgen um ihn zu machen brauche. Auch Flaubert habe er zufällig im Rotondo-Gebiet getroffen. Sie würden beide in ihrem Versteck bleiben, bis auch die letzten Formalitäten der gegen sie angestrengten Strafgerichtsverfahren erledigt seien. Falls die letzten Entscheidungen nicht zu ihrer Zufriedenheit ausfallen sollten, würden sie am Rotondo bleiben, wo sie sich außerordentlich sicher fühlten und bei den Bergbauern und Ziegenhirten jede nur mögliche Unterstützung besäßen. In diesem Fall würden sie durch Atko ein Reittier schicken, mit dem sie

unter dessen Führung bequem und ungesehen das Rotondo-Gebiet erreichen könne.

Agathe freute sich, wenn auch der beschwerlichste, letzte Teil auf einem unbequemen Esel durch die berühmte und weitgehend unbekannte Macchia führen würde, von der Napoleon schon sagte, daß er sie rieche, selbst wenn er mit verbundenen Augen Korsika passiere.

Völlig überrascht war Agathe, als Atko wieder vor ihrer Haustür stand, kaum daß eine Woche vergangen war. Er berichtete, daß vor allem Monsieur Flaubert sie zu sehen wünsche. Monsieur Leblanc habe diesem Wunsche Flauberts zugestimmt.

„Auf welchem Wege sollen wir das Rotondo-Gebiet erreichen?" fragte Agathe.

„Ganz einfach, Madame!" antwortete der Ziegenhirt. „Wir werden mit dem Linienbus über die Straße 193 an den beiden Flüßchen Gravona und Vecchiu entlang nach Corte fahren, der berühmten Stadt, die im achtzehnten Jahrhundert eine Zeitlang die Hauptstadt Korsikas war und heute noch neben Sartène im Süden immer wieder als Mittelpunkt der Gebiete genannt wird, in denen bis zum heutigen Tage die Blutrache noch an der Tagesordnung ist. Dort, nicht weit von der Stelle, an der man zuerst die Citadelle sieht, habe ich zwei Esel stehen, die uns an der wilden Restonica entlang zum Lac de Melo, dem Melosee bringen werden. Zwischen dem See und dem Monte Rotondo liegt der Ort, zu dem wir wollen.

Lange dachte Agathe nach. Einerseits ängstigte sie das Abenteuer, das sich nicht ungefährlich entwickeln konnte, andererseits lockte sie die Macchia, das Leben der Bergbauern und Ziegenhirten und der Wunsch, einmal unter diesen einfachen Menschen leben zu können. Außerdem spürte sie schon länger in ihrem Innern, daß ihr zukünftiges Leben mit einem der beiden Herren verknüpft werden könnte. Beide besaßen ihre volle Sympathie, nur entscheiden konnte sie sich bis jetzt noch nicht für einen von ihnen.

Schließlich sagte sie: „Ich komme mit dir, Atko, doch nicht vor morgen mittag."

„Das trifft sich gut. Morgen mittag um zwei Uhr fährt vom Place de Gaulle ein Postauto nach Corte, das uns mitnimmt, wenn wir heute noch die Fahrscheine kaufen."

„Wo aber bleibst du die Nacht über, Atko?"

„Mach dir darüber keine Sorge. Ich finde immer einen Platz, an dem ich schlafen kann."

Am nächsten Mittag wurde Agathe von ihrem Begleiter pünktlich abgeholt. Als sie am Place de Gaulle ankamen, erwartete sie bereits die erste Überraschung. Die Straße 193 war durch mehrere Erdrutsche, die durch die letzten regenreichen Wochen ausgelöst waren, bis auf die Höhe von Albitrone vollgesperrt. Um nach Corte zu kommen, mußte man mit dem Postauto nach Bastelica und von dort weiter mit einem anderen Postauto nach Bocognano. Dort erreicht man wieder die Straße 193 und ein Linienbus bringt die Reisenden auf einer kurvenreichen Straße nach Corte. Durch diese Umleitung dauert die Fahrt einen Tag länger, und es muß eine Übernachtung in Bastelica in Kauf genommen werden.

Das reute sie jedoch nicht sehr, denn Bastelica ist eine besondere Stadt mit sehr vielen eigentümlichen und urwüchsigen Dingen. Hier kann man in der Nähe eine Macchiakonzentration erleben, die sich von den Ufern des Prunelli aus bis auf fast achthundert Meter Höhe erstreckt und teilweise so undurchdringlich ist, daß sie nur den kleinen Schweinen, die kaum größer als Dackel sind, Durchschlupf gewährt. Diese Schweine vermehren sich sehr schnell und ernähren sich von großen Mengen Eßkastanien, die in den Wäldern zentimeterhoch den Waldboden bedecken. Ein fleißiger Sammler kann auf dieser immer noch paradiesischen Insel gut leben, ohne einen Pfennig für Nahrung ausgeben zu müssen. Nirgendwoanders wird diese Behauptung so nachhaltig bestätigt wie in der Gegend rund um Bastelica.

Wie gesagt, man kann die Schweinchen fangen und schlachten, man kann die Kastanien gekocht oder roh essen, man kann die vielfarbigen Früchte und Blüten der Macchia verarbeiten und genießen, als Fruchtschnäpse, Marmelade, wohlriechende Seife und Parfüm, und vieles andere mehr. Weiter kann man in den Gebirgsbächen Fische fangen so viel man will. Wenn man entlang des Meeres fischen will, muß man es ohne Stange tun, denn nur der Gebrauch der Angelrute ist gebührenpflichtig. Deshalb werfen die meisten Laienangler nur die Schnur ins Meer und beschweren sie an Land mit einem dicken Stein. Dann setzen sie sich zu ihrem Pastis in die nächsten Kneipe. Wenn sie ein wenig später nach ihrer Angelschnur sehen, ist fast immer ein Fisch daran. Ein wundervolles, ein preiswertes und ein glückliches Land, wenn man von

einzelnen Separatisten absieht, die schon mal selbstgefertigte Plastikbomben an Häuser oder Autos kleben.
Diese gewalttätigen Menschen sind einfach nicht zu verstehen. Warum wollen sie eigentlich weg von Frankreich? Infolge alter, noch in Kraft befindlicher napoleonischer Gesetze geht es ihnen besser als den meisten Landsleuten im Mutterland, zumindest steuerlich. Natürlich merkt man auch in jüngster Zeit in Bastelica, daß viele junge Leute sich aus dem Landesinneren zurückziehen in die Küstenstreifen oder aufs französische Festland. Sie wollen nicht mehr auf die Annehmlichkeiten verzichten, die das Landesinnere nicht bieten kann, als da sind die Diskotheken, die sportlichen Möglichkeiten, die Fahrräder, Fußballplätze, Tennisanlagen, Badedomizile, die der fortschreitende Fremdenverkehr ihnen zugänglich macht. Den jungen Leuten gefallen vor allem längst nicht mehr die schwarze Kleidung und Unterkleidung der Frauen und der jungen Mädchen, die im Landesinneren immer noch getragen werden müssen.
Lange betrachtete Agathe das Denkmal des wilden Freiheitskämpfers Sampiero Corso, der hier vor Bastelicas Kirche steht in kämpferischem Vorwärtsdrang, den Schild in der Linken, das Schwert im vorgestreckten rechten Arm, den Blick starr nach vorn gerichtet. Er, der Kämpfer gegen Genua, wurde hier 1498 geboren und gilt bis heute als erster und bedeutendster Freiheitskämpfer Korsikas im Kampf gegen das übermächtige Genua. Verglichen werden kann Sapiero Corso nur noch mit Pasquale Paoli, der hier in Corte im achtzehnten Jahrhundert dem Land eigene, demokratische Strukturen zu geben versuchte und immer wieder darauf hoffte, daß Korsika einmal ein eigener Staat werden würde. Er hat die Universität in Corso gegründet, und die Professoren haben hier erstmals versucht, die Elemente einer bisher nur mündlich und in fast jedem Seitental anders überlieferten, korsischen Sprache zu vereinheitlichen und festzuschreiben.
Die wenigen Reisenden aus dem Postbus übernachteten in einer einfachen, jedoch sauberen Herberge, und als es am nächsten Morgen weiterging, hatte Agathe den Wunsch, die Eindrücke Bastelicas, die Macchia und die mannigfachen Episoden aus geschichtlicher Zeit, die man besonders hier erzählt und vorgeführt bekam, im Kopf und in der Erinnerung zu behalten.
Von Bocognano aus ging es mit dem nun schon dritten Fahrzeug immer

der Straße 193 entlang nach Corte. Im Anblick der Citadelle, die der aragonesiche Vize-König Vincentello d'Istria 1420 erbauen ließ, fanden sie ihre Grautiere unversehrt vor. Sofort ging es von hier aus weiter durch die Gorges de la Restonica, der wilden Schlucht, die der Gebirgsfluß in Wälder und Macchia gegraben hatte, bis zum Lac de Melo, zwischen dem und dem Lac de Capitello ihr Ziel zu finden war. Der Führer Atko ritt mit stoischer Ruhe voran. Ohne auch nur einmal nach rechts oder links zu sehen, fand er seinen Weg auf dem immerzu stark ansteigenden Gelände, bis sie nach einem extrem steilen, letzten Stück die Capannen und Zelte vor sich sahen.

18.

IN DER MACCHIA AM MONTE ROTONDO

Sie wurden von allen Anwesenden herzlich begrüßt, wobei es Agathe nicht leicht fiel, die Sprache der Ziegenhirten, die fast soviel italienische wie französische Elemente zu besitzen schien, zu verstehen.

Am Aussehen erkannte Agathe, daß es sich in der Hauptsache um Ziegenhirten handelte, etwa zwanzig an der Zahl, während sie nur drei Frauen zählen konnte. Zu ihrer Überraschung befanden sich weder Leblanc noch Flaubert unter den Anwesenden.

Nach einem Gespräch, das Atko mit dem Dorfältesten – er schien dies wenigstens zu sein – führte, wendete sich dieser an Agathe und sagte zu ihr: „Es gibt hier eine Regel, die der Ausübung der Blutrache entnommen ist und die hier, in deinem Falle, folgendes aussagt: In den beiden, dort auf den höchsten Punkten befindlichen Capannen befinden sich Flaubert und Leblanc, die beide als die Wohltäter unseres Sommerdorfes genannt und verehrt werden. Du sollst jetzt eine der beiden Capannen – nach deiner frei gewählten Entscheidung – betreten. Demjenigen dieser beiden Herren, den du in dieser Capanne antriffst, sollst du künftig angehören. Darauf haben sich beide Herren entsprechend unseren Überlieferungen geeinigt.

Agathe merkte schon bald, daß das Wohlwollen der Hirten und der anderen Bewohner der Macchia auch auf sie selbst übertragen wurde, solange sie auf eine direkte Verbindung zu den beiden Herren verweisen konnte, beziehungsweise einem von ihnen angehörte. Sie blickte eine Weile auf die beiden Capannen, die nicht völlig gleich waren, sich jedoch in Größe und Art einander ähnelten. Aus beiden Flachhütten drang Rauch ins Freie.

Während sie über ihre Entscheidung nachdachte, kam ihr der Gedanke, welchen der beiden Herren sie wählen würde, wenn der Zufall ihr nicht allein die Entscheidung abnehmen würde. Beide waren ihr sympathisch, beide in körperlich guter Form, beide klug, gebildet und vermögend. Leblanc hatte ihr schon viel Gutes getan. Er hatte ihr die schöne Wohnung zur Verfügung gestellt und finanziert. Mit Flaubert war sie am Rhein gewesen, mit ihm hatte sie das Buch herausgebracht, das ihr eine gewisse Wohlhabenheit sichern würde. Das größte Problem war, daß sie von beiden Männern geliebt wurde und daß sie alle beide liebte. Als sie noch unschlüssig dastand, kam ihr plötzlich und überraschend der Gedanke an ihre Klosterzeit. Sie hatte sich dort bereits mit jemandem vermählt: mit Gott! Es war eine seltsame Lage. Hier Leblanc, dort

Flaubert, und im Hintergrund Gott. Oder hatte Gott immer noch im Vordergrund zu stehen? Nein, entschied sie energisch, das Band zu Gott war während ihrer Zeit als Luxushure in Marseille und genauso als Wasserhure in der Bucht vor Ajaccio gründlich zerrissen worden.
Die Entscheidung für ihr weiteres Leben stand nun also unmittelbar bevor. Leichter würde ihr eine Verbindung mit Flaubert sein, denn er war im Gegensatz zu Leblanc frei. Waren aber nicht alle beide Gattenmörder? Diese Frage hatte das Gericht in erster Instanz zwar negativ entschieden, doch dieser Freispruch konnte noch ein Nachspiel haben. Auf das erneute Drängen Atkos hin, endlich eine der beiden Hütten zu betreten, gab Agathe sich einen Ruck, ging zuerst auf die erste Hütte zu, schwenkte jedoch vor dem Eingang um, betrat die zweite Capanne und landete in den Armen – Flauberts.
„Wie freue ich mich, Agathe! Du wirst jetzt mir gehören. Das war eine weise Entscheidung von dir."
„Es war die Entscheidung des Zufalls, nicht wahr?"
„Es war eine vom Schicksal vorgegebene Entscheidung."
„Was soll ich Leblanc sagen? Ich schäme mich nach allem, was er für mich getan hat."
„Dieses ist eine Entscheidung, die hier in Korsika oft vom Schicksal verlangt wird, zum Beispiel bei der Vendetta, der Blutrache. Befinden sich zwei Familien miteinander in Blutfehde, verlangen sie oft vom Schicksal ein Orakel, ein Zeichen, welches Familienmitglied die Vendetta ausführen soll, und wie, auf welche Weise, mit welcher Waffe, ob das Messer, das Schwert oder die Schußwaffe sprechen soll. Daran mußt du dich hier in Korsika gewöhnen."
„Du stehst noch vor Gericht, George."
„Die Berufungsverhandlung wird nie stattfinden. Wir haben vor einigen Tagen, auf geheimem Wege versteht sich, eine aktuelle Nachricht vom Gericht in Ajaccio erhalten. Beide Fälle, sowohl meiner als auch der Leblancs, sind nunmehr endgültig abgewiesen und niedergeschlagen worden. Über meinen Fall sagte selbst der Staatsanwalt, daß die Beschuldigungen gegen mich so phantastisch seien, daß sie eher einem Märchenbuch entnommen zu sein schienen, als einem trockenen, juristischen Schriftsatz oder gar dem Gesetzbuch.
Im Fall Leblancs ist der Apotheker vom Boulevard du Roi Jerome mit Pauken und Trompeten durchgefallen. Natürlich hat dies ein paar

Francs gekostet. Dafür sind wir eigentlich heute bereits frei. Wir könnten uns sogar jetzt schon ohne Furcht auf dem Place Maréchal Foche oder auf der Terrasse des Palais des Congrès sehen lassen. Was doch gute, wenn auch teure Verbindungen alles vermögen, meine Liebe! So, jetzt werden wir rübergehen und uns von Leblanc beglückwünschen lassen."

Sie brauchten nichts dazu zu tun, denn Leblanc stand bereits vor der Tür, kaum daß sie seine Hütte erreicht hatten. Er machte zwar ein enttäuschtes Gesicht, doch zeigte sein Glückwunsch, daß er sich in sein Schicksal ergeben hatte.

„Diese Lösung ist schade für mich, aber ehrlich und sie entspricht vollauf unserer korsischen Mentalität und den seit Jahrhunderten üblichen Gepflogenheiten."

Er reichte Agathe und Flaubert die Hand und sagte: „Heute abend werden wir in deiner Hütte feiern. Wir werden deinen Sieg feiern, Flaubert. Wir werden alle ‚Verbrecher' einladen, die sich hier am Rotondo verborgen haben, die aber in Wirklichkeit noch längst nicht alle Verbrecher sind."

Als Leblanc am Abend die Capanne Flauberts betrat, war der Raum bereits voller Menschen. Atko hatte sie alle zusammengetrommelt, die Ziegenhirten mit ihren Familien, die hier oben wohnen, ein paar Leute von der Ansiedlung oberhalb und vier oder fünf wilde grobbärtige Gesellen, die mit Sicherheit alle Blut an ihren Fingern hatten und von denen die meisten ihr Leben wahrscheinlich hier oben beenden mußten. Sie alle waren vor der Justiz und der Polizei in dieses unwirtliche Bergland geflohen. Hier waren sie im Gegensatz zu den fruchtbaren Gegenden in der Ebene sicher. Wie sicher sie aber hier waren, das sollten sie an diesem Abend noch erfahren.

Die Verbrecher wohnten meist in Höhlen und in alten Capannen, die von den früheren Besitzern verlassen worden waren. Bis in Höhen über zweitausendzweihundert Metern kletterten die Bergziegen, die den scharfen Pfiffen ihrer Hirten bedingungslos folgten und sie auch aus weiter Entfernung noch deutlich verstanden. Diese letzte, höchste Hirtenansiedlung hieß Rota del Dragone. Das erste, was der Reisende oder Flüchtling hier oben sah, war eine riesige, rußige Höhle, die tief in einen felsigen Abhang gegraben worden war und gewaltige Granitblöcke über sich trug. Unten tobte der wilde, laute Restonicafluß,

zwischen Steintrümmern dahinrasend. Man sah von ihm nur eine milchig-weiße, schäumende Brühe. In einer Grotte unterhalb des Rota del Dragone, die mit aufgeschichteten Basaltbruchsteinen gegen die Gewalt der Stürme gesichert war, kauerten um ein wärmendes Feuer herum die Mitglieder einer Hirtenfamilie, ärmlich gekleidet, zottige Kinder meist mit großen, dunklen und fragenden Augen.
Diese Höhle war tief in den Felsen hineingetrieben und bot, neben der Familie, Platz für über hundert Ziegen, außerdem für Dutzende der großen, dickbäuchigen, meist schwarzen Milchkannen und mehrere Hundert der runden, auf sauberem Blätterwerk gelagerten Käsehalbkugeln.
So ähnlich lagen auch die kleinen Dörfer an Berg und im Fels bis hin zum Col di Mozzo. Hier, in diesen Ansiedlungen der Hirten, vor allem in den hoch gelegenen, die sich meist an bizarre Felsen schmiegen oder in sie hineingetrieben waren, war die Heimat der Verbrecher, der Banditen, der Totschäger und Mörder, denen zumeist die Vendetta, die Blutfehde, den Weg zurück ins normale Leben verbaut hatte.
Sie fühlten sich wohl hier, obwohl es wegen dieser Zweiklassengesellschaft auch mal Differenzen gab. Zur ersten Klasse gehörten die Hirten mit ihren Familien, die dieses Leben in Einsamkeit und Bescheidenheit gewählt hatten und deshalb mit ihrem Los zufrieden waren und die von hier oben auch nicht wegwollten. Die zweite Klasse, das waren die, die lieber das Leben in den Ebenen und in den Küstenstreifen genießen wollten, die jedoch aus Angst vor der Polizei nicht wagten, vom Berg herabzusteigen. Wenn einer doch einmal den Abstieg wagte, so war er beim Anblick der ersten Polizisten schnell wieder zurück, obwohl ihnen das liebliche Leben dort unten gefiel, die eleganten Touristinnen lockten und die vielen schönen Dinge ihrer Habe zu bequemen Diebstählen reizten.
Hier oben im Gebirge jedoch, am Ende der Welt, benahmen sie sich meist artig. Nie hatte es einen Vorfall gegeben, das einer sich mit Gewalt eines anderen Weib nahm oder es zu verführen versuchte, daß einer eines anderen Besitztum nicht achtete oder leichtsinnig das Messer aus dem Hosenband zog.
Flaubert und Agathe konnten sich an diesem Abend ruhig und sicher fühlen und ihre Rolle als Gastgeber mit Umsicht ausüben. Es gab bei diesem Treffen Milch, Käse, den angenehm schmeckenden Schnaps

aus den Blüten der Macchiasträucher, das bekannt gute Ziegenfleisch und einen wohlschmeckenden Braten aus den Keulen der zu Dutzenden herumvagabundierenden kleinen Waldschweinchen. Bald schon lagen die ersten Männer, meist „Banditen" in den dunklen Winkeln der Capannen oder in einer der Höhlen daneben, von den Fruchtbränden übermannt, laut atmend oder sogar noch lauter schnarchend, als einer von ihnen die Tür aufstieß und laut aufschrie: „Die Flics, die Flics! Die Polizei, die Polizei!"
Kaum hatte er seinen Aufschrei beendet, als er bereits von den kräftigen Armen zweier Polizisten gepackt und ins Freie gezogen wurde. Es dauerte nicht lange, bis eine lange Reihe betrunkener, ohnmächtiger Hirten wie eine „Strecke" erlegten Wildes hübsch nebeneinander und gefesselt vor dem schwarzen Loch des Höhleneingangs lagen. Doch die Prüfung der Personalien ergab, daß keiner der Gefesselten sich auf der Liste der gesuchten Banditen und Justizflüchtigen befand. Für die Polizisten war das keine große Überraschung. Sie wußten ja, daß den Gesuchten die Hilfe und Unterstützung der Hirten und Gebirgsbauern sicher war. Die Bewohner der hochgelegenen Weiden streckten für ihre Freunde nicht nur gerne freiwillig die Arme aus, sondern inszenierten noch weitere geschickte Ablenkungsmanöver, um deren schnelle und heimliche Flucht zu unterstützen.
Als die Polizisten ihren erneuten Mißerfolg einsahen, fluchten sie laut und verschwanden ebenso schnell und heimlich, wie sie gekommen waren.
Die Feier konnte jetzt weitergehen und bald saßen auch die Banditen wieder unter den Gästen dieser seltsamen Festesrunde, die veranstaltet wurde, weil Agathe selbst den Grundstein ihrer Zukunft gelegt hatte, die mit ziemlicher Sicherheit auf dieser Ile de Beauté, der Insel der Schönheit, stattfinden würde. Das Fest dauerte jetzt, da die polizeiliche Gefahr beendet schien, bis in den frühen Morgen hinein.
Es wurde weiter Schnaps getrunken, bis Mitternacht gab es Fleisch und Forellen. Danach wurde der sogenannte Broccio gebracht, ein köstliches Gericht, das aus einer Art geronnener, süßer Ziegenmilch besteht mit Macchiaschnaps vermischt und auf einem runden Korbgeflecht gereicht wurde.
Agathe gefiel sehr, wie sich die wilden Gesellen hier oben freuen konnten, wenn richtig gefeiert wurde. Auf die diesbezügliche Frage

antwortete einer: „Vita povera, vita miserabile!" So war es in der Tat. Diese Leute führen meist ein trauriges Dasein. In den Monaten Mai, Juni, Juli und August hausen sie in diesen Capannen auf alles verzichtend, was das Leben lebenswert macht. Ihre einzige Abwechslung bilden die Elemente des Wetters: Regen, Wolken, Sturm, Hitze, Gewitter, Hagel. Abends erzählen sie Räubergeschichten am Feuer, Jägerlatein von Fuchs und Iltis und sehr intensiven Beobachtungen der Gestirne und geben manchmal auch fromme Legenden zum besten.

Sie schlafen in ihren Kleidern auf dem harten Boden, erheben sich in aller Frühe, jagen anschließend ihre Herden auf die Weideplätze. Erst hier verzehren sie ihr kärgliches Mahl, Käse, Brot und Milch. Die, die zu Hause bleiben müssen, Alte, Kranke und Kinder, liegen am Feuer in der Capanne oder betätigen sich mit den notwendigen, häuslichen Arbeiten. Am Abend wird die Herde wieder heimgeführt, meist in die für sie bestimmte Höhle, wo die Tiere gemolken werden. Dann bricht bald schon die Dunkelheit herein. Man ißt jetzt selber, erzählt sich noch etwas und legt sich nieder.

Im Herbst verjagt das Wetter die Hirten aus ihren hochgelegenen Capannen und Berghöhlen und zwingt sie mit ihren Herden Stückchen für Stückchen tiefer, bis sie schließlich den Paese mit seinen wohnlicheren Hütten erreichen. Denselben Weg gehen Hirt und Herde im Frühjahr in umgekehrter Richtung wieder hinauf.

Leblanc, Flaubert und Agathe blieben noch etwa drei Wochen bei den Hirten des Monte Rotondo. Dann stiegen sie auf ihre kleinen Esel und begaben sich auf den Rückweg nach Corte. Atko begleitete sie bis dorthin, um die Esel wieder zum Dorf zurückzubringen. Diesmal konnten sie mit dem Postbus von Corte bis Ajaccio durchfahren, da mittlerweile die Verschüttungen der Autostraße und der Bahn beseitigt waren. In Ajaccio angekommen, bekam Agathe sofort die Wirkung zu spüren, die das orakelartige Los vom Monte Rotondo ausgelöst hatte. Sie hätte niemals geglaubt, daß sich solch gestandene und unabhängige Männer wie Leblanc und Flaubert so bedingungslos in den Willen dieses Zufallsloses ergeben würden. In der Tat, so etwas schien nur in Korsika möglich und durch die besondere Mentalität dieses Menschenschlages erklärbar zu sein.

Kaum hatten sie den Bus am Place General de Gaulle verlassen, sagte Leblanc zu Agathe: „Das Los vom Monte Rotondo ist unumstößlich. Es

löscht hier auf der Insel und bei ihren Menschen alles aus, was vorher war: Verbindungen der Freundschaft, der Liebe, des Berufes, des Zusammenlebens und vieles andere dazu."
Nach einer Pause des Schweigens fuhr er fort: „Ich habe dich durch das Los verloren, Agathe, und muß dies, so schwer es mir auch fällt, akzeptieren."
Dann sagte er nach einer neuerlichen Pause, offenbar mit großen Schwierigkeiten seiner bisher so freien Sprache, daß Agathe nunmehr ihre Wohnung verlassen müsse, da jetzt Flaubert für sie zu sorgen habe, weil er ihr ohne Probleme ein gutes Zuhause schaffen könne. Da er nunmehr frei und ledig sei, sei es ihm möglich, diese Verbindung auch offiziell zu machen und könne sie nun einfach mit nach Hause nehmen. Er selber würde die Wohnung Agathes behalten, denn er wisse nicht, ob und wann er sie wieder benötige.
So geschah es auch, schneller und problemloser, als man es erwarten konnte. Leblanc ging in das Café, das sich an der Ecke Place de Gaulle, der Avenue Eugène Macchini und der Avenue du Premier Consul befand und telefonierte nach Propriano am Golfe de Valinco, wo er wohnte und wo seine Frau offenbar besorgt seiner harrte.
Er verabschiedete sich von Agathe mit einem Kuß auf die Stirn und sagte ziemlich trocken: „Den Wohnungsschlüssel kannst du dem Hausmeister geben, wenn du fertig bist. Ich bleibe hier in diesem Café, bis der Wagen aus Propriano kommt, der mich abholt und nach Hause bringt. Ich danke dir, Agathe, für alles Schöne, das du mir bereitet hast."
Danach verschwand er, ohne sich noch einmal umzusehen, in besagtem Café.
Flaubert faßte sie am Arm und sagte nur die beiden Worte: „Komm, Agathe!"
„Wohin?"
„Dorthin, wo du jetzt hingehörst, in unsere Wohnung. Seit einiger Zeit fehlt dort die Hausfrau."
„Und was geschieht mit meiner Wohnung?"
„Hast du nicht vorhin gehört, wie Leblanc sie dir gekündigt hat?"
„Wann holen wir meine Sachen?"
„Wenn du unbedingt willst, noch heute, sonst morgen früh."
„Und – was wird künftig meine Aufgabe sein? Waschen, putzen, kochen, spülen?"

„Nichts dergleichen! Ich bin wohlhabend. Wir werden für alle Dienstleistungen jemanden haben. Fürs erste werden wir das Buch zu Geld machen. Danach wirst du mich auf meinen vielen Vortragsreisen begleiten, die mich nicht nur durch die Insel, sondern auch aufs französische Festland führen werden. Bald wirst du schon merken, wie sehr ich eine Begleiterin benötige, wenn wir richtig Geld machen wollen. Unser beider gemeinsames Buch wird vorerst unsere Hauptgeldquelle werden, doch vergiß nicht, daß ich noch eine Menge Geschichtsbücher anzubieten habe, mit denen und den Vorträgen ich bereits wohlhabend geworden bin. Und – tue mir einen Gefallen!"
„Und der wäre?"
„Vergiß Leblanc, bitte Agathe! Ich möchte dich allein haben, für mich ganz allein!"
Da sie kein großes Gepäck hatten, schlenderten sie gemächlich von der Rue Antoine Sérafini, die den Place Maréchal Foch umgibt, gingen durch die Rue Cardinal Fesch bis zum Palais Fesch. Hier öffnet sich zwischen alten Häusern die Straße zu einem breiten Hof, den ein pompöser Gebäudekomplex baulich reizvoll umschließt. Hier ist die Heimat Flauberts, zu der er genauso gehört, wie das Denkmal seines berühmten Ahnherrn, des Kardinals Fesch, aus dessen Wurzeln er stammte. Hier befindet sich auch das Musée Fesch, die Bibliothek, die Chapelle Impereur, die elegante Wohnung Flauberts und auch die bescheidenere Wohnung Hildegards, die jetzt noch nichts von der Veränderung der Verhältnisse wissen konnte.
Hier war Flaubert zu Hause, hier, inmitten der Museen und Büchereien, der vielen Erinnerungen an seinen Vorfahr, den Kardinal Fesch und den großen Empereur, hier hatte er seine Bücher geschrieben, hier entstanden die Konzepte für seine nahezu unzählbaren Vorträge, die ihn berühmt und wohlhabend gemacht hatten.
Nachdem sie die in Wochen angesammelten Zeitungen, Briefe und Drucksachen beiseite geräumt beziehungsweise sortiert und versorgt hatten, betraten sie die Wohnung, Agathes neues Zuhause. Agathe konnte sich nicht ganz von leichter Aufregung und ein wenig Herzklopfen befreien, vor allem, daß sie fast in jedem Zimmer ein Foto von Flauberts verstorbener Frau sah. Als dieser die besorgten Seitenblicke Agathes bemerkte, sagte er wie nebensächlich, daß er die Fotos auf ihren Plätzen habe belassen müssen, um den Gerüchten entgegenzuwir-

ken, die trotz des für ihn positiven gerichtlichen Urteils, er sei am Tode seiner Frau nicht unschuldig, immer noch nicht ganz verstummt waren. Obwohl Flaubert in dieser ersten Nacht in der eleganten gemeinsamen Wohnung alles tat, um Agathe ihr neues Zuhause zunehmend schmackhaft zu machen, konnte sie eine gewisse, geistige Abwesenheit nicht völlig ablegen. Sie dachte zu sehr an Hildegard, der sie den Liebhaber genommen und an Leblanc, der sich mit Sicherheit sehr kränkte, obwohl er immer wieder betont hatte, daß das korsische Orakel von ihm absolut anerkannt werde.

Am nächsten Morgen stand Hildegard vor der Wohnungstür Flauberts. Sie hatte offenbar durch die geöffneten Fenster von der Rückkehr ihres vermeintlichen Geliebten erfahren und war nicht wenig erstaunt, als sie außer ihm auch Agathe hier vorfand. Aus ihren plötzlich weit und starr geöffneten Augen erkannte Agathe, was in dem Gehirn und in dem Herzen ihrer ehemaligen Mitschwester und jetzigen Freundin vorgehen mußte. Für Hildegard, die immer noch fest an ihr Verhältnis mit Flaubert geglaubt hatte und Agathe in festen Händen bei Leblanc vermutete, schien ihre kleine, persönliche und glückliche Welt zusammenzubrechen. Als Agathe mit ausgebreiteten Armen auf sie zutrat, schien in Hildegard plötzlich etwas kaputtzugehen. Sie stieß einen lauten Schrei aus, spuckte der Freundin ins Gesicht, drehte sich ruckartig um und rannte so schnell, daß ihr weder Agathe noch Flaubert folgen konnten, über den Hof in Richtung Quai l'Herminier davon.

Als Agathe ihr dennoch nacheilen wollte, faßte Flaubert sie beim Arm und sagte: „Du holst sie doch nicht ein. Laß sie ruhig vorerst laufen, sie wird sich schon wieder beruhigen und zurückkommen."

„Vielleicht auch nicht", antwortete Agathe, immer noch sehr erregt und fuhr, hastig atmend, fort: „In ihr ist eine Welt zusammengebrochen, sie hat ihre Heimat verlassen und glaubte hier in Korsika ein bescheidenes Glück gefunden zu haben, ein Glück mit dir, George. Dieses alles, Zukunft und Liebhaber, von einer Sekunde zur anderen verloren zu sehen, ist sicher zu viel für sie. Ich muß nach ihr sehen. Bitte, geh mit mir, George!"

Sie rannten an der Tür vorbei, die zu Hildegards Zimmer führte, denn sie war auch hier vorbeigelaufen. Dann überquerten sie den Boulevard Roi Jérome und kamen zu der Stelle des Hafengeländes, an der man rechts den großen Parkplatz und die vor Anker liegende elegante Fähre

„Ile de Beauté" sah. Sie beschleunigten ihre Schritte, als sie auf dem Jetée des Capucins eine Menschentraube von ungefähr einem Dutzend Leuten sahen, die sich um eine am Boden liegende Frau geschart hatten. Alle glotzten blöde auf die Frau am Boden, außer einem, offenbar ein Matrose, der Wiederbelebungsversuche vornahm.
Jetzt lief Flaubert auf die Menschentraube zu, stieß sie auseinander und sah zu seinem Entsetzen in das bleiche Gesicht Hildegards, die offensichtlich hier, am Jetée des Capucins ins Wasser gesprungen war. Auch Flaubert und die wenig später eintreffende Agathe konnten nichts anderes tun, als ebenfalls auf die am Boden liegende Hildegard zu glotzen, der gerade ein kleiner Wasserstrahl aus dem Mund sprang. Dem Matrosen war die Erleichterung anzusehen, als Hildegard nach mehreren heftigen Atemzügen die Augen öffnete. In diesem Augenblick hörte man das Aufheulen der Sirene, die den Rettungswagen ankündigte, der wenige Sekunden später am Fuß des bekannten Jetée hielt.
Jetzt ging alles sehr schnell. Das fahrbare Gestell wurde herausgezogen, der immer noch leblose Körper darauf gehoben, wieder ins Auto gerollt und schon fuhr der Rettungswagen ab, ehe Flaubert sich bekanntmachen konnte. Er war schließlich neben Agathe der einzige, den mit Hildegard eine Beziehung verband.
Agathe und Flaubert waren durch diesen Selbsttötungsversuch Hildegards tief betroffen. Nachdem sie das Krankenhaus telefonisch ermittelt hatten, saßen sie sich fast die ganze Nacht über einsilbig gegenüber und atmeten erst auf, als sie Hildegard am nächsten Morgen abholen konnten. Als sie dann wieder vernünftig miteinander sprechen konnten, reagierte Hildegard wieder ganz normal. Nachdem Flaubert ihr zugesagt hatte, daß sie ihr Zimmer behalten könne und auch eine Anstellung von ihm besorgt bekäme, die recht ordentlich honoriert würde, waren die Hauptbesorgnisse Hildegards verflogen. Hierbei dachte Flaubert zuerst einmal an eine Anstellung als Aufseherin in einem der Museen, die er verwaltete. Später, bei verbesserten Sprachkenntnissen könnte auch eine noch besser bezahlte Beschäftigung als Reiseleiterin beziehungsweise Stadtführerin hinzukommen. In jedem Fall würde ihr Unterhalt gesichert sein.

19.
EIN VÖLLIG NEUES LEBEN

Am folgenden Tag zog Agathe in die Wohnung Flauberts ein, nachdem sie die von Leblanc finanzierte Wohnung geräumt und die Schlüssel, wie abgesprochen, abgegeben hatte. Natürlich vermißte sie hier den wunderbaren Blick über den Place de Gaulle, auch Place Diamant genannt, auf den Golf von Ajaccio, auf dem in gerader Linie auf die Iles Sanguinaires die weiße Motoryacht immer noch vor Anker lag, auf der ihre Nachfolgerin Cornelia Frühling, hier Conny Printemps genannt, immer noch ihr ungeliebtes Dasein als Wasserhure führte.
Die Umstellung war für Agathe nicht besonders groß, da sie am Rhein, im Hotel in Bonndorf, bereits ein eheähnliches Dasein mit Flaubert hinter sich hatte. Es blieb jetzt nur noch, die beiden Männer zu vergleichen. Wohlhabend waren beide, wenn auch hier der Vorteil eindeutig bei Leblanc lag. Allerdings mußte hierbei noch der Erfolg des gemeinsamen Buches abgewartet werden. Flaubert war frei, was bei Leblanc nicht der Fall war. Flaubert wohnte in der Hauptstadt Ajaccio, während Leblancs Frau im einsamen Tal des Rizzanese ihre Tage verbringen mußte. Als Männer waren die beiden völlig verschieden; doch herauszufinden, wer liebevoller, zärtlicher, fürsorglicher und anhänglicher war, das war für Agathe nahezu unmöglich.
Das waren aber auch völlig überflüssige Gedanken, denn das Orakel am Monte Rotondo hatte, für alle verbindlich, endgültig entschieden, – und dieser Entscheidung hatten sich alle Beteiligten zu fügen.
Mit einem Schlag hatte sich nun alles für Agathe zum Besseren geändert. Sie arbeitete als Frau Flauberts kaum noch. Sie leitete den Haushalt, während andere die gewöhnlichen Arbeiten verrichteten. Sie selbst bereitete lediglich das morgendliche Frühstück und einen kleinen Imbiß am Mittag, wenn Flaubert anwesend war. Abends ging man regelmäßig in eines der vielen kleinen Speiselokale in der Altstadt, wobei sie dem Restaurant „Des Palmiers" eindeutig den Vorzug gaben. Von hier aus konnte man aufs Meer sehen und beobachten, wie die Fischer ihre Langustenkörbe ans Ufer brachten.
Hier traf man immer wieder gute Bürger der Hauptstadt, die voller Achtung die Buchautoren ansahen, die schon sehr bald auf einer Woge der Erfolge und des Ansehens schwebten. Bald hatte sich Agathe so beliebt gemacht, daß kaum einer mehr an die tödlich verunglückte Frau Flaubert dachte und auch die Gerüchte um deren nicht aufgeklärten Unfall bald völlig verstummt waren.

Mit der Wirtin des „Des Palmiers", die, wie schon erwähnt, aus Andernach am Mittelrhein stammte, konnte sie sich in gutem, rheinischen Deutsch unterhalten, wobei auch derbe Redewendungen in rheinischem Dialekt nicht fehlen durften. Wenn die Wirtin einmal ausging, sich einen freien Tag machte oder Einkäufe tätigte, vertrat Agathe sie bald schon, indem sie Übersetzerin spielte, um deutschsprechenden Gästen zu helfen, ihre Wünsche zu erfüllen. Agathe war zunehmend wohlgelaunt und liebte dieses Leben, bis zu dem Tag, als Flaubert sie in eine seelische Krise stürzte.

Eines Tages sagte er zu ihr: „Man hat mich gefragt, warum ich nicht mehr in die Kirche ginge, Agathe. Natürlich kann ich am Sonntag allein in den Gottesdienst gehen, doch jetzt, nachdem uns die Bewohner der Stadt längst gemeinsam kennen, erwartet man, daß wir auch zusammen am Gottesdienst teilnehmen."

Er erzählte ihr weiter, daß es hier Sitte sei, sonntags nach dem Hochamt Zettel an Bekannte, aber auch an sympathisch wirkende fremde Menschen zu verteilen. Diese Zettel enthielten eine Adresse und eine Einladung zum Umtrunk. Je nach Größe der Wohnungen kämen nach dem Gottesdienst in einigen wohlsituierten Häusern jeweils zwanzig bis dreißig Leute zusammen, die oft bis weit in den Nachmittag zusammenblieben.

Agathe ahnte, daß diese Einladungen der Hauptgrund waren, warum Flaubert sie gebeten hatte, mit ihm den Gottesdienst zu besuchen. Er wollte erstens als erfolgreicher Autor und dazu noch mit der attraktiven Begleiterin glänzen, was derzeit seiner Eitelkeit am meisten schmeichelte.

Er wolle, so sagte er, zuerst einmal Einladungen anderer Familien annehmen, ehe er in zwei oder drei Wochen zu einer eigenen Party am Sonntagmorgen einladen wolle.

„Bitte", sagte er, als sie eines Abends nebeneinander in dem großen französischen Bett lagen, „mir liegt sehr viel daran, Agathe."

Dieser Wunsch brachte sie in einige Verlegenheit. Sie hatte sich durch ihr Leben in letzter Zeit soweit von Gott entfernt, daß kaum noch eine ernste Bindung vorhanden sein konnte. Auch war sie während ihrer Zeit in Korsika nicht ein einziges Mal in einem Gotteshaus gewesen. Auch ihre alltäglichen Gedanken ließen längst keine religiöse Färbung mehr erkennen. Doch ganz hinten in der Erinnerung dachte sie doch noch manchesmal an die Klosterzeit, an die Mitschwestern, von denen

einige sogar ihre Freundinnen gewesen waren, auch an Gott, der seine schützende Hand über alle Menschen gebreitet hatte.
Auch noch über sie?
In der Waldhütte, in der sie von dem schmierigen Herumtreiber vergewaltigt worden war, hatte sie nicht die schützende Hand Gottes gespürt, auch nicht in dem Luxusbordell in Marseille und auch nicht während ihrer Zeit als Wasserhure auf der Motoryacht im Golf von Ajaccio. Konnte sie eigentlich zu einem Gott zurückkehren, der eine solch elendige Erniedrigung zugelassen hatte?
Wie hatte sie gebetet und gebittet, noch in ihrer Kabine auf der Motoryacht hatte sie das Kreuz aufgestellt und gebetet mit dem Erfolg, daß sie wenig später in der übelsten Form gedemütigt, sexuell in der schlimmsten Weise niedergemacht werden sollte.
„Es fällt mir schwer, George. Das ist genauso, als wenn mich jemand auf eine Party mitnimmt zu einem, der mir böse ist."
„Aber meine liebe Agathe! Ein Mensch, der eine Party gibt, steht vor dir, sieht dich an, gibt dir die Hand, umarmt dich vielleicht sogar. Gott aber ist ein stoffloses Wesen, das dir weder die Hand geben, noch dich umarmen kann. Und vor allem: Gott gibt keine Partys."
„Darüber läßt sich streiten, George. Ich glaube sehr wohl, daß Gott Partys veranstaltet. Natürlich lädt er nicht selbst dazu ein, das tut der Geistliche, sein Vertreter auf Erden."
„Das veranlaßt mich zu der Frage, Agathe, ob du noch eine Nonne bist, beziehungsweise wieder eine Nonne werden oder als solche leben willst. Ich muß dir allerdings ganz klar sagen: ‚Ich mag keine Nonne.' Ich wünsche mir eine nette Lebensgefährtin, mit deinem Liebreiz, deinem Benehmen und deinem Aussehen. Willst du das sein, meine Liebe? Ja? Dann komme doch am Sonntag mit mir ins Hochamt. Später, nach Ablauf der üblichen Wartezeit, können wir auch an Eheschließung denken."
„Das ist mir zuviel auf einmal, George. Ich werde mit dir am nächsten Sonntag ins Hochamt gehen. Aber ich habe eine einzige Bedingung."
„Ich denke, daß ich sie erfüllen kann, mein Liebling."
„Ich vermute, daß der Nachfahre des berühmten Hauses Fesch einen Ehrenplatz in der Kathedrale von Ajaccio hat. Ich möchte aber auf keinem Platz sitzen, auf den jeder hinglotzt. Nicht vorn, nicht oben, sondern irgendwo in der Mitte. Möglichst unauffällig, verstehst du?"

„Das wird sich machen lassen, wenn du sonst keine weiteren Anliegen hast."
Am darauffolgenden Sonntag standen Flaubert und Agathe schon sehr früh auf, zogen ihre besten Kleider an und bummelten mit vielen anderen Spaziergängern durch die Rue Kardinal Fesch, um den Bogen herum, der den Place Maréchal Foch nach Osten hin begrenzt, durch die Rue Bonaparte und die Rue Saint-Char- les zur Rue Forciolo-Conti, an der die Kathedrale liegt.
Flaubert war ein sehr bekannter Mann in Ajaccio. Es konnte also nicht ausbleiben, daß er Aufsehen erregte. Man blickte ihn mit überraschten, seine Begleiterin mit erstaunten und manche mit bewundernden Blikken an. Manchmal schien es Agathe, als würden diese Leute laut denken: „Er hat schon wieder eine Neue! Sie sieht besser aus als die Alte, die auf seltsame Weise das Dasein gesegnet hat. Aber er hat ja soviel Geld, er kann immer wieder die Alte abstoßen und sich eine Jüngere kaufen."
Das war es, was Flaubert liebte: stets mitten im Kreis der Bewunderer und der allgemeinen Aufmerksamkeit zu stehen.
Als sie beim Klang der Orgel mit vielen drängenden Menschen die Kathedrale betraten, unmittelbar hinter dem Hauptportal an des Kaisers Taufbecken vorbeigeschoben wurden, über dem Napoleon Bonaparte 1771 getauft worden war, als der Hauptaltar ihnen entgegenblinkte, den eine Schwester des Kaisers, Elisa Bacciochi, dem berühmten Bruder zum Geschenk gemacht hatte und sie die vielen mit Skulpturen aus reinem Marmor geschmückten Seitenaltäre passierten, da wurde es Agathe feierlich zumute. Dieser festliche Eindruck steigerte sich noch, als der Archevèque, der Erzbischof von Ajaccio, die Messe mit voller wohltönender Stimme sang: „Gloria in excelsis Deo! Ehre sei Gott in der Höhe!"
In dieser feierlichen Stimmung entstand in Agathe ganz langsam der Eindruck, nie von dieser Kirche, die ihre Jugend dominiert hatte, entfernt gewesen zu sein. Die folgenden Lieder und Sequenzen in französischer Sprache sang sie mit deutschem Text leise mit oder sie summte die Melodie dazu.
In der Tat schien es in diesen Augenblicken bei Agathe eine Versöhnung mit Gott und der Kirche gegeben zu haben. Mit frohen, glücklichen Augen blickte sie Flaubert an, der diesen Blick sofort zurückgab.

Er war ganz überrascht, zu sehen, mit welcher Inbrunst Agathe dieses festliche Bichofshochamt in allen seinen Teilen miterlebte.
Als sie am Ende der Messe die Kirche wieder im Pulk vieler Menschen verließen, konnten Agathe und Flaubert sich kaum der vielen Leute erwehren, die ihnen Zettel mit Adressen und Einladungen zustecken wollten.
„Nimm du keinen an, Agathe! Wir können ohnehin nur ein Haus besuchen. Im Gegensatz zu dir kenne ich die Leute hier. Laß mich bitte eine Adresse aussuchen!"
So geschah es denn auch. Ganz schnell hatte Flaubert gefunden, was er suchte. Das Haus des Fonctionaire d'Etat, Dr. Simeon, dessen Titel dem eines deutschen Regierungsrates ungefähr gleichkam, lag nicht weit von hier, inmitten eines schönen Gartens in der Avenue Grandval. Sie überquerten den Place Général de Gaulle, an dessen Ende sie das gesuchte Haus vor sich sahen.
Flaubert hatte sich offenbar eines der besten Domizile für seinen Frühschoppen ausgesucht. Als sie durch den von bunten Blumenbüschen strotzenden Vorgarten gingen, sagte Flaubert: „Dies ist sicher eines der schönsten Häuser der Hauptstadt, doch ausgewählt habe ich es nach einer anderen Überlegung. Mir kommt es vor allem auf die Leute an, die hier zu verkehren pflegen. Wer von Herrn Simeon die Adresse erhält, muß gebildet, belesen und weit gereist sein. Ein anderer, sogar einer der lebendigen, dicken Geldsäcke, die es auf der Insel zu Dutzenden gibt, hat keine Chance, die Schwelle dieses Hauses zu überschreiten."
Agathe war bald begeistert von den Gesprächen, dem guten Wein aus der Sartenais, der in Klippen getrockneten, würzig-salzigen Hartwurst und dem wunderbar weichen geschmackvollen fromage de chèvre, dem Ziegenkäse von den Herden der hohen Weiden.
Sie wurde höflich mit „Madame" angesprochen, was in solchem Kreise dem deutschen „Gnädige Frau" beziehungsweise „Meine Liebe" in etwa gleichkam. Es war einfach alles perfekt und sie fühlte sich rundum wohl in diesem vornehmen und gastlichen Hause.
Bis zu dem Augenblick, als von zwei Bediensteten ein paar zusätzliche Stühle hereingetragen wurden, da die Gesellschaft, die bisher munter plaudernd im Raum gestanden hatte, sich zu setzen wünschte und noch einige Sitzgelegenheiten fehlten. Agathes Augen wurden groß und größer, als sie eine dieser Angestellten erkannte. Es handelte

sich ohne jeden Zweifel um Cornelia Frühling vom Rhein, die als Wasserhure auf der weißen Motoryacht tätig gewesen oder es heute noch war.
Was hatte Cornelia hier zu tun? Das mußte Agathe herausfinden. Sich vor ihr zu verbergen, war kaum möglich, es war lediglich nur eine Frage der Zeit, wann sie gesehen wurde. Wenn hier bekannt werden würde, daß sie selbst die Vorgängerin der Conny Printemps auf der Motoryacht gewesen war, wäre es mit Sicherheit vorbei mit der „Gnädigen Frau" und mit „Meine Liebe". Das war sicher.
Da kam ihr ein Zufall zu Hilfe. Sie hatte beobachtet, daß Conny, wenn sie den Salon verließ, denselben Ausgang benutzte wie die Damen, die zur Toilette wollten. Agathe ging also hinaus und sah, daß die Bediensteten an der Damentoilette vorbei mußten, wenn sie zu der Treppe wollten, die als Personaltreppe ins Erdgeschoß führte, wo offensichtlich die Küche und die anderen Wirtschaftsräume sich befanden.
Als Agathe sah, daß Conny, die Canapés herumreichte, nur noch wenige Happen auf ihrer Platte liegen hatte, ging sie hinaus. Sie hatte sich nicht verrechnet, schon kam Conny durch die Tür auf die Treppe zu, auf deren Podest Agathe sich hinter einem Regal verborgen hatte. Als Conny an diesem Regal vorbeiging, trat Agathe vor und wurde auch sofort von ihr erkannt.
„Agathe!" Mehr brachte Conny nicht heraus.
„Ich bin es, Conny. Erzähle mir ganz schnell, wie du in dieses Haus hineinkommst und was du hier alles machst! Du weißt, daß wir uns nicht kennen dürfen."
Conny hatte verstanden. Es gab in Ajaccio eine Gruppe junger Leute, die unter Führung eines Pfarrers vornehmlich bei sogenannten gefallenen Mädchen missionierten. Dieser Pfarrer hatte irgendwie von Conny und ihrer Tätigkeit auf der sündigen Motoryacht gehört. Seitdem verfolgte er sie hartnäckig und versuchte, sie zu bessern, in dem er ihr immer wieder kleine Dienstbotentätigkeiten bei bekannten Familien vermittelte. Dieses machte sie jedoch bis jetzt nur in ihrer Freizeit, um den Pfarrer nicht zu verärgern. Die Kunden auf der Yacht vernachlässigte sie dabei nicht. Im übrigen dachte sie nicht daran, den Besserungsversuchen des Pfarrers nachzugeben, denn auf der Yacht verdiente sie in einer Stunde oft mehr wie hier oder bei ähnlichen Tätigkeiten am ganzen Tag.

Plötzlich öffnete sich die Salontür zum Treppenhaus hin und im Türrahmen stand Flaubert. Agathe sah dies früh genug. Sie sprang schnell drei Stufen nach oben und tat so, als käme sie gerade aus der Toilette heraus.
„Ich habe dich gesucht, Agathe. Gefällt es dir bei den Simeons?"
„Ich habe nie eine schönere Party erlebt, George. Alle Leute sind so nett zu mir und behandeln mich wie ihresgleichen."
„Du bist ihresgleichen, meine Liebe, kein Jota weniger. Wenn du einmal selbst Gastgeberin sein wirst, wirst du dies merken. Mein Ansehen und meine Stellung haben sich schon längst auf dich übertragen. Komm jetzt, meine Liebe. Man wird dich wahrscheinlich schon vermissen. Bei diesen Leuten fällt eine schöne und elegante Frau auf, selbst wenn sie nur zwei Minuten verschwindet."
Wenig später brachen die Leute, wie auf ein Glockenzeichen hin, auf und bald schon hatten sie sich in den Straßen, die vom Cours Grandval wegführten, verlaufen.

20.
HOCHZEIT IM MUSÉE FESCH

Es war ein schöner, sonniger Morgen, als die Hochzeitgesellschaft vom Hotel de ville, dem Rathaus also, in dem sich auch das Standesamt befand, im Musée Fesch, das zur Zeit geschlossen war, eintraf. Die Hochzeiter hatten nur kurze Wege zurückzulegen. Vom Hotel Fesch aus, in dem die Eltern Agathes untergebracht waren, ging es zum Standesamt, von dort zum Musée Fesch.
Agathes Eltern wurde es schwindlig vor lauter Fesch in dieser Stadt: Musée Fesch, Hotel Fesch, Kardinal Fesch und die immer wieder erwähnten Geschichten und die vielen Berichte und Bücher, die alle die Familie Fesch betrafen, hatten sogar schon das Wissen hiesiger Kinder wesentlich beeinflußt. Und der elegante Bräutigam, der seine Schwiegermutter mit formvollendeten Handkuß begrüßt hatte, war auch ein, vielleicht sogar der bedeutendste noch lebende Nachfahre dieser berühmten Familie.
Das Musée Fesch war zur Zeit geschlossen. Diese Tatsache erlaubte eine wundervolle Feier im Anschluß an die standesamtliche Trauung im Rathaus.
Im größten Saal des Museums waren viele bekannte Gemälde italienischer Meister so plaziert worden, daß jeder Teilnehmer an der Feier die Gemälde in ihrer Gesamtheit sehen konnte. Es waren auch berühmte Großgemälde von Tizian, Bellini und Boticelli darunter, die jedem Teilnehmer einen unvergeßlichen Eindruck vermittelten.
Die Eltern Agathes waren auch heute noch, an ihrem zweiten Tag auf der Insel, ganz aufgeregt. Zum ersten Mal waren sie geflogen, von Köln nach Paris, und von hier zum Flughafen Porticcio, nahe der Mündung des Gravonaflüßchens. Zum ersten Mal hatten sie die „Insel der Schönheit", die Ile de Beauté, von oben gesehen, die zerklüftete Küste mit manch wundervollem Meeresgolf, die Gorges, die vielen romantischen Täler, die tiefen Schluchten und natürlich Ajaccio, die wunderbare Stadt mit den vielen Erinnerungen an den großen und berühmten Sohn, den Eroberer so vieler Länder.
Am Morgen, bei der standesamtlichen Trauung, war sogar Ajaccios Oberbürgermeister zugegen. Jetzt saßen sie alle in einer Reihe im großen Saal des Museums: alles, was mit Geschichte, Politik, Tourismus und neuerdings auch mit Literatur in dieser Stadt zu tun hatte. Als letzter erschien Leblanc mit einem großen Paket. Er packte sofort aus. Zum Vorschein kam eine wertvolle Uhr aus dem Besitz von Joseph

Bonaparte, dem berühmten Sammler alter Medaillen und Münzen, die im Musée Napoleon gesammelt und zur Besichtigung freigegeben sind. Agathe und George Flaubert hatten sich Zeit gelassen mit ihrer Hochzeit, denn es gab vieles zu bedenken und zu überlegen. Sollten sie in Deutschland, in Oberrheinstadt oder in Bonndorf dieses Fest veranstalten? Das wollte Agathe nicht. Zu viele Leute dort hatten sie als Nonne gesehen. Fast alle hatten den Zeitungsbericht gelesen, den Manfred Ebert in die örtliche Presse lanciert hatte. Agathe meinte, daß in der Heimat nur eine kirchliche Trauung in Frage käme. Doch vor diesem Gedanken schreckte sie richtig zurück. Blieb also nur die Trauung in Ajaccio, aber auch diese Lösung war mit Problemen beladen. Es war noch nicht sehr lange her, daß Flaubert in das Capannendorf am Monte Rotondo geflohen war, um den Nachstellungen der korsischen Polizei zu entgehen. Die Anklage des Gerichtes war offiziell zwar niedergeschlagen worden, aber nicht die Anklage in den Köpfen der Ajacci, der Einwohner, der Bekannten und der Verwandten, die zum Teil auch noch in der Hauptstadt und der Umgebung lebten.

Das hatte Flaubert auch heute morgen schon erlebt, denn die Mienen der am Weg stehenden Neugierigen konnte man je nach Wissen und Ahnen auf verschiedene Weise deuten. Es wurde ihnen klar, daß die Leute, die heute morgen vom Marktplatz her vor dem Rathaus zusammenliefen, aus purer Sensationslust gekommen waren. Doch sie kamen nicht auf ihre Kosten, denn zu schnell war alles vorbei. Man hatte mit Absicht eine festliche Formation, die sich automatisch vor dem Rathaus gebildet hatte, aufgelöst und war ohne feste Ordnung losgegangen.

Flaubert, der unter allen Umständen sein persönliches Fest nicht zu einer Sensation ausarten lassen wollte, ging mit einem Teil seiner Verwandten gemächlich bummelnd durch die Rue Kardinal Fesch, während Agathe ihre Eltern durch den Bd. du Roi Jerome in Richtung Bahnhof zum beabsichtigten Ziel führte. Eine dritte Gruppe machte sogar auch noch einen Abstecher über die Rue des Halles. Hinzu kam, daß die unmittelbare Umgebung des Musée Fesch nicht dicht bewohnt war. So kam eine außergewöhnlich schöne, familiäre Feier zustande. Agathe hatte genug zu tun, ihren Eltern die vielen Ansprachen und die festlichen Beiträge zu übersetzen. Sie hatten natürlich solch eine erhebende Feier inmitten einer langen Galerie aus Ölgemälden, Büsten, Skulpturen und dergleichen noch nie erlebt, doch fanden sie diese ganz andere, ungewöhnliche Umgebung sehr schön und sie waren allesamt natürlich auch von dem bekannten Schwiegersohn, der soviel wußte und soviel bedeutende Freunde und Bekannten hatte, begeistert.

Das junge Ehepaar Flaubert behielt seinen gemeinsamen Wohnsitz in Ajaccio. Eines Tages entdeckte Agathe, daß die weiße Motoryacht aus dem Golf von Ajaccio verschwunden war und damit auch der letzte sichtbare Beweis ihres unglücklichsten Lebensabschnittes. Jedesmal, wenn sie zu den Blutinseln hinübersah und ihr Blick keine weiße Motoryacht mehr wahrnehmen konnte, wurde ihr bewußt, daß sie nun keine Hure mehr war.

Auch in den Gottesdienst ging sie wieder regelmäßig, doch an ihre Nonnenzeit wollte sie nicht mehr erinnert werden.

Der gemeinsame Roman, der ihr Leben schilderte, hatte sie bereits jetzt wohlhabend gemacht. Eine große Zeitspanne des Jahres befand sie sich auf Reisen, da sie ihren Mann George auf seinen Vortrags- und Leseveranstaltungen begleiten und ihm helfen mußte. Jährlich einmal, meist im Herbst, fuhr das Ehepaar in die Heimat Agathes, nach Oberrheinstadt, dem Ort, dem nach wie vor ihre Liebe und ihr Heimweh galt.

Ihr Leben ging nun glatt über die Bühne. Nur einmal ängstigte sie sich ein wenig, als sie in einer Buchhandlung der nahen Stadt ihre Lebensgeschichte in deutscher Übersetzung in Schaufenster entdeckte. Der Titel „Nonne und Hure" sorgte, obwohl für Personen und Orte nur Decknamen verwendet worden waren, für lange Dorfgespräche rundum und für erhebliche Aufregung und rief sogar die Kirche und ihre Instanzen vorübergehend auf den Plan. Es gab sogar nicht wenige, die bald schon richtig auf Agathe als Hauptfigur tippten. Diese Auswirkungen des Buches dauerten jedoch nur eine Weile und endeten schließlich in einer Welle der Hochachtung für das elegante, wohlhabende und prominente Paar, wenn es sich in den Ferien auf der Rheinpromenade oder in den Straßen und Gassen Oberrheinstadts sehen ließ. Natürlich gab es immer noch einige, die das „Geldmachen mit sündhaftem Geschreibe" verurteilten, doch ein dezent zur Schau gestellter Reichtum und kleine, doch sichtbare Wohltaten haben zu allen Zeiten vergangene Sünden besiegt.